학교 다문화교육론

글로벌 시대의 다문화교육 개정증보판

학교 다문화교육론

2010년 3월 22일 초판 1쇄 펴냄
2018년 2월 28일 개정판 1쇄 펴냄

지은이 원진숙·김정원·이인재·남호엽·박상철·김광수·류재만·장은영
펴낸이 윤철호
펴낸곳 (주)사회평론아카데미
편집 고하영·정세민
표지디자인 진승태
본문디자인 김진운
본문조판 토비트
마케팅 이승필·강상희
등록번호 2013-000247(2013년 8월 23일)
전화 02-2191-1128
팩스 02-326-1626
주소 121-844 서울특별시 마포구 월드컵북로12길 17
ISBN 979-11-88108-51-0 93370

학교 다문화교육론

원진숙·김정원·이인재·남호엽·박상철·김광수·류재만·장은영 지음

사회평론아카데미

머리말

세계화의 도도한 물결 속에서 21세기 한국 사회는 매우 빠른 속도로 다문화 사회로 변화해가고 있다. 법무부 통계 자료에 의하면 2017년 7월 현재 국내 체류 외국인의 수는 이미 전체 인구의 4%에 달하는 2,064,577명으로 최근 5년간 매년 9.2%의 증가율을 보여주고 있다. 또한 결혼이민자의 증가에 따라 그 자녀들의 수도 급증하여 학교 안에 다양한 언어와 문화를 배경으로 하는 이른바 다문화 학생 수가 급증하고 있다. 교육부에서 초·중·고등학교 안에 늘어와 있는 다문화 학생 수를 처음 집계하기 시작한 2006년 당시 이들 수는 9,389명이었으나 2017년 현재 109,387명으로 10년 만에 무려 10배 이상 증가했다. 다문화 학생 수는 매년 20% 이상 가파르게 증가하고 있는데, 이러한 증가세는 저출산 시대에 '인구 절벽'으로 비유될 만큼 일반 학생들의 수가 해마다 22만 명씩 감소하는 것과 비교할 때 더욱 확연히 드러난다.

이들 다문화 배경 학습자들 중에는 한국의 언어와 문화에 대한 이해 부족과 학업 부진, '서로 다름'에 대한 존중과 소통의 부재, 학교생활 부적응, 집단 따돌림 등의 어려움을 겪고 있는 경우가 많다. 교육부와 시도 교육청 차원에서 다문화 학생 맞춤형 지원 및 교육력 제고는 물론 일반 학생에 대한 반차별·반편견 교육 등 다문화 감수성을 함양하는 데 힘을 쏟고 있지만, 우리 사회가 워낙 급작스럽게 다문화사회로 전환되고 있어 아직 학교 다문화교육에 대한 이해가 매우 부족한 실정이다.

학교 다문화교육은 우리 사회에 존재하는 문화적 다양성이야말로 우리 사회를 더욱 풍요롭게 만들어주는 가치 있는 자산임을 인식하고, '서로 다름'을 이유로 차별하거나 차별받는 것이 아니라 이해와 관용을 바탕으로 서로 소통하고 평화롭게 상생하는 다문화 문식성(multicultural literacy) 개념에 주목한다. 다문화 문식성은 다수자와 소수자가 문화적 다양성과 다원적 가치에 대한 이해를 바탕으로 서로 다름을 인정하고 존중하는 것, 다문화적 맥락 안에서 적극적으로 소통하는 것, 비판적 관점에서 세상의 차별과 불평등의 요소들을 검토하는 것, 평등과 사회 정의를 실천하는 데 관련된 지식, 기능, 태도를 아우르는 핵심 역량으로서의 공동체 역량을 함양하는 것과 다르지 않다.

지난 10여 년간 일련의 다문화교육 정책이 학교 안팎에서 숨 가쁘게 진행되었다. 『학교 다문화교육론』은 초등 교사를 양성하는 서울교육대학교에서 함께 근무하면서 학교 다문화교육에 관한 철학과 인식을 공유하는 필진이 교육의 최일선에서 시행착오 과정을 통해 축적해 온 실천적 경험을 바탕으로 집필한 책이다. 이 책은 일차적으로 전국의 일반 대학, 예비 교사를 길러내는 교육대학교와 사범대학교에서 '다문화교육론'을 가르칠 때 기본 교재로 사용할 수 있도록 집필하였다. 하지만 이미 학교 현장에서 다문화 학생을 만나 무엇을 어떻게 교육해야 할 것인가에 대해 고민하고 있는 교사, 사회 각 분야에서 다문화와 관련된 활동을 하고 있는 현장 실천가들, 다문화 정책을 수립하는 정책 입안자들, 대학원에서 다문화 교육을 공부하고 있는 대학원생, 더 나아가 '다문화'라는 키워드에 관심을 가지고 있는 많은 깨어 있는 사람들에게도 유용한 책이 될 것이라 기대한다.

이 책은 3부로 구성되어 있다. 1부에서는 다문화사회의 등장 배경이 되는 글로벌화와 더불어 다문화사회에 대한 기초적인 이해, 다문화교육의 의미와 역사, 문화 다양성의 개념과 성공적인 문화간 소통을 위한 간문화 역량 요소와 문화 문법, 문화 감응적 교육의 필요성을 제안하였다.

2부에서는 다양한 통계 자료를 바탕으로 한국 사회의 다문화가정 현황 및 다문화 가족 복지 지원 정책과 과제, 다문화 학생 현황과 다문화 학생 유형별 문제점과 교육적 과제를 제시함으로써 다문화가정과 다문화 학생에 대한 기초적인 이해를 제공하였다.

3부에서는 학교 다문화교육의 이론과 실제 교육의 문제를 학제적으로 접근하였다. 6장에서는 다문화 교육과정 실행자로서 교사가 이해하고 있어야 할 다문화 교육과정 이론과 다문화 이해능력 신장을 위한 실제적인 교수 방법을 제시하였다. 7장에서는 다문화 학생들이 겪는 어려움을 언어적 차원에서 짚어보고, 이러한 어려움을 해소하기 위한 대안으로 최근 학교 안에서 이루어지고 있는 이중언어교육과 KSL(Korean as a second language) 교육을 구체적인 사례와 함께 제시하였다. 8장에서는 다문화 학생과 일반 학생들이 함께 생활하는 다문화교실에서 편견과 차별 없이 서로를 존중하고 더불어 생활하기 위해 필요한 인성적 역량을 이해하고, 이를 일상생활에서 지속적으로 실천하도록 지원할 수 있는 바람직한 인성교육의 방안을 제시한다. 9장에서는 다수자 교육을 위한 핵심적 내용으로서 반편견교육의 의미와 목표, 원리와 중요성, 내용 및 효과적인 방법을 제안하였다. 10장에서는 다문화시대에 새로운 소통의 도구로서 미디어의 역할에 주목하여 비판적 미디어 리터러시 기반 다문화 교수법을 제안한다. 또한 주류 미디어에 무비판적으로 재현된 소수자에 대한 담론을 해체하고 창조와 변혁의 주체로서 소수자를 재정의함으로써 선주민과 이주민 모두의 다문화적 역량을 강화할 수 있는 대안을 보여주었다. 11장에서는 다문화 학생 상담의 전문성 확보를 위해 요구되는 다문화 학생 상담 역량을 제시하고 실제적인 상담 지도의 사례를 제공하였다. 마지막으로 12장에서는 학교 현장에서 다문화 미술교육을 통해 나와 다른 사람들의 문화를 이해하고 수용하여 문화적 이질감을 극복할 수 있는 다문화교육 실천 역량을 길러줄 방안을 제시하였다.

『학교 다문화교육론』은 2010년에 출간된 『글로벌 시대의 다문화교육』의 개정증보판이다. '학교 다문화교육론'이라는 새로운 이름으로 책을 개정하게 된 것은 최근 학교 안팎에서 이루어진 다문화교육의 역동성 때문이었다. 다문화 학생 수는 더욱 가파른 속도로 늘어나고, 다문화 교육 정책을 둘러싼 실천적 노력들이 최근 다문화 교육 이론과 함께 새롭게 정리할 필요성이 대두되었다. 이에 따라 새롭게 필진을 보강하고 그간의 다문화교육의 현황과 최신 이론을 대폭 반영하여 '학교 다문화교육론'이라는 이름으로 새롭게 출간하였다.

물론 이 책이 학교 다문화교육에 관한 모든 내용을 다루고 있는 것은 아니다. 여전히 이 책에 실린 내용은 '다문화(多文化)'라는 전혀 새로운 세상으로 인도하는 또 다른 시작에 불과할 뿐이다. 하지만 이러한 우리의 행보가 학교 다문화교육의 진전에 기여하는 의미 있는 노력이라 믿고 싶다. 아울러 이 책의 부족함은 앞으로 지속적인 보완 작업을 통해 메워나갈 것을 약속드린다.

이 책을 기획하고 출판하기까지 여러 분들의 노고에 깊은 감사의 마음을 전하고 싶다. 특히 놀라운 기획력과 추진력으로 이 책의 출간을 독려해 준 사회평론의 고하영 부장님의 노고에 심심한 감사의 마음을 전한다. 또한 누가 알아주든 알아주지 않든 학교 다문화교육 최일선에서 정성스럽게 다문화교육에 헌신해 온 이 나라의 모든 정책 실행가와 선생님들께 머리 숙여 감사드린다.

2018년 2월
저자 일동

차례

1부

다문화사회와
다문화교육

1장

글로벌화와 다문화사회의 이해

남호엽 서울교육대학교 사회과교육과 교수

서로 다른 배경을 가진 사람들

- 글로벌화가 진행되면 될수록 우리 사회에서 나타날 수 있는 현상은 무엇일까?
- 서로 다른 배경의 사람들이 같은 공간에서 조화롭게 살아가기 위하여 가져야 할 삶의 태도는 무엇일까?
- 최근 한국 사회는 저출산 고령화 사회로의 전환이 빠르게 진행되고 있다. 이러한 사회 추세가 우리 생활에 미치는 영향은 무엇일까?
- 한국 사회가 다문화사회가 되고 있음을 곳곳에서 이야기하고 있다. 다른 나라와 우리나라에 나타나고 있는 다문화 현상의 차이점과 공통점은 무엇일까?

최근 인류사회의 특징은 '글로벌화(globalization)'로 표현할 수 있다. 글로벌화는 지구촌 곳곳을 변화시키면서, 문화의 다양성 문제를 사고하도록 한다. 글로벌화에 따라 문화의 교류와 전파 그리고 변형이 활발해졌다. 한국 사회 역시 글로벌화의 영향을 받으면서, 다문화사회로 전환하고 있다. 그리하여 다문화사회의 요구라고 할 수 있는 사회통합의 문제가 등장하고 있다. 국가와 지역사회 그리고 시민사회 등 다양한 사회주체들이 다문화사회 정책을 실행하고 있다. 이러한 배경 아래, 공교육 제도 내부에서도 다문화사회에 관한 논의와 실천이 활발해지고 있다.

1. 다문화사회의 등장 배경, 글로벌화

오늘날 우리 사회를 규정하는 말로서 다문화사회라는 표현이 이제는 상당히 익숙해졌다. 지난 세월 동안 한국 사회는 단일민족국가로서의 자기 인식이 매우 강했다. 많은 사람들이 다문화사회로 한국 사회를 이해하기 시작한 것은 비교적 최근의 일이다. 이렇게 다문화사회로서 한국 사회를 규정하기 시작한 것은 어떤 계기가 작용했을까? 현상적으로 볼 때, 외국인의 체류 인원이 증가함에 따라 일상생활의 모습에서 변화가 오기 시작했다. 예전에는 외국인들이 임시 체류의 모습을 보였지만, 이제는 그들을 한국 사회의 구성원들 중 일부로 인식하기 시작했다. 이러한 상황의 변화를 단지 우연적인 사건의 조합으로 간주할 수 있을까? 왜 이와 같은 사회 변화의 모습이 우리들의 일상에서 나타나기 시작했을까? 다문화사회의 도래는 다분히 글로벌화의 결과로 보아야 할 것이다. 한국 사회가 다문화사회로 전환하고 있는 것은 문명사의 흐름과 밀접한 관련이 있다. 즉, 인류사회가 글로벌화(globalization)됨에 따라 나타나고 있는 자연스러운 삶의 형식이라고 말할 수 있겠다. 한국 사회 역시 전 세계적인 글로벌화의 추세에서 예외적인 곳이 될 수는 없기 때문이다.

글로벌화에 따라 지구적인 규모에서 이주가 활발해지고 있다. 민족국가의 경계는 과거에 비하여 현저히 그리고 매우 빠르게 상대화되고 있다. 글로벌화에 따라 많은 사람들이 태어난 곳에서 지속적으로 살지 않게 되었다. 탄생지를 떠나 낯선 곳으로의 이주가 보편화되면서 국경을 벗어나는 경우도 빈번해지고 있다. 그런데 이러한 이주 현상은 단지 사람들의 왕래에만 국한되지 않는다. 필연적으로 생활양식, 즉 문화의 전파와 접촉 및 변형을 야기한다. 사람의 몸만 움직이는 것이 아니라 문화라는 것이 교섭 작용을 벌인다. 글로벌화에 따라 문화의 동적인 속성이 강해진다. 문화는 번져 나가고 있으며, 지속적으로 변화하게 된다. 결국 인류사회 곳곳이 글로벌 사회의 일부가 됨에 따라 대부분의 사람들이 문화의 다양성을 일상적으로 접하게 된다. 요컨대 우리들은 글로벌화의 세상을 살면서 다양한 문화와 관계를 형성한다. 문화라는 것이 어떤 단일한 속성으로 수렴되지 않고 혼성적인 다양체들 그 자체로 파악되기 시작한다.

알렉산드로 바리코는 『넥스트』라는 저술에서 글로벌화의 현상을 잘 보여주는 상황에 주목한다. 이탈리아의 어느 바닷가에서 본 신혼부부의 모습에서 글로벌화의 전형을 포착하였다. 그는 글로벌화에 대하여 단정적으로 개념화를 시도하지 않고, 우리가 글로벌화라고 볼 수 있는 여러 가지 사례들을 묘사한다. 글로벌화에 대한 논의를 요약할 수 있는 하나의 에피소드를 제시한다.

내가 그곳을 산책하고 있을 때였다. 바닷가에 있는 신혼부부가 언뜻 눈에 띄었다. 항상 그렇듯 사진사와 친척들이 주변에 몰려 있었다. 모래판에 찍힌 뾰족 구두 자국들, 자살한 고래처럼 곧 쓰러질 것 같은 노인네, 바다에 쌀을 뿌리는 통통한 어린아이들. 나는 걸음을 멈추고 그들을 바라보았다. 백사장에는 배들도 몇 척 있었다. 다양한 목선들이었다. 신혼부부가 그중 가장 멋진 배로 올라갔다. 온통 청색과 녹색으로 칠해진 작은 고기잡이배였다. 비디오를 찍고 있던 사진사가 한 가지 아이디어를 떠올린 것 같았다. 신혼부부가 뱃머리 쪽으로 가더니 영화 〈타이타닉〉에 나오는 디카프리오와 윈슬렛처럼 포즈를 취했다. 정말로 똑같은 자세였다. 뱃머리에 팔을 활짝 벌리고 서서 (신부는 앞에, 신랑은 뒤에) 바람을 맞는 시늉을 한 것이다(김현철 역, 2008: 118-119).

앞의 상황은 특정한 장소에서 발견한 풍경이다. 이탈리아의 바닷가에서 신혼부부가 취한 자세는 단순한 해프닝에 불과한 것인가? 힐리우드 영화의 한 장면이 그곳에 재연된 이유는 무엇인가? 신혼부부는 미국인이 아니지만, 그 장소와 상황에서 그러한 모습을 연출하도록 한 느낌의 구조가 바로 글로벌화의 현실을 잘 보여준다. 이렇게 너무나도 자연스러운 일상의 한편에서 글로벌화의 단면을 확인할 수 있다. 어찌 보면 매우 촌스러운 행동일 수 있지만, 그곳에서 그러한 모습을 창출하게 만든 동인(動因)이 이 장의 주된 관심사이다.

다문화사회를 추동한 근본 동력으로 글로벌화 현상은 비교적 오랜 세월 동안 진행되어 왔다. 글로벌화는 근대사회가 지구적인 규모에서 구조화되는 양상이라고 볼 수 있다. 그래서 글로벌화의 의미는 지구촌 사회라는 표현에서 잘 이해할 수 있다. 마치 하나의 마을처럼, 지구라는 행성에 살고 있는 사람들 사이의 거리가 무척이나 가까워졌다는 말이다. 교통과 통신의 발달에 따라 인류사회 구성원들 사이의 상호작용이 활발해지면서 사회적인 시간의 거리가 획기적으로 단축되었다. 지리학자 하비는 이러한 상황을 '시공간 압축' 현상이라고 보고 있다.

이 용어는 공간과 시간의 객관적 성질들이 아주 급격하게 변화하여 우리가 세상을 표현하는 방법을 바꾸어야 하는 (때로는 완전히 근본적으로) 과정을 가리킨다. 자본주의 역사는 생활의 속도를 빨라지게 하는 특징을 가지는 한편, 공간적 장벽을 극복하려는 능력이 커짐에 따라 세계가 때때로 우리들 내부로 내려앉는 듯하므로 이를 가리켜 '압축'이라는 단어를 사용한다. … 공간은 정보통신으로 묶인 '지구촌'으로 줄어들거나 경제적·생태적으로 상호의존하는 '우주선 지구호'로 축소되며, 시간 지평은 바로 지금 모든 것이 존재한다(정신분열증적 세계)고 할 정도로 짧아진다. 따라서 우리는 공간적·시간적 세계에서 '압축'이 가지는 의미에 대응하는 법을 배워야 한다(Harvey, 1990/1994: 294).

'시공간 압축' 현상은 글로벌화의 기본 구조를 이해할 수 있는 열쇠이다. 글로벌화가 결국 인류사회 구성원들 사이의 관계 설정에 대한 논의라고 볼 때, 이러한 관계 구성의 요인을 '시공간 압축' 현상에서 찾을 수 있다. 글로벌화는 우리들 각자가 사회적인 삶을 살아가는 데 있어서 시간과 공간을 크게 재편하는

과정이며, 민족국가를 초월하는 다차원적인 연계들과 상호 연관성에 주목하게
한다(앤소니 맥그루, 2000: 90). 따라서 글로벌화가 단지 최근의 유행이라고 보기
에는 어려움이 있다. 글로벌화의 힘은 인류사회를 지탱하는 인프라의 변화에 있
으며, 장기지속적인 시간의 흐름을 반영한다. 요컨대 다문화사회 현상은 '우주선
지구호'에 탑승하고 있는 승객들이 직면한 오늘의 현실인 것이다.

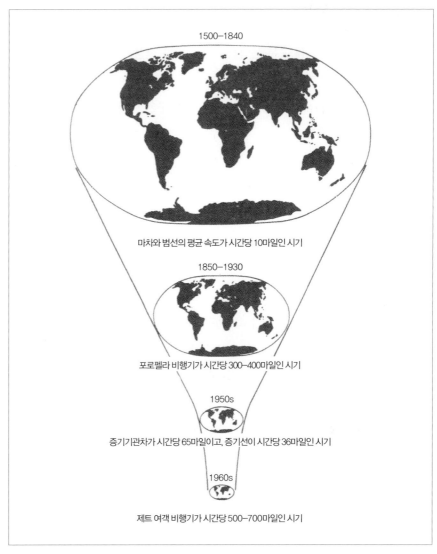

그림 1-1 시공간 압축 현상의 이미지(Harvey, 1990/1994: 295)

Box 1 글로벌화의 의미

글로벌화는 아직 완성된 개념이 아니다. 그래서 논자들마다 상당히 다른 의미 규정이 이루어지고 있다. 동일한 현상을 의미화하는 과정에서 차별적인 모습들이 나타나고 있다. 글로벌화의 의미에 대한 여러 시각들을 보자면 이 현상이 매우 복합적인 국면들과 결부되어 있음을 알 수 있다. 2007년에 출간된『글로벌화 백과사전(Encyclopedia of Globalization)』에서 숄티(Scholte)는 글로벌화의 개념을 네 가지 측면에서 정리하고 있다(pp. 527-528).

1. 글로벌화=국제화(Internalization)이며, 이는 국가들 사이 상호 연관 및 교류의 성장이다. 이러한 글로벌화는 재화, 아이디어, 투자, 메시지, 병원균, 화폐, 사람 그리고 오염원의 대규모 국제적인 이동 등이 전형적인 사례이며, 이는 국제적인 상호의존을 의미한다.
2. 글로벌화=자유화(Liberalization)이며, 이는 '자유롭고' '개방적인' 국제 시장의 창출을 의미한다. 무역 장벽 등과 같은 제한을 축소시키거나 제거하는 현상이 전형적인 사례이다.
3. 글로벌화=보편화(Universalization)이며, 이는 글로벌 세계가 되면 될수록, 문화적으로 더욱 동질적인 세계가 될 것이라는 가정이다. 즉 글로벌화는 서구화, 미국화, 맥도날드화이다. 한편 '문명충돌론'처럼 보편화 성향들이 서로 경합하는 상황으로 글로벌화를 규정하기도 한다.
4. 글로벌화=행성화(Planetarization)이며, 이는 하나의 총체로서 지구 스케일을 고려한다. '인권' 및 '우주선 지구호'와 같은 담론에서 전형적인 모습이다. 이 입장은 국가와 지역의 스케일을 탈영역화하는 추세를 반영한다. 즉, 사회적인 관계는 지역 및 국가의 측면뿐만 아니라 글로벌 국면에서 설정될 수 있다.

2. 이주의 시대와 글로벌화

글로벌화는 결국은 인간 이동의 산물이다(데이비드 헬드 외, 2002). 글로벌화는 민족국가의 경계, 즉 국경을 넘어 이동하는 것이 활발해지면서 본격화되었다고 볼 수 있다. 특히 인간의 이동, 즉 이주가 대륙 간에 이루어질 때 글로벌화가 더욱 가속화되었다. 아프리카에서 아메리카로, 유럽에서 아메리카로, 아시아에서 유럽과 아메리카로의 이주가 그 예이다. 흔히 이주라 함은 '인간의 이동 그리고 그들의 한시적이거나 영구적인 지리적 재배치'를 뜻한다(위의 책: 445). 이주는 자발적인 이주와 강제 이주로 구분할 수 있다. 자발적인 이주는 대개가 경제적인 요인에 의한 것이며, 강제 이주는 식민주의 및 제국주의 지배에 기초한 인구이동으로, 강압적인 이주와 추방, 난민 등의 형태를 보인다(류제헌 편역, 2008: 146). 오늘날 이주 현상은 대부분 자발적인 이주이지만, 강제 이주의 흐름도 국

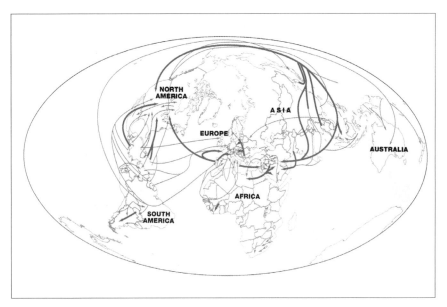

그림 1-2 이 지도는 자발적인 글로벌 이주의 복잡한 흐름들을 보여준다.

지적으로 나타나고 있다.

　데이비드 헬드 외(2002)의 논의에 의하자면, 글로벌 규모에서의 이주 유형은 크게 세 가지 경우가 있었다. 즉 유럽인에 의한 아메리카와 오세아니아의 정복과 인구증가의 완성, 식민지의 경제발전을 촉발시킨 대서양간 노예무역, 노예 제도의 종식으로 야기된 대체 노동인력이 아시아 지역으로부터 대규모 이동한 경우 등이 있다. 20세기에 와서 대표적인 이주의 흐름은 세계 각 지역으로부터 북아메리카와 유럽으로의 이동이며, 자발적인 속성을 지닌다(그림 1-2 지도 참조. Knox & Marston, 2003: 13).

　이렇게 오늘날의 이주 현상은 글로벌 속성을 가지면서, 주로 경제 요인에 의하여 추동되고 있는 자발적인 이주의 모습이다. 아울러 지리적으로 볼 때 매우 차별적인 모습을 보이고, 이주의 강도는 더욱 가속화되고 있다(King, 1995: 23). 즉, 전 세계가 동일한 양상으로 이주 현상이 나타나고 있지 않는다. 또한 이주 현상이 매우 일상화되고 보편적인 모습을 보인다.

　그런데 이주가 자발적이라고 해서 순도 높은 자유의지의 결정체라고 보기에는 어려움이 있다. 이주는 받아들이는 입장에서 선택적이기 때문이다. 이주자의 의지와는 무관하게 이주 자체가 허용되지 않을 수도 있는 것이다. 요컨대 이주자는 소수자이며, 다수자 혹은 주류사회로부터의 인정이 있어야 한다. 특히 노농 이수의 경우, 자본에 의하여 주동된 노동 수요의 당김으로부터 기인한다. 노동 이주는 사회적으로 주변화된 사람들의 공간적인 집중들을 발생시키며, 이러한 분포는 문화적으로도 특징적인 거주 공간을 창출한다(King, 1995: 22). 요컨대 이주는 다문화사회를 발생시키는 동인이다.

Box 2 글로벌 이주의 특징

1945년 이후 글로벌 이주의 특징	
이주 흐름	• 제2차 세계대전의 종료와 그에 따른 전후 정치적 처리로 인해 강력한 역내 이주물결, 추방 등이 발생함(독일, 폴란드, 이스라엘과 팔레스타인, 인도-파키스탄, 한국 등). • 이 시기의 핵심 이주흐름은 OECD 국가로 향한 경제적 이주자들임. • 1973년 이후 북아프리카, 남아시아, 동남아시아에서 중동으로 지구적·지역적 이주흐름 발생함. • 고숙련 경제적 이주자들이 증가. 이들이 다국적 기업의 인력을 충당함. 남반구에서 북반구로 상당한 '두뇌유출'이 이루어짐. • 탈식민국가 형성과 내전으로 인해 국제 망명자, 국제 난민, 지역 내 유민들 다수 발생함. • 관광객, 여행자, 국제 유학생의 수 증가.
범위	• 핵심 경제적 이주자는 매우 광범위. 유럽·호주·북아메리카·중동으로 지구적 이주 발생함. • 아프리카·동아시아·라틴 아메리카 내에서 대규모 역내 이주가 이루어짐. • 이주 흐름이 다변화됨.
강도	• 중간 정도이나 이 시기 동안 증가됨.
속도	• 개별적 여행/이주 속도가 매우 빨라짐.
영향력	• 고도의 민족적 동질성을 지닌 유럽이 상당수의 비유럽계 소수민족을 받아들이기 시작함. • 유럽은 완전고용 및 노화에 따른 문제를 해외로부터의 노동력 유입으로 해결하려 함. • 해외 이주 노동력의 복지비용과 수입에 대한 영향력은 대체로 불분명함. • 미국이 더욱 다원적이고 다양화됨. • 모든 국가가 민족정체성과 시민권의 의미를 정치적·문화적으로 재정의해야 함.
하부구조	• 항공여행으로 경제적 이주자들의 이주가 용이해짐.
제도화	• 운송시스템·국경통제·노동시장의 제도화가 이루어짐. • 그러나 이와 함께 비합법 이주가 늘어남. • 난민에 관한 국제체제와 망명 정책이 전쟁으로 인한 이주를 규제함. • 이주에 관한 감시가 늘어남.
계층화	• 이주자들 사이에 이동의 자유에 관한 서열이 존재함: 고숙련 이주자는 저숙련 이주자에 비해 선택의 폭이 넓고, 난민과 망명자는 선택의 폭이 가장 좁음. • 개별 이주자에 대한 국가의 권력은 상승. 집단적 대량 이주에 대한 국가의 권력은 감소하고 있을지도 모름.

(데이비드 헬드 외, 2002: 483-484)

3. 글로벌화와 문화다양성

이렇게 글로벌화는 인류가 과거 그 어느 때보다도 새로운 시공간 경험을 하고 있음을 보여준다. 인류사회 구성원들 간에 상호영향력이 증대됨에 따라 중립적인 공간을 찾아보기 어렵게 되었다. 이 지구상에서 '순수'한 장소를 찾는 것이 불가능할 정도로 서로 이질적인 의미의 흐름들이 상호침투적이면서 새로운 변형체를 만들어내고 있다. 그 어떤 장소도 이제는 단 하나의 문화적인 의미로 환원할 수 없는 상태이다. 지구상의 여러 장소들은 인간, 재화, 정보 그리고 이미지들의 이동에 의해 상호 연관된 처지에 봉착해 있다(그림 1-3 참조. Castree, 2003: 179). 한 장소는 다른 장소와 글로벌 영향력을 매개로 연결되어 있다. 따라서 하나의 장소는 외부와의 관계 설정에서 경계가 확고부동하다고 볼 수 없다. 아울러 국지적인 장소의 성체성은 단순히 그곳의 이야기에만 기초하지는 않기 때문에 글로컬 정체성들(glocal identities)이다. 상호영향력들의 주고받음에 의하여 글로벌화가 지구촌 곳곳에 진행이 되고 있다고 해서 모든 곳이 동질화의 추세를 따른다고 규정하기에는 현실이 너무나 역동적이다.

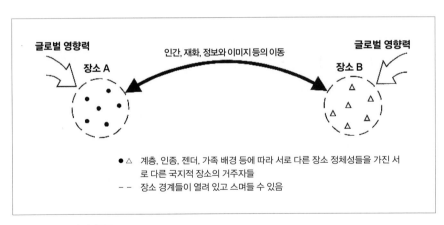

그림 1-3 글로컬 정체성들

글로벌화 현상으로 최근 주목할 만한 사례가 스타벅스 커피 문화의 확산이다. 전 세계의 할리우드화, 맥도날드화와 더불어 글로벌 문화 현상의 사례로 많은 사람들이 주목하고 있다. 스타벅스는 단지 일정한 가격의 커피 판매처로만

국한시킬 수 없는 공간이다. 하나의 라
이프 스타일을 들 시우는 문화 요소
이며, 부르디외(Bourdieu, 1984)가 말
하는 '구별짓기' 전략의 일부일 수 있
다. 여기서는 스타벅스 커피문화의 확
산을 두고 글로벌화=미국화라고 보
는 결정론적 시각에서 벗어나고자 한
다. 우리는 글로벌화에 따른 문화의 성
질을 파악하고자 하는 데 초점이 있다.
문화라는 것은 힘에 의해 일방적으로

인사동에 있는 스타벅스

구조화되지 않는 고유한 성질이 있다. 물론 서로 다른 문화들은 상호 관계 설정
에서 힘의 지배에 따라 질서가 만들어질 수 있겠지만, 그렇다고 일방적인 것만
은 아니다. 그곳에는 교섭과 타협의 과정이 뒤따르며, 이러한 만남은 가시적인
경관으로 드러난다. 글로벌화에 따른 문화의 교섭 현상이 나타나며, 이러한 교
섭의 과정 및 결과가 문화의 혼성화 양상으로 특정한 장소에서 드러난다.

　　스타벅스 문화가 전 세계적으로 확산해 나가는 과정에서 미국식 스타일이
일방적으로 관철되는 것은 아니다. 장소가 가지는 성질에 따라 차별적인 현지화
전략이 나타나기도 한다. 인사동의 스타벅스가 대표적인 사례다. 인사동은 전통
에 의하여 장소의 힘을 발산하는 곳이다. 하지만 그 전통이 창덕궁이나 경복궁
처럼 '순수미'에 지탱하는 곳으로 여겨지지는 않는다. 그렇다고 해서 미국식 다
방이 일방적으로 들어오는 것 또한 바람직한 것은 아니었다. 그리하여 스타벅스
는 인사동에 들어오면서 한글 간판을 달았다. 이렇게 전통의 장소, 인사동의 문
화는 혼성성(hybridity)을 띠고 있다. 기존의 문화와 새로운 문화 사이 타협과 순
응, 그리고 공존이 나타나면서 다양성을 현실화하고 있다.

　　현지인들의 입장에서 스타벅스를 수용하는 양상 역시 차별적이다. 즉, 스타벅
스라는 장소를 소비하는 양상에서 전 세계가 동질적이지 않다는 것이다. 2009년
9월 29일 연합뉴스는 미국의 어느 대학교수가 스타벅스에 관해 저술한 것에 주
목하고 있다. 그는 스타벅스가 지역사회의 전통적인 생활방식을 망쳤다고 보고
하였다. 기존의 지역사회는 대화와 교류를 특징으로 하는 생활방식을 가지고 있

었는데, 스타벅스가 그것을 왜곡하고 있다는 것이다. 그는 9개국 425개 스타벅스 매장을 방문한 결과에 기초하여 결론을 제출하였다. 그런데 이러한 결론이 한국의 사례도 충분히 검토한 결과인지 의문이 간다. 우리나라의 스타벅스는 사실 너무 시끄러워서 탈이다. 물론 혼자서 독서와 사색, 작업을 수행하는 고객도 있기는 하다. 그러나 대개는 친구와 연인 혹은 동료들과 왁자지껄 대화하는 공간으로 활용하고 있다. 스타벅스가 대화와 교류의 장소가 아니라는 판단은 적어도 한국의 경우에는 적용되기가 어려울 것 같다. 이와 같은 현상은 또 다른 글로벌 소비 공간의 대명사, 맥도날드의 경우도 마찬가지이다. 그 외양은 표준화된 패스트푸드 소비 공간이지만, 장소의 의미는 전략적 선택에 의하여 달라질 수 있다. 적어도 동아시아의 가정주부들에게 맥도날드 가게는 남성 지배적인 환경으로부터 벗어날 수 있는 피난처이기도 하다(Watson, 1997; Washbourne, 2007: 164). 요컨

Box 3 글로벌화의 역학

	글로벌화의 역학	사례
보편화 대 특수화	글로벌화는 사회생활의 여러 측면들을 보편적으로 만들어감.	국민국가, 소비 패션 등.
	글로벌화는 '현장'과 '장소'를 상대화함으로써 특수화를 부추김.	민족주의, 소수 종족 정체성의 부활.
동질화 대 차이화	글로벌화는 지구 전역에 걸쳐 생활의 외양과 제도에 '동일성'을 부여함.	도시 생활, 종교, 맥도날드, 인권, 관료화.
	글로벌화는 국지적 환경과의 관계에서 글로벌적인 것이 동화되거나 재접합됨.	인권의 차별적인 해석.
통합 대 파편화	글로벌화는 영역적 경계를 넘어서 사람들을 통합함.	초국적 기업, 국제노동조합, 초국적 계급구성.
	글로벌화는 전통적인 국민국가의 경계 내부 및 외부에서 공동체를 분화시킴.	종족, 인종적 분리 현상.
중앙집중화 대 분권화	글로벌화는 권력, 지식, 정보, 부, 의사결정 권한의 집중을 더욱 강화함.	유럽공동체, 초국적 기업.
	글로벌화는 자신의 운명을 통제하려는 경향을 강화시켜 분권화의 역학을 만들어냄.	평화운동, 여성운동, 환경운동.
병렬 대 융합	글로벌화는 시공간 압축을 통해 상이한 문명들, 생활방식들 등의 병렬 형태 창출.	사회적, 문화적 경계의 창출.
	글로벌화는 '공유된' 문화적·사회적 공간을 창출하고 그 공간들에서 이념, 가치, 지식, 제도 등의 혼성화 진행.	요리, 신세대 라이프스타일, 건축, 광고 이미지 등의 뒤섞임.

대 글로벌 공간으로서 스타벅스와 맥도날드는 외관상으로 볼 때는 동질적이지만 세계 각지의 현지에서 장소로서 소비되는 양상은 서로 다를 수 있다.

이상에서 논의한 바와 같이, 글로벌화는 그리 단순한 이해의 대상이 아니다. 글로벌화는 모순적인 역학의 산물이다(자세한 내용은 Box3 참조. 앤소니 맥그루, 2000: 101-102). 글로벌화는 보편화를 추구하는 동시에 특수화를 낳고 있다. 동시에 동질화의 추세로 보이지만 차이화의 양상을 수반한다. 아울러 통합의 경향성을 가지면서도 파편화의 성질을 나타내기도 한다. 다만 분명한 것은 글로벌화에 따라 우리들의 생활환경이 더는 정적이지 않고 매우 역동적인 흐름과 변화의 모습을 보이고 있다는 점이다. 즉 우리를 둘러싸고 있는 현실은 다양성으로 충만하고 있으며, 이러한 현실에서 견지해야 할 삶의 태도를 생각하도록 한다. 인류사회 구성원들은 매우 가변적이고 다양한 생활세계를 살아가고 있으며, 구성원들 사이 관계의 정립에서 성찰적인 선택을 수행해야 할 처지에 놓여 있다.

4. 디아스포라 주체와 정체성의 공간

근대사회는 이주의 시대이며, 많은 사람들이 고향을 떠나 살아가고 있다. 인간의 이동은 자연스러운 삶의 형식이 되고 있다. 이러한 이주 현상은 익숙한 곳의 테두리를 벗어나 낯선 곳으로 향하는 과정이다. 이주자들이 낯선 곳에 직면하는 현실이 예사롭지 않다. 근대사회에서 이주 현상은 중립적이지 않고, 그 자체로 사회정치적인 과정이다. 이주 주체에게 새로운 공간은 뿌리내림과 정체성의 도전 장소이다. 특히 이주자들은 디아스포라(diaspora)[1]의 처지에 위치하며,

....

1   디아스포라(diaspora)는 우리말로 이산(離散)이라고 번역한다. 그러나 학술담론에서 디아스포라로 부르는 경우가 흔하다. 희랍어의 기원은 speiro(to sow, or to scatter)+dia(over, or through)이다. 오늘날 사전적인 정의는 산포(dispersion from)의 의미를 가진다. 인류사에서 유대인들의 처지가 디아스포라의 전형이다. 한민족의 경우도 근현대사에서 디아스포라를 경험하였다. 예컨대 연해주에서 중앙아시아로 강제 이주한 사람들과 재일교포들이 여기에 해당한다.

그(그녀)는 다문화사회의 소수자라고 말할 수 있다. 디아스포라 주체는 처해 있음의 상태가 분열적인 양상을 보인다. 디아스포라 주체에게 일상생활의 관행이 부자연스러울 수 있기 때문이다. 국민국가에 의하여 만들어진 제도들이 억압적으로 다가설 수 있다.

> 디아스포라에게는 조국(선조의 출신국), 고국(자기가 태어난 나라), 모국(현재 '국민'으로 속해 있는 나라)의 삼자가 분열해 있으며 그와 같은 분열이야말로 디아스포라적 삶의 특징이라고…다수자는 대부분 자신의 선조와 같은 나라에서 태어나 그 나라에 '국민'으로 속해 있다. 즉 조국·고국·모국이 일치하지 않을 뿐만 아니라, 그 삼자의 지배적인 문화관이나 가치관은 서로 많이 다르고 자주 상극을 이룬다(서경식, 2007: 114).

디아스포라 주체는 분열적인 자아를 가지며, 이것 때문에 삶이 고통스러울 수 있다. 이 고통은 단지 심리적인 차원, 주관적인 정서의 문제로만 국한되지 않는다. 단지 개인의 문제가 아니라는 것이다. 여기에는 상당히 오랜 세월 동안 많은 사람들의 일상을 규정하는 구조적인 요인들이 개입하고 있다. 이른바 국민국가에 의해 질서화한 일상생활의 관행들이 있으며, 이것은 디아스포라 주체들에게는 삶의 질곡이 되기도 한다.

서경식 선생은 일본에서 대학교수로서 살아가고 있는 한국인이다. 재일한국인으로 그는 해외여행을 떠나기 직전에 항상 확인해야 할 사항이 있다. 여권에 재입국허가 기한을 확인해야 한다. 그는 일본에서 태어나 그곳에서 공교육을 받고 세금을 내면서 학자로서 살아가고 있는데, 해외에 나가서 입국할 때 '허가' 여부가 기한에 의해 조건화되어 있는 것이다.

> 이렇게 말해도 그게 무슨 의미인지 모르는 사람이 태반일 테니 설명을 덧붙이자면, 내 국적은 한국이기 때문에 나는 대한민국이 발행한 여권을 소지하고 있는데 그것만으로는 해외여행을 할 수 없다. 내가 태어나 자라고, 직장과 집이 있고, 가족과 친구가 사는 일본이라는 나라에 내가 다시 돌아오기 위해서는 일본 법무성의 '재입국허가'가 필요하다. 나는 일본에서 '특별영주'라는 카

테고리에 분류돼 있다. 이것은 재일외국인 가운데서는 상대적으로 가장 안정된 법적 지위이긴 하지만, 그래도 재입국허가 없이 일본 밖으로 나가면 다시입국할 수 있다는 보장이 없다. 아니, 원칙적으로 재입국허가가 없이는 재입국할수 없다(같은 책: 194).

국민국가는 안정된 질서를 추구하며, 애매한 위치에 있는 주체들, 즉 이미 정해져 있는 경계들 주변 언저리에 서 있는 주체들에게는 매우억압적이다. 국민국가의 경계는 안과 밖의 구분이 뚜렷하다. 그러나 오늘을 살아가는 많은 사람들에게 이러한 경계는 매우 차별적이다. 자발적이든 그렇지 않든지 간에, 정치적인 이유이든경제적인 이유이든 간에, 국민국가의 경계를 넘어서는 경우 상당한 통제 기제가 작동한다. 이경우 경계는 절대 고정 불변의 상황인가, 통제

서경식 선생이 쓴 『디아스포라 기행–추방당한 자의 시선』(돌베개)

기제가 추구하는 의미의 질서는 오늘을 살아가는 우리를 존엄하게 해주고 있는가? 경계가 가변적이라면, 과거에서부터 현재를 거쳐 미래를 지향하는 과정 속에서 어떤 전략들을 추구해야 하는 것인가? 통제 기제가 자연화된 것에 불과하다면, '해체'와 '재구성'이 가능하다면 역시 취할 수 있는 전략은 무엇인가? 등의질문을 던져본다. 사실 이러한 질문에 대한 해답의 모색은 쉬운 일이 아니다. 서경식 선생은 왜 일본에서 태어났는가? 그의 부친은 왜 일본으로 이주했는가? 왜그의 가족들은 고난의 인생을 살았는가? 이러한 문제는 단지 개인적인 차원에만머물지 않는다. 태평양 전쟁과 전후 일본사회의 성립, 한반도의 분단 등과 같은역사적 국면들이 있고, 좀 더 근본적으로는 근대 사회의 역학 기제가 자리한다.

서경식 선생과 가족들의 생애사는 주로 정치적인 문제들을 중심으로 이야기가 표면화된다. 물론 디아스포라 현상의 근원에서는 경제적인 차원들이 묵직하게 자리하고 있다. 동아시아에서 제국주의의 팽창 과정 속에서 근대사회는 모순이 응축되었고, 이러한 상황이 개인사나 가족사에도 개입하고 있다. 그런데 디아스포라의 상황은 단지 동아시아만의 문제가 아니다. 디아스포라의 사례들은 인류

사에서 쉽게 찾아볼 수 있다. 흔히 다문화사회의 전형으로 미국 사회를 언급한다. 미국 사회는 이주의 역사 그 자체이다. 원주민들이 사는 땅에 유럽 백인들의 이주가 있었고, 곧바로 아프리카로부터 수많은 흑인 노예들의 이주가 있었다. 특히 흑인 노예들의 이주는 비자발적인 선택 혹은 강제 이주의 상황인 만큼이나 비극적일 수밖에 없었다. 이름하여 'Black Atlantic diaspora' 상황이 발생하면서 다인종, 다종족, 다문화사회의 전형을 창출했다(Dwyer, 2005: 501). 물론 20세기 와서 수많은 아시아계 디아스포라가 미국 사회에 편입되기도 했다. 아울러 유럽의 경우도 다른 지역으로부터 이주 현상이 발생하였고, 디아스포라 현상이 일상화되었다.

이렇게 디아스포라는 소속감의 장소가 여러 곳이며 여러 경계들을 넘나드는 삶의 형식이다. 그래서 디아스포라 주체는 고정된 '뿌리들' 혹은 기원들에 도전하는 정체성을 가지며, 초국가적인 결속과 연결을 선호한다(Dwyer, 2005: 501). 디아스포라 공간을 사유하면서 가장 인상적으로 직면하는 실체들 중 하나가 바로 경계(boundary)이다. 디아스포라 주체에게 현실은 항상 경계들의 등장이며, 이 경계들과의 관계 설정이 삶 그 자체이기도 하다. 즉 디아스포라 공간은 포함과 배제, 소속감과 타자성, '우리들'과 '그들'의 경계들이 경합하는 지점이다(Dwyer, 2005; Fortier, 2007; Crang, 1998). 따라서 디아스포라 공간은 곧바로 정체성의 장소들에 대하여 생각하도록 한다.

정체성의 장소들은 앞서 언급한 바와 같이 경계를 확보하고 있다(Pratt, 1999). 하나의 장소가 고유성을 가지려면 다른 장소와의 관계 설정 속에서 차별화 계기가 있어야 한다. 차이나타운이 하나의 장소로서 독특함이 유지되려면 그 장소 내부에서 고유한 성질들을 만들어야 한다. 다른 장소에서는 발견할 수 없는 독자적인 경관들, 사회적 관행들이 있어야 한다. 차이나타운에 거주하는 화교들은 그 장소에 자리한 경관과 관행들에 애착과 소속감을 가진다. 그런데 이러한 경관과 관행들이 누군가에게 이질적인 느낌의 구조를 만든다면 그 사람은 외부자인 것이다. 이렇게 하나의 장소는 일정한 차별화 전략의 산물이며, 그 장소는 영역화(territorialization) 과정이 작동한 결과물이다(Paasi, 1997). 여기서 정체성의 장소는 공간스케일에 따라 매우 다양한 모습을 가진다. 그 장소는 우리집, 우리 마을, 우리 고장, 우리 지역, 우리나라가 된다. 그래서 향토와 모국은 각각 지역적인 스케일과 국가적인 스케일에서 애착심을 야기하는 장소이다.

인천시 중구 북성동에 있는 차이나타운

장소에 대한 애착은 장소감(sense of place)에 기초한다(Rose, 1995). 더 구체적으로 이야기하자면, 애착이 가는 공간은 동일시의 장소감을 부추긴다. 나와 우리는 그 장소와 운명공동체라고 생각한다. 디아스포라 주체들에게도 이러한 현상은 마찬가지이다. 인도네시아에서 이주근로자로 와서 안산시 원곡동에 거주하는 사람은 그곳에 위치한 이슬람 사원을 찾는다. 다문화마을로서의 원곡동과 이슬람 사원은 이주자들에게 매우 중요한 생활공간이다. 그곳에서 단지 의식주만 해결하는 것은 아니다. 이주자들에게는 보다 근본적인 마음의 의지처가 필요하며, 그 역할을 종교시설이 해낼 수 있다. 그래서 안산시 원곡동은 다문화마을 특구로서 장소화되었는데, 그곳에서도 이슬람 사원과 같은 경관들이 그곳의 정체성을 더욱 강화시켜준다. 아울러 디아스포라 주체들에게 '배려의 정치'가 주어진다면, 그것은 바로 '장소의 정치'가 된다. 즉, 다문화주체들이 소속감와 동일시라는 심리 기제가 발생할 수 있는 근거로서 장소 만들기가 이루어져야 한다. 한반도에서 다문화장소의 탄생은 어떤 의미를 가지는 것일까? 다문화장소는 국토의 순결을 망치는 외래사조인가? 국토가 새로운 다양성, 역동성을 확보해 나가는 과정이 아닐까? 한결음 더 나아가 이미 한반도에 살아왔던 사람들은 다양한 이주의 결과물들이 아닐까?

안산시 원곡동 마을지도(한정우, 2008)

5. 다문화사회와 삶의 태도

지금까지 살펴본 바와 같이, 다문화사회의 기원은 지구적 규모에서 발생한 이주에 있다. 글로벌화 추세 속의 오늘날, 많은 사람들이 태어난 곳에서 살지 않는다. 민족국가의 경계를 넘어 삶의 보금자리를 찾는 경우가 많아지고 있다. 많은 사람들이 낯선 공간에 와 있는 상황이 빈번해지고 있다. 사람들은 낯선 곳에 가야 자신을 발견한다. 나에게 익숙하지 않은 장소에서 경계를 확인하고 자신의 정체성을 생각한다. 다문화사회의 등장은 그 사회구성원들에게 정체성의 문제를 제기한다. 이주해 온 사람과 이미 살고 있었던 사람 모두 '자신'을 재발견한다. 정체성을 느낀다는 것은 다름 혹은 차이의 국면을 확인하는 과정이다. 경계를 기준으로 하여 익숙한 동일성의 장소와 낯선 타자성의 장소가 구별된다. 그리하여 '우리'와 '그들'이라는 범주가 부상한다.

이렇게 개인이나 집단이 자신의 고유성을 알고 난 뒤, 나 혹은 우리와 다른 부류와 어떤 관계 설정을 할 것이냐가 삶의 문제로 다가선다. 경계선 외부에 있는 사람들을 일방적으로 배제하는 것은 올바르지 못할 것이다. 그렇다고 해서, 차이를 애써 외면하고 인위적으로 동질성을 강조하는 것도 진실하지 못한 처사일 것이다. 당연히 차이를 인정하고 공존의 길을 걸어갈 수 있는 여지를 만들어야 할 것이다. 이 경우에 힘이 있는 사람이 약자를 배려하고 포용할 수 있는 마음의 태도도 중요하다고 생각한다. 사실, 이러한 관용의 정신은 생득적인 것이 아니다. 후천적으로 교육을 통하여 만들어지며 그래서 교육이 중요하다(남호엽, 2004 참고).

다문화사회에서 구성원들이 가져야 할 삶의 태도를 언급할 때, 좀 더 추상화된 개념으로 흔히 '다문화주의'가 널리 회자된다. 다문화주의라는 용어에 대하여 추(Chu, 1997: 182-183)의 경우, "철학적인 입장과 운동으로, 이것은 다원화된 사회의 젠더, 종족, 인종 그리고 문화다양성이 모든 제도화된 구조들에서, 특히 교육제도들에서 반영되어야 한다"고 가정한다. 요컨대 다문화주의는 "사회 안에서 문화와 정체성의 다양성을 고려하는, 다시 말하면 인정하고 받아들이고 장려하는 공적인 시도를 지칭한다"(마르코 마르티니엘로, 2002: 93). 다문화주의의 발상은 이렇게 한 사회 혹은 공동체 내부에서 발생하는 다양성을 어떻게 다룰 것이냐의 문제이다. 즉, 사회의 안정과 통합을 유지하면서도 그 내부의 다양성을 보장하는 문제이다. 내부의 다양성을 인정하면서도 사회통합을 유지할 수 있는 묘책이 무엇인가가 관건이다. 이 점과 관련하여 다문화주의의 입장에 대하여 마르티니엘로는 다음과 같은 견해를 피력한다(같은 책: 106-108). 모든 개인은 평등하며, 소수집단 역시 특수한 권리를 가질 수 있다고 본다. 그런데 이 소수집단의 권리 옹호가 다른 개인을 억압할 수는 없다. 사실 이러한 입장에서 본다면, 다문화사회의 소수자 권리를 옹호하는 것이 사회해체의 원인이 되거나 정의롭지 못한 것이 아니다.

다문화주의의 발상은 '정상적' 시민('nomal' citizen)의 모델이 가지는 한계를 극복하려고 한다(윌 킴리카, 2005). 다문화주의 관점에서 보기에 '정상적' 시민은 장애가 없고 이성애자인 백인 남성이다. 그런데 현대사회의 구성원들 각각을 살펴보면, 이러한 '정상성'의 범주 외부에 있는 사람들이 허다하다. 그래서 현대 사회의 다양성을 고려하는 현실의 정치가 작동하고 있는데, 이것이 바로 '차이 의 정치', '정체성의 정치', '인정의 정치' 차원이다.

> 오늘날 이전에 소외되었던 집단들은 이들이 단순히 인종, 문화, 성(gender), 능 력 또는 성적 취향이 소위 '정상적' 시민과 차이가 난다고 해서 침묵해야 한다 거나, 주변적 존재로 취급되거나, 또는 비정상적 존재로 규정되는 것을 결코 받아들이려 하지 않는다. 이들은 좀 더 포용적인 시민의 개념을 요구하고 나 선다. 이 포용적 시민개념은 이들의 정체성을 (비난하기보다는) 인정하고, 이들 의 차이를 (배제하기보다는) 수용한다(같은 책: 456).

이렇게 다문화주의 관점은 민주주의의 외연을 확장한다는 측면에서 옹호가 가능하다. 아울러 단지 종족 및 인종의 차이를 인정하는 차원뿐만 아니라 젠더 와 성적 취향의 차이까지도 고려하는 상황이다. 이른바 사회적인 타자로 범주화 되는 주체들도 보편적인 인권을 향유할 수 있다는 입장이다.

다문화주의의 시각은 한국 사회에서도 현실적인 과제의 일부로 부각이 되 고 있다. 글로벌화 추세는 디아스포라 주체가 예외적인 별종이 아니라, 이제는 자연스러운 삶의 형식으로 생각하도록 한다. 이 점이 과거에 비해 달라진 점이 다. 글로벌화라는 현실은 이주를 하나의 일상으로 만들면서 인류사회 구성원들 의 삶의 조건을 변모시키고 있다. 이제 한국 사회에서 이주노동과 국제결혼이 라는 현실이 '구경거리'이기보다는 하나의 삶의 모습으로 받아들여진다. 그래서 디아스포라 주체를 위한 사회적인 고려가 나타나고 있다. 정부 기관에서 경쟁 적으로 디아스포라 주체를 위한 제도 개선을 추진하고 있다. 여기서 문제는 제 도 개선 자체도 중요하겠지만, 그러한 개선의 의도가 무엇인지에 있다. 국민국 가 내부의 단결력을 고양하기 위한 일종의 용광로 정책인가? 아니면 사회의 혼 성성이 가지는 창조적인 에너지에 주목하고 있는가? 곰곰이 따져봐야 할 사안 이다.

한국 사회가 다문화사회임을 선포하는 소리가 곳곳에서 들려오고 있다. 우리는 유럽과 북미에서의 역사적인 상황을 알고 있다. 그곳에서의 시행착오를 반복하지 않으려 하고 있다. 바람직한 일이다. 하지만 같은 상황은 아닐 것이다. 다문화사회라는 추상성은 같지만, 처해 있는 구체적인 현실이 다르다. 다문화사회로서 한국 사회에 대한 이해는 단지 한반도 내부의 차원으로만 볼 수 없다. 이주자들의 출신 국가를 보면, 주로 아시아 대륙에 분포한다. 경우에 따라서는 완전하게 이방인이라고 볼 수 없는 경우도 있다. 요컨대 한민족 디아스포라의 주체가 우리 사회에서 다문화가정을 만들고 있기도 하다. 다문화사회로서 한국 사회가 가지는 여러 특수성이 있다. 다문화주의가 또 하나의 외래사조가 아니라면 이러한 특수성에 대한 천착이 중요하다고 본다.

1. 글로벌화의 특징을 다문화사회 현상의 이해 측면에서 논의해 봅시다.

2. 자신이 살고 있는 지역사회에서 다문화사회 현상을 기술하고 그러한 현상의 발생 원인을 논의해 봅시다.

3. 세계 각지에서 소수자로 살고 있는 우리 민족의 사례를 조사하고 특징을 알아봅시다.

4. 다문화 장소를 답사하고 그곳의 대표 경관을 찾아봅시다.

5. 영화와 소설 등 여러 매체에 나타난 디아스포라의 사례를 찾고 그 의미를 논의해 봅시다.

참고문헌

남호엽(2004), 「시민성의 공간과 정체성 교육의 논리」, 『지리과교육 6』, 135-146, 한국교원대학교 지리교육과.

데이비드 헬드 외, 조효제 역(2002), 『전지구적 변환』, 창비.

류제헌 편역(2008), 『세계문화지리』, 살림.

마르코 마르티니엘로, 윤진 역(2002), 『현대사회와 다문화주의』, 한울.

서경식, 김혜신 역(2006), 『디아스포라 기행』, 돌베개.

알렉산드로 바리코, 김현철 역(2008), 『넥스트: 지구화, 앞으로 우리는 어떤 세계를 살아갈 것인가?』, 새물결.

앤소니 맥그루, 고동현 역(2000), 「전지구 사회?」, 전효관 외 공역, 『모더니티의 미래』, 현실문화연구.

월 킴리카, 장동진 외 공역(2005), 『현대 정치철학의 이해』, 동명사.

한정우(2008), 「안산시 원곡동 이주민의 영역화 과정」, 한국교원대학교 석사학위논문.

Bourdieu, P. (1984). *Distinction: A social Critique of the Judgement of Taste* (R. Nice, trans.). London: Routledge.

Castree, N. (2003). Place: Connections and Boundaries in an Interdependent World. In S. L. Hollowy, S. P. Rice, & G. Valentine (eds.), *Key Concepts in Geography* (pp. 165-186). London: Sage.

Chu, H. (1997). Multiculturalism. In C. A. Grant, & G. Ladson-Billings (eds.), *Dictionary of Multicultural Education* (pp. 182-183). Phoenix, Arizona: The Oryx Press.

Crang, M. (1998). *Cultural Geography*. London & New York: Routledge.

Dwyer, C. (2005). Diasporas. In P. J. Cloke, P. Crang, & M. A, Goodwin (eds.), *Introducing Human Geography* (2nd., pp. 495-508). London: Arnold.

Fortier, A. M. (2007). Diaspora. In P. Jackson, D. Sibley, & N. Washbourne (eds.), *Cultural Geography: A Critical Dictionary of Key Concepts* (pp. 182-187), London & New York: I. B. Tauris.

Harvey, D. (1990). *The Condition of Postmodernity*. 구동회·박영민 역(1994), 『포스트모더니티의 조건』, 한울.

King, R. (1995). Migrations, Globalization and Place. In D. Massey, & P. Jess (eds.), *A Place in the World?* (pp. 5-33). Oxford: Oxford University Press/The Open University.

Knox, P. L., & Marston, S. A. (2003). *Human Geography: Places and Regions in Global Context*. Pearson. New Jersey: Prentice Hall.

Paasi, A. (1997). Geographical Perspectives on Finnish National Identity. *GeoJournal, 43*(1), 41-50.

Pratt, G. (1999). Geography of Identity and Difference: Making Boundaries. In D.

Massey, J. Allen., & P. Sarre (eds.), *Human Geography Today* (pp. 151-167). Cambridge: Polity Press.

Scholte, J. A. (2007). Globalization. In J. A. Scholte, & R. Robertson (eds.), *Encyclopedia of Globalization* (vol.1, pp. 526-531), London & New York: Routledge.

Watson, J. L. (1997). Introduction: transnationalism, localization, and fast foods in East Asia. In J. L. Watson (ed.), *Golden Arches East: McDonald's in East Asia* (pp. 1-38). Stanford: Stanford University Press.

Washbourne, N. (2007). Globalization/globality. In P. Jackson, D. Sibley, & N. Washbourne (eds.), *Cultural Geography: A Critical Dictionary of Key Concepts* (pp. 161-168), London & New York: I. B. Tauris.

2장

다문화교육의 의미와 역사

박상철 서울교육대학교 교육학과 교수

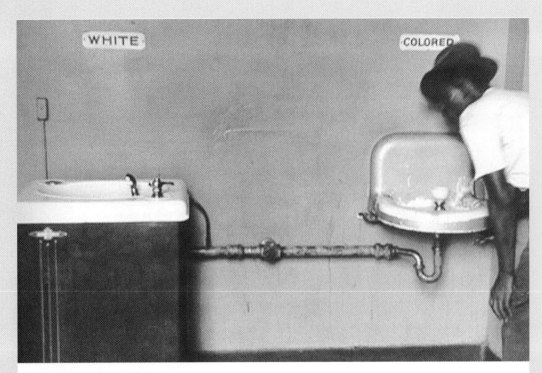

백인과 유색인을 분리한 공공시설

• 위의 사진은 1900년대 초반, 미국의 사회상을 잘 보여주고 있다. 어떤 느낌이 드는가?
  자신의 느낌을 서로 이야기해 보자.

정치, 경제, 사회, 문화의 모든 면에서 외국과 교류가 활발해지고, 개개인의 복지에 대한 관심이 높아짐에 따라 '다문화사회', 그리고 '다문화교육'에 대한 관심 또한 높아지고 있다. 이 장에서는 '우리는 다문화사회에서 살고 있다'거나, '학교에서 다문화교육을 해야 한다'는 말을 어떻게 이해해야 하는지, 다문화교육에 대한 관심이 언제, 어떤 계기로 촉발되었는지, 세계의 여러 나라에서는 다문화교육을 어떻게 행하고 있는지 고찰해 보기로 한다.

1. 다문화교육의 의미

에릭슨에 의하면, 이 세상에 태어나서 죽을 때까지의 인간의 삶은 '나는 누구인가'라는 근본적인 물음에 대한 해답을 찾아가는 과정, 그의 용어로 '정체성'을 확립해 나가는 과정이다(Erikson, 1950; 박아청, 1987). 그가 보기에, 정체성은 타인에 대하여, 그리고 이 세계 전체에 대하여 생각하고, 판단하고, 행동하는 데에 영향을 미치는 것으로서, 인간은 누구든지 정체성을 확립해야 한다는 과업을 안고 이 세상에 태어난다.

우리가 우리 자신의 정체성을 찾아 나아가는 데에 있어서 가장 큰 영향을 미치는 요인은 '사회'라고 말할 수 있다. 우리는 누구든지 특정한 사회 안에서 살아가며, 우리가 살아가는 특정한 사회는 특정한 언어와 신념과 규범 등을 문화적 유산으로 전수받고 전수해 나아가는 공간, 한마디로 말하여 역사성을 가진 공간이다. 이 점에서, 그것이 무엇에 의하여 형성되는가 하는 데에 초점을 두고 생각해 보면, 정체성은 '문화적 정체성'이라든지 '역사적 정체성'이라고 부를 수 있다.

『다원주의 사회에서의 다문화교육(Multicultural Education in a Phuralistic Society)』(2002)이라는 책에서 골니크(Gollnick)와 친(Chinn)은 정체성 또는 문화적 정체성(cultural identity)이 형성되는 데에 영향을 미치는 요인으로서 어떤 것이 있을 수 있는지를 상세하게 고찰하고 있다. 그들에 의하면, 한 인간의 문화적 정체성 형성에 영향을 미치는 요인으로는 민족과 인종, 계층, 거주지, 연령, 능력 면에서의 특수성, 종교, 언어, 성 등을 들 수 있으며, 이 요인의 영향을 받아 형성되는 문화적 정체성은 고정된 것이라기보다는 타인 또는 집단과의 상호작용 과정에서 끊임없이 변화한다(그림 2-1 참조). 문화적 정체성의 형성 과정에 관한 골니크와 친의 분석을 따르자면, 다문화사회라는 것은 우리 자신의 정체성 또는 문화적 정체성을 형성하는 데에 영향을 미치는 요인이 다양하게 존재하는 사회, 또는 그 요인이 이전에 비하여 보다 더 다양해졌거나 부각된 사회를 가리킨다고 말할 수 있다.

그림 2-1은 한 인간이 문화적 정체성을 형성하는 데 있어서 민족과 인종, 계층 등의 다양한 요인의 영향을 받는다는 것을 잘 보여준다. 이 그림에서 알 수 있는 바와 같이, 다문화사회는 불평등을 유발시킬 가능성이 있는 요인이 다양하

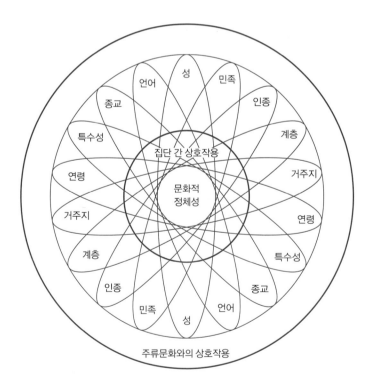

그림 2-1 문화적 정체성을 결정하는 요인(Gollnick & Chinn, 2002: 19)

게 존재하는 사회, 또는 그 요인이 이전에 비하여 좀 더 다양해졌거나 부각된 사회이며, 그 안에서 이루어지는 다문화교육은 민족과 인종, 계층, 거주지, 연령, 능력 면에서의 특수성, 종교, 언어, 성 등의 차이에도 불구하고 차별없이 교육받을 수 있도록 하는 활동, 또는 그 차이에도 불구하고 바람직한 문화적 정체성을 형성할 수 있도록 돕는 활동이라고 말할 수 있다.

다문화교육 분야의 선구자 그룹에 속하는 제임스 뱅크스(James A. Banks)는 '다문화교육'을 다음과 같이 정의하고 있다.

> 다문화교육은 남학생과 여학생, 영재아와 장애아, 그리고 다양한 인종, 민족, 언어, 문화집단의 일원으로 성장한 학생들이 학교의 학업성취 면에서 평등한 기회를 가질 수 있도록 하는 방향으로 교육제도의 구조를 바꾸는 것을 주된 목적으로 삼는 이념이요, 교육개혁 운동이요, 진행 중인 과업이다(Banks & Banks, 2007: 1).

다문화사회와 다문화교육에 대한 이상의 간략한 고찰은 우리에게 몇 가지 생각해 보아야 할 문제를 제기한다. 첫째로, 우리 사회가 다문화사회로 진입한 시점을 특정할 수 있는가 하는 문제이다. 이 문제에 대해서는 그 시점을 '대체적으로라도' 특정하는 것이 불가능하다고 보는 편이 옳을 것이다. 우리는 누구든지 민족과 인종, 계층, 거주지 등 여러 가지 면에서 다른 사람과 구별되는 특별한 존재로 태어나고 살아간다. 그렇기 때문에 넓은 의미에서 생각해 보면, 예나 지금이나 인간은 누구나 다문화사회에서 살아간다고 할 수 있다. 그럼에도 불구하고, '다문화사회'라든지 '다문화교육'이라는 개념이 최근 들어 사회적 이슈로 떠오르게 된 것은 한 사람 한 사람에 대한 복지가 예전에 비하여 중요한 문제로 부각되었다는 것을 의미한다고 보아야 할 것이다.

둘째로, 교육과 다문화교육의 관계 문제이다. 다문화교육은 이제까지 학교에서 전혀 찾아볼 수 없었던 새로운 형태의 교육을 가리킨다고 보아야 하는가? 이 질문에 대해서 '그렇다'고 대답하기는 어려울 것 같다. 경우에 따라서 다문화교육이라는 이름으로 불리는 특별한 형태의 교육 프로그램이 있을 수도 있겠지만, 다문화교육은 특별한 교육 프로그램을 지칭한다기보다는 학교 교육과 교육과정 전반을 '평등'이라는 개념에 입각하여 바라볼 것을 요구하는 교육이념이다. 어려운 가정에서 태어난 아이에게 학교 교육을 받을 기회를 부여하는 것, 장애아로 태어난 아이도 우리 사회의 모든 사람들과 어울려서 행복하게 살아갈 수 있도록 하는 것, 수학과 과학 등 이제까지 학교에서 중요하게 취급해 온 교과목을 잘 가르쳐서 편견 없는 마음을 가지고 살아갈 수 있도록 하는 것 등, 이 모든 것이 다문화교육의 범주에 포함된다고 보아야 한다.

셋째로, 다문화교육의 의미를 규정하는 핵심 개념인 '평등'의 의미 문제이다. 다음의 글은 교육 사태에서 '평등'이라는 것은 '천편일률적인 동등'으로 해석되어서는 안 된다는 점, 차이를 존중하는 것이야말로 진정한 의미에서의 '평등'일 수 있다는 점을 시사한다.

'모든 인간은 평등하다'는 말이… 하나의 사실적인 법칙으로 사용되는 경우는 거의 없다. 비록 문법적인 형식으로 보면 사실적인 진술이지만, 논리적인 기능으로 보면 그것은 대개의 경우에 사실적인 법칙을 말하는 것이라기보다는 하나의 규칙을 제정하는 것이다. 다시 말하면, 그 말은 곧 '인간은 평등하게 취급되어야 한다'는 뜻이다. 그러나 이러한 대담하고 엄한 명령을 어떻게 받아들여야 할 것인가? 그 말은 모든 인간이 항상 문제 그대로 똑같이 취급되어야 한다는 뜻으로 해석될 수는 없다. 예를 들면 모든 인간은 그들의 수입에 관계없이 똑같은 금액의 세금을 납부해야 한다는 뜻인가? 육체노동자들과 정신노동자들이 정량급식제로 똑같은 양의 음식을 배급받아야 한다는 뜻인가? 천재아가 정신박약아와 똑같이 취급되어야 한다는 뜻인가? 물론 어떤 생활 영역에서는 이렇게 획일적인 방식으로 인간을 취급할 수도 있을 것이지만, 그것은 현명하지도 않으며 정당하지도 않다. 천편일률적인 동등(flat equality)이 아닌 [정상참작의] '평등(equality)' 또는 '정의(justice)'의 원리에 의하면, 만약 사람들이 다르게 취급받아야 할 근거가 있다면 다르게 취급해 주어야 한다. 아리스토텔레스가 지적했듯이, 평등하지 않은 것을 평등하게 취급하는 것은 평등한 것을 평등하지 않게 취급하는 것에 못지않게 부정의(injustice)를 초래하는 것이다(Peters, 1966/2003: 141-142)

뱅크스는 '다문화교육'에 대해 사람들이 가지고 있는 '오개념'을 다음의 세 가지로 제시했다(Banks, 2008/2008: 12-17).

가) 다문화교육은 소수자를 위한 교육이다.
나) 다문화교육은 반서구적이다.
다) 다문화교육은 국가를 분열시킨다.

위의 세 가지 오개념 중에서 가장 심각한 오개념이면서 현재의 우리에게 시사하는 바가 큰 첫 번째 오개념에 대해 뱅크스는 다음과 같이 설명하고 있다.

다문화교육이 단지 특정 인종, 민족 집단이나 소외받은 자만을 위한 것이라는 생각이야말로 다문화교육이 물리쳐야 할 최악의 편견이다. 이러한 편견은 다문화교육이 시작된 이래로 꾸준히 나타나 심각한 문제를 불러일으키곤 했다. 많은 책과 학자들이 다문화교육은 모든 학생을 위한 것이라는 주장을 아무리 제기해도, 그것을 '소외받은 자들을 위한 복지 프로그램'이라고 여기는 인식이 대중의 마음속에 강하게 자리잡고 있으며 심지어 많은 교사들과 정책 입안자들에게도 영향을 미치고 있다(Banks, 2008/2008: 12).

뱅크스는 다문화교육에 대한 오개념을 제시하는 한편, 자신이 제시한 다문화교육의 개념에 입각하여 다문화교육의 차원을 그림 2–2와 같은 다섯 가지로 구분하여 제시하고 있다

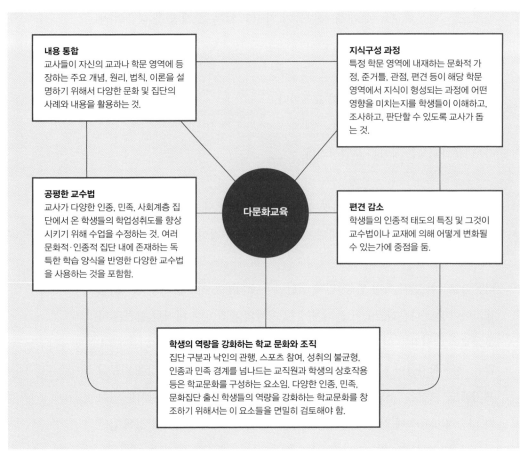

그림 2-2 다문화교육의 다섯 차원(Banks, 2008/2008: 45)

2. 다문화교육의 역사

미국에서 민권운동(Civil Rights Movement)이 활발하게 전개되던 1960년대
를 다문화교육에 대한 논의의 출발점으로 삼는 것에 이견을 다는 사람은 거의
없는 듯하다(Banks & Banks, 2007: 6-7). 그런 만큼 미국 민권운동의 전개 과정
을 개략적으로라도 살펴보는 것은 다문화교육에 대한 우리의 이해를 보다 심화
시키는 데 도움이 될 것이다.

1) 노예제도

1607년 5월 14일, 대서양을 건너 온 104명의 영국인들이 버지니아주에 제임스타운(Jamestown)을 건설하여 신대륙에 정착하고, 그 뒤 10여년이 흘러 1619년에 아프리카인이 유입되면서 백인과 흑인이 만들어온 미국의 역사가 시작되었다. 흑인의 유입 인구가 점차로 증가하면서 이들을 효과적으로 통제하기 위한 수단으로서 '노예제도'가 자리 잡기 시작했으며, 1680년경에는 남부지역을 중심으로 그 제도가 신대륙에 확고한 뿌리를 내리게 되었다.

그로부터 180여 년이 지난 1861년에 노예제도의 폐지를 주장한 공화당의 후보 에이브러햄 링컨(Abraham Lincoln)이 대통령으로 당선되고, 남북전쟁(1861~1865)에서 노예제도를 유지하고자 했던 남부 연합군이 그 제도의 폐지를 요구한 북부 연합군에 패한 후 미합중국 수정헌법 제13조(노예제도의 폐지), 제14조(공민권), 제15조(흑인의 투표권)가 잇따라 발의, 비준됨으로써 흑인들에게 기본적인 시민권이 보장되는 듯했다. 그러나 그것은 어디까지나 미합중국 헌법을 적어 놓은 문서에나 등장하는 명목상의 권리일 뿐이었다. 짐 크로 법(Jim Crow Law), 그리고 플레시 대 퍼거슨(Plessy vs. Ferguson) 판결은 노예제도가 폐지된

Box 1　노예제도와 관련된 수정헌법

수정헌법 제13조(노예제도의 폐지)

[1865년 발의·비준]

제1절　노예 또는 강제노역은 당사자가 정당하게 유죄판결을 받은 범죄에 대한 처벌이 아니면 합중국 또는 그 관할에 속하는 어느 장소에서도 존재할 수 없다.

제2절　연방의회는 적당한 입법에 의하여 본 조항의 규정을 시행할 권한을 가진다.

수정헌법 제14조(공민권)

[1866년 발의, 1868년 비준]

제1절　합중국에서 출생 또는 귀화하고, 합중국의 관할권에 속하는 모든 사람은 합중국 및 그 거주하는 주의 시민이다. 어떠한 주도 합중국 시민의 특권과 면책권을 박탈하는 법률을 제정하거나 시행할 수 없다. 어떠한 주도 정당한 법의 절차에 의하지 아니하고는 어떠한 사람으로부터도 생명, 자유, 재산을 박탈할 수 없으며, 그 관할권내에 있는 어떠한 사람에 대하여도 법률에 의한 평등한 보호를 거부하지 못한다.

제5절　연방의회는 적당한 입법에 의하여 본 조의 규정을 시행할 권한을 가진다.

수정헌법 제15조(흑인의 투표권)

[1869년 발의, 1870년 비준]

제1절　합중국 시민의 투표권은 인종, 피부색 또는 과거의 예속 상태로 해서, 합중국이나 주에 의하여 거부되거나 제한되지 아니한다.

제2절　연방의회는 적당한 입법에 의하여 본 조의 규정을 시행할 권한을 가진다.

후에도 흑인 또는 흑인을 포함한 유색인이 어떤 대우를 받으며 살았는지를 잘 보여준다.

2) 짐 크로 법

'짐 크로 법'(1877~1954)은 미국 남부에 위치한 여러 주에서 시행되었던 양한 유형의 '인종차별법'을 통칭하는 개념이다. 이 법은 남북전쟁이 끝나고 '하나의 미국'을 건설하기 위해 노력을 기울였던 이른바 '재건기'(1865~1877)가 막을 내린 1877년부터 강력한 민권운동이 전개되던 1950년대까지, 정확하게 말하면 뒤에서 언급할 브라운 대 토피카 교육위원회 판결이 나오기 전까지 미국 사회 전반에 엄청난 영향을 미쳤다.

대체로 인정되는 바에 의하면, '짐 크로(본명은 Jump Jim Crow)'는 1828년 토마스 다트머스 라이스(Thomas Dartmouth Rice)가 쓴 민스트럴 쇼(Minstrel Show, 흑인 노예들의 삶을 풍자적으로 묘사한 쇼)에 등장하는 주인공의 이름으로서, 다른 작가들도 그와 유사한 글을 쓰는 경우 짐 크로를 주요 등장인물의 이름으로 흔히 사용하였다.

이후 짐 크로는 점차로 백인과 전혀 다른 공간에서 전혀 다르게 살아가는 흑인의 대명사가 되었다. 1870년대 말기에, 남북전쟁 이후 남부로 이주한 북부인, 이른바 '카펫배거(carpetbagger, 철새정치인)'나 자유인 신분의 흑인의 영향력이 거의 사라진 1870년대 말부터 남부의 여러 주들은 공공장소(철도 등의 공공운송 수단, 학교, 식당, 극장, 호텔 등)에서 '유색인'과 백인을 분리시키는 법안을 통과시켰다. 이 법에서는 조상이 흑인인 것이 외견상 분명한 사람은 말할 것도 없고 흑인으로 의심되는 사람까지도 유색인으로 간주했다. 말하자면 이 법은 흑인을 포함한 유색인과 백인이 공공장소에서 동등한 자격으로 접촉하는 것을 법적으로 금지하는 인종 분리 또는 유색인 격리의 의미를 가진다. 다음에서 언급할 플레시 대 퍼거슨 판결은 짐 크로 법이 미국 사회에서 확고한 자리를 차지하도록 하는 데 있어서 결정적인 역할을 하였다.

3) 플레시 대 퍼거슨 판결(1896)

1892년 6월 7일, 호머 플레시(Homer A. Plessy)라는 이름의 한 젊은이가 루이지에나주의 어느 역에서 기차에 올랐다. 그런데 그가 올라탄 곳은 백인 전용 열차 칸이었다. 그 당시 루이지에나의 주법에 의하면, 철도회사는 백인 전용 열차 칸과 유색인 전용 열차 칸을 만들어서 기차를 운행하도록 규정하고 있었으며, 자신에게 맞지 않는 열차 칸에 오르는 경우 차장이 이를 제지하고, 경우에 따라서는 체포, 감금까지 할 수 있었다. 플레시는 노예가 아닌 자유인의 신분이었고, 피부색은 흰색이었으나 1/8의 흑인피를 물려받은 혼혈인이었다. 그런 그에게 차장이 유색인 전용 열차 칸으로 이동할 것을 명령하였다. 플레시가 이 명령을 거부하자 차장은 플레시를 체포하여 감금하였고, 소송이 진행되었다.

일심 재판에서 플레시는, 백인과 유색인을 각기 다른 열차 칸에 타도록 강제하는 것은 미합중국 수정헌법 제13조와 14조에 어긋날 뿐만 아니라 흑인에게 열등감을 심어준다는 점에서 위법이라고 주장하였다. 그의 주장에 대해 존 퍼거슨(John H. Ferguson) 판사는, 루이지에나주와 철도회사는 주법과 주의 관행에 어긋나는 것을 플레시에게 요구하지 않았다는 근거를 들어 그에게 유죄 판결을 내렸다. 이에 플레시는 연방대법원에 상소하였다.

연방대법원은 7대 1로 퍼거슨 판사의 손을 들어주었다. 다수의견의 집필을 맡은 헨리 브라운(Henry B. Brown) 대법관은, 철도를 포함하여 각종 공공시설에 마련되어 있는 백인 전용 공간과 유색인 전용 공간의 시설 및 설비 수준이 다르다면 문제가 되겠지만, 그렇다는 증거를 찾을 수 없으므로 서로 다른 인종을 분리시키는 정책이 유색인에게 열등감이라는 배지를 달아주는 역할을 한다는 플레시의 주장은 잘못이라고 판시하였다. 굳이 말하자면 '분리'라고 할 수 있겠으나 '합리적 분리'이므로 미합중국 헌법의 정신에 위배되지 않는다는 것이다. 이것이 바로 그 유명한 '분리 평등의 원칙(separate but equal)'을 확립한 판결이다.

이 사건의 판결에는 존 할랜(John M. Harlan) 대법관의 다음과 같은 반대의견이 첨부되어 있다.

미합중국 헌법의 관점에서 보면, 법의 눈으로 보면, 이 나라에 상위계급, 우성계급, 지배계급에 해당하는 시민은 없습니다. 이 땅에 배타적 특권계급은 없습니다. 우리의 헌법은 색맹(色盲)이며, 시민 사이에 계급이 있다는 것을 알지도 못하고 참지도 못합니다. 시민권과 관련하여 생각해 보면, 모든 시민은 법 앞에서 평등한 존재인 것입니다.

할랜의 반대의견은 다수의견에 묻혀 빛을 발하지 못하였으며, 미국 사회에서 '분리 평등의 원칙'에 입각한 차별 아닌 차별, 어쩌면 차별보다 더한 차별은 1950년대까지 행해졌다.

4) 브라운 대 토피카 교육위원회 판결

1954년 5월 17일에 미합중국 연방대법원은 브라운 대 토피카 교육위원회 사건에 대하여 '분리 평등의 원칙'을 뒤엎는 판결을 내렸다. 이 판결은, 비록 공교육에 한정된 것이기는 했지만, 여타의 공공시설에서도 '분리 평등의 원칙'을 적용해서는 안 된다는 판단을 함의하고 있다는 점에서 이와 관련된 많은 사건에 영향을 미쳤다.

이 당시 연방대법원은 '브라운 대 토피카 교육위원회(Brown v. Board of Education of Topeka)'라는 제명 하에 다섯 개의 주(델라웨어, 캔자스, 사우스 캐롤라이나, 버지니아, 워싱턴 디시)에서 상고된 사건을 함께 다루었다. 이와 같이 할 수 있었던 것은 그 사건들이 모두 '분리 평등의 원칙'과 관련된 것이었기 때문이다. 소송을 제기한 흑인 학생들은 백인 학생들이 다니는 학교에 입학하고자 하였으나, 인종에 따른 분리 수용을 의무화하거나 허용하는 주법에 따라 입학을 거부당했다. (델라웨어주에서 상고된 사건의 경우에는 흑인 학생들이 다니는 학교가 백인 학생들에 비해 시설, 교육과정, 교사와 학생 비율 등 모든 면에서 열악한 것으로 판명되어 소송을 제기한 흑인 학생의 손을 들어주었으나, 이 판결 역시 델라웨어주 전체 학교에 적용되지 않았을 뿐만 아니라 '분리 평등의 원칙'에 입각해서 이루어진 것이라는 이유에서 여타의 사건과 함께 연방대법원에서 다루었다.)

이 사건에 대해 연방대법원은 공립학교에서 흑인학생과 백인학생을 분리 수용하는 것은 "어떠한 주도 정당한 법의 절차에 의하지 아니하고는 어떠한 사람으로부터도 생명, 자유 또는 재산을 박탈할 수 없으며, 그 관할권 내에 있는 어떠한 사람에 대하여도 법률에 의한 평등한 보호를 거부하지 못한다"고 규정한 수정헌법 제14조를 위반한 것이라고 만장일치로 판시하였다. 사건의 최종 판결을 맡은 얼 워런(Earl Warren) 대법원장은 다음과 같이 말하였다.

백인 어린이와 흑인 어린이를 공립학교에서 분리하는 것은 유색인종 어린이에게 해로운 영향을 미칩니다. 그 분리가 법의 용인 하에 이루어지는 경우라면 그 영향력은 더욱 커집니다. 왜냐하면 인종을 분리하는 정책은 통상적으로 흑인 집단이 열등함을 의미하는 것으로 해석되기 때문입니다. 열등감은 어린이의 학습동기에 영향을 미칩니다. 이 점에서, 법의 용인 하에 이루어지는 분리는 흑인 어린이들의 교육적·정신적 성장을 방해하고, 인종 면에서 통합된 학교 시스템으로부터 얻을 수 있는 혜택의 일부를 박탈할 가능성이 있습니다. …본 법원은 공교육 분야에서 '분리 평등의 원칙'이 설 자리가 없다는 결론에 도달하였습니다. 인종에 따라 교육시설을 분리하여 수용하는 것은 근본적으로 불평등합니다.

5) 마틴 루터 킹이 꿈꾸는 세상

마틴 루터 킹(Martin Luther King, Jr., 1929~1968) 목사를 빼놓고 미국 민권운동에 대해 논의한다는 것은 있을 수 없다. 미국 민권운동의 모든 물줄기는 마틴 루터 킹으로 수렴되고, 그에게서 더 강한 힘을 얻어 새롭게 뻗어 나온다고 말해도 과언이 아닐 정도이다.

1963년 8월 28일, 노예해방 백주년을 맞아 워싱턴에서 평화 행진을 벌인 후 링컨 기념관 앞에 설치된 연단에 서서, 34세의 한 흑인 청년이 민권운동의 근본정신을 담고 있는 것으로 평가받고 있는 위대한 연설을 행하였다. 우리에게 "저에게는 꿈이 있습니다(I have a dream)"로 알려져 있는 바로 그 연설이다. 이 연설은 링컨 대통령의 '게티즈버그 연설(Gettysburg Address)', 존 F. 케네디 대통령의 '나는 베를린 시민입니다(Ich bin ein Berliner)' 연설과 더불어 미국의 역사에 가장 큰 영향을 미친 연설로 평가받고 있다. 그 연설의 원문과 번역이 이 장의 말미에 수록되어 있으니 참고하기 바란다.

3. 세계 여러 나라의 다문화교육

1) 미국

미국의 다문화정책은 배척주의(nativism)에서 벗어나 동화주의(assimilation), 용광로 정책(melting pot), 그리고 샐러드 볼(salad bowl) 정책으로 그 정책의 지향점이 변화해 온 것으로 알려져 있다. '배척주의'는 미국 건국 초기에 미국으로 건너온 이민자들이 자신들을 보호하기 위해 새로운 이민을 거부하기 위해 전개된 일종의 대중 운동을 의미한다. '동화주의'는 미국의 주류를 형성하고 있던 백인 청교도 문화에 여타의 이민자들을 동화시키기 위한 일련의 움직임을 의미한다. 그리고 '용광로 정책'은 이민자의 수가 급격하게 증가함에 따라 세계 여러 나라의 다양한 문화를 용광로에서 녹임으로써 통합된 새로운 제3의 단일문화를 창출하는 것을 이상으로 삼는 정책을 의미한다. '샐러드 볼'은 여러 과일과 채소가 샐러드 볼 안에서 각자의 맛을 유지하면서도 서로를 보완하는 것처럼 각기 다른 특징을 가진 사람들이 나름의 개성을 유지하면서 사회 전체를 위해 시너지 효과를 발휘하도록 하는 것을 이상으로 삼는 정책을 의미한다. 사실상 다문화정책의 지향점으로서의 '샐러드 볼'은 미국뿐 아니라 세계 모든 나라의 다문화정책이 추구해야 할 이상이라고 보아도 좋을 것이다.

미국에서 다문화교육에 본격적인 관심을 기울이기 시작한 것은 1970년대 중반 이후지만, 그 뿌리를 찾자면 19세기 말에서 20세기 초반으로 거슬러 올라간다. 그 시기에 윌리엄 듀보이스(William E. B. Du Bois), 카터 우드슨(Carter G. Woodson) 등의 흑인 지식인들은 교육, 법 체제, 주거, 의료 등의 공공 영역에서 흑인들이 받고 있는 불평등을 해소하기 위한 노력을 기울였으며, 이들의 노력은 미국 민권운동의 초석이 되었다. 그 후 다양한 인종적·문화적 배경을 가진 학자와 사회운동가들이 연구와 재판 등을 통해 교육석 불평등을 해소하기 위한 다양한 노력을 기울임으로써 다문화교육의 발전에 기여하였고, 1920년대 말에 시작되어 1950년대 말까지 이어진 상호문화 이해교육(intercultural education)은 다문화교육의 발전에 중요한 역할을 하였다. 또한 1960년대부터 시작된 민족, 성, 장애아에 대한 연구, 그리고 이중언어교육 또한 다문화교육의 발전에 크게 기여하였다. 다문화교육 분야의 전문가 그룹으로서 미국 다문화교육협의회(National Association of Multicultural Education)의 활동은 주목할 만하다(Nieto, 2009: 82-90).

2) 캐나다

캐나다는 1971년에 '다문화주의 법(Multiculturalism Act)'을 의회에서 통과시켜 세계 최초로 '다문화주의'를 정치, 경제, 사회, 문화 전반의 기본적 원칙으로 천명한 국가이다. 캐나다 다문화주의의 핵심 이념은 상호존중, 다양성, 평등이라고 할 수 있으며, 이 이념에 입각하여 다양한 다문화교육 정책을 추진하고 있다. 이를 소수자를 대상으로 한 교육, 이민자를 대상으로 한 교육, 모든 학생을 대상으로 한 교육으로 구분하여 대표적인 사례 몇 가지를 제시하면 다음과 같다(박성혁 외, 2008: 97-104).

소수자를 대상으로 한 교육의 대표적인 사례로는 온타리오주와 마니토바주에서 실시하고 있는 원주민 교육을 들 수 있다. 온타리오주에서는 원주민 학생들의 학업성취를 돕기 위해 막대한 예산을 투자하고 있으며, 마니토바주에서는 원주민 학생의 고등학교 졸업률 증진, 고등교육을 받을 수 있는 기회 확대, 노동시장으로의 성공적 진입과 참여 강화, 원주민 교육과 고용 증진을 위한 연구 강화라는 네 가지 목표를 세우고 이를 실천하기 위해 노력하고 있다.

이민자를 대상으로 한 교육의 사례로는 앨버타주의 이민자를 위한 영어교육, 프린스에드워드섬 이민자협회의 다문화교육을 들 수 있다. 앨버타주에서는 영어를 제2외국어로 사용하는 사람들을 위해 주 정부 차원에서 다양한 ESL 프로그램을 개발하여 제공하고 있으며, 프린스에드워드섬 이민자협회에서는 이민자의 유입이 급증함에 따라 이민자의 생활 적응을 돕기 위해 자체 다문화교육 프로그램을 개발하여 시행하고 있다.

모든 학생을 대상으로 한 교육의 사례로는 반인종주의 교육, 캐나다 다양성 증진 콘테스트를 들 수 있다. 캐나다 반인종주의 교육 및 연구회(Canadian Anti-Racism Education and Research Society: CAERS)의 후원으로 설립, 운영되고 있는 인터넷 사이트인 'stopracism.ca'에서는 인종주의를 극복하기 위한 다양한 정보와 프로그램을 제공하며, 캐나다 문화유산부(Department of Canadian Heritage)에서는 1996년부터 캐나다의 문화적 다양성과 다원주의의 중요성을 학생들에게 알리기 위해 다문화 예술작품 경연대회를 실시하고 있다.

3) 호주

한때 '백호주의(White Australian Policy)', 다시 말하여 앵글로색슨계 영국인을 중심으로 한 문화적 정체성을 고수하고자 하는 이념을 표방한 국가로 알려져 있던 호주는 1970년대 이후 연방정부 및 주정부 차원에서 다문화주의를 적극적으로 실현하기 위한 노력을 기울이고 있다. 다양성의 토대 위에서 사회통합을 이룩하고자 하는 호주 다문화주의 정책의 방향을 충실하게 담고 있는 최초의 정부 보고서인 「갤벌리 보고서(Galbally Report)」(Commonwealth of Australia, 1978)는 호주 다문화주의의 원칙을 다음의 네 가지로 제시하고 있다(박성혁 외, 2008: 60).

a. 모든 사람에게 동등한 기회를 보장하고 공공 서비스에 대한 공평한 접근이 보장되어야 한다.
b. 모든 사람은 편견 없이 자신의 문화를 소유할 수 있어야 한다.
c. 이민자들에게는 특별한 서비스와 프로그램이 마련되어야 한다.
d. 이러한 프로그램과 서비스는 당사자들과 협의를 통해 입안되고 운영되어야 한다.

「갤벌리 보고서」 이후 호주에서는 비영어권에서 온 이민자들에게 영어를 제2외국어로 가르치는 교육(English as a Second Language: ESL), 초·중등학교에서 영어 이외의 다른 언어를 제2외국어로 가르치면서 그 나라의 생활과 역사와 문화를 가르치는 교육(Languages Other Than English: LOTE) 등 언어교육에 특별한 관심을 기울였다. 그러나 최근에는 시민교육, 반인종주의교육, 지구화교육 등을 다문화교육의 영역에서 중요하게 취급하고 있다(Inglis, 2009: 110-117).

1. "우리는 다문화사회에서 살고 있다"거나 "우리 사회도 다문화사회에 접어들었다"는 말이 가지는 의미에 대해 의견을 나누어 봅시다.

2. 교육과 다문화교육의 관계, 그리고 다문화교육의 의미에 대해 논의해 봅시다.

3. 다문화교육에 대해 사람들이 가지고 있는 '오개념'에 대해 논의해 봅시다.

4. '분리 평등의 원칙'이 어떻게 하여 차별을 낳게 되었는지 말해 봅시다.

5. 세계 여러 나라의 다문화교육이 우리나라의 교육에 주는 시사점을 말해 봅시다.

참고문헌

박성혁·성상환·곽한영(2008),『다문화정책 국제 비교연구』, 교육과학사.
박아청(1987),『아이덴티티론』, 교육과학사.

Banks, J. A. (1994). *An Introduction to Multicultural Education* (4th ed.). Boston: Allyn & Bacon. 모경환·최충옥·김명정·임정수 역(2008),『다문화교육입문』, 아카데미프레스.

Banks, J. A., & Banks, C. A. M. (eds.). (2010). *Multicultural Education: Issues and Perspectives* (7th ed.). San Francisco. CA: John Wiley & Sons, Inc.

Gollnick, D. M., & Chinn, P. C. (2002). *Multicultural Education in a Pluralistic Society* (6th ed.). Prencice Hall.

Inglis, C. (2009). Multicultural Education in Australia: Two Generations of Evolution. In James A. Banks (ed.), *The Routledge International Companion to Multicultural Education* (pp. 109-120). New York and London: Routledge.

Nieto, S. (2009). Multicultural Education in the United States: Historical Realities, Ongoing Challenges, and Transformative Possibilities. In James A. Banks (ed.), *The Routledge International Companion to Multicultural Education* (pp. 79-95), New York and London: Routledge.

Peters, R. S. (1966). *Ethics and Education*. London: George Allen & Unwin. 이홍우·조영태 역(2003),『윤리학과 교육』, 교육과학사.

I am happy to join with you today in what will go down in history as the greatest demonstration for freedom in the history of our nation.

우리나라의 역사에서 자유를 향한 가장 위대한 시위가 행해졌던 날로 길이 기억될 오늘 이 자리에 여러분과 함께 하게 된 것을 기쁘게 생각합니다.

Five score years ago, a great American, in whose symbolic shadow we stand today, signed the Emancipation Proclamation. This momentous decree came as a great beacon light of hope to millions of Negro slaves who had been seared in the flames of withering injustice. It came as a joyous daybreak to end the long night of their captivity.

지금으로부터 백년 전, 오늘 우리가 서 있는 이 자리에 동상으로 남아 그림자를 드리우고 있는 어느 위대한 미국인이 노예해방령에 서명을 했습니다. 이 중차대한 법령은 피를 말리는 불의(不義)의 불길에 다 죽어가고 있던 수백 만의 흑인 노예들에게 위대한 희망의 횃불로 다가왔습니다. 예속(隸屬)의 긴 밤이 끝났음을 알리는 한 줄기 기쁨의 서광(瑞光)으로 다가왔던 것입니다.

But one hundred years later, the Negro still is not free. One hundred years later, the life of the Negro is still sadly crippled by the manacles of segregation and the chains of discrimination. One hundred years later, the Negro lives on a lonely island of poverty in the midst of a vast ocean of material prosperity. One hundred years later, the Negro is still languished in the corners of American society and finds himself an exile in his own land. And so we've come here today to dramatize a shameful condition.

그러나 그로부터 백년이 지난 지금, 우리 흑인들은 여전히 자유롭지 못합니다. 백년이 지난 지금도, 우리 흑인들은 여전히 분리라는 속박과 차별이라는 굴레 속에서 비참한 절름발이 신세로 살아가고 있습니다. 백년이 지난 지금도, 우리 흑인들은 여전히 이 거대한 물질적 풍요의 바다 한가운데에 외롭게 떠 있는 빈곤의 섬에서 살아가고 있습니다. 백년이 지난 지금도, 우리 흑인들은 여전히 미국 사회의 한 귀퉁이에서, 자신이 주인인 땅에 유배된 채 고달프게 살아가고 있습니다. 그리하여 오늘 우리는, 이 끔찍한 상황을 만천하에 고하기 위하여 이 자리에 모였습니다.

In a sense we've come to our nation's capital to cash a check. When the architects of our republic wrote the magnificent words of the Constitution and the Declaration of Independence, they were signing a promissory note to which every American was to fall heir. This note was a promise that all men, yes, black men as well as white men, would be guaranteed the "unalienable Rights" of "Life, Liberty and the pursuit of Happiness." It is obvious today that America has defaulted on this promissory note, insofar as her citizens of color are concerned. Instead of honoring this sacred obligation, America has given the Negro people a bad check, a check which has come back marked "insufficient funds."

어떤 점에서 보면 우리는 수표를 현금으로 바꾸기 위해 우리나라의 수도인 이곳에 모였습니다. 우리 합중국을 건국한 사람들은 헌법과 독립선언문에 멋진 문구를 적어 넣었으며, 미국인이면 누구든지 상속받게 되어 있는 약속어음에 서명하였습니다. 이 어음은 모든 사람에게, 그렇습니다, 백인에게 뿐만 아니라 흑인에게도 "생명, 자유, 그리고 행복의 추구"라는 "양도할 수 없는 권리"가 보장되어야 한다는 것을 약속하였습니다. 오늘 이 자리에서 분명하게 말할 수 있는 것은, 미국은 유독 그의 시민 중의 유색인에 대하여 이 약속어음이 보장하는 바를 제대로 이행하지 않았다는 것입니다. 미국은 이 신성한 의무를 기꺼이 이행하는 대신 우리 흑인들에게 부도수표를 주었습니다. 현금으로 바꿔주기는커녕 어음에 "자금 불충분"이라는 도장을 찍어 되돌려 주었습니다.

But we refuse to believe that the bank of justice is bankrupt. We refuse to believe that there are insufficient funds in the great vaults of opportunity of this nation. And so, we've come to cash this check, a check that will give us upon demand the riches of freedom and the security of justice.

그러나 우리는 결코 정의의 은행이 파산했다고 생각하지 않습니다. 우리는 결코 이 나라가 보유하고 있는 위대한 기회의 금고에 자금이 충분하지 않다고 생각하지 않습니다. 그렇기 때문에 우리는 넘치는 자유와 정의로운 안전지대를 제공해 줄 바로 이 수표를 현금으로 바꾸기 위해 이 자리에 모인 것입니다.

We have also come to this hallowed spot to remind America of the fierce urgency of Now. This is no time to engage in the luxury of cooling off or to take the tranquilizing drug of gradualism. Now is the time to make real the promises of democracy. Now is the time to rise from the dark and desolate valley of segregation to the sunlit path of racial justice. Now is the time to lift our nation from the quicksands of racial injustice to the solid rock of brotherhood. Now is the time to make justice a reality for all of God's children.

우리는 또한 "바로 지금"이 참으로 긴박한 순간임을 미국인들에게 일깨우기 위해 이 신성한 장소에 모였습니다. 지금은 숨을 고르는 사치스러운 여유를 부릴 때도 아니요, 점진주의라는 진정제를 먹을 때도 아닙니다. 민주주의라는 약속을 실현해야 하는 때가 바로 지금입니다. 어둡고 외진 분리의 계곡에서 벗어나 인종면에서의 정의가 실현되는 햇살 가득한 길에 들어설 때가 바로 지금입니다. 인종면에서의 불의라는 모래 위에 위태롭게 서 있는 우리나라를 형제애라는 단단한 바위 위로 끌어 올려야 할 때가 바로 지금입니다. 신의 자손 모두를 위해 정의를 눈앞의 현실로 만들어야 하는 때가 바로 지금입니다.

It would be fatal for the nation to overlook the urgency of the moment. This sweltering summer of the Negro's legitimate discontent will not pass until there is an invigorating autumn of freedom and equality. Nineteen sixty-three is not an end, but a beginning. And those who hope that the Negro needed to blow off steam and will now be content will have a rude awakening if the nation returns to business as usual. And there will be neither rest nor tranquility in America until the Negro is granted his citizenship rights. The whirlwinds of revolt will continue to shake the foundations of our nation until the bright day of justice emerges.

이 순간의 긴박성을 간과한다면 이 나라는 치명적인 불행에 처하게 될 것입니다. 흑인들이 자신들의 불만을 합법적으로 표출하고 있는 이 찌는 듯한 여름은 자유와 평등이라는 활기찬 바람이 부는 가을이 올 때까지 그치지 않을 것입니다. 1963년은 끝이 아니라 시작입니다. 이 나라가 다시 예전의 일상으로 돌아가야 하고, 그러기 위해서는 흑인들이 열기를 가라앉힐 필요가 있고 이제는 만족해야 한다는 바람을 가지는 사람은 참담한 깨달음을 얻게 될 것입니다. 우리 흑인들이 시민으로서의 권리를 부여받기 전에는 미국에 안정도 평온도 없을 것입니다. 정의가 우리 앞에 나타나는 밝은 날이 오기 전에는 우리나라의 기반을 뒤흔드는 폭동의 소용돌이가 계속 이어질 것입니다.

But there is something that I must say to my people, who stand on the warm threshold which leads into the palace of justice: In the process of gaining our rightful place, we must not be guilty of wrongful deeds. Let us not seek to satisfy our thirst for freedom by drinking from the cup of bitterness and hatred. We must forever conduct our struggle on the high plane of dignity and discipline. We must not allow our creative protest to degenerate into physical violence. Again and again, we must rise to the majestic heights of meeting physical force with soul force.

그러나 오해의 여지를 없애기 위해 정의의 궁전에 이르는 뜨거운 출발점에 서 있는 동료 여러분께 꼭 드려야 할 말씀이 있습니다. 우리의 정당한 자리를 얻는 과정에서 죄가 될 만한 나쁜 행동을 해서는 안 된다는 점입니다. 비탄과 증오로 가득 찬 술잔을 들이키는 것으로 자유를 향한 우리의 갈증을 달래려 하지 맙시다. 우리의 투쟁은 최고도의 품위와 질서가 유지되는 가운데 영원토록 전개되어야 합니다. 우리의 건설적인 항거가 물리적 폭력으로 변질되는 일이 있어서는 절대로 안 됩니다. 다시 그리고 또다시, 우리는 물리적 힘을 영혼의 힘으로 맞서는 저 장엄함의 최고 고지로 올라가야 합니다.

The marvelous new militancy which has engulfed the Negro commu-
nity must not lead us to a distrust of all white people, for many of our
white brothers, as evidenced by their presence here today, have come
to realize that their destiny is tied up with our destiny. And they have
come to realize that their freedom is inextricably bound to our free-
dom.

흑인 사회를 집어삼키고 있는 이 놀랍고도 새로운 투쟁정신이 우리에 대한 백인 사
회의 불신으로 이어져서는 안 됩니다. 우리의 여러 백인 형제들은, 오늘 이 자리에
우리와 함께 하고 있는 분들이 증명하고 계시듯이, 자신들의 운명이 우리의 운명과
묶여 있다는 것을 깨닫고 계십니다. 자신들의 자유와 우리의 자유가 풀 수 없을 만큼
단단하게 매어 있다는 것을 깨닫고 계십니다.

We cannot walk alone.
And as we walk, we must make the pledge that we shall always
march ahead.
We cannot turn back.

이 길을 우리 혼자서 걸어갈 수는 없습니다.
그리고 우리 걸어가면서, 언제나 앞으로 전진하리라 맹세해야 합니다.
이 길을 되돌아갈 수는 없습니다.

There are those who are asking the devotees of civil rights, "When
will you be satisfied?" We can never be satisfied as long as the Ne-
gro is the victim of the unspeakable horrors of police brutality. We
can never be satisfied as long as our bodies, heavy with the fatigue
of travel, cannot gain lodging in the motels of the highways and the
hotels of the cities. We cannot be satisfied as long as the negro's ba-
sic mobility is from a smaller ghetto to a larger one. We can never be
satisfied as long as our children are stripped of their self-hood and
robbed of their dignity by signs stating: "For Whites Only." We cannot
be satisfied as long as a Negro in Mississippi cannot vote and a Negro

in New York believes he has nothing for which to vote. No, no, we are not satisfied, and we will not be satisfied until "justice rolls down like waters, and righteousness like a mighty stream."

민권운동가들에게 "언제쯤이면 만족하겠는가"라고 묻는 사람들이 있습니다. 흑인들이 이루 말할 수 없는 전율을 자아내는 경찰의 만행에 희생되고 있는 한, 우리에게 만족이란 있을 수 없습니다. 여독으로 녹초가 된 우리 몸을 누일 곳을 고속도로 근처의 여관이나 시내의 호텔에서 얻을 수 없는 한, 우리에게 만족이란 있을 수 없습니다. 흑인의 이사라는 것이 고작해야 작은 흑인 거주지에서 조금 큰 흑인 거주지로 옮기는 정도의 것인 한, 우리에게 만족이란 있을 수 없습니다. 미시시피에 사는 흑인이 투표할 수 없고 뉴욕에 사는 흑인이 투표할 아무런 이유가 없다고 믿고 있는 한, 우리에게 만족이란 있을 수 없습니다. 그렇습니다, 그렇습니다, "정의가 강물처럼 흐르고, 정당함이 거센 물줄기가 되어 흐르는" 그날이 올 때까지, 우리는 만족하지 않으며 만족하지 않을 것입니다.

I am not unmindful that some of you have come here out of great trials and tribulations. Some of you have come fresh from narrow jail cells. And some of you have come from areas where your quest— quest for freedom left you battered by the storms of persecution and staggered by the winds of police brutality. You have been the veterans of creative suffering. Continue to work with the faith that unearned suffering is redemptive. Go back to Mississippi, go back to Alabama, go back to South Carolina, go back to Georgia, go back to Louisiana, go back to the slums and ghettos of our northern cities, knowing that somehow this situation can and will be changed.

이 자리에 오신 여러분 중에는 크나큰 시련과 고난 속에서 살아오신 분이 계시다는 것을 제가 모르는 바는 아닙니다. 여러분 중에는 감옥의 비좁은 감방에서 이제 막 출소하여 이 자리에 오신 분도 계십니다. 그리고 여러분 중에는 자유를 추구하는 자가 폭풍처럼 몰아치는 박해로 일그러지고, 강풍처럼 밀려드는 경찰의 야만적 통제로 비틀거리는 그런 지역에서 바로 그 자유를 추구하다가 오신 분도 계십니다. 여러분들은 모두 언제나 새롭게 주어지는 갖가지 고통을 감내하는 데는 베테랑들입니다. 부당하게 주어지는 고통을 받는 것이야말로 속죄의 지름길이라는 믿음을 가지고 계속

일하십시오. 미시시피로 돌아가십시오, 알라바마로 돌아가십시오, 사우스 캐롤라이나로 돌아가십시오, 조지아로 돌아가십시오, 루이지애나로 돌아가십시오, 북부 도시의 빈민가와 흑인 거주지로 돌아가십시오 이 상황이 어떻게든 달라질 수 있고 달라질 것이라는 것을 마음에 담고 말입니다.

Let us not wallow in the valley of despair, I say to you today, my friends.

And so even though we face the difficulties of today and tomorrow, I still have a dream. It is a dream deeply rooted in the American dream.

친구 여러분, 오늘 여러분께 말씀드리오니, 절망의 계곡에서 뒹굴지 맙시다.

비록 오늘 우리가 곤경에 처해 있고 내일 우리가 곤경에 처하게 되더라도, 저에게는 버릴 수 없는 꿈이 있습니다. 이것은 미국이라는 나라가 실현하고자 하는 꿈에 깊이 뿌리내리고 있는 꿈입니다.

I have a dream that one day this nation will rise up and live out the true meaning of its creed: "We hold these truths to be self-evident, that all men are created equal."

저에게는 꿈이 있습니다. 언젠가 이 나라가 분연히 일어나 "우리는 모든 인간이 평등하게 태어났다는 것을 자명한 진리로 받아들입니다"라는 신조의 진정한 의미를 실현하기 위한 삶을 사는 그런 꿈입니다.

I have a dream that one day on the red hills of Georgia, the sons of former slaves and the sons of former slave owners will be able to sit down together at the table of brotherhood.

저에게는 꿈이 있습니다. 언젠가 조지아의 붉은 언덕에서, 노봤은 후손과 주인은 후손이 형제애 넘치는 식탁에 둘러앉는 그런 꿈입니다.

I have a dream that one day even the state of Mississippi, a state sweltering with the heat of injustice, sweltering with the heat of oppression, will be transformed into an oasis of freedom and justice.

저에게는 꿈이 있습니다. 언젠가 불의의 열기로 가득차 있고, 압제의 열기로 가득차 있는 저 미시시피주조차도 자유와 정의의 오아시스로 바뀌는 그런 꿈입니다.

I have a dream that my four little children will one day live in a nation where they will not be judged by the color of their skin but by the content of their character.

저에게는 꿈이 있습니다. 언젠가 저의 네 아이가 피부색이 아닌 인간됨의 정도에 따라 평가받는 나라에서 사는 그런 꿈입니다.

I have a *dream* today!

오늘 저는 바로 이 꿈을 꿉니다!

I have a dream that one day, down in Alabama, with its vicious racists, with its governor having his lips dripping with the words of "interposition" and "nullification"—one day right there in Alabama little black boys and black girls will be able to join hands with little white boys and white girls as sisters and brothers.

저에게는 꿈이 있습니다. 언젠가 저 아래 알라바마에서, 지독한 인종차별주의자들이 활개를 치고, 주지사라는 사람이 입만 열면 "연방정부 간섭 배제"니 "연방법 실시 거부"라는 말을 거침없이 내어뱉는 알라바마에서—언젠가 바로 그곳 알라바마에서 흑인 꼬마 아이와 백인 꼬마 아이가 형제자매인양 손을 맞잡는 그런 꿈입니다.

I have a *dream* today!

오늘 저는 바로 이 꿈을 꿉니다!

I have a dream that one day every valley shall be exalted, and every hill and mountain shall be made low, the rough places will be made plain, and the crooked places will be made straight; "and the glory of the Lord shall be revealed and all flesh shall see it together."

저에게는 꿈이 있습니다. 언젠가 모든 골짜기가 치솟고, 모든 언덕과 산이 내려앉으며, 험지가 평지로 되고, 굽은 곳이 곧아지며, "주의 영광이 나타나고 모든 육신이 그것을 함께 보는" 그런 꿈입니다.

This is our hope, and this is the faith that I go back to the South with. With this faith, we will be able to hew out of the mountain of despair a stone of hope. With this faith, we will be able to transform the jangling discords of our nation into a beautiful symphony of brotherhood. With this faith, we will be able to work together, to pray together, to struggle together, to go to jail together, to stand up for freedom together, knowing that we will be free one day.

이것이 바로 우리의 희망이며, 이것이 바로 제가 남부로 돌아갈 때 가지고 가는 믿음입니다.

이 믿음만 있으면, 우리는 절망의 산을 치고 깎아 희망의 보석을 만들 수 있을 것입니다. 이 믿음만 있으면, 우리는 우리나라에 가득한 요란스런 불협화음을 형제애라는 아름다운 교향곡으로 바꿀 수 있을 것입니다. 이 믿음만 있으면, 우리는 함께 일하고, 함께 기도하고, 함께 투쟁하고, 함께 감옥에 가고, 자유를 향해 함께 설 수 있을 것입니다. 언젠가 우리가 자유를 얻으리라는 것을 알기 때문입니다.

And this will be the day—this will be the day when all of God's children will be able to sing with new meaning:
My country 'tis of thee, sweet land of liberty, of thee I sing.
Land where my fathers died, land of the Pilgrim's pride,
From every mountainside, let freedom ring!

그리하여 그날이 오면, 그날이 오면, 이 땅의 모든 신의 자손들은 이 곡에 새로운 의미를 부여하며 노래할 수 있을 것입니다—"나의 조국 그대여, 달콤한 자유의 땅, 그대를 노래하네. 나의 아버지가 살다 죽은 땅, 개척자의 자부심이 어린 땅, 모든 산기슭에서 자유가 울려 퍼지게 하라!"

And if America is to be a great nation, this must become true.
And so let freedom ring from the prodigious hilltops of New Hampshire.

Let freedom ring from the mighty mountains of New York.

Let freedom ring from the heightening Alleghenies of Pennsylvania.

Let freedom ring from the snow-capped Rockies of Colorado.

Let freedom ring from the curvaceous slopes of California.

그리하여 미국이 위대한 나라가 되려면 바로 이것이 실현되어야 하는 것입니다.

그러니 뉴 햄프셔의 거대한 언덕 위에서 자유의 노래가 울려 퍼지게 합시다.

뉴욕의 거대한 산에서 자유의 노래가 울려 퍼지게 합시다.

펜실바니아의 저 높은 앨러게니 산맥에서 자유의 노래가 울려 퍼지게 합시다.

콜로라도의 눈덮인 로키 산맥에서 자유의 노래가 울려 퍼지게 합시다.

캘리포니아의 굴곡진 비탈길에서 자유의 노래가 울려 퍼지게 합시다.

But not only that:

Let freedom ring from Stone Mountain of Georgia.

Let freedom ring from Lookout Mountain of Tennessee.

Let freedom ring from every hill and molehill of Mississippi.

From every mountainside, let freedom ring.

아니 그곳만이 아닙니다.

조지아의 스톤 마운틴에서도 자유의 노래가 울려 퍼지게 합시다.

테니시의 룩아웃 마운틴에서도 자유의 노래가 울려 퍼지게 합시다.

미시시피의 높고 낮은 모든 언덕에서도 자유의 노래가 울려 퍼지게 합시다.

이 땅의 모든 산기슭에서 자유의 노래가 울려 퍼지게 합시다.

And when this happens, when we allow freedom ring, when we let it ring from every village and every hamlet, from every state and every city, we will be able to speed up that day when all of God's children, black men and white men, Jews and Gentiles, Protestants and Catholics, will be able to join hands and sing in the words of the old Negro spiritual:

Free at last! Free at last!

Thank God Almighty, we are free at last!

그리하여 그렇게 되면, 자유의 노래가 울려 퍼지게 되면, 크고 작은 모든 마을과 모든 주와 모든 도시에서 자유의 노래가 울려 퍼지게 되면, 신의 모든 자손이, 흑인과 백인이, 유대인과 이방인이, 개신교도와 가톨릭교도가 손을 맞잡고 옛날 흑인 영가를 노래하는 그 위대한 날에 빠르게 다가갈 수 있을 것입니다. 이 노래를 부르는 날 말입니다.

마침내 자유로다! 마침내 자유로다!

전능하신 신이시어 감사합니다, 마침내 우리가 자유의 몸이 되었습니다!

3장

문화다양성의 이해와 다문화교육

장은영 서울교육대학교 대학원 다문화교육전공 교수

문화 구성 요소

백지 한 장을 꺼내 오늘 하루 중 경험한 어떤 일에 대해 매우 자세하게 기술해 봅시다. 어디에서 일어난 일이며 누구와 만났고 어떤 행동이나 말을 하였는지, 무엇을 보고, 듣고, 먹고, 입고 있었는지 자세히 쓰도록 합니다. 여러분이 쓰신 기술에서 문화라고 생각되는 부분과 문화가 아니라고 생각되는 부분을 표시하고 왜 그렇게 생각하는지 이야기해 봅시다.

국적 이주의 시대에 국경은 더 이상 경계가 아니고 민족은 더 이상 단일한 문화 공동체가 아니다. 교통과 기술의 발달로 현대사회는 전통사회에 비하면 좀 더 풍성해진 문화적 향유가 가능해졌지만, 동시에 정통성의 부재와 타문화 유입에 반동한 자민족 중심주의로 혼란을 겪고 있다. 이 장은 최근 관심이 커지고 있는 문화다양성의 개념에 대해 다각적으로 살펴봄으로써 다문화시대를 살고 있는 현대인이 다양한 다른 문화와 평화적이고 생산적으로 소통할 수 있는 방법을 모색하는 데에 그 목적이 있다. 먼저 문화와 문화다양성의 개념에 대해 알아보고 성공적인 문화 간 소통을 위한 간문화 역량 요소와 문화문법에 대해 살펴본다. 문화다양성 보호와 증진을 위한 다문화교육을 위해 비판적 문화 인식과 타자화의 지양, 그리고 문화감응적 교육의 필요성을 강조하며 이 장을 끝맺는다.

1. 문화란 무엇인가

일반적으로 우리는 '문화'가 이국적이고 특별한 어떤 것이라 생각하는 경향이 있다. 다문화 혹은 문화 관련 수업의 첫 시간에 학생들에게 "여러분이 오늘 직접 혹은 간접적으로 경험한 '문화'를 나누어주세요."라고 요구하면, 학생들은 일순 당황한다. 어떤 학생들은 "오늘 집에 있다가 바로 수업 왔어요(즉, 문화에 대해 나눌 것이 없어요)." 혹은 "제 주변에는 외국인이 없어서." 등의 대답을 하거나 "오늘 겪은 일이 아니라도 되나요?"라고 하며 어학연수 때 겪은 일을 얘기하기도 한다. 이어 "다문화가 무엇인가?"라는 질문에는 자연스럽게 얼굴이 가무잡잡한 결혼이주 여성이나 외국인 근로자를 떠올리며, 그들이 모여 사는 동네의 새로운 음식점들이나 악센트가 있는 외국인의 한국어 말투 등을 이야기한다. 물론 문화는 특이하거나 이국적일 수 있다. 또한 한국적 맥락에서 다문화는 동남아시아에서 온 한국 사회의 새로운 구성원과 그들이 가져온 변화를 의미할 수 있다. 그러나 이러한 편협한 시선으로 문화와 다문화라는 개념을 이해한다면 우리의 '다문화사회'는 불통과 갈등으로 점철될 것이다.

인구비율의 측면에서 5퍼센트 이상의 구성원이 외국태생인 경우, 혹은 '다른 인종적·민족적·문화적 배경을 가진 경우', 흔히 그 사회는 '다문화사회'로 규정된다. 하지만 이러한 통계 현상적 관점의 다문화사회가 아니라 진정한 의미의 다문화사회, 즉 '인종이나 민족에 따른 차별 없이 누구나 사회적·문화적·교육적 권리를 향유하며 살 수 있는 사회'는 문화의 의미와 문화다양성에 대한 깊은 사유가 없이는 불가능하다. 다문화사회를 위한 첫 걸음으로 이 절에서는 먼저 문화의 의미와 문화가 인식되는 과정에 대해 살펴보기로 한다.

1) 문화와 문명

사실상 '문화란 무엇인가'라는 질문은 긴장감을 야기한다. 문화란 답할 수 있는 '무엇'이라기보다 우리의 존재 그 자체이기 때문이다. 이러한 의미에서 '문화란 무엇인가?' 혹은 '다른 문화를 이해하는가?'라는 질문은 잘못된 질문인지도 모른다. 그럼에도 불구하고 이 절은 문화의 개념에 대한 논의부터 시작한다. 왜냐하면 문화를 어떻게 정의하는지가 문화다양성에 대한 이해의 근간이 되고, 다문화를 바라보는 시각이 되며, 나아가 다문화정책과 다문화교육을 계획하고 실행하는 원동력으로 이어지기 때문이다.

우선, 문화에 대한 고전적 정의로부터 시작해 보자. 영국의 문화인류학자인 에드워드 버넷 타일러(Edward Burnet Tylor)는 그의 책 『원시 문화(Primitive Culture)』에서 '문화(culture)'라는 용어를 다음과 같이 정의한다(Tylor, 1871: 1).

> 문화 또는 문명이란 인간이 사회의 한 구성원으로서 습득한 지식, 신념, 예술, 법, 도덕, 관습과 그 외 모든 다른 능력이나 습관을 포함하는 복합적 총체이다 (culture or civilization … is that complex whole which includes knowledge, belief, art, law, morals, customs, and any other capabilities and habits acquired by man as a member of society).

이 오래된 정의에서 사용되는 신념, 법, 도덕 등의 용어들 역시 한마디로 명확히 정의내리기 어려운 복잡한 개념이기에 문화의 의미는 여전히 모호하지만 하나의 관점은 명확하다. 타일러는 '문화'와 '문명'을 동일어로 사용함으로써 문화를 '자연'에 반한 개념으로서 접근하고 있으며, 이는 오랜 주제인 '자연 대 양육(Nature vs. Nurture)'의 관점과도 연결된다. 클레어 크람쉬(Claire Kramsch)에 따르면, 자연은 라틴어인 'nascere(to be born)'에서 연유한 단어로, '유기체로서 태어나서 자라는 것'을 의미한다. 반면에 문화는 라틴어인 'colere(to cultivate)'에서 유래한 단어로, '키워지고 다듬어진 것'을 의미한다(Kramsch, 1998: 4). 즉 문화는 인간에 의해 창조되고 만들어진 어떤 것, 바로 '문명'이며, 거칠고 다듬어지지 않은 '야만'의 자연과 대립구도를 이룬다.

이러한 맥락에서 문화는 인류가 이루어낸 정신적·물질적 성취를 의미하게 되고, 인류의 역사에서 이러한 성취를 주도하고 수행한 특정 계급, 즉 엘리트의 전유물로 이해되기도 한다. 이른바 위대한 예술작품이나 철학 사상 등을 인류의 대표적인 '문화유산'이라 칭하는 것은 문명의 모습을 담고 있기 때문이다. 문화라는 개념에 함축된 이러한 계급성은 우리가 일반적으로 '문화생활을 한다'고 할 때 미술작품 관람이나 오페라 감상 등을 의미하는 것은 자연스럽지만 TV나 만화를 언급하면 유머가 되는 이유이다. 문명으로서의 문화의 정의는 일반적으로 받아들여지는 문화의 의미로서 많은 사람들에 의해 자연스럽게 이해되고 있다. 그러나 이러한 정의는 문화를 엘리트나 상류층의 전유물로 국한시킬 위험이 있을 뿐 아니라 추상화된 관념에 치중함으로써 문화가 인간의 물질적 삶에 미치는 영향을 설명하기에 미흡하다는 점이 지적되기도 한다.

2) 정체성으로서의 문화

문화와 문명을 동일시하는 문화에 대한 초기의 관점은 지속적으로 재조명되었다. 레이먼드 윌리엄스(Raymond Williams, 1989)는 문명으로서의 문화라는 틀을 벗어나 일상에서의 삶의 방식을 문화에 포함함으로써 문화의 의미를 확대하였다. 그는 "문화는 평범한 것이다"라 주장하며 문화를 총체적 삶의 방식으로 정의하고, 이는 사회 안에서 전승되고 합의된 것이면서 동시에 개인의 일상에 발현되어 새롭게 창조되는 것으로 보았다. 또는 문화집단의 구성원은 문화의 전승자이자 창조자라 할 수 있으며 이러한 문화적 과정은 어느 사회에서든, 누구에게든 일어나는 가장 평범하고도 일상적인 과정이다. 이러한 의미에서 문화는 항상 전통적이면서도 창의적이고, 평범하고 보편적인 의미들이면서도 개인적이고 특수한 의미들을 가진다.

구성원들이 공통적으로 인식하는 '평범한' 삶의 방식을 문화로 정의할 때 개인의 문화는 가장 개인적이면서 동시에 가장 사회적인 것이 된다고 할 수 있을 것이다. 즉, 한 개인이 특정한 문화적 관습을 이해하고 실행하고 전수하는 것은 그가 그 사회집단의 구성원임을 의미하며 그의 정체성이 된다. 문명으로서의 문화와 마찬가지로 정체성으로서의 문화 역시 일반적으로 알려진 개념이다. '한국문화', '일본문화', '미국문화' 등 국가나 민족을 중심으로 문화를 경계 짓는 것은 물론, 흔히 사용되는 '청년문화', '노인문화', '주거문화', '미디어문화', '또래문화', '소수문화' 등의 용어들은 유사한 생활양식이나 사고방식을 가진 집단의 정체성을 나타내는 언어로서 널리 사용된다.

문화적 공동체는 문화적 관습들을 공유히고 서로가 이해하는 방식으로 일상의 상호작용을 하는 구성원으로 이루어신 집단을 의미한다. 예를 들어 '민족(ethnicity)'은 흔히 문화적 특질로 설명되는데, 이들은 역사적 경험과 삶의 방식을 공유하고 학습하고 전승하며 무엇보다 이를 통해 서로가 동일한 집단이라는 '생각을 가지면서' 민족으로서의 정체성을 지니게 된다. 문화적 특징의 공유를 통해 민족이라는 집단에 소속되는 것은(혹은 역으로, 민족에 소속되면서 특정한 문화적 특징을 자연스럽게 공유하게 되는 것은) '나는 누구인가'를 말해주는 정체성의 중요한 구성요소가 된다. 굳이 '민족'이라는 거창한 이름이 아니어도 일군의 사람들이 서로 삶의 방식이나 태도, 상호작용의 방식 등을 공유하게 될 때 그들은 하나의 사회적 집단으로 형성되고 그들이 공유하는 문화는 그들이 그 집단의 구성원임을 나타내는 정체성의 표식이 된다.

그러나 정체성으로서의 문화를 이해하는 데 있어 주목해야할 점은 문화의 역동성이다. 말하자면 '같은 민족 = 같은 문화'와 같은 등식을 경계해야 되는 것이다. 앞서 '동일한 집단이라는 생각을 가지면서'를 강조한 이유는 바로 이 점에 있다. 우리는 흔히 '동양의 문화' 혹은 '한국문화'라는 말을 사용하지만 일반적인 인식과는 달리 사회·문화학자들은 '인종'이나 '민족'의 개념이 생득적이거나 혹은 고정불변한 카테고리가 아니라 사회적 산물인 점을 강조한다. 따라서 문화를 공유하는 같은 민족이라는 정체성은 사회적 상호작용을 통해 형성되는 '생긱'이다. 같은 맥락에서, 민족 성체성(ethnic identity)은 역설적으로 타민족과 접촉하고 문화 차이를 경험하기 전까지는 인식하지 못한다는 점도 흥미롭다. 특히 다문화화 이전의 한국처럼 민족 구성이 단일한 사회에서 미국과 같은 다문화사회로 이주한 이민자들은 그 다문화사회에서 민족을 기반으로 구성된 사회적 네트워크에 참여함으로써 비로소 자신의 민족 정체성을 형성한다고 한다(Heller, 1987).

3) 문화의 위치

문명으로서의 문화와 정체성으로서의 문화라는 두 가지 접근방법을 동떨어진 것이라 볼 수는 없다. 모든 문화가 존중받아야 한다는 다문화적 이상에도 불구하고 어떤 문화는 눈부신 '문명'으로 인식되고 어떤 문화는 미개한 '인습'으로 인식된다. 넬슨 브룩스(Nelson Brooks)는 문화를 '올림푸스 문화(Olympian culture)'와 '벽난로바닥돌 문화(Hearthstone culture)'로 구분하였다(Brooks, 1975; Sohn, 2006: 2에서 재인용).[1] 이 두 가지 유형의 문화는 흔히 'Big C culture'와 'little c culture'라고 불린다. 즉 볼 수 있는(visible) 형태이면서 대체로 널리 알려진 문화인 예술, 문학, 음악, 역사 등이 'Big C culture'이고, 평범하고 일상적인 생활에서 나타나는 행동양식, 신념, 소통방식, 규범 등 보이지 않는(invisible) 문화가 바로 'little c culture'이다. '문화의 빙산(iceberg of culture)'이라는 은유적 용어는 보이는 문화가 보이지 않는 문화에 비하면 빙산의 일각에 불과하다는 의미를 담고 있다.

문화에 대한 가치판단은 고급문화와 저급문화라는 이분법적 구분으로 이어지기도 한다. 커니(Kearney, 2015)에서는 이분법적인 문화 구분으로 문화의 계층화가 만들어졌을 뿐 아니라 교육에서 특정한 문화를 다른 문화보다 우위에 있다

....

1   브룩스는 문화를 'Olympian culture'와 'Hearthstone culture'로 구분하고 전자는 위대한 음악(Music), 문학(Literature), 예술(Art)을 포함하는 'culture MLA', 후자는 신념(Beliefs), 행동(Behavior), 가치(Values)를 포함하는 'culture BBV'라고 명명하였다(Brooks, 1975).

고 생각하는 잘못된 가치화로 이어졌다고 주장한다. 고상한 Big C culture와 일상의 little c culture라는 이분법적인 생각이 '이 문화는 저 문화보다 낫다'라는 식의 서열화를 만들어낸다는 것이다. 예를 들어, 잘 알려진 클래식 음악이나 문학작품을 배출한 유럽의 문화가 우리에게 익숙하지 않거나 널리 파급되지 않은 다른 지역의 문화보다 우월한 문화로 인식하는 것이 문화의 서열화라 할 수 있다. 이러한 문화의 서열화는 경계되어야 한다.

특정 문화가 추앙되거나 혹은 폄하되는 것이 문화 본질적인 가치에 의해 정해지는 것이 아니라 문화집단의 정치적·경제적 역학 관계에 의해 좌우되기 때문이다. 서로 다른 문화적 특성을 가진 집단들이 힘의 관계에서 서열화되는 방식에 의해 그들의 문화가 서열화되는 것이다. 그럼에도 불구하고 문화적 서열화는 사람들의 마음속에 너무도 자연스럽게 자리 잡고 있어서 다른 문화를 가리키며 '미개하다'라든가 '야만적인 문화'라는 표현이 무비판적으로 쓰이곤 한다. 오늘날 문화다양성 교육과 다문화에 대한 이해가 강조되고 있음에도 '문화'라고 칭할 경우에는 대체로 Big C culture를 의미하거나 혹은 오랫동안 권력을 가져온 강대국의 문화적 특성을 중시하는 경향이 있다. 문화의 서열화는 자연스럽게 일상의 삶속에 스며들고 미디어에서 재현되면서 교육 현장에서, 사회 곳곳에서 끊임없이 재생산되고 있다. 이러한 현실에서 문화다양성 개념과 문화다양성 교육에 대한 심도 있는 이해는 더욱 중요한 과제라고 할 수 있다.

2. 문화다양성과 타자화의 문제

문화다양성이란 말은 참으로 쉽고도 어렵다. 다양한 문화를 존중해야 한다는 점에 대해서는 누구나 쉽게 동의할 것이다. 그러나 구체적으로 '문화다양성'이 무엇을 의미하는지, 어떻게 하는 것이 타문화를 이해하고 다양성을 존중하는 것인지에 대한 명확한 교육이나 이해는 아직도 매우 부족하다. 문화의 개념이 복잡하고 모호하며 역동적이기에 문화다양성의 개념 역시 다각적인 관점에서 이해될 필요가 있다. 이 절에서는 문화다양성 개념에 대한 보편적 정의로 시작하여 좀 더 심층직으로 나양성의 의미에 숨겨진 사고의 과정들을 살펴보고자 한다. 특히 문화다양성 논의는 필연적으로 '우리의 문화'와 '그들의 문화'를 나누게 되는 과정을 포함한다는 데에 중점을 둔다. 미리 독자에게 당부하는 것은, 우리가 어떤 문화의 틀을 가지고 다른 문화는 어떠한지를 이해하려고 할 때 우리는 이미 문화를 이해하는 데 있어 가장 위험한 접근, 즉 문화를 고정적이고 불변하며 파악 가능한 그 어떤 것으로 보는 접근방식을 취하고 있음을 인식하고 경계하여야 한다는 점이다.

1) 문화다양성과 다문화주의

유네스코(UNESCO)의 주도 하에 국제사회가 '세계 문화다양성 선언(Universal Declaration on Cultural Diversity)'(2001)과 '문화적 표현의 다양성 보호와 증진을 위한 협약(Convention on the Protection and Promotion of the Diversity of Cultural Expressions)'(2005)을 잇따라 내놓은 이후, '문화다양성'이라는 용어는

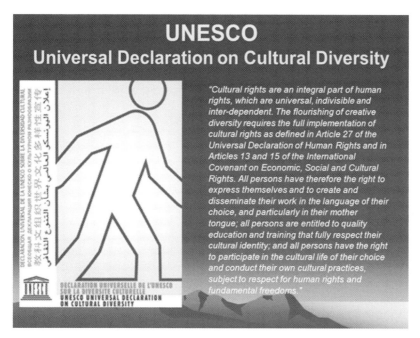

그림 3-1 유네스코의 세계 문화다양성 선언

최근 정치, 경제, 문화, 예술 등 여러 영역에서 빈번히 언급되고 있으며 한국에서도 다양한 정책과 행사들이 문화다양성의 이름을 내세워 수행되고 있다. 유네스코가 발표한 문화다양성이라는 개념의 정의는 "집단이나 사회의 문화가 표현되는 다양한 방식"이며 이러한 문화다양성은 "인류의 문화유산이 다양한 문화적 재현을 통해 표현되고 증대되며 전승되는 다양한 방식을 통해서뿐만 아니라, 사용된 방법과 기술에 관계없이 다양한 양식의 예술적 창작, 생산, 보급, 배포 및 향유를 통해서도 나타난다"고 한다. 국제사회의 「문화다양성협약」에 110번째 조인국으로 동참한 한국은 이 협약의 국내 이행을 위하여 「문화다양성의 보호와 증진에 관한 법률」(2014, 이하 문화다양성법)을 제정하고 시행하였다. 문화체육관광부가 제시하는 문화다양성법의 전문 중 그 목적과 정의 부분을 원문으로 살펴보면 Box 1과 같다.

　　다문화 관련 문헌들에서 명확한 정의가 합의되지 않은 관계로 '문화다양성'이라는 용어 역시 '다문화주의'나 '상호문화주의' 혹은 '간문화주의', 또는 '문화다원주의' 등 여러 용어들과 혼용되는 경향이 있다. 어휘적 측면에서 보면 문화다양성의 개념은 생물학적 종(種)의 다양성을 강조하는 환경·생태학적 관점에서 문화의 의미를 바라본다. 이에 문화다양성은 국민국가의 경계를 넘어 지구촌

Box 1　문화다양성법

문화다양성의 보호와 증진에 관한 법률
(약칭: 문화다양성법)
[시행 2014. 11. 29.] [법률 제12691호, 2014. 5. 28., 제정]

제1조(목적) 이 법은 국제연합교육과학문화기구(이하 "유네스코"라 한다)의 「문화적 표현의 다양성 보호와 증진에 관한 협약」 이행을 위하여 문화다양성의 보호 및 증진에 관한 정책수립 및 시행 등에 관한 기본사항을 규정함으로써 개인의 문화적 삶의 질을 향상시키고 문화다양성에 기초한 사회통합과 새로운 문화 창조에 이바지하는 것을 목적으로 한다.

제2조(정의) 이 법에서 사용하는 용어의 뜻은 다음과 같다.
1. "문화다양성"이란 집단과 사회의 문화가 집단과 사회 간 그리고 집단과 사회 내에 전하여지는 다양한

방식으로 표현되는 것을 말하며, 그 수단과 기법에 관계없이 인류의 문화유산이 표현, 진흥, 전달되는 데에 사용되는 방법의 다양성과 예술적 창작, 생산, 보급, 유통, 향유 방식 등에서의 다양성을 포함한다.
2. "문화적 표현"이란 개인, 집단, 사회의 창의성에서 비롯된 표현으로서 문화적 정체성에서 유래하거나 문화적 정체성을 표현하는 상징적 의미, 예술적 영역 및 문화적 가치를 지니는 것을 말한다.
　　　…(중략)…

제4조(사회구성원의 권리와 책무) 모든 사회구성원은 문화적 표현의 자유와 권리를 가지며, 다른 사회구성원의 다양한 문화적 표현을 존중하고 이해하기 위하여 노력하여야 한다.

맥락에서 인류 문화다양성의 보존과 증진에 중점을 둔다고 할 수 있다(장의선, 2016). 지속가능성(sustainability)의 개념이 문화다양성 담론에서 흔히 등장하는 것도 바로 이러한 이유이다.

일반적으로 '문화다양성 교육'의 이론적 배경을 다음 두 가지 접근으로 나누는데, 북미와 호주 등의 국가가 '다문화주의(multiculturalism)'라는 개념으로 문화다양성에 접근하는 것과 최근 여러 유럽 국가들이 채택한 '상호문화주의(interculturalism)'적 접근이 그것이다(이동성·주재홍·김영천, 2013; 홍기원, 2013).[2] 두 접근법을 대비하여 논하기 위해서는 먼저 여기에서 사용되는 '다문화주의'라는 용어는 다양성을 기치로 하는 현대사회의 특징에 대처하는 모든 사고방식과 정책 등을 아우르는 포괄적 용어로 사용하지 않음을 전제해야 한다. 즉, 상호문화주의와 비교하는 맥락에서 다문화주의는 미국이나 캐나다와 같은 북미 국가들의 역사적 배경 아래 나타난 특정한 접근법으로 국한시켜 정의되어야 한다. 이러한 전제하에, 다문화주의라는 용어는 국내의 다양한 집단들이 서로의 존재를 인정하고 존중하고자 하는 의지를 가지며 더욱 '집단'적 형태를 띤다. 따라서 사회통합 혹은 국민통합 등의 목적을 지향하며 소수민족과 집단의 차별이나 사회적 불평등을 최소화하고자 하는 노력을 동반한다. 이에 반해 상호문화주의는 이주의 시대에 국가라는 경계를 넘어서 다양한 문화를 가진 개인이나 집단을 인정하고 타문화의 수용과 이해에 기반한 대화를 통한 상호작용에 중점을 두며, 특히 '개인 간 소통'이라는 관점이 부각된다.

유네스코와 유럽의 여러 국가들은 '다문화주의'라는 이름으로 이루어진 최근까지의 교육적 접근이 동화주의와 시혜주의적 측면을 보여왔고 오히려 인종주의를 강화해 왔다고 지적하면서, 문화다양성을 증진하는 포용적 사회를 위한 교육적 대안으로서 다문화주의가 아닌 상호문화주의를 강조하는 경향이 있다

....

2   홍기원(2013)은 다문화시대의 담론을 다문화주의(multiculturalism), 문화적 다원주의(cultural pluralism), 문화다양성(cultural diversity)이라는 세 용어로 구분한다. 그에 따르면, 다문화주의는 소수문화집단의 권리구현을 요구하는 가장 급진적인 접근이며 문화다양성은 하위문화적 다양성, 관점의 다양성, 공동체적 다양성이라는 세 가지 유형으로 구성된 다양성의 인정에 중점을 두는 중립적인 접근으로 본다. 문화적 다원주의에 대해서는, Newman(1973)의 이론을 근거로 동화이론, 융합이론, 고전적 문화다원주의, 수정된 문화다원주의를 각각 다룬다.

(Keast, 2006). 그러나 부정적인 관점의 동화주의나 긍정적인 관점의 포용적 사회라는 것이 어떤 용어를 선택하느냐에 따라 이루어지는 것은 결코 아닐 것이다. 보다 중요한 것은 문화다양성이라는 개념 안에 숨겨진 한계와 잠재성을 제대로 인식하는 것이다. 역설적으로, 우리가 보호하고 증진해야 할 문화다양성은 결코 다양하지 않다.

2) 문화다양성, 그 다양하지 않음에 대하여

문화다양성은 상대적으로 "가치중립적인 용어로서, 단일문화에 대응되는 종(species)적으로 다양하고 서로 상이한 문화의 양태를 의미한다"고 한다(홍기원, 2013: 341). 그러나 문화다양성을 문화 현상에 대한 기술로 국한시킨다면 가치중립적인 용어라 할 수 있겠지만, 신자유주의 체제에서 경제와 문화가 불가분의 관계에 있는 현시대에 문화다양성은 결코 가치중립적일 수 없다. 유네스코가 표방하듯이 "문화적 표현의 다양성을 보호하고 증진"하는 것은 문화에 대해 암묵적인 서열화를 인식할 때 사실상 가치중립적으로 이루어지기 어렵다. 문화적

그림 3-2 선녀와 천사

표현의 일례로 천사와 선녀를 생각해보자(그림 3-2).

앞의 그림은 동서양의 설화 속에서 공통적으로 나타나는 '하늘에 사는 선한 존재'인 선녀와 천사를 보여준다. 이러한 존재를 표현하는 방식으로, 그림 3-2에서 아기천사가 쥐고 있는 나팔처럼 그 문화권에서 상징적인 의미를 가진 사물을 활용하기도 한다. 그리고 이들은 공통적으로 하늘을 날 수 있는 능력이 있다. 그러나 하늘을 나는 방식에 대한 표현 역시 차이점을 보인다. 아기 천사가 하늘을 날기 위해서는 '날개'라는 분명한 도구가 필요하지만 동양의 선녀가 날아오르는 것은 휘날리는 천의 모습으로 표현되어 있다. 이러한 비상(飛翔)의 방식 차이는 문화적 표현에서 일관성을 보인다는 점에서 흥미롭다. 그리스 신화에 나오는 이카루스의 이야기에서도 날개를 '달고' 하늘로 날아오르며 날개가 녹으면 날지 못한다. 한국의 선녀와 나무꾼 이야기에서는 선녀가 몸에 돋은 날개가 아니라 휘날리는 날개옷을 입고 하늘로 오른다. 선녀나 산신령이 공중에 떠 있는 방법은 날개가 아니라 공간을 초월하는 영적인 기운과 공기의 휘날림에 가깝다.

이러한 다양한 문화적 표현의 향유와 그로 인한 신선한 즐거움은 '문화다양성의 보존과 증진'이 중요한 이유 중 하나일 것이다. 그러나 앞의 제목에서 '문화다양성, 그 다양하지 않음에 대하여'라고 쓴 이유를 고찰하기 위해 다음 질문들을 생각해 보자. 그림 3-2에서 선녀와 아기천사의 모습이 다르다는 사실은 단지 문화적 표현의 차이에서 끝나는 것일까? 얼마나 많은 사람들이 '하늘을 날 수 있는 선한 존재'라는 이미지에 선녀를 떠올릴 수 있을까? 얼마나 많은 사람들이 날개 없이 휘감은 천만으로 날아오르는 승천(昇天)의 표현 방식에 익숙할까? 왜 특정한 문화적 표현이 다른 유형의 표현보다 더 널리 알려지게 되었는가? 그리고 문화적 다양성의 차원에서 그 영향은 어떻게 나타나는가? 아시아권 혹은 한국에서 태어나고 자란 사람들에게 선녀와 천사 중 어느 쪽이 보다 '친근한' 문화인가? 어느 쪽이 우리가 의식적으로 보존해야 할 '문화적 표현'일까? 그 이유는 무엇일까?

유사한 맥락에서 널리 알려진 예를 하나 들자면, 동양의 용(龍)과 서양의 용(dragon)의 비교이다(그림 3-3). 동양에서 용은 자연의 선하고도 강력한 힘이자 인간의 수호자라는 의미가 강하다. 동양의 용은 날개가 없고 귀한 여의주를 품고 있다. 임금의 얼굴을 나타내는 단어인 '용안(龍顔)'은 용에 대한 존경과 경외

그림 3-3 동양의 용(龍)과 서양의 용(dragon)

의 이미지를 보여준다. 또한 용과 같이 자연의 가장 강력한 힘을 가진 존재가 인정하고 보호해 주는 인간이야말로 위대한 인간으로 칭송받는다. 이에 반해, 서양의 용은 날개가 달린 큰 도마뱀의 형상을 하고 있다. 서양의 전설에서 용은 마을 사람들을 공격하는 악의 상징이며, 인간의 위대함은 이러한 용을 무찌르는 데에 있다. 이처럼 서로 다른 문화적 의미를 가지는 용에 대한 이야기는 단지 용의 형상의 차이뿐 아니라 인간과 자연의 관계에 대한 인식의 차이를 보여주는 소중한 문화유산이다. 이는 문화적 다양성이 얼마나 풍요하게 우리들의 상상력을 자극하고 흥미롭게 다양한 이야기를 만들어내는지 보여준다. 그러나 이 시점에서 던질 수 있는 또 다른 질문들이 있다. 세상에는 이 두 가지 유형의 용만 존재하는 것일까? 다른 문화에서 전해 내려오는 용의 모습 혹은 전설의 동물들은 왜 자주 배제되는가? 왜 우리는 서양과 동양을 비교하는가? 누가 이러한 비교의 틀을 만들었을까? 왜 이러한 비교가 이상해 보이지 않고 당연해 보이는가? 그리고 도대체 동양과 서양이란 무엇을 기준으로 구분되는 것인가?

　문화다양성은 분명히 존재하고 있으며 존재하여야 함에도 불구하고 다양성의 의미에 대한 진지한 질문이 없다면, 그리고 주류문화와 비주류문화라는 구분이 문화다양성의 보존에 미치는 영향에 대한 비판적 인식이 없다면, 우리의 문화는 결코 다양하다고 볼 수 없다.

3) 타자화와 문화적 인종주의

문화다양성의 인정이 어려운 이유 중 하나는 우리가 끊임없이 타자화(othering)라는 이분법적 논리에 침착되어 있기 때문이다. 사회적 유형화(social categorization)와 사회집단 간 관계성(social group relations)을 연구한 학자인 헨리 타이펠(Henri Tajfel)은 개인은 항상 개인이면서 동시에 집단의 구성원이라는 점에 주목하였다(Tajfel, 1982). 따라서 어떤 개인이 특정한 방식으로 생각하고 행동한다면 그 결정은 결코 개인적인 결정이 아니며, 그가 속한 '집단 간 관계'와 '개인 간 관계'를 각각 양 끝으로 하는 연속선상의 어딘가에서 이루어지는 것이다. 사회적 유형화는 한 개인이 어떤 사회집단에 귀속되면 다른 집단(타자)이 아니라 그 집단의 구성원으로서 사회적 정체성과 사회화 과정을 겪는 것이다. 즉 사회적 유형화는 우리와 타자를 구분하게 하고, 이러한 구분은 우리가 특정 집단에 소속되어 있음을 통해 소속되지 못한 타자와 비교하여 더욱 강화될 수 있다. 이러한 사회적 유형화와 타자화의 메커니즘은 심리학자인 비벌리 테이텀(Beverly D. Tatum)이 인종정체성(racial identity)에 관해 쓴 책, 『왜 모든 흑인학생들이 학교 식당에서 같이 앉아 있는가?(Why are all the black kids sitting together in the cafeteria?)』(1997)에 잘 나타나 있다.

비록 타자화의 결과는 부정적이지만, 사회적 집단의 형성 자체는 사회적 동물인 인간이 살아가는 방식의 하나로서 자연스러운 현상이라 할 수 있을 것이다. 이러한 맥락에서 문화 간 소통의 방법으로 문화문법 이론을 구축한 에이드리언 홀리데이(Adrian Holliday)는 "모든 사회집단은 형성되고 결속되고 생존

그림 3-4 타자화(mimiandeunice.com)

하기 위해서 그 집단이 다른 집단들과 다르다는 지각을 스스로 만들어내는 것이 필요하다(For any social group to form, hold together and survive, it needs to construct for itself a sense that it is different to others)"고 하였다(2013: 53). 사회적 집단의 형성이나 유형화는 타자화로 인한 차별과 배제로 이어지기 전에는 비난 받을 거리가 아닐 것이다. 홀리데이는 한 집단의 형성이 다른 집단을 타자화하게 되는 것은 자기-타자(Self-Other)가 이상화(idealization)와 악마화(demonization)의 틀에 맞추어질 때라고 한다. 자아는 이상화되고 타자는 악마화되는 것이 결국 차별과 배제를 특징으로 하는 '타자화'로 이어지는 것이다. 타자화의 과정에서 타자가 항상 악마화되는 것은 아니다. 어떤 경우에는 자신을 "열등한 타자와 대조되는 우월한 자아"로 인식하고, 또 다른 경우에는 "우월한 타자와 대조되는 연약한 자아"로 인식함으로써 자아와 타자를 구분 짓는다(같은 책: 55). 그러나 중요한 것은 "타자의 이미지가 긍정적이거나 심지어 우월적으로 그려질 때조차도 그 이미지는 자아가 원하는 어떤 목적의 달성을 위해 그 자아에 의해 만들어지고 상상된 이미지에 불과하다는 사실(…even if the image of the Other is positive, and indeed superior to the Self, it is nevertheless an image which is constructed, imagined and owned by the Self for the promotion of the Self's agenda)"이다(같은 책: 55). 특히 인종이나 민족, 혹은 문화적 차이를 기준으로 자아-타자의 이분법을 나눌 때 이러한 타자화는 갈등과 긴장으로 이어질 수밖에 없다. Box 2에서는 타자화의 과정과 관련하여 저자의 연구 중 흥미로운 예시를 하나 소개

Box 2 타자화의 예시

미국의 중학교 7학년 ESL(English as a second language)반에서 생긴 일이다. 영어가 모국어가 아닌 5명의 이주민 학생들이 하루에 1~2시간씩 ESL 교실에 따로 모여 영어를 배운다. 5명의 학생들 중 4명은 한국 학생들이며 1명은 프랑스에서 온 백인 여학생이다. ESL 교사는 중년의 백인 여교사이다. 한국 학생들은 미국에 온 지 2년 이하이며 학교 안팎에서 다양한 형태의 차별을 경험하였다고 보고하였다. 특히 학교 안에서 자신들이 아시아인/한국인이기 때문에 교사와 다른 학생들에게 무시당하고 인종차별을 받는다고

생각하였다. 연구자가 1년 6개월의 기간 동안 지속적인 관찰과 면담을 수행한 결과 실제로 인종 차별적 사건들이 발생하기도 하였음을 확인하였다.

이러한 경험들을 함께 겪을 뿐 아니라 학교에서도 '한국 학생'이라는 민족 기반의 유형화로 분리되었기에 자연스럽게 이들만의 집단이 형성되었다. 성별과 성격이 다른 4명의 한국 학생들은 미국 학교라는 공간에서 강한 결속력으로 뭉치게 되고 '한국인 ESL 학생'이라는 정체성이 형성되었다. 이러한 집단 정체성의 반작용은 자신들 이외의 ESL 수업

구성원에 대한 타자화로 나타났다. 4명의 한국인 ESL 학생들은 ESL 교사가 프랑스에서 온 백인 여학생을 편애하고 자신들을 차별하며, 그 이유는 교사 자신이 백인이라 백인만 좋아하기 때문이라 굳게 믿는다. 이러한 믿음은 또한 그들을 더욱 결속시키는 힘이 되고 누가 타자인지를 명백히 드러내는 기준이 된다. 그리고 이 한국인 학생들은 합심하여 백인 여학생을 따돌리기 시작한다.

다음 표는 ESL 작문 수업에서 백인 여학생인 소피(Sophie)의 영어작문이 틀리지 않았지만 한국 학생인 맥스(Max), 은지(Eun Ji), 진현(Jin Hyun)이 합심하여 삭제시키는 장면을 묘사한다. 7학년 내내 '백인'에 대항하는 주동자의 역할을 수행해 온 맥스는 적극적으로 소피의 영어 구절이 불필요함을 강조한다. 은지는 이에 동의하며 맥스의 시도에 힘을 싣는다. 마침내 다수의 원칙에 따라 교사 그레이스(Grace)가 소피의 구절을 지우자 맥스는 은지의 손을 툭 건드리며 의미 있는 웃음을 보내고 다른 한국 학생인 진현 역시 왜 그들이 웃는지 알고 있다는 신호를 보낸다. 연구자는 이 수업 전체를 직접 관찰하였고 비디오에 담았다. 이후 연구자와의 면담에서 한국 학생들은 이 사건에 대해, 지속적으로 소피를 편애하는 교사 그레이스와 백인이라 자신들을 무시하는 소피에 대한 '복수'였으며 그것이 성공했기에 기뻤다고 밝힌다.

독자들은 이러한 '복수'를 감행한 학생들을 비난하거나 혹은 유색인종 학생들에게 차별을 가한 학교 내외의 '인종주의자들'을 비난하는 데에 중점을 두지 않기를 바란다. 그것은 이 사례를 공유하는 목적이 아니다. 대신 타자화가 무비판적으로 이루어지고 다시금 재생산되는 과정에 주목해야 할 것이다. 이러한 집단적 타자화와 인종이나 민족을 근거로 한 결속과 배제는 다문화사회에서 결코 드문 일이 아니다. 이 사례는 한국 학생들이 미국 학교와 사회에서 경험하는 인종차별이 어떻게 다시 이들로 하여금 타자화를 통해 소수인 다른 ESL학생, 소피를 차별하도록 만드는지를 잘 보여준다.

	화자	글말/"입말"
1	교사	(소피의 문장을 소리 내어 읽는다.) *He found how to plant a lot more vegetables and fruits including apples, oranges, and lettuce*(그는 사과, 오렌지 그리고 양상추를 포함하여 훨씬 더 많은 채소와 과일을 심을 방법을 알아냈다). "자, 아이디어나 제안 있나요? 이 문장을 다듬을 필요가 있을까요?"
2	맥스	(손을 든다.) "제 생각엔, 음, 제 생각엔, 음, *apples, oranges, and lettuce*를 지워야 할 것 같아요. 왜냐하면 사과, 오렌지는 과일이고 양상추는 야채니까, 그러니까."
3	교사	"그건 맞지만 그래서 여기서 *vegetables and fruits*이라고 말한 거지요"
4	맥스	(그 문장을 혼자 다시 읽으면서) "음, 어차피 그것들이 과일과 야채라는 것을 모두 알잖아요."
5	교사	"좋아요. 좋아. 그럼 맥스가 주장하는 것은 여기서 *apples, oranges, and lettuce*를 지워야 된다고 말하는 거죠?"
6	맥스	"네."
7	교사	(학생들을 보며 다시 묻는다.) "여기서 *apples, oranges, and lettuce*를 지울 필요가 있을까요?"
8	소피	(머리를 가로저으며) "아니요. *including*을 썼으니까 맞아요."
9	은지	(머리를 끄덕이며) "네"
10	맥스	(은지와 거의 동시에) "네"
11	교사	"(과일, 야채 이름을) 나열할까요?"
12	맥스	(작은 소리로) "아니요…"
13	은지	(작은 소리로, 머리를 가로저으며) "아니요."
14	교사	"과일과 야채 이름들을?"
15	소피	(작지만 단호하게) "네"

16	맥스 & 은지	(소피의 말에 즉각적으로) "아니요."
17	교사	(문장을 지우면서) "좋아요. 다수의 의견을 따르겠어요."
18	맥스	(웃으면서 은지의 손등을 친다. 그리고 다른 한국 학생인 진현을 향해 씩 웃는다.)
19	진현	(맥스의 의도를 알고 있다는 표시로 손가락으로 맥스를 가리키며 의미 있는 눈짓을 한다.)

* 사용된 모든 이름은 가명이며, 원 논문(Jang, E-Y., 2017)은 영어로 출판되었음을 밝힌다.

문화다양성의 논의와 타자화를 연결시켜 보자. 유럽에서 최근 나타나고 있는 '문화적 인종주의(cultural racism)'는 어떻게 문화를 매개로 타자화가 이루어지는지 보여준다(홍태영, 2013). 피부색의 차이를 본질적인 인간 능력의 차이로 연결시켜 인종 간 서열화를 시도하였던 기존의 생물학적 인종주의(biological racism)와는 달리 현대에는 '문화적 타자성에 대한 거부'가 인종주의의 형태로 나타난다. 특히 특정한 전통이나 종교를 가진 집단이 항상 '다른' 집단으로 타자화된다. 기독교와 이슬람교의 관계에서 이슬람교는 자연스럽게 '그들'의 문화이자 종교로 치부되고 이러한 타자화가 무비판적으로 강력히 전파되는 것을 일례로 들 수 있다. 문화나 종교로 인한 특정 인종집단의 자리매김과 잇따르는 (불평등한) 권력구조는 바로 문화적 인종주의라 할 수 있다.

이러한 문화적 인종주의는 미묘하고 자가당착적인 색깔을 띠고 있어 너무나 자연스럽게 우리의 사고와 생활 속에 스며들어 있다. 히틀러의 인종청소로 인해 인종주의가 인류에 가져올 수 있는 끔찍한 고통과 파괴를 충분히 맛보았고 따라서 더는 그런 '어리석은' 짓은 하지 않을 것 같지만, 여전히 인종에 따른 보이지 않는 차별이 존재한다. 제임스 블로트(James M. Blaut)는 '비유럽인들은 유럽인들에 비해 그들의 역사에서 문화적 진보가 부족했기에, 인종적으로가 아니라 문화적으로 뒤처져 있으며, 바로 이런 이유 때문에 그들은 가난하다. 그러므로 이러한 뒤처짐을 극복할 수 있는 유일한 방법은 유럽인들의 안내를 받아 그들이 갔던 길을 밟아 나가는 것이다'라는 생각이 바로 문화적 인종주의의 한 형태라고 지적한다(Blaut, 1992). 말하자면, 비유럽인은 문화적 성취를 위한 잠재력이 아니라 문화적 업적의 성취수준이 열등하다는 것으로 단정짓는 것이다. 이는 일견 타자(비유럽인)의 잠재력을 인정하는 것으로 보이지만 이러한 관점은 이미 문화의 서열을 근거로 하며 그 기준은 바로 '자신(유럽인)'이다. 즉, 자신의 문화적 관점에서 타자의 문화를 폄훼하는 타자화를 보여준다. 이것이 쉽게 파악되지 않는 미묘한 문화적 인종주의의 핵심이다. '인종차별은 있되 인종주의자는 없다'라는 오늘날의 패러독스는 바로 이러한 맥락이다(위의 책; Bonilla-Silva, 2006).

홍태영(2013: 46)에서는 한국으로 유입된 외국인의 대다수가 아시아 국가 출신이므로 유럽이 이슬람교도들과 겪고 있는 문화적 인종주의로 인한 갈등과 충돌이 한국에서 일어날 가능성은 낮을 수 있다고 하면서도 문화적 인종주의는 "특정한 상황 속에서 어느 하나의 특질을 인종화하면서 갈등을 부각시킬 수 있는 여지가 얼마든지 있다"고 경고한다. 즉 인종주의는 근본적으로 차별적 행위에 있으며 이러한 차별과 배제의 근간에는 자기-타자의 이분화가 있음을 생각할 때, 한국에서 일어나는 수많은 '타자화'와 '타자화에 대한 인식의 부재'는 문화적 인종주의의 씨앗을 품고 있다고 할 수 있을 것이다.

3. 문화 간 소통과 문화문법의 이해

문화와 문화다양성에 대한 개념적 이해는 실제 삶에서 직면하는 간문화적 (intercultural)[3] 상황(사실상 타인과 직면하는 거의 모든 상황은 간문화적 상황이라 할 수 있다)에서 문화적 차이를 다각도로 바라보고 이해하고자 노력하는 기반이 될 것이다. 한편, 문화다양성 개념을 추상적으로 이해하거나 '다양성은 존중되어야 한다'라는 명제를 아는 것과 문화다양성을 존중하고 증진하기 위해 내가 어떠한 노력을 해야 하며 어떠한 역량이 필요한지를 아는 것은 별개의 문제이다. 이 절에서는 타문화와의 접촉과 상호작용이라는 간문화적 상황에서 어떻게 소통할

----

3   2절에서 'interculturalism'을 다문화주의(multiculturalism)와 비교하여 '상호문화주의' 또는 '간문화주의'로 번역하였으나 3절에서는 'intercultural'을 '문화 간' 혹은 '간문화'로 번역함을 밝힌다.

것인가에 대한 문제를 다룬다. 특히 간문화 감수성, 문화 간 소통 역량, 그리고 문화문법 이론을 중심으로 논의하고자 한다.

1) 간문화적 감수성과 문화 간 소통 역량

우리가 타자 혹은 타문화와 대면하였을 때 처음부터 모든 것을 받아들이고 이해한다는 것은 당연히 불가능한 일이다. 밀턴 베넷(Milton Bennett)은 일반적으로 우리가 타문화를 접할 때 처음 느끼는 감정, 즉 '부인'에서 성공적인 간문화적 화자의 모습인 '통합'에 이르는 과정을 그림 3-5와 같이 표현하였다(Bennett, 1993). 간문화 감수성 발달 이론(Developmental Model of Intercultural Sensitivity: DMIS)은 문화적 인식과 적응을 통해 간문화적 감수성을 발달시켜 나가는 일련의 과정으로서 크게 자민족 중심주의(Ethnocentric)와 민족 상대주의(Ethnorelative)의 단계로 구성된다. 자민족 중심주의는 자기 자신의 문화가 반영하는 세계관으로 모든 현실을 이해하는 데 중심을 두는 것이며, 민족 상대주의는 이를 벗어나 상대적 관점에서 문화적 특징을 이해하는 것이다.

구체적으로, 간문화 감수성 발달 과정은 다음과 같이 6단계를 가진다.

1. 부인(Denial): 문화 차이를 처음 접하게 된 개인은 다른 방식의 존재 자체, 즉 타문화 자체를 부정한다.
2. 방어(Defense): 문화 차이 자체는 인정하지만 방어적 태도를 가지고 자신의 문화를 옹호한다.
3. 최소화(Minimization): 문화 차이보다는 문화적 공통점 혹은 보편성에 보다 중점을 두며 차이를 최소화하려고 한다.

이 세 단계 이후 타문화에 대한 자민족 중심적인 태도를 극복하게 된다면 상대주의적 단계로 진입하는데, 이는 문화를 상대적인 관점에서 이해하고 맥락적으로 해석할 수 있게 되는 단계이다.

4. 인정(Acceptance): 처음으로 문화적 차이, 즉 사람들이 다른 가치 기준과 행

동양식을 가질 수 있음을 인정한다.

5. 적응(Adaptation): 보다 효율적인 소통을 위해 타문화의 일정 부분을 받아들이고 적응한다.

6. 통합(Integration): 다중적인 문화 틀을 통해 문화를 상대적으로 이해함으로써, 자문화와 타문화를 경계 없이 넘나들 수 있다.

통합의 단계는 더 이상 문화적으로 고정화된 정체성을 가지는 것이 아니라 끊임없이 자기 자신의 실재를 재창조하고 다양한 문화적 대안들 중에서 선택적으로 자신을 구성할 수 있는 단계이다. 즉, 민족적·인종적·언어적 경계를 넘어서 글로벌 사회의 간문화적 소통을 원활히 해낼 수 있는 간문화적 정체성(inter-cultural identity)을 가지게 되는 것을 의미한다.

이러한 문화적 감수성의 발달 과정이 자연적인 현상으로 일어나지 않을 것이다. 그리고 가장 이상적인 상태, 즉 통합의 단계 역시 완전하게 구현된 상태라기보다 일종의 이상적 이미지에 가깝다. 그럼에도 불구하고 베넷의 발달 이론은

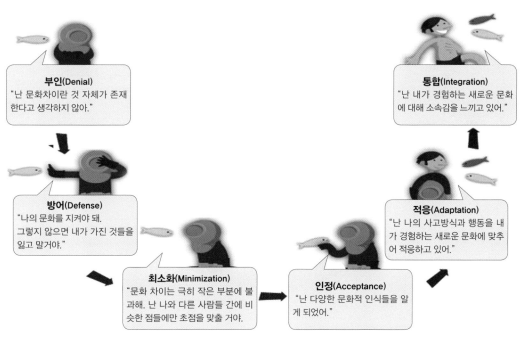

그림 3-5 간문화 감수성 발달 모델(Bennett, 1993)

타문화와 성공적으로 소통하는 '간문화 화자'가 구체적으로 어떠한 역량을 가져야 하는지를 생각하게 한다.

간문화적 소통 역량은 "간문화적 지식, 기술, 태도를 바탕으로 간문화적 상황에서 효과적이고 적절하게 소통할 수 있는 능력(the ability to communicate effectively and appropriately in intercultural situations based on one's intercultural knowledge, skills and attitudes)"으로 정의된다(Deardorff, 2006: 247). 풀어서 말하면, 서로 다른 문화적 배경을 가진 사람들이 의사소통을 해야 하는 경우에 직면하는 여러 가지 어려움, 예를 들면 언어장벽, 패션, 음식의 차이뿐 아니라 사고방식이나 반응 행동의 차이 등으로 인한 어려움과 갈등에 대해 적절하고 효과적으로 반응함으로써 성공적인 소통을 끌어내는 능력을 의미한다. 이러한 간문화적 역량은 단순히 영어 혹은 다른 외국어 능력이 뛰어나다거나 다양한 문화에 대한 지식이 풍부함을 의미하지 않는다. 바로 이러한 이유에서 타문화에 대한 지식 확장에 중점을 두는 국제이해교육으로 간문화적 역량을 강화하는 데는 한계가 있다. 간문화적 역량을 갖춘 화자란 문화 간 소통의 상황에서, 대화의 맥락에 적절한 언어와 비언어적 형태를 선택할 수 있는 능력을 가질 뿐 아니라, 문화의 다양한 특성들을 중재하며 자신의 의도를 효과적으로 표현할 수 있는 능력을

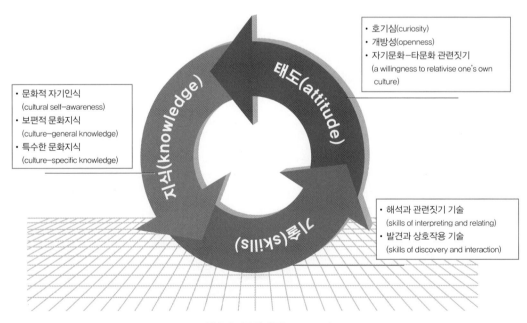

• 호기심(curiosity)
• 개방성(openness)
• 자기문화−타문화 관련짓기
  (a willingness to relativise one's own culture)

• 문화적 자기인식
  (cultural self−awareness)
• 보편적 문화지식
  (culture−general knowledge)
• 특수한 문화지식
  (culture−specific knowledge)

태도(attitude)

지식(knowledge)

기술(skills)

• 해석과 관련짓기 기술
  (skills of interpreting and relating)
• 발견과 상호작용 기술
  (skills of discovery and interaction)

그림 3−6 간문화 역량(Byram, 1997)

가진 사람이라 할 수 있다.

　그림 3-6에서 마이클 바이램(Michael Byram)은 간문화적 역량의 세 가지 핵심 구성요소로서 태도, 지식, 그리고 기술을 제시한다.

　첫째, '간문화적 태도(intercultural attitudes)'는 호기심과 개방성, 그리고 다른 문화에 대한 불신이나 자신의 문화에 대한 신념을 유보할 준비가 되어 있는 태도를 의미한다. 이러한 태도는 한마디로 '탈중심화(de-center)'할 수 있는 능력이다. 즉 자신의 가치 기준, 신념, 행동 양식 등을 유일하고도 당연하게 옳은 것으로 생각하는 것이 아니라, 다른 가치 기준, 신념, 행동양식 등 다른 문화적 배경을 가진 타인의 관점에서는 다르게 보일 수 있음을 인정하는 태도이자 문화를 상대적인 관점에서 보고자 하는 의지를 의미한다.

　둘째, '간문화적 지식(intercultural knowledge)'은 자신과 상대방 나라의 사회집단들에 대한 지식과 그들이 만들어낸 산물과 관습들에 대해 아는 것을 의미한다. 여기에서 '나라'가 아니라 '사회집단들'을 구체적으로 언급한 것을 눈여겨 볼 필요가 있다. 바이램은 나라와 문화를 동일시하는 오류를 피해야 하고 한 나라 안에서도 다양한 사회집단들의 문화 산물과 관습들이 있으며 간문화적 지식은 바로 이들을 아는 지식이라 강조한다. 간문화적 역량의 구성요소로서 또 하나의 지식유형은 사회적 차원과 개인적 차원의 상호작용이 일반적으로 이루어지는 과정에 대한 지식이다. 즉, 지식이라 함은 사회집단의 산물이나 관습에 대한 지식만이 아니라 사회집단과 그 구성원의 정체성이 어떻게 상호작용하는지를 아는 것도 포함한다. 이러한 지식은 다른 사람들이 자신을 볼 때, 자신이 어떻게 인식될 것 같은지를 알고 있음을 포함한다.

　셋째, '간문화적 기술(intercultural skills)'은 두 가지 유형이 있다. 해석과 관련짓기 기술(skills of interpreting and relating)과 발견과 상호작용 기술(skills of discovery and interaction)이 그것이다. 해석과 관련짓기 기술은 다른 문화에서 나온 기록물과 일어난 사건들을 해석하고 설명할 수 있으며 이를 자신의 문화에서 나온 기록물이나 사건들과 비교하고 관련지을 수 있는 기술을 의미한다. 이는 또한 비교의 기술이라 할 수 있는데, 여러 문화에서 나온 생각, 사건, 기록물 등을 나란히 놓고 각각을 상대적인 관점에서 해석할 수 있는 기술이다. 발견과 상호작용 기술은 새로운 문화와 문화적 관습들에 대해 새로운 지식을 알아내고 그것을 이미 알고 있는 지식과 융합하는 기술이다. 사람들은 자신의 문화적 특징에 대해 흔히 의식하지 못하고 있으므로 쉽게 설명하지 못한다. 따라서 발견과 상호작용의 기술은 다른 문화를 가진 사람들에게 그들의 문화에 대해 어떻게 물어볼 것인가 하는 기술을 포함한다. 그리고 보다 포괄적인 기술, 즉 실제 상황의 대화와 상호작용이 가지는 여러 제약들 아래에서도 간문화적 태도, 지식, 그리고 기술을 발휘할 수 있는 능력을 의미한다.

2) 문화문법

홀리데이는 성공적인 문화 간 소통을 위해 다른 문화를 이해하고 바르게 읽어내는 것을 은유적으로 '문화문법 협상하기'로 명명하였다. 그는 문화문법에 대해 다음과 같이 단언한다(Holliday, 2013: 1).

언어의 문법이 우리가 문장을 읽을 수 있는 구조를 제공하듯이, 문화문법은 우리가 문화적 사건을 읽을 수 있도록 하는 구조를 제공한다(As linguistic grammar provides a structure which enables us to read sentences, the grammar of culture provides a structure which enables us to read cultural events).

그렇다면 홀리데이가 구축한 문화문법이란 무엇인가? 먼저 문화문법은 보편성과 특수성 사이의 끊임없는 상호작용에 중점을 둔다는 사실을 기억해야 한다. 우리가 특정한 방식으로 생각하고 말하고 행동하며, 특정한 인위적 산물을 '우리 문화'라고 하는 것이 바로 문화이다. 홀리데이는 이러한 문화의 형성과 재현, 협상과 재생산이라는 과정을 특수성과 보편성이라는 두 가지 관점에서 설명한다. 다소 난해한 홀리데이의 문화문법의 세 영역과 하위 항목들을 소개하면서 독자의 이해를 돕기 위해 설명과 예시를 덧붙이도록 하겠다.

홀리데이가 제시하는 문화문법은 '특수한 사회적·정치적 구조', '근원적인 보편적 문화 과정', 그리고 '특수한 문화적 산물'이라는 3개의 큰 영역으로 구성되어 있다. 각 영역 아래에는 그 영역들을 구성하는 문법 항목들, 즉 문화를 구성하는 요소들이 각각 자리하고 있다. 먼저 문화문법의 세 가지 큰 영역을 살펴보겠다.

'특수한 사회적·정치적 구조(particular social and political structures)'는 '우리'와 '그들'을 명백히 다르게 만드는 문법적 영역 중 하나이다. 이 영역에 속하는 두 가지 주요 문법요소는 '문화적 자원(국가의 교육체계, 사용언어, 정치, 종교, 이념)'과 '세계 속 위상과 정치학(부유함, 권력, 경제, 타자와의 병치)'[4]이다. '문화적 자원'은 우리가 나고 자란 사회의 특수한 사회적·정치적 구조가 우리의 삶에 미치는 영향이다. 예를 들어 대입중심의 교육체제, 사교육 열풍, 개신교에 대한 사회적 인식, 남북관계를 둘러싼 특이한 정치적 상황 등을 의미한다. 즉, 일반적으로 말하는 '우리 문화'이며 이는 특수성을 가진다. 그리고 '세계 속 위상과 정치학'

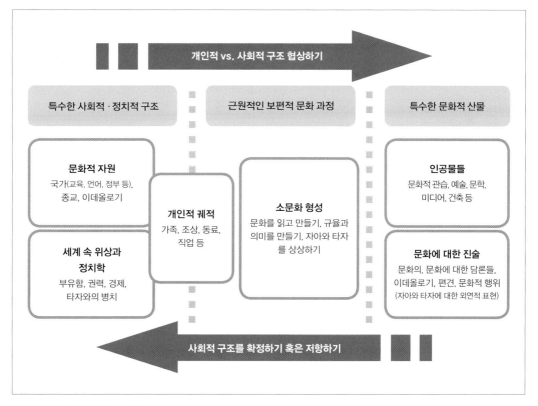

그림 3-7 문화문법 (Holliday, 2011)

....

4   여기서는 홀리데이의 원서(Holliday, 2013)를 기반으로 문화문법 이론을 논의한다. 그러나 이 책의 번역서(양은미 역, 2014)가 이미 출간되었으므로 용어 사용의 측면에서 혼동을 피하기 위해 적합하다고 생각되는 경우에는 번역서와 동일한 용어를 사용하였다. 그러나 모든 용어나 번역이 번역서와 동일하지는 않음을 밝힌다.

은 자신과 자신이 속한 사회를 '다른' 세계와 비교할 때 상대적으로 어떻게 위치되고 있는가에 의해 영향을 받는 것과 관련이 있다. 예를 들어 우리가 한국인으로서 일본을 이해하는 방식, 혹은 아시아인으로서 서구를 이해하는 방식 등 우리 이외의 세상을 우리의 관점에서 이해하는 것이 바로 이 항목이다. 오늘날 세계의 질서가 자본의 힘에 의해 좌우됨을 고려할 때 이는 정치적·경제적인 관점에 깊이 연관되어 있음은 당연하다.

'근원적인 보편적 문화 과정(Underlying universal cultural processes)'의 영역에서 '보편적'이라는 단어가 암시하듯 이 과정은 누구나 거치는 것이다. 역사적·정치적·경제적·개인적 배경과는 무관하게 모든 이가 그들이 속한 문화적 환경 안에서 그들의 위치를 결정하고 협상하는 기술과 전략들이 이 과정에 있으며, 이는 우리가 문화를 읽을 수 있도록 하는 기초가 된다. 보편적인 문화 과정이 활성화되는 가장 중요한 영역은 바로 '소문화 형성(small culture formation)'이다. 소문화는 가족, 여가활동, 직장 등에서 서로를 묶어주고 그 집단에서 요구되는 행동의 기준이 일관성 있게 형성되는 문화적 환경이다. 소문화 형성은 언제나 어디서나 누구를 만나든 진행형으로 이루어진다는 것에 주목할 필요가 있다. 모든 사람은 사회 안에서 끊임없이 어떤 문화적 실체들을 형성하거나 다루고 있다는 것이다. 요약하자면, 소문화 형성은 문화를 읽고 만들어내며 규율과 의미를 세우고 자기와 타자의 이미지를 상상하는 과정이다.

한편, '개인적 궤적(personal trajectories)'은 가족, 조상, 동료, 직업 등의 요소를 포함하며 개인이 사회 안에서 살아가는 과정이다. 이러한 개인의 삶의 궤적들은 개인이 속한 특수한 사회적·정치적 구조의 영향을 받으면서도 한편으로는 보편적 문화 과정을 통해 새로운 변화를 거듭하기도 한다. 홀리데이의 도식에서 이 항목은 특수성과 보편성이라는 두 영역에 걸쳐 있다. 이는 개인은 그들을 둘러싼 특수한 사회정치적 구조를 벗어날 수 있고 새롭고 낯선 영역, 즉 보편적 문화 과정의 소문화 형성으로 넘어가기도 한다는 의미이다.

문화문법의 세 번째 영역은 '특수한 문화적 산물(particular cultural products)'로서, 크게 두 가지 유형의 산물을 포함한다. 다양한 종류의 인공물들, Big C culture에 해당하는 문학작품이나 예술품과 같은 인간에 의해 만들어진 문화적 산물 little C culture에 해당하는 삶의 방식, 즉 먹기, 씻기, 인사하기, 존경을 표하기 등의 문화적 관습 모두 이 영역에 해당한다. 그리고 매우 흥미롭고도 난해한 개념인 '문화에 대한 진술(statements about culture)'이 특수한 문화석 산물에 포함된다. '문화에 대한 진술'은 우리가 우리 자신을 어떻게 제시하고 우리가 무엇을 '우리 문화'라고 부르기로 선택하는가를 의미한다. 중요한 것은 이러한 진술이 항상 실재를 반영하는 것이 아니라 우리가 원하는 실재에 대한 꿈이나 열망을 반영한다는 것이다.

해설을 부가하였으나 여전히 홀리데이의 문화문법의 이론이 다소 난해할 수도 있다. 좀 더 간결히 말하자면, 문화다양성의 이해는 문화문법에 대한 전반적인 이해와 더불어 특히 문화에 대한 진술을 새로운 시각으로 분석할 수 있을 때 가능할 것이다. 홀리데이는 문화문법의 모든 항목 중 '문화에 대한 진술' 개념이 가장 이해하기 어려울 것이라고 한 바 있다. 사실상 일상의 생활과 대화에서 우리는 끊임없이 문화에 대해 진술한다. 앞에서 설명하였듯이, 이러한 진술은 항상 완벽한 실재에 대한 기술이 아니라 문화를 특정한 방식으로 이해하거나 보여주고 싶어 하는 열망에 의해 이루어진다. 예를 들어, 식당에서 반찬을 듬뿍 주거나 길을 잃었을 때 우연한 친절을 경험하는 경우 "한국 사람들은 정이 많다"라고 말할 수 있다. 이때 이러한 진술은 명확한 실재를 반영한다기보다 경험에 대한 문화적 해석이자 이해의 방식이다. 사람들은 이러한 진술을 통해 인간관계에서 한국인들이 가지는 특징적인 문화를 생각하게 된다. 그리고 모든 문화에서 동일한 진술이 이루어지지 않는다는 점에서 '특수한 문화적 산물'이다. 이러한 진술의 의미를 읽어내도록 하는 것이 문화문법이다.

문화문법에서는 특정 국가나 민족의 구분을 문화의 특징과 동일화시키지 않는다. 이는 매우 중요한 점이다. 왜냐하면 탈경계적인 포스트모던 시대에 소문화는 국가나 민족의 차원이 아니라 사회적 집단의 차원에서 타자화의 과정과 함께 형성되기 때문이다. 앞서 2절에서 우리는 자아와 타자라는 이분법적 정치학이 부정적인 고정관념화를 조장하는 과정에 대해 논의하였다. 이러한 타자화가 차별과 배제로, 불통과 오해로 이어질 수 있음을 비판적으로 인식하고 타자를 이해하기 위한 끊임없는 협상의 과정이 문화문법 협상을 통한 간문화 소통인 것이다.

4. 문화감응적 다문화교육

지금까지 문화와 문화다양성의 개념, 타자화의 문제점, 그리고 문화 간 소통을 위한 문화 간 역량의 구성요소와 문화문법 이론을 살펴보았다. 지금 이 글을 읽고 있는 독자들은 다문화교육에 대한 자신들의 순수한 관심과 열정이 부담과 무력감으로 바뀌는 것을 경험하고 있을지도 모르겠다. 만일 교사라면, '교실에서 학생들에게 좋은 다문화교육을 하고 싶었는데 이것이 간단한 일이 아니구나.' 혹은 '내가 해온 다문화교육은 모두 틀린 것인가? 앞으로도 여기서 말하는 지식, 태도, 기술의 간문화 역량을 마스터할 자신이 없고 문화문법은 영문법보다 더 어려워 보인다.'라는 생각을 할지도 모른다. 실제로, 교대 대학원 다문화교육 전공 수업을 가르치다 보면 수강하는 다수의 현직 초등교사들이 '반성'의 글로 가득한 리포트를 내고 다문화교육에서 교사의 역할이 얼마나 중요한지를 '깨닫게 되어버린' 부담감을 호소한다.

이 절에서는 다문화교육에 열의를 가진 교사들과 문화다양성 증진과 보호에 관심이 많은 독자들에게 이러한 걱정을 내려놓을 수 있도록 하고자 한다. 먼저, 누구도 모든 문화에 대한 지식을 가질 수는 없다. 교사가 학생들의 다양한 문화적 특징들을 이해하고자 하는 의지가 충만하고 열린 태도를 가지고 있다 하더라도 다양한 배경을 가진 다수의 학생들이 경험한 사회화 과정이나 문화적 배경에 대한 지식을 모두 가질 수는 없다. 그러므로 교사는 모든 것을 알고 있는 정보의 제공자가 되어야 한다는 부담을 내려놓고 학생과 함께 다양한 문화에 대한 정보를 나누고 습득하며 간문화적 역량들을 함양하고자 노력하는 것이 중요하다. 또한 학생들과 문화문법을 함께 공부하면서 이를 실생활에 적용할 수 있도록 점진적으로 체화하는 것이 중요하다. 구체적으로 어디에서 시작해야 할까 고민스러운 독자를 위해 문화다양성 기반 다문화교육의 실천을 위한 조언으로 이 절을 끝맺고자 한다.

1) 자기문화 성찰과 하이브리드 정체성

문화 간 의사소통을 위한 첫 단계는 문화적 존재로서 자기 자신에 대한 깊은 성찰이다(Abt-Perkins & Gomez, 1993). 대부분의 사람들은 자신이나 자신이 속한 집단의 문화를 중심으로 타인의 문화를 이해하고 판단하는데, 이는 문화 간 갈등과 긴장의 시작이 된다. 다문화교육자이자 작가인 리사 델핏(Lisa Delpit)은 다문화시대에 다양한 배경을 가진 아이들을 가르치는 교사가 '타인의 아이들'을 가르치는 데에 성공하기 위해서는 자신이 가진 모든 사고의 틀을 내려놓는 자아 성찰의 순간이 있어야 함을 강조한다. 자신이 옳다고 생각하는 신념을 모두 포기할 때, 자신이 누구인지를 세상 밖으로 모두 드러내버리는 고통스런 순간이 있을 때, 그때에야 비로소 타인의 문화를 보게 되고 진정한 대화가 시작된다는 것이다(Box 3 참조).

같은 맥락에서, 아무리 노력해도 완전히 피할 수는 없는 자문화 중심적인 판단의 위험을 줄이기 위해 '비판적 문화 인식'은 매우 중요하다(Byram, 1997). 타문화의 수용이 어려운 이유는 자기 자신이 어떠한 기준으로 타문화를 보고 있는지를 판단하기가 어렵기 때문이다. 타문화의 문화적 산물이나 관습에 대해 때로 자연스럽게 거부감이 일기도 한다. 이러한 거부감의 원인이 자신이 가지고 있는 문화 틀에 있음을 인식하는 것이 바로 비판적 문화인식이다. 따라서 부단히 자기 자신의 가치 기준과 판단의 준거 체제를 인식하고 비판적으로 평가할 수 있는 능력은 매우 중요하다.

Box 3　교사의 자기문화 성찰

우리의 신념을 잠시 내려놓고서…
"우리는 눈으로 보거나 귀로 듣는 것이 아니라 신념을 통해서 보고 듣는다. 우리의 신념을 내려놓는 것은 우리 자신으로 존재하기를 멈추는 것이다―그래서 결코 쉽지 않다. 그것은 또한 고통스럽기도 하다. 왜냐하면 당신 자신의 내면을 드러내야 하고, 당신이 누구인지에 대해 당신이 가진 생각을 포기해야 하고, 당신에게 호의적이지 않은 타인의 화난 눈길로 당신 자신을 보기로 마음먹어야 하기 때문이다. 나 자신의 신념을 내려놓는 것은 쉽지 않다. 그러나 그것만

이 대화를 시작할 수 있는 유일한 길이다. 타인의 삶이 우리의 의식 안으로 비집고 들어올 수 있도록 하기 위해서, 우리는 우리 자신이 살아오던 세상이 뒤집어엎어지는 위험에 우리 자신을 취약한 모습으로 노출시키는 방법을 배워야만 한다(Delpit, 1988: 297).

이러한 자기 문화에 대한 성찰의 과정에서 주목해야 할 점은 그 누구도 단일한 문화 정체성을 갖고 있지 않으며 가질 수도 없음을 인식하는 것이다. 우리는 다수의 사회집단에 동시적으로 소속되어 있으므로 우리의 가치 기준들이나 삶의 방식에 영향을 주는 '문화'는 하나가 아니라 다수이다. 그리고 이러한 다중 정체성의 의미를 더욱 확장시킨다면 타문화와 자문화의 경계를 허물 수 있을 것이다. 앞서 논의한 베넷(1993)의 간문화 감수성 발달의 최고 단계, 즉 간문화적 소통과정에서 자문화와 타문화를 유연하게 넘나드는 통합의 단계는 고정적이고 폐쇄적인 단일문화 정체성이 아니라 다중 정체성 혹은 간문화 정체성을 가지게 되는 단계를 의미한다. 이동성 외(2013: 62)에서도 간문화적 대화 역량을 강화하기 위해서는 무엇보다 '복수적 정체성'에 초점을 둘 필요가 있음을 강조한다. 그에 따르면, "간문화적 대화는 자아의 상실이 아니라 자신을 새롭게 알아가는 과정이며, 새로운 삶의 방식을 이해하는 일이다. 즉, 간문화적 대화는 개인적 혹은 집단적 정체성의 상실 없이 모든 참여자들이 평등한 인간의 존엄성에 기초하여 대화에 참여하는 것"이라고 한다. 이는 유네스코가 명시한 이중적 정체성(dual identity), 혹은 혼종적인 하이브리드 정체성(hybrid identity)과도 같은 맥락으로 볼 수 있다(UNESCO, 2010). 타문화의 수용을 정체성의 상실이 아니라 하이브리드 정체성의 확립으로 인식하는 것은 타자화의 굴레를 벗어나 소통과 통합으로 이어지는 첫 걸음이 될 것이다.

2) 타자화의 극복

다시 문화다양성과 타자화에 대해 생각해 보자. 우리가 타문화를 이해하고자 할 때 자연스럽게 '외국의 타자는 우리와 같다거나 우리와 같지 않다'는 것을 기준으로 생각하게 된다. 즉, 우리와 그들의 차이점과 유사점에 주목하게 된다. 우리는 문화적 차이를 느끼는 어떤 상황에서 우리와 그들을 구분하면서 그 상황에 대해 피상적인 답변을 끌어낸다. '우리는 이렇게 하는데 그들은 이렇게 하지 않는다'에 중점을 두고 '타자화'를 통한 부정적인 이해를 하는 경우가 흔히 일어나는 것이다. 구체적인 예로서 표 3-1을 보자.

홀리데이가 말하는 문화문법에 기반한 문화협상에서 강조하는 것 중 하나는 간문화적 갈등 상황에 직면하였을 때 많은 사람들이 문화의 복잡성을 간과하는 '쉬운 답변'에 의존함으로써 부정적인 고정관념과 편견을 재생산하게 된다는 점이다. 우리가 타문화를 접하고 그들의 생활양식을 관찰하게 될 때, 그들을 이해하기를 원하면서도 '편견'이나 '쉬운 답변'의 유혹에 빠지게 된다. 그는 편견과 쉬운 답변으로 인해 더 심층적이고 효과적인 이해를 할 수 있는 기회를 놓친다는 의미에서 이를 "놓친 복잡성(Missed complexity)"이라고 말한다(Holliday, 2013: 19). 복잡성을 놓치지 않기 위해서는 익숙한 것을 낯설게 만들고 쉬운 답변을 하고 싶은 욕구를 유보하는 비판적 시각을 가져야 한다. 비판적 교수법에서 부단히 강조되는 '낯설게 하기'가 간문화 소통의 중요한 기술이 되는 것이다(Freire, 1970). 관행적으로 우리가 해온 사고와 행동의 방식들에서 한 걸음 떨어져서 현상을 이해하고자 하는 것, 그리고 익숙해진 고정관념들이나 관찰들을 마치 처음 본 것처럼 낯설게 바라보는 것이 바로 그것이다. 최근 한국의 다문화교육 담론에서도 문화다양성 존중을 당위적이고 피상적으로 바라보지 않는 비판적 접근법에 대한 관심이 높아지고 있는 것은 참으로 다행한 일이다.

표 3-1 옆집 사람들에 대한 오해

관찰	편견	쉬운 답변	놓친 복잡성
자녀들이 부모님을 이름으로 부른다	'그들은 우리보다 공손하지 않다'	"그들은 존경심을 표하는 호칭을 사용하지 않는다." "우리는 공손성을 중시하나 그들은 그렇지 않다."	존경심을 보이는 방법에는 다양한 방식이 있다. 이 문화적 환경 내에서는 이름을 부르는 것이 부모에 의해 허용되고 여기에는 존경심이 들어 있다.
자녀들은 말을 시키지 않는 한 식사시간에 조용히 해야 한다.	'그들은 우리보다 더 격식적이다'	"그들은 개방적이고 비판적인 토론을 장려하지 않는다." "우리는 비판적 토론을 중시하지만, 그들은 그렇지 않다."	모든 문화형태에는 격식에 대한 규칙이 있다. 이러한 문화 환경 내에서 규칙들은 특별한 방식으로 표현된다. 개방적이고 비판적인 토론이 장려되는 다른 시간과 장소가 있을 수 있다.

* 이 표는 Holliday(2013: 19)의 한국어 번역본(양은미 역, 2014: 23)에서 발췌하였다.

3) 문화감응교수법

다문화교육의 방법론 중 하나인 문화감응교수법(culturally responsive pedagogy)은 문화다양성의 중요성에 가장 적극적으로 초점을 맞춘 교수방법이라 할 수 있을 것이다. 문화감응교수법은 "인종적·민족적·문화적으로 다양한 학생들이 지닌 독특한 문화적 지식, 이전 경험, 준거 체제, 관점, 학습 유형, 수행 양식 등을 적극적으로 활용하여 그들의 학습 경험을 보다 효과적이게끔 만들려는 교수 방식"으로 정의한다(추병완, 2016: 94). 문화감응교수법 이론을 구축한 게이(Gay, 2000: 29)는 용어적 측면에서 문화감응교수법이 "문화적으로 관련된(culturally relevant), 문화적으로 민감한(culturally sensitive), 문화적으로 알맞은(culturally congruent), 문화적으로 성찰적인(culturally reflective), 문화적으로 중재된(culturally mediated), 문화적으로 맥락화된(culturally contextualized), 문화적으로 동시적인(culturally synchronized)" 등의 용어로 치환될 수 있음을 밝혔다. 그리고 문화감응교수법이 지향하고자 하는 바의 중점이 문화적으로 다양한 배경의 학생들에게 공평한 교육의 경험을 제공하기 위한 성찰적이면서 맥락적인 교수법이라는 특성을 가진다는 것을 강조하였다. 표 3-2에서 문화감응 교육과정의 핵심원리를 교육내용구성, 교수-학습 상호작용, 학습평가라는 세 가지 영역에서 요약·정리하였다.

이주 배경 학생들이 급증하고 있는 오늘날의 한국 교육의 현장에서 문화의 다양성은 더욱 확대되고 있다. 물론 모든 학생들이 다양한 문화를 가지고 있으므로 문화다양성은 한국인 vs. 외국인의 문제가 아님을 이미 언급하였다. 모든 사회집단이 문화를 가지는 것과 마찬가지로 학교 역시 '학교 문화'가 존재한다. 그러나 이러한 학교 문화와 그 학교에서 공부하는 학생들의 문화가 어떻게 충돌하고 갈등하는지에 대한 고민이 부재했다. 문화감응교수법의 원리는 이론적으로는 매우 간단하다. 첫째, 학생들의 문화를 확인하고, 둘째, 학생들의 문화와 경험을 장점으로 생각하며, 셋째, 수업 과정에서 학생들의 문화를 반영하는 것이다. 그러나 우리가 이 절 전체에서 지금까지 논의해 온 바와 같이 '문화를 확인'한다는 것부터가 간단한 일은 아닐 것이다. '문화다양성의 존중'은 더욱 어렵고 복잡한 일이다. 자기 성찰과 타자화의 극복을 통해 간문화적 대화가 성공적으로 이루어질 때에 우리는 서로의 문화를 이해하고 소통할 수 있다. 이러한 간문화 소통이 교육 현장에 적용되기 위해서는 적절한 교수 내용과 방법에 대한 더 많은 고민이 필요하다. 문화감응교수법의 소개는 만병통치약이 아니라 이러한 고민의 한 대안으로 제시하는 것이다. 다문화시대, 문화 간 소통의 성공이 곧 교육의 성공이 될 것임을 강조하며 이 절을 마무리하고자 한다.

표 3-2 문화감응 교육과정의 핵심 원리

구분	원리	설명
내용구성 원리	포함성	교사는 학생들의 목소리와 그들의 문화적 유산을 내용 사례에 반드시 표현해야 한다.
	대안적 관점	상이한 관점에서 다르게 보일 수 있는 논쟁적인 주제나 이슈에 대한 대안적 관점들은 반드시 교육과정 내용에 포함되어야 한다.
	다양성과 공통성	다양성과 더불어 모든 사람들을 통합하는 공통성을 강조한다.
	학생 구성 사례	구체적 표상, 이미지, 은유, 사례, 시각적 조직자는 문화적·경험적으로 관련된 것이어야 하고, 학습과제에 의미와 깊이를 부여하기 위해 학생들과 교사에 의해 생성되어야만 한다.
학생참여 원리	학습을 위한 목적 설정	학생들은 주어진 과제를 완수하는 것의 가치를 알고, 학습에 대한 호기심과 목적, 기대 ― 즉, 동기부여를 갖고 있어야 한다.
	학습 양식을 다루기	교사는 개개인의 다른 학습 방법을 알고 있어야 하며, 이들의 강점에 토대를 두면서 다른 학습 양식들로 확대시켜야 한다.
	학생의 구어적/문어적 소통양식 고려	교사는 다양한 학생들의 의사소통과 언어유형, 그들 문화에서 의사소통을 위해 설정한 기준들에 익숙해져야 한다.
	상호작용의 유형 고려	다양한 상호작용의 유형(개별적, 경쟁적, 협동적 등)을 경험하는 것이 중요하다.
	교실에서의 권력관계 다루기	교사는 대안적인 과제에 대한 선택과 결정을 내릴 수 있는 기회를 학생들에게 제공해야 한다.
학습평가 원리	지속적이고 맥락적인 평가	평가는 다양한 자료와 기법에 의해 지속적으로 그리고 맥락 속에서 이루어져야 한다.
	피드백 제공	학생의 기능과 지식 격차를 인식하고 적절한 피드백을 제공해야 한다.
	맞춤형 평가	특정한 도움을 필요로 하는 학습자들에겐 적절한 평가의 맞춤과 조절이 필요하다.

(추병완, 2016: 78-89)

1. '문화가 다르구나'라고 느낀 경험이 있다면 이를 자세히 기술하고 어떤 이유로 다르다고 느꼈는지
   생각해 보자.

2. 내가 속한 공동체(예: 가정, 직장, 대학원, 동호회 등)의 종류를 나열하고 어떠한 '보이지 않는' 기준이
   구성원과 비구성원을 구분하게 하는지 생각해 보자.

3. 한국 학교 문화의 특징은 무엇이며 한국과 외국의 학교 문화는 어떠한 공통점과 차이점이 있는지
   생각해 보자.

4. 간문화 역량 강화를 위해 교사와 학생이 구체적으로 어떤 노력을 해야 할지 생각해 보자.

이동성·주재홍·김영천(2013), 「문화다양성 교육의 개념적 특질 및 이론적 배경 고찰」, 『다문화교육연구』 6(1), 51-72, 한국다문화교육학회.

장의선(2016), 「국내외 주요 제도권 문서에 나타난 '문화다양성' 개념의 해석적 고찰」, 『글로벌교육연구』 8(4), 99-127, 글로벌교육연구학회.

추병완(2016), 『문화감응교육학』, 도서출판 하우.

홍기원(2013), 「다문화사회에서의 문화다양성에 대한 이해」, 전경옥 외 편, 『다문화사회 한국의 사회통합』, 327-364, 이담북스.

홍태영(2013), 「시민권과 문화적 정체성」, 전경옥 외 편, 『다문화사회 한국의 사회통합』, 17-57, 이담북스.

Abt-Perkins, D., & Gomez, M. L. (1993). A Good Place to Begin: Examining Our Personal Perspectives. *Language Arts, 70*(3), 193-202.

Bennett, M. J. (1993). Towards Ethnorelativism: A Developmental Model of Intercultural Sensitivity. In R. M. Paige (ed.), *Education for the Intercultural Experience* (pp. 21-71). Yarmouth, ME: Intercultural Press.

Blaut, J. M. (1992). The Theory of Cultural Racism. *Antipode: A Radical Journal of Geography, 23*, 289-299. Retrieved on December 15, 2017, from http://www.columbia.edu/~lnp3/mydocs/Blaut/racism.htm

Bonilla-Silva, E. (2006). *Racism Without racists: Colour-blind Racism and the Persistence of Racial Inequality in the United States* (2nd ed.). Lanham, Maryland: Rowman & Littlefield.

Brooks, N. (1975). The Analysis of Foreign and Familiar Cultures. In R.C. Lafayette (Ed.), *The Culture Revolution in Foreign Language Teaching* (pp. 19-31). Reports on the Central States Conference on Foreign Language Education. Lincolnwood. IL: NTC/Contemporary Publishing Group.

Byram, M. (1997). *Teaching and Assessing Intercultural Communicative Competence.* Clevedon: Multilingual Matters.

Deardorff, D. K. (2006). Assessing Intercultural Competence in Study Abroad Students. In M. Byram., & A. Feng (eds.). *Living and Studying Abroad: Research and practice* (pp. 232-256). Clevedon: Multilingual Matters.

Delpit, L. (1988). The Silenced Dialogue: Power and Pedagogy in Educating Other People's children. *Harvard Educational Review, 58*, 280-298.

Freire, P. (1970). *Pedagogy of the Oppressed.* New York: Seabury Press.

Gay, G. (2000). *Culturally Responsive Teaching.* New York, NY: Teachers College Press.

Heller, M. (1987). The Role of Language in the Formation of Ethnic Identity. In J. Phinney & M. Rotheram (Eds.), *Children's Ethnic Socialization* (pp. 180-200). Newbury

Park, CA: Sage.

Holliday, A. (2011). *Intercultural Communication &Ideology*. London: Sage.

Holliday, A. (2013). *Understanding Intercultural Communication: Negotiating a Grammar of Culture*. New York, NY: Routledge. 양은미 역(2014), 『문화 간 의사소통 이해하기』, 한국문화사.

Jang, E-Y. (2017). "We Got rid of her sentence for revenge": Re-Viewing Second-language Learner Strategies Considering Multiple Tensions in the ESL Classroom. *Mind, Culture, and Activity, 24*(1), 32-46.

Kearney, E. (2015). *Intercultural Learning in Modern Language Education: Expanding Meaning-Making Potentials*. Tonawanda, NY: Multilingual Matters.

Keast, J. (2006). *Religious Diversity and Intercultural Education: A Reference Book for Schools*. Retrieved on January 2, 2018, from http://www.pi-schools.gr/lessons/religious/europ_diast/Religius_Diversity_%20 and_Intercultural_Education.pdf

Kramsch, C. (1998). *Language and Culture*. New York, NY: Oxford University Press.

Williams, R. (1989). *Resources of Hope: Culture, Democracy, Socialism*. London: Verso. Retrieved on December 12, 2017, from http://artsites.ucsc.edu/faculty/gustafson/film%20162.w10/readings/ williams.ordinary.pdf

Sohn, H-M. (2006). *Korean Language in Culture and Society*. University of Hawaii Press.

Tajfel, H. (Ed.). (1982). *Social Identity and Intergroup Relations*. Cambridge: Cambridge University Press.

Tatum, B. D. (1997). *Why Are All the Black Kids Sitting Together in the Cafeteria? And Other Conversations About Race: A Psychologist Explains the Development of Racial Identity*. New York: Basic Books.

Tylor, E. B. (1871). *Primitive Culture*. London: John Murray.

UNESCO (2010). *UNESCO World Report 2: Investing in Cultural Diversity and Intercultural Dialogue*.

2부

다문화가정과
다문화 학생의 이해

4장

다문화가정의 이해와 다문화가족 복지

김정원 서울교육대학교 생활과학교육과 교수

한국 TV 광고 속 다문화가정 여성의 모습. 한국 사회 속 결혼이주민 여성은 쉽게 찾아볼 수 있다.

도입활동

- 현재 한국에서 다문화가정으로 지칭되는 사람들은 누구일까?
- 다문화가족 구성원들은 한국 사회에서 어떻게 살아가고 있을까?

한국은 저출산 고령사회로 급변함과 동시에 다문화사회로의 변화를 마주하고 있다. 한국의 다문화 현상은, 최근 다소 주춤세를 보이고 있으나 고제결혼에 따른 결혼이민자의 증가, 저렴한 노동인력 수요에 따른 외국인 근로자의 유입, 북한의 경제적 또는 정치적 갈등에 따른 북한이탈주민의 한국 유입, 국제적 교류 확대에 따른 전문인력이나 유학생의 증가 등으로 설명될 수 있다.

한국 내 외국인의 숫자는 2016년 11월을 기준으로 전체인구의 3.4%를, 다문화 출생아 수는 4.8%나 차지하게 되었다(통계청, 2017). 이처럼 한국 사회는 빠르게 다문화사회로 변화하고 있기 때문에, 이 장에서는 한국 사회 속 다문화가정 현황을 파악하고 다문화가족 구성원들의 생활상을 올바로 이해함으로써 미래 한국 사회의 바람직한 모습을 그려나가는 데 도움이 되고자 한다.

1. 한국의 다문화가정 현황과 전망

1) 다문화가정의 정의와 출현

단일민족국가를 자처해 온 한국의 다문화 현상은 그리 오래되지 않았다. 물론 화교(華僑)라 불리는 중국 이민자들을 포함해 한국 사회에 이전부터 뿌리내리고 살아온 외국인들이 있었지만 과거 한국 사회는 문화의 다양성 측면에서 공식적으로 소수민족을 인정하지 못했다. 그러나 1990년대 이래 세계화가 가속되면서 한국은 소수민족들을 더 이상 주류문화에 동화되도록 강요하기보다는 문화적 다양성을 수용하는 쪽으로 정책 방향을 선회하고 있다. 2007년 UN 인종차별철폐위원회가 '한국이 단일민족국가라는 이미지를 바꿔야 한다'고 지적한 이래, 각종 정부 정책, 지역사회 활동, 대중매체를 통한 노출 등으로 다문화가족에 대한 지원과 한국인의 인식 개선 노력이 전개되어 왔으나, 아직 한국인들의 다문화 감수성은 그리 높지 않게 나타나고 있다.

한국이 근대화된 이후 나타난 다문화가족은 1950년대 한국전쟁으로 들어

온 미군과 한국여성으로 구성된 가족의 형태였다. 이후 1980년대 저임금 노동인력의 부족으로 유입되기 시작한 외국인 근로자들, 그리고 1990년대 후반부터 증가하기 시작한 결혼이민자와 북한이탈주민 등을 들 수 있다.

다문화가정이 발생하게 되는 원인에는 거시적으로는 전쟁이나 이념대립으로 인한 피난, 망명, 국제적 고용환경 및 생활환경 변화에 따른 이주 등이 있다. 미시적으로는 개인이나 가족의 경제적 또는 사회적인 욕구 충족을 위해 보다 소득이 더 높고 안정적인 국가로 이주하여 교육 및 복지 수준을 높이려는 요인이 작용한다. 우리나라는 외국인 근로자나 북한이탈주민의 경우는 전자에, 국제결혼이주민은 후자에 해당한다고 볼 수 있다. 한국의 다문화사회로의 진입은 1990년대 이후 산업연수생을 비롯한 외국인들의 출입 증가, 경제적 노동력을 제공하는 외국인 근로자의 유입이 주요한 요인이 되었다. 더불어 한국 사회에서의 결혼 기피나 만혼현상(晚婚現象), 또는 농촌지역 결혼상대자의 수급 불균형 탓에 동남아시아를 비롯한 주변국들과의 국제결혼으로 결혼이민자가 지속적으로 증가하는 것도 그 원인이 되고 있다.

2008년 제정된 다문화가족지원법에서는 다문화가족을 결혼이민자와 귀화자, 그리고 기존 한국인으로 이루어진 가족을 일컫는 것으로 되어 있기 때문에 (Box 1 참조), 다문화가족실태조사 결과는 결혼이민자 중심의 결과이다. 그러나 학문적 차원에서 다문화가정은 단일민족이라 일컫던 기존의 한국 구성원과 다른 문화적 배경을 가진 가족을 포괄하므로, 한국 사회에서의 다문화가정은 결

Box 1　다문화가족지원법에 따른 다문화가족의 정의

다문화가족지원법
(약칭: 다문화가족법)
[시행 2017. 3. 21.] [법률 제14702호, 2017. 3. 21.,일부개정]

제2조(정의) 이 법에서 사용하는 용어의 뜻은 다음과 같다.
1. "다문화가족"이란 다음 각 목의 어느 하나에 해당하는 가족을 말한다.
   가. 「재한외국인 처우 기본법」 제2조 제3호의 결혼이민자와 「국적법」 제2조에 따라 출생 시부터 대한민국 국적을 취득한 자로 이루어진 가족
   나. 「국적법」 제4조에 따라 귀화허가를 받은 자와 같은 법 제2조에 따라 출생 시부터 대한민국 국적을 취득한 자로 이루어진 가족
2. "결혼이민자등"이란 다문화가족의 구성원으로서 다음 각 목의 어느 하나에 해당하는 자를 말한다.
   가. 「재한외국인 처우 기본법」 제2조 제3호의 결혼이 민자
   나. 「국적법」 제4조에 따라 귀화허가를 받은 자

혼이민자, 외국인 근로자, 그리고 북한이탈주민 등을 포함한 외국인으로 간주할 수 있다.

2) 다문화가정 현황

(1) 다문화가정 인구 및 유형별 분포

한국 내 외국인[1]의 숫자는 2010년도에 54만 명으로 그 인구 비중이 1.1%에 지나지 않았으나, 2016년 11월 현재 총 176만 명으로 3.4%까지 증가하였다(행정안전부, 2017). 또한 2016년 우리나라 전체 출생아 40만 6,243명 중 다문화 출생아 수는 19,431명으로 약 4.8%나 차지하고 있어(통계청, 2017) 빠르게 다문화 사회로 변화하고 있음을 보여 준다(그림 4-1).

한국의 외국인 주민 구성은, 외국인 근로자 수가 가장 많아 38.3%, 외국국적 동포가 16.7%, 결혼이민자가 11.3%, 유학생이 6.8%, 그리고 기타 외국인이

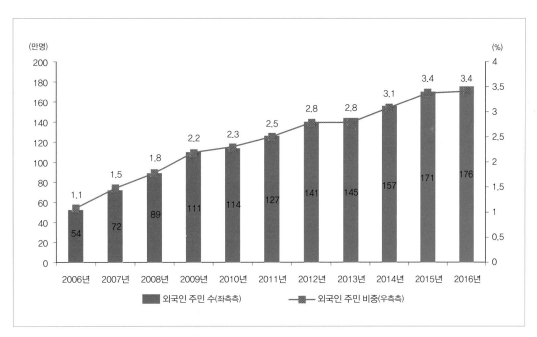

그림 4-1 우리나라 외국인 주민 증가 추이(행정안전부, 2017)

....

1   행정안전부에서는 조사 결과를 외국인 주민이라는 표현을 사용하였으나, 이 책에서는 다문화 가정과 같은 개념으로 사용하였음.

26.9%를 차지하고 있다(그림 4-2). 이들의 국적은 절반가량이 중국이며, 베트남, 태국, 미국, 필리핀, 우즈베키스탄, 캄보디아, 인도네시아, 네팔의 순으로 나타나고 있다. 또한 이들의 절반 이상이 20~30대의 젊은 층이어서 고령화되고 있는 한국 사회에 노동인력으로 기여하고 있는 것으로 판단된다.

외국인 주민의 자녀도 2016년 11월 현재 20만 명에 이르고 있는데, 미취학 아동이 56.4%로 가장 큰 비중을 차지하고 있고, 초등학생(28.2%), 중고등학생(15.4%)의 순으로 나타나 저출산 사회에 기여하고 있음을 알 수 있다(그림 4-2). 다문화가족 구성원도 현재 96만 명 선으로, 한국인 배우자(31%), 결혼이민자(16.5%), 귀화자(15.7%), 자녀(20.7%), 기타 동거인(16.1%)으로 구성되어 있다.

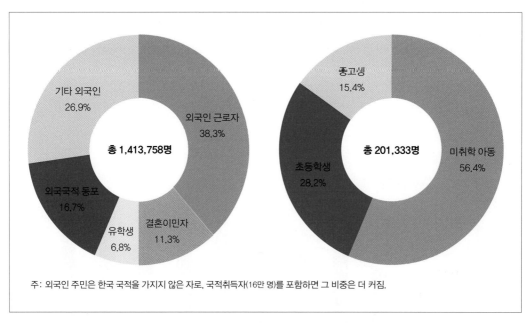

주: 외국인 주민은 한국 국적을 가지지 않은 자로, 국적취득자(16만 명)를 포함하면 그 비중은 더 커짐.

그림 4-2 외국인 주민의 구성 비율 및 외국인 자녀의 연령별 현황(행정안전부, 2017)

(2) 출신 국적별 분포

국내 거주 외국인 주민의 국적별 분포를 보면, 중국 국적자가 69만 명으로 전체 외국인 주민의 49%를 차지하고 있다. 물론 이 중의 대다수는 한국계 중국인으로 전체의 34.7%를 차지하고 있다. 이어 베트남, 태국, 미국, 필리핀, 우즈베키스탄, 캄보디아, 인도네시아, 네팔 등의 순서로 나타나고 있어 아시아 출신이

표 4-1 국내 거주 외국인의 국적별 인원 및 구성비(2016년 11월 기준)

(단위: 명, %)

연번	국적	인원	%	연번	국적	인원	%
1	중국(한국계)	490,000	34.7	14	일본	17,988	1.3
2	중국	201,764	14.3	15	대만	15,337	1.1
3	베트남	133,106	9.4	16	방글라데시	15,051	1.1
4	태국	82,225	5.8	17	캐나다	13,737	1.0
5	미국	51,875	3.7	18	파키스탄	11,200	0.8
6	필리핀	51,808	3.7	19	러시아(한국계)	10,952	0.8
7	우즈베키스탄	45,670	3.2	20	카자흐스탄	9,110	0.6
8	캄보디아	44,358	3.1	21	러시아	8,471	0.6
9	인도네시아	41,656	2.9	22	키르기스탄	4,222	0.3
10	네팔	32,413	2.3	23	영국	3,629	0.3
11	스리랑카	26,735	1.9	24	말레이시아	2,299	0.2
12	몽골	26,120	1.8	25	동티모르	1,780	0.1
13	미얀마	21,327	1.5	26	라오스	797	0.1

91%로 대다수인 것을 알 수 있다.

이들 중 대다수는 외국인 근로자로서 주로 중국과 동남아시아에서 들어오고 있다. 반면 결혼이민자는 2000년대 초반까지는 중국계 한국동포 여성이 다수를 차지하였으나 최근에는 베트남 여성이 가장 높은 비율을 차지하고 있고, 뒤이어 필리핀, 일본, 미국, 캄보디아, 태국, 캐나다, 몽골의 순으로 국제결혼을 하고 있다. 한국 여성의 외국인 배우자는 베트남을 제외하면 대부분 선진국 출신인 것으로 나타나고 있다(표 4-2).

표 4-2 연도별 국제결혼 배우자 출신국별 분포

(단위: 건, %)

남편	2014	2015	2016	아내	2014	2015	2016
건수	24,387	22,462	21,709	건수	24,387	22,462	21,709
계*	100.0	100.0	100.0	계*	100.0	100.0	100.0
한국	67.3	66.9	69.9	한국	24.4	23.3	19.8
외국[1]	32.7	33.1	30.1	외국[1]	75.6	76.7	80.2

중국	9.5	9.7	9.9		베트남	20.9	23.1	27.9
미국	7.2	7.3	6.4		중국	29.5	27.9	26.9
베트남	1.2	1.9	2.6		필리핀	4.9	4.7	4.3
캐나다	2.0	2.1	1.8		일본	5.5	4.6	3.9
일본	4.8	3.6	1.8		태국	1.8	2.5	3.3
호주	1.0	1.1	0.9		미국	2.9	3.0	2.8
영국	0.8	0.9	0.9		캄보디아	2.4	2.5	2.4
프랑스	0.7	0.8	0.6		대만	1.0	1.2	1.2
대만	0.5	0.7	0.6		우즈벡	1.1	1.0	1.1
독일	0.6	0.6	0.4		캐나다	0.8	0.8	0.9
기타	4.3	4.4	4.1		기타	4.7	5.4	5.5

(통계청 인구 동태 통계연보. 각 년도)

* 국적미상 제외
1) 귀화자는 귀화 이전 출신 국적, 외국인은 혼인 당시 외국국적으로 분류

(3) 지역별 분포

외국인 주민은 경기(57만 명), 서울(40만 명), 인천(9만 5천 명) 등 수도권에 전체의 60.6%가 거주하고 있어 과거보다 수도권 집중이 다소 완화되었다. 외국인 주민들이 주로 수도권에 거주하고 있는 이유는 노동 인력 수요가 높은 서울 등 산업체 밀집지역, 공단지역, 대학 등이 수도권에 집중되어 있기 때문인 것으로 판단된다(표 4-3).

근래에는 서울의 영등포나 구로구에 중국 출신 사람들이 집성촌을 이루는 것과 같이 같은 국가 출신의 사람들이 밀집하여 거주하는 지역들이 늘어나고 있는데, 서울의 영등포구, 구로구, 경기도의 안산시, 수원시, 화성시, 시흥시, 부천시의 7곳은 3만 명 이상 밀집하여 거주하는 곳이다. 2만 명이 밀집하여 거주하는 곳도 서울의 금천구, 관악구, 광진구, 경기의 성남시, 평택시, 용인시, 김포시, 고양시, 충남의 천안시, 아산시, 경남의 김해시, 창원시를 들 수 있다. 이밖에도 동부이촌동의 일본인 마을, 이태원과 해방촌의 아프리카인 마을, 반포의 프랑스인 마을, 경기도 안산의 국경 없는 마을 등으로 구분되어, 다문화공간은 한국 사회의 계급성을 재현하며 차별적 의미를 주고 있다(한건수, 2008).

외국인의 유형별로 국내 분포 비율을 살펴보면, 외국인 근로자는 전국 평균 (38.3%)과 비교해 경남(54.4%), 전남(47.5%), 경북(46.6%) 지역에 많이 분포하고 있어서 지방의 부족한 노동력을 담당하고 있는 것으로 보였다. 결혼이민자는 전 국 평균(11.3%)과 비교할 때, 강원(18.32%), 전북(18.28%), 전남(18.1%)에 많고, 경기(9.8%), 서울(9.9%)에는 적게 나타나 지방에 순수한 결혼이민자 비율이 높은 것을 확인할 수 있었다. 유학생은 전국 평균(6.8%)과 비교할 때, 대전(27.8%), 부산(15.9%), 광주(15.1%)가 높아 해당 지역 대학들의 유학생 유치노력의 결과 인 것으로 해석되었다. 외국국적 동포는 전국 평균(16.7%)과 비교할 때, 서울

표 4-3 국내 외국인 주민 집중 거주 지역(외국인 주민 수 기준)

전국(65)	3만 명(7), 2만 명(12), 1만 명(36), 1만 명 미만(10)
서울(16)	영등포구 55,427(13.9%), 구로구 48,279(10.9%), 금천구 29,660(12.0%), 관악구 29,270(5.7%), 광진구 20,314(5.6%), 동대문구 18,512(5.1%), 동작구 18,033(4.5%), 용산구 17,080(7.6%), 성북구 14,247(3.2%), 서대문구 13,436(4.2%), 마포구 13,360(3.6%), 송파구 12,562(2.0%), 성동구 12,151(4.1%), 강서구 11,962(2.1%), 종로구 11,325(7.3%), 중구 11,312(8.8%)
부산(1)	강서구 6,688(6.3%)
인천(5)	부평구 19,187(3.5%), 서구 18,781(3.7%), 남동구 18,511(3.5%), 남구 12,310(3.0%), 연수구 11,121(3.4%)
대구(1)	달서구 12,422(2.1%)
광주(1)	광산구 16,421(3.9%)
울산(1)	울주군 12,222(5.5%)
경기(20)	안산시 79,752(10.7%), 수원시 54,284(4.5%), 화성시 48,457(7.4%), 시흥시 45,668(10.6%), 부천시 33,081(3.9%), 성남시 29,199(3.1%), 평택시 28,999(6.1%), 용인시 26,317(2.7%), 김포시 25,133(6.9%), 고양시 21,340(2.1%), 포천시 18,271(11.2%), 광주시 17,626(5.5%), 파주시 16,478(3.9%), 안성시 14,602(7.4%), 오산시 13,274(6.2%), 안양시 12,568(2.2%), 양주시 11,550(5.6%), 남양주시 11,545(1.8%), 군포시 11,113(3.9%), 광명시 10,269(3.1%)
충북(3)	청주시 19,111(2.3%), 음성군 12,594(12.0%), 진천군 8,134(11.0%)
충남(3)	천안시 27,972(4.4%), 아산시 22,741(6.9%), 당진시 8,396(5.1%)
전북(1)	전주시 10,179(1.5%)
전남(2)	영암군 6,862(11.4%), 진도군 1,726(5.9%)
경북(4)	경주시 13,941(5.3%), 경산시 10,918(3.9%), 고령군 2,526(7.6%), 성주군 2,328(5.6%)
경남(6)	김해시 25,957(4.9%), 창원시 24,881(2.4%), 거제시 14,340(5.5%), 함안군 5,161(7.5%), 창녕군 3,325(5.4%), 고성군 2,701(5.1%),
제주(1)	제주시 15,481(3.3%)

(행정안전부, 2017)

(24.1%), 경기(18.7%)에 많고, 전남(6.1%), 전북(6.3%), 부산(7.9%)에는 적게 나타나 다수가 서울을 비롯한 수도권에 거주하고 있는 것으로 나타났다.

3) 한국 사회에서의 다문화가정 전망

우리나라 여성의 사회참여와 함께 만혼자, 독신자 비율의 증가로 출산율은 급속도로 줄고 있어, 미래 한국의 존재 여부마저 의심하게 만들고 있다. 이처럼 저출산 고령화 추세가 뚜렷한 우리나라는 2040년을 기점으로 서서히 인구가 감소할 것으로 예측되고 있다. 2000년 이후 우리나라 국민의 국제결혼 건수는 가파른 상승세를 보여 2007년에는 외국인 아내 결혼 건수가 28,680건, 외국인 남편 결혼 건수가 8,980건에 이르렀다. 그러나 이때를 기점으로 지속적으로 감소하여 2015년 현재 각각 14,677건과 6,597건으로 전에 비해 절반 수준으로 감소하였다(그림 4-3). 이런 국제결혼 건수의 감소는 무분별한 국제결혼업체의 난립과 피해가 보고되면서 정부 차원의 규제와 관리가 이뤄진 결과로 추정된다. 그럼에도 불구하고, 한국의 저출산 및 고령화 현상과 맞물려 젊은 노동인력의 유입과 국제결혼 추세는 지속될 것으로 예측된다. 따라서 국내 다문화가정의 수는

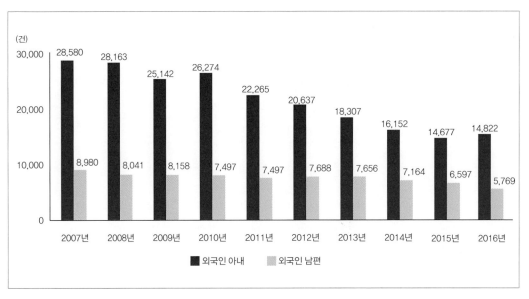

그림 4-3 우리나라 국제결혼 추이(통계청, 2017)

지속적으로 증가할 것이며, 한국 사회에서 다문화가정이 차지하는 비율은 상대적으로 더욱 커질 것으로 보인다.

또한 다문화가정에서 태어나는 2세들에 대한 관심을 기울여야 하는데, 다문화가정 자녀의 수는 2006년 3만 5천 명에서 2009년 10만 명, 그리고 2016년 현재 20만 명을 넘어서고 있다(행정안전부, 2017). 이들은 미취학 아동이 56.4%, 초등학생이 28.2%, 중고생이 15.4%로 나타나고 있어 앞으로 초등학교뿐 아니라 어린이집 및 유치원 수준에서의 교육적 대응이 더욱 중요하게 부각되고 있다.

지속적인 세계화 현상과 정보산업 발달로 인한 정보교환의 속도 증가, 여성의 고학력화 및 사회진출로 인한 만혼 또는 결혼기피 현상, 농촌지역 여성의 도시 이주로 농촌과 도시 저소득층 남성이 배우자를 구하기 어려운 상황, 국제결혼 중개업 등의 활성화 등 모든 요인들이 한국의 다문화사회로의 진전을 촉진하고 있다. 또한 일단 외국인의 한국 이주가 증가된 상태에서는 국내에 거주하는 외국인들이 본국의 가족이나 친척 또는 근로 인력을 초청하면서 국내로 유입되는 외국인의 수는 더욱 증가할 것으로 보인다.

그런데 유입되는 외국인들의 다수가 단순한 노동인력이라는 점에서 이들이 한국에 정착하는 단계에서 한국 사회의 편견, 한국어 미숙으로 인한 의사소통의 문제, 자녀교육의 어려움 등 여러 가지 문제를 겪는 것으로 나타나고 있다. 이와 같이 외국인 근로자 유입이나 국제결혼 등의 증가는 우리나라에 다양한 가족 유형을 등장시켰으며, 이에 따라 다문화가정의 한국 사회 적응 과정에서 발생하는 문제에 대한 대처가 필요하다.

이와 같이 증가하는 다문화가정이 한국 사회에 끼칠 영향은 다음과 같이 긍정적인 측면과 부정적인 요인으로 요약할 수 있다(김유경 외, 2008). 긍정적인 측면으로는 첫째, 농촌지역 출산율을 증가시킴으로써 저출산 고령화 현상을 억제하는 요인으로 작용할 것이다. 둘째, 이중언어를 구사하며 다문화적 감수성을 갖춘 국제적 인재를 길러낼 수 있는 가능성을 제공할 것이다. 즉, 결혼이민자 국가와 한국을 연결할 수 있는 가교 역할을 할 것이다. 그러나 다문화가정에 대한 사회적 차별이 지속되고 그 자녀들이 소외되는 현상을 겪는다면 이미 프랑스에서 발생한 청년폭동과 같이 여러 선진국에서 경험한 심각한 사회적 갈등을 한국도 겪게 될 것이다.

2. 다문화가정의 한국 사회 적응과 갈등

다문화가정이 증가함에 따라 이들의 삶에 대한 연구가 여러 규모와 시각에서 보고되고 있다. 1980년대 말까지는 주로 미군과 결혼한 한국인 여성에 대한 연구 보고가, 1990년대에는 국내 이주 국제결혼 사례가 증가하면서 전반적인 현황이나 국제결혼 가정의 가정 폭력, 갈등 경험 등의 사례 연구가, 그리고 2000년대에 들어오면서 다문화가정의 결혼생활, 문화갈등, 보건 등을 주제로 연구가 진행되었다.

본격적으로 다문화가족의 현황과 실태를 파악할 수 있게 된 것은 2008년 제정된 다문화가족지원법에 근거하여 매 3년마다 '다문화가족실태조사'라는 대규모 조사가 진행되면서이다. 다만 이 조사의 한계점은 다문화가족지원법의 범주에 들어 있는 결혼이민자에 조점이 맞춰져 있다는 점이나. 따라서 외국인 근로자 가정이나 북한이탈주민에 대한 내실 있는 조사와 연구가 필요하다.

1) 결혼이민자

2008년, 2012년, 그리고 2015년에 실시된 다문화가족실태조사 결과를 비교해 보면 그동안 한국 사회에서 결혼이민자들의 삶이 어떻게 변화하였는지 파악할 수 있다. 결혼이민자들은 한국인과 결혼한 이유에 대해 경제적으로 발전한 한국에서 살기 위해서, 즉 경제적으로 더 잘 살기 위한 '가족전략'을 수행하기 위해 한국남성과 결혼을 하였다고 응답하는 경우가 많았다. 그러나 코리안 드림을 안고 한국에 왔으나 잘살지 못하는 나라에서 왔고 피부색이 다르다는 이유로 이상한 눈으로 쳐다보는 한국인의 시선에 심리적인 고통을 호소하는 사례들이 많은 연구에서 보고된 바 있다. 그런데 2015년 조사 결과, 이들의 한국어 능력이 향상되면서 한국 사회에 안정적으로 정착하고 자녀들도 학교 등에서 차별을 받는 경험이 감소하거나 또는 차별에 대해 적극적으로 대응해 나가는 경우가 증가하고 있는 추세를 보이는 등 바람직한 변화의 모습이 나타나고 있다.

2015년 전체 다문화가구는 27만 8,036가구로 2012년에 비해 4.3% 증가하였다. 이들의 평균 혼인 지속 기간은 9.8년으로 결혼 초기 가족해체율이 전에 비해 감소하고 있으며, 또한 아버지의 자녀 돌봄 참여 의식이 전체 국민보다 높게 나타나고 있어 긍정적인 변화가 감지되고 있다.

(1) 가족 형성 및 변화

결혼이민자들은 국제결혼 중개업체를 통해 만나는 비율이 20.8%에 불과하며, 대부분 친구나 동료의 소개(27.4%), 스스로(25.0%), 그리고 가족친지의 소개(21.1%) 등을 통해 만나는 것으로 나타났다.

전체 결혼이민자 중 이혼이나 별거 중인 응답자(6.9%)는 그 이유를 성격 차이, 경제적 무능력, 외도 등 애정문제, 배우자 가족과의 갈등, 음주도박 등으로 들고 있었다. 과거에는 경제적 무능력이나 성격 차이의 문제가 컸으나 근래에는 외도나 음주, 도박, 배우자 가족과의 갈등, 학대 및 폭력이 다소 증가하였다. 결혼이민자 가족들이 소득 수준이 낮은 경우가 많아 일차적으로 경제적인 어려움을 겪고 있고, 이어 결혼 후 자녀가 태어나 학교에 다니면서 발생하는교육적 문제로 이차적인 어려움을 겪고 있으며, 더불어 한국의 독특한 가족관계 문화에서 오는 애로사항이 있는 것으로 파악된다.

이혼이나 별거 후 결혼이민자가 자녀를 양육하는 경우는 2012년 75.6%에서 2015년 65.3%로 줄어들었으나, 배우자로부터 양육비를 받는 비율이 매우 낮아 실질적인 양육 책임을 혼자 지고 있는 문제점을 확인할 수 있었다.

(2) 부부 관계와 의사 결정

결혼이민자 가정의 배우자와의 관계만족도는 5점 만점에 3.98점으로 2012년도(4.16)보다는 낮지만 비교적 높게 유지되고 있었다. 부부간 하루 평균 대화 시간도 일반 국민 평균보다 높게 나타나고 있다. 그러나 부부간 문화적 차이를 경험한 비율이 높았으며(59.2%), 이는 식습관(36.9%), 가족의례(23.0%), 자녀 양육 방식(19.0%), 저축·소비 등 경제생활 방식(15.3%)의 순이었다. 지난 1년간 배우자와 다툰 경험이 있는 경우는 64.8%로, 성격 차이, 생활비 등 경제 문제, 자녀 교육 및 행동 문제가 부부갈등의 주된 원인으로 일반 국민과 크게 다르지 않았다.

가족 내 역할에 대한 인식 조사 결과, 아버지와 어머니가 똑같이 자녀를 돌

볼 책임이 있다거나(4.28/5.0) 맞벌이 부부는 집안일도 똑같이 나눠서 해야 한다 (3.87/5.0)라고 응답하였다. 하지만 남자는 돈을 벌고 여자는 가정을 돌봐야 한다는 전통적 성별 분업에 대해 반대하는 성평등 지향적 태도는 보통 정도로 나타났다.

가족 내 의사결정권에서는, 생활비 지출에서는 상대적으로 배우자의 결정 권이 더 크며 자녀교육과 본인의 취업·직장이동은 결혼이민자 본인이 더 많이 의사결정에 참여하는 것으로 나타났다.

(3) 자녀 양육과 부모 역할

결혼이민자들은 자녀와의 관계를 5점 만점에 4.42점으로 응답하여 비교적 자녀와 좋은 관계를 유지하고 있었으며, 대다수가 친밀하게 느끼고 있었다. 자 신이 부모로서의 역할을 잘하고 있는지 여부에 대해서는 3.96점을 보여 자녀와 의 관계보다는 낮게 나타났다. 5세 이하의 자녀가 있는 경우 77.4%가 부모 역할 수행에 어려움이 있다 하였고, 한국어 가르치기나 바쁠 때 자녀 돌봐주기의 어 려움을 나타내었다. 학령기 자녀가 있는 경우는 76.8%가 어려움이 있다고 하였 는데, 가장 큰 어려움은 "자녀가 배우는 교과목이나 학교생활을 잘 알지 못해서, 경제적 지원이 미흡해서, 그리고 다른 학부모와 대화나 정보 습득이 어려워서" 라고 응답하였다.

결혼이민자들의 절반 정도는 자녀들을 모국으로 유학 보내기를 희망하였으 며, 그 경향은 가구소득이 높고 교육수준이 높을수록 높게 나타났다. 모국으로 유학을 보내려는 이유는 모국의 언어와 문화를 배우게 하려는 이유와 함께 한국 의 교육비가 많이 드는 점도 지적되었다.

(4) 한국어 능력 및 사회적 관계망

다른 문화권으로 이주하게 되면 가장 먼저 겪게 되는 문제점이 언어이다. 그러나 국내 결혼이민자들의 주관적 한국어 능력은 5점 만점에 3.81점으로 보통 보다는 잘하는 편으로 인식하고 있었다.

결혼이민자의 85%가 한국생활에서 어려움을 호소하고 있었는데, 언어 문 제(34%), 외로움(33.6%), 경제적 어려움(33.3%), 자녀 양육·교육 문제(23.2%) 가 주된 어려움으로 나타났다. 2012년에 비해 외로움, 가족 갈등, 자녀 양육 등의 어려움은 증가한 반면, 경제적 어려움, 언어 문제, 문화 차이, 편견과 차별을 어려움으로 지적한 비율은 감소하여 일반 국민들이 나문화가족을 바라보는 인식이 다소 개선된 것을 간접적으로 확인할 수 있었다. 그럼에도 불구하고 아직 40.7%가 사회적 차별을 경험하였다고 응답하여 공공기관이나 학교 등 공적 영역에서부터 차별 문제 해소 노력이 필요한 것으로 나타났다. 차별을 겪었을 때 대처하는 방법도 그냥 참거나(75.3%), 가족·친구와 상의(23.6%)하면서 넘기는 것으로 나타났다.

결혼이민자들의 30% 이상이 아프거나 어려울 때 도움을 구하거나 의논을 할 수 있는 사회적 관계를 갖고 있지 못하다고 하여 문제점으로 드러났다. 한국인과의 관계 형성이 취약한 이유는 각종 모임이 모국인 친구 모임 위주이며, 종교 활동이나 지역주민 모임 등에는 상대적으로 참여율이 낮아 한국과의 관계 형성 기회가 적은 것으로 나타났다.

(5) 경제수준 및 경제활동

결혼이민자 가구의 소득은 월평균 200~300만원 구간이 가장 높았으며, 2012년에 비해 다소 상승한 것으로 나타났다. 그러나 전체 다문화가구 중 5.1%가 국민기초생활보장 수급가구로 경제적인 어려움을 겪고 있었다(그림 4-4).

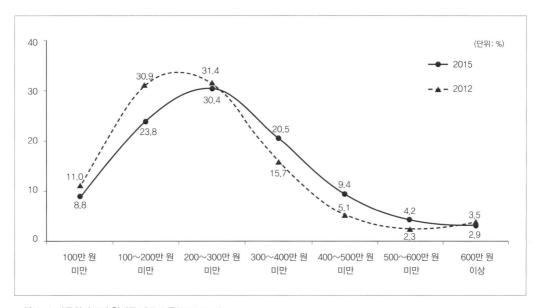

그림 4-4 다문화가구의 월평균 가구 소득(2012, 2015)

결혼이민자의 84.9%가 취업자로 경제활동을 하고 있었으며, 장치·기계조작 및 조립 종사자(23.4%)가 가장 많았고, 기능원 및 관련 기능 종사자(20.6%), 단순노무 종사자(18.0%)의 순으로 나타났다. 관리직이나 전문직 비중은 낮고 단순노무 종사자 비중이 높은 직업분포는 지속되고 있었다.

(6) 다문화가족 지원 서비스 이용 경험 등

결혼이민자 등과 관련된 서비스를 이용한 경험에 대해서는 54.9%가 한 가지 이상 이용해 보았다고 하였으나 45.1%는 전혀 이용한 적이 없었다. 서비스 이용 경험자(167,148명)가 이용한 서비스 종류를 보면, 한국어교육 및 한국 사회 적응 교육(51.2%)이 가장 많고, 그다음으로 가정방문을 통한 각종 교육(40.7%), 일자리 교육 및 일자리 소개(23.1%), 임신·출산 지원 및 부모교육(22.7%), 자녀 생활 및 학습 지원(20.7%)의 순이다.

결혼이민자들이 원하는 교육 및 지원 서비스의 종류와 요구도를 5점 척도로 측정한 결과는 표 4-4와 같다.

표 4-4 결혼이민자의 교육 및 지원 서비스 요구도

순위	교육 및 지원 서비스 종류	요구도
1	일자리 교육, 일자리 소개	3.30
2	자녀 생활 및 학습 지원	3.13
3	가정방문을 통한 각종 교육	3.11
4	한국어교육, 한국 사회 적응 교육	2.97
5	각종 상담	2.89
6	아이돌보미 등 자녀 양육 도우미 파견 서비스	2.78
7	언어발달 지원, 이중언어교육	2.72
8	사회활동 지원(자조모임 등)	2.70
9	임신·출산 지원, 부모교육	2.47
10	통·번역 서비스 지원	2.44
11	배우자 및 배우자가족 교육	2.43

이주 초기에는 언어와 사회 적응이 중요하나 차츰 취업 지원에 대한 요구가

증가하고 있는 것으로 나타나고 있다. 그러나 경제적 어려움이나 외로움을 겪고 있고 사회적 관계망이 부재한 십난임에도 관련 서비스에 대한 요구가 오히려 낮게 나타나, 이들 집단의 성격과 수요를 고려한 서비스 및 프로그램을 적극 개발하는 것이 필요하다.

결혼이민자들의 지원기관에 대한 인지율을 살펴보면 주민센터와 다문화가족지원센터가 가장 높았고, 나머지 기관들에 대해서는 인지도가 낮아 활용도가 낮은 것으로 나타났다(표 4-5).

표 4-5 결혼이민자의 지원기관 및 단체별 인지율

순위	기관 및 단체	인지율(%)
1	주민센터	91.3
2	다문화가족지원센터	79.1
3	고용센터	59.3
4	사회복지관	56.9
5	여성새로일하기센터, 정부지원여성센터	42.7
6	건강가정지원센터	39.0
7	다누리 콜센터(1577-1366)	35.4
8	민간외국인지원단체	34.1

(7) 학교 진학 의향

결혼이민자들은 33.1%가 진학 의향을 갖고 있으며, 교육수준이 높을수록 교육기관에 재학 중이거나 향후 진학을 통한 학력 보완의 요구를 드러내었다. 결혼이민자 사이에서 진학에 대한 요구가 높은 만큼, 결혼이민자의 진학과 학업을 위한 정책, 서비스가 개발되어야 할 것이다.

(8) 건강 상태 및 보건의료 이용

결혼이민자들이 자신의 건강 상태를 5점 척도로 평가한 결과는 평균 3.73점으로 긍정적으로 평가하고 있었다. 결혼이민자들의 주관적인 건강 상태 평가를 국민 일반의 경우와 비교해 보면, 30대 이하에서는 국민 일반보다 높고, 40~50대에는 그 차이가 줄다가 60세 이상에서는 더 낮았다(그림 4-5).

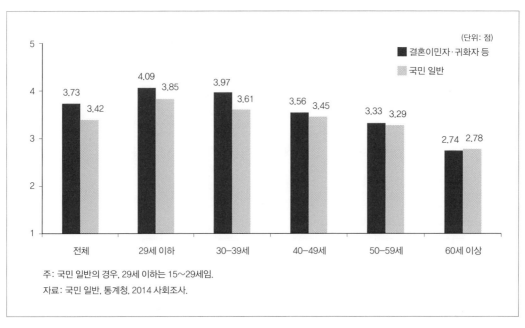

그림 4-5 결혼이민자의 주관적 건강 상태와 국민 일반의 비교

나이가 어릴수록, 거주기간이 짧을수록 더 건강 상태를 좋게 평가하는 경향을 보였고, 또한 한국계 중국 출신이 다른 국가 출신에 비해 스스로 건강 상태를 부정적으로 평가하는 경향도 보였다.

일상생활이 어려울 정도로 슬프거나 절망감을 느낀 적이 있는지에 대해서는 35.9%가 그렇다고 응답하였는데, 자주 느낀 경우도 7.4%로 나타났다. 여성이 남성에 비해 높게 나타났고, 사별, 이혼, 별거 상태이거나 경제적으로 어려운 경우 우울감을 경험하고 있었다. 미주나 선진국보다는 동남아시아 출신 결혼이민자가 다소 높아 심리적인 상담과 지원 서비스의 필요성을 확인할 수 있었다.

또한 11.6%가 아파도 병원에 가지 못한 적이 있다고 하였으며, 그 이유는 치료비가 부담스러워서(49.3%), 한국어를 잘하지 못해서(17.6%), 어떤 종류의 병원을 가야 될지 몰라서(7.3%), 가까운 데 병원이 없어서(5.8%), 이용 절차가 복잡해서(4.7%)의 순으로 나타났다. 주로 도시 거주 결혼이민자는 경제적 어려움을 원인으로 꼽은 데 반해, 읍면부 거주자들은 언어 문제와 지리적 접근성이 병원 서비스 이용에 장애가 되고 있음을 확인할 수 있었다.

(9) 생활 만족도 및 사회적 지위

결혼이민자의 생활 만족도는 5점 만점에 3.65점으로, 2012년(3.64)과 유사하였다. 국민 일반(3.37점, 2014년 사회조사)과 비교하면 상대적으로 생활 만족도가 높은데, 국민 일반의 경우 남성의 생활 만족도가 높은 것과 달리, 결혼이민자는 여성의 생활 만족도가 다소 높은 수준이다. 출신 국적별로는 미주나 유럽 출신이 가장 높았고(4.17), 중앙아시아가 3.83, 대만·홍콩이 3.81로 높은 편이나, 한국계 중국(3.48)과 일본(3.58) 출신의 만족도가 상대적으로 낮은 편이다.

전체 결혼이민자의 58.6%는 스스로의 사회적 지위를 중상 또는 중하라고 하여 중간 정도의 사회적 지위를 지니는 것으로 인식하고 있었다. 읍면부 거주자가 스스로를 중간으로 평가하는 데 반해, 도시 거주자들은 하상층이나 하하층으로 생각하는 경우가 많았다. 연령층이 높아질수록 또는 국내 거주기간이 길어질수록 자신들의 사회적 지위를 낮게 평가하는 경향을 보였다.

2) 외국인 근로자

(1) 외국인 근로자 현황과 문제점

외국인 근로자들은 우리나라가 1990년대 산업연수생 제도를 도입하면서 유입되기 시작하였고, 2004년부터 원활한 인력수급을 위해 고용허가제를 실시하면서 증가하여, 현재 54만 여명의 외국인 근로자들이 다양한 사업장에서 일하고 있다. 외국인 고용허가제는 순수 외국인을 고용하는 일반고용허가제와 외국국적 동포를 고용하는 특별고용허가제로 구분된다. 일반고용허가제는 인력송출 양해각서(MOU)를 체결한 국가의 외국인 구직자명부 등록자 중 사용자와 근로계약을 체결하고 비전문취업 체류 자격으로 입국하여 합법적으로 취업하는 제도로, 고용허가 국가는 캄보디아, 네팔, 베트남, 스리랑카, 태국, 미얀마, 필리핀, 인도네시아 등 15개 국가이다. 특별고용허가제는 주로 외국국적 동포로서 국내에 방문취업 비자로 입국하여 취업교육을 받은 후 취업한 중국 동포가 대부분이다. 외국인 근로자들은 현재 6만 8천 개의 중소 사업장에서 주로 제조, 건설, 농축산, 서비스, 어업 등에 종사하고 있으며, 사업장이 밀집된 경기도 지역에서 그 밀도가 가장 높게 나타나고 있다.

고용허가제 도입 초기에는 대다수가 단순 기능 인력으로 종사하면서 과도한 근로시간과 여가시간의 부족뿐 아니라, 한국 사회의 차별적 시선과 대우로 인한 인권 문제 등 다양한 문제점이 지적되었다(강수돌, 2002; 정혜선 외, 2008; 조현태, 2008).

표 4-6 외국인 근로자 유입 초기에 발생한 문제점

구분	문제점
사업장 수준	저임금 또는 임금체불, 노동조합 활동 불허, 사후 관리업체의 횡포 문제, 산업재해 및 의료혜택 문제
사회 일상생활 영역	한국 사회 문화 적응 외국인에 대한 차별 의식과 차별 대우 한국인과 결혼한 외국인 근로자의 체류·취업 문제 한국어 소통능력 부족 및 문화 차이 외국인 근로자 자녀의 교육 문제
국가 수준	불법체류자 처리 문제 외국인 보호소에서의 인권침해, 강제출구 시 범치금 부과 등

이와 같은 문제점들은 고용허가제 통합서비스(eps.hrdkorea.or.kr) 등을 통해 외국인 근로자가 체류기간 동안 필요한 한국어(TOPIK) 교육뿐 아니라 고용 관련 자동차 정비, 전기설비, 굴삭기, 용접, 중장비 운전 등 기술적인 교육을 제공하면서 지속적인 개선 노력이 이뤄지고 있다. 그러나 외국인 근로자들은 아직도 열악한 근무환경과 저임금, 임금체불, 문화 적응 등에서 많은 어려움을 겪고 있는 것으로 보고된다.

또한 불법체류 외국인 근로자 문제는 지속되고 있어 이에 대한 정책을 수립할 필요가 있다. 방문취업(H-2) 체류자격으로 입국한 외국국적 동포는 자유롭게 사업장을 이동할 수 있기 때문에 고용허가제와 상충되는 측면이 있다. 그리고 매년 1만 명씩 쿼터를 두고 있는 재입국 취업제도는 성실근로 외국인 근로자(E-9)에게 인센티브를 제공하는 제도이지만, 고용허가제의 기본 원칙인 단기순환 원칙과 모순되는 문제점이 존재한다.

(2) 외국인 근로자 노동권 및 인권 문제
국내에 체류하면서 출입국관리법 및 외국인 근로자의 고용 등에 관한 법률

상의 요건을 충족시키지 못한 미등록 외국인 근로자(불법체류자)의 법적 지위 문제가 사회적 문제로 대두되고 있다. 이들은 법률상의 요건을 충족하지 못한 상태이기 때문에 불안정한 신분 상태에 있으며, 고용주가 이를 악용하는 사례도 발생하고 있다. 미등록 외국인 근로자의 경우에도 대법원 판례에서 근로기준법 및 노동조합법상 근로자성이 인정된 바 있다. 그렇기에 이들이 국내에서 근로 제공을 하며 체류하고 있는 한 노동관계법상 권리는 보장되어야 하며 최소한의 인간다운 삶이 보장되어야 할 것이다(조규식·이선희, 2017).

합법적으로 체류하는 외국인 근로자들도 효율적인 고용관리 목적으로 사업장 변경이 제한됨으로써 강제근로나 인권침해 문제, 균등대우가 불가능한 문제점들이 발생하고 있다. 이와 같이 사업장 변경 제한제도가 존속하는 한 외국인 근로자의 노동권과 인권은 제한받을 수밖에 없는 상황이라 이에 대한 정책적 연구가 필요한 시점이다.

또한 노동자 인권 차원에서 살펴보았을 때, 외국인 근로자를 고용하는 사업장에서 다문화교육은 아직 다문화 이해교육에 머물러 있으며, 이들과 함께 일하는 한국인 동료나 사업주의 인권의식 제고를 위한 교육이 부재하다는 한계점을 보이고 있어, 고용사업주에 대한 다문화인권교육의 의무화가 필요한 것으로 지적되고 있다(정상우·강현민, 2016). 특히 중국 조선족 근로자들의 경우는 한국 사회에서 문화적 적응과 직무만족도를 높이는 데 가족의 지원, 한국인의 지원, 한국인과의 네트워크가 중요한 변수인 것으로 나타나고 있기 때문에 이를 고려한 정책적인 배려가 필요하다(이금희 외, 2016).

(3) 불법체류자 자녀의 교육권

외국인 근로자의 경우 자녀의 출생신고는 자국의 대사관이나 영사관에 하도록 되어 있는데, 불법체류 중인 외국인 근로자 가족은 출생신고를 하면 바로 출입국관리법 위반에 따라 강제출국을 당할 수 있기 때문에 신고하지 못하는 경우가 많다. 그 결과 이들은 무국적자가 되어 국제미아가 된다. 현재 초·중등 학교에 관한 법이 개정되어 불법체류자의 자녀에 대한 입학이 허용되었으나, 중등학교의 경우 입학 허가가 학교장 재량에 달려 있어 이주자녀들은 입학을 허가해 줄 학교를 찾아다니는 데 시간을 소비하고 있다.

학령기 자녀를 둔 외국인 근로자 부모들은, 자녀교육에 있어 한국어교육, 한국 친구 사귀기, 숙제, 교과공부, 시험 준비 도움, 나이에 맞는 학년 배치를 원하고 있었다. 이 중 국내학교 재학 자녀를 둔 경우는 한국 친구를 사귀는 것을 가장 높게 요구하고 있었고, 외국인 학교에 재학 중인 경우는 모국어와 모국 문화 학습을 요구하였다.

미등록 외국인 근로자라 하더라도 인도적 차원에서 가족과의 결합권 보장을 위한 제도, 자녀의 교육권과 건강권 보장을 위한 방안이 마련될 필요가 있다.

3) 북한이탈주민

(1) 북한이탈주민의 현황

북한이탈주민은 1990년대 중반 북한의 식량사정 악화로 지속적으로 증가하기 시작하였으며, 수백 명 수준에서 2009년 2,914명까지 승가하였다가 2012년 김정은 정권이 들어선 이후 1,500명대를 유지하고 있다(그림 4-6). 입국 초기에는 남성입국자가 다수를 차지하였으나, 이후 반전되어 여성탈북자 수가 다수를 차지하고 있다. 이는 남성들은 군복무나 직업 등으로 지역을 이탈하기 어려운 반면 여성들은 상대적으로 이동이 용이한 때문인 것으로 추정된다.

정부는 외국에 체류하고 있는 북한이탈주민이 한국행을 희망하는 경우, 인도주의와 동포애 차원에서 전원 수용한다는 원칙에 따라 국내법과 UN난민협약 등 국제법에 부합되게 이들을 보호수용하고 있다. 더 나은 삶을 추구하기 위해 한국행을 택한 북한이탈주민들은 북한이탈주민정착지원사무소인 하나원에서 문화적 이질감의 해소, 심리적 안정, 진로지도 상담 등 12주간의 교육을 받고 사회로 나오게 된다. 이후 북한이탈주민에게는 거주지가 부여되고 생계 및 의료급여의 지원, 취업 지원, 교육 지원, 보호담당관을 통한 보호가 이뤄진다. 이들은 서울과 경기지역에 2/3 이상이 거주하면서 주로 단순노무직에 종사하고 있다.

북한이탈주민정착실태조사가 누적된다면 향후 북한이탈주민들의 생활실태를 파악하고 이를 통해 정책입안과 정착지원 사업을 추진하는 데 기초자료로 활용할 수 있을 것이다.

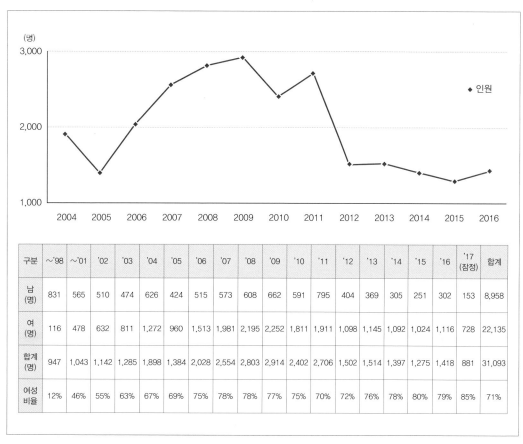

구분	~'98	~'01	'02	'03	'04	'05	'06	'07	'08	'09	'10	'11	'12	'13	'14	'15	'16	'17 (잠정)	합계
남 (명)	831	565	510	474	626	424	515	573	608	662	591	795	404	369	305	251	302	153	8,958
여 (명)	116	478	632	811	1,272	960	1,513	1,981	2,195	2,252	1,811	1,911	1,098	1,145	1,092	1,024	1,116	728	22,135
합계 (명)	947	1,043	1,142	1,285	1,898	1,384	2,028	2,554	2,803	2,914	2,402	2,706	1,502	1,514	1,397	1,275	1,418	881	31,093
여성 비율	12%	46%	55%	63%	67%	69%	75%	78%	78%	77%	75%	70%	72%	76%	78%	80%	79%	85%	71%

그림 4-6 북한이탈주민 입국 현황 (통일부)

(2) 북한이탈주민의 어려움

국내에 정착한 북한이탈주민의 수가 3만 명을 넘어서고 있고, 북한이탈주
민에 대한 지원이 20여년 가까이 진행되고 있음에도 현재 국내에 정착한 북한이
탈주민의 사회 적응 정도는 높은 수준은 아닌 것으로 나타나고 있다. 북한이탈
주민들은 사회주의 계획경제체제에서 벗어나 자유주의 시장경제체제에 놓이게
되면서 새로운 사회 적응에 상당한 시간과 노력이 소요되어 대다수가 경제적인
어려움을 겪고 있는 것으로 나타나고 있다. 또한 남북의 정치체제의 차이, 남북
의 상충되는 문화, 가족관계로부터 오는 어려움을 겪고 있다. 사회 문제를 예방
하고 통일사회를 대비하기 위해서는 북한이탈주민의 성공적인 한국 사회 적응
이 필요한 현실에서, 북한이탈주민의 자립 노력과 남한 사회의 제반 시설이 뒷
받침되어야 할 것이다.

북한이탈주민들이 우리 사회의 일원으로 자립할 수 있도록 정부는 '북한이 탈주민의 보호 및 정착지원에 관한 법률'(1997. 1. 14. 제정)에 따라 2010년 남북 하나재단(북한이탈주민지원재단)을 설립하여 북한이탈주민의 생활안정 및 사회 적응 지원, 취업 지원, 직업훈련, 장학사업, 민간단체 협력, 실태조사 등 다양한 지원 사업을 실시하고 있다. 또한 종교단체를 비롯하여 다양한 민간단체들이 지 원 역할을 수행하고 있기도 하다. 그러나 이에 대한 한국 사회 구성원들의 정서 적인 공유와 같은 민족으로서의 따뜻한 배려가 필요하며, 한국 사회 적응을 위 한 국가적인 안전망 구축과 자립 지원이 필요하다.

3. 다문화가족 복지 지원과 과제

1) 결혼이민자 가족

결혼이민자들이 겪고 있는 어려움은 결혼 초기 의사소통의 어려움, 가사 분 담 등 문화적 차이에 따른 부부갈등, 가정폭력과 학대, 가치관과 생활방식의 차 이에 따른 문제 등으로 나타나고 있다. 그러나 이는 결혼이민자 가정이 겪는 보 편적인 문제가 아니라 해당 가정의 경제적 수준에 따른 문제점으로 귀결되고 있 어 한국 사회의 일반가정과 크게 다르지 않다는 것을 보여준다.

다문화가족 구성원들의 삶의 질 향상과 사회통합에 이바지할 수 있도록 다 문화가족지원법이 제정됨에 따라 현재 여성가족부의 지원으로 전국에 200곳이 넘는 다문화가족지원센터가 설치·운영되고 있다. 이를 통해 다문화가족의 안정 적인 정착과 가족생활을 지원하기 위한 프로그램들이 제공되고 있다. 한국어교 육, 다문화사회 이해교육, 가족교육, 가족상담, 취업연계교육 외에도 자조모임이 나 멘토링, 다문화인식개선 사업 등이 진행되고 있으며, 다누리(www.liveinko-rea.kr) 사이트를 통해 한국생활 정보, 학습 정보, 전국다문화가족지원센터 정보, 자료실, 다문화 소식 등 다양한 정보를 10개 언어로 제공받을 수 있다(그림 4-7).

그림 4-7 다누리- 다문화가족지원 포털 사이트

여성가족부는 입국 전 결혼준비기부터 가족관계형성기, 자녀 양육 및 정착기 등 전 생애주기에 걸쳐 맞춤형 서비스를 제공하고 있다. 또한 결혼이민자 여성이 가정폭력이나 성폭력 등 문제 상황에 처했을 때 상담, 보호, 의료, 법률적 지원까지 원스톱 서비스를 받을 수 있는 다누리 콜센터(1577-1366)를 연중무휴 운영하고 있다(표 4-7).

표 4-7 다누리 콜센터의 서비스 내용

구분	내용
폭력피해 긴급지원 및 사후관리	• 긴급피난시설 운영(아동 동반 가능) • 가정폭력·성폭력·성매매 피해여성 보호시설 연계 • 의료·법률·검찰·경찰 서비스 등 연계
종합생활정보 제공	• 다문화가족 지원 사업 안내 • 한국어교육, 자녀 지원 안내 • 체류·국적·법률·노동·취업 정보 제공

생활통역 및 3자 통화 서비스	• 가족 내 의사소통 지원
	• 언어 소통이 어려운 경우 3자 통역(경찰, 응급, 병원, 주민센터, 교육기관, 은행 등)
가족상담 및 부부상담	• 가족갈등 해소를 위한 상담, 심리정서, 통역 지원
변호사 상담	• 대한변호사협회 연계 법률상담 진행 – 매주 화요일 14:00~16:00(주1회), 사전예약

2) 외국인 근로자 가족

외국인 근로자들에 대한 한국 사회의 복지 지원은 아직 미미한 상태이다. 일부 전문직을 제외하고는 대부분 가난한 나라에서 돈을 벌러 왔다는 시선과 차별로 정신적인 스트레스를 받거나 소외감을 느끼며 생활하고 있는 근로자들이 많다. 또한 국민연금이나 건강보험, 국민기초생활보장법의 보호도 받을 수 없는 상황이라 사회적 보장이 취약한 상태에 놓여 있다.

더구나 불법체류 외국인 근로자 자녀들의 교육권이 보장되지 못한 상태이기 때문에 겪는 어려움이 크다. 우리나라는 1991년 UN 아동권리협약에 비준한 상태로 이에 근거하여 불법체류자의 자녀이더라도 교육권을 보장한다는 행정지침을 만들어 이들이 학교에 입학할 수 있도록 하였다. 그러나 부모의 체류가 보장되지 않는 한 자녀의 안정적 체류와 교육권 보장은 어려운 상황이므로 제도적인 개선이 요구된다.

외국인 근로자들의 권익을 보호하기 위한 활동은 각종 종교 및 인간 단체들이 활발히 진행하고 있다. 종교 활동을 통한 자조모임이 이뤄지고 있으며, 임금체불, 산업재해 등에 대한 상담, 의료서비스 쉼터나 숙식제공 등의 서비스가 이뤄지고 있다.

3) 북한이탈주민 가족

북한이탈주민은 생존을 위해 탈북을 감행하고 한국 사회에 들어왔으나, 한국 사회 구성원들의 차별과 사회·정치·경제·문화적인 이질감으로 적응에 어려움을 겪고 있다. 또한 북한이탈주민의 자녀들도 한국의 학교에 잘 적응하지 못해 심리적인 스트레스를 겪으면서 학교폭력, 학업중단, 범죄 등에 노출되기도 한다. 따라서 한국 사회 구성원들이 이러한 문제를 인지하고 다양한 배경의 다문화가족 구성원들과 더불어 살아가기 위해 이들을 수용하는 인식을 가질 필요가 있다.

현재 통일부에서는 북한이탈주민을 위한 지원제도를 운영하고 있다. 정착금 제공, 주거지 제공, 교육 및 훈련을 통한 취업지원 등이 포함된다(표 4-8).

표 4-8 북한이탈주민을 위한 지원제도

구분	항목	내용
정착금	기본금	1인 세대 기준 700만 원 지급
	장려금	직업훈련, 자격증 취득, 취업장려금 등 최대 2,510만 원
	가산금	노령, 장애, 장기치료, 한부모, 제3국 출생 자녀 양육 등 최대 1,540만 원
주거	주택알선	임대 아파트 알선
	주거지원금	1인 세대 기준 1,300만 원
취업	직업훈련	훈련기간 중 훈련수당 월 20만 원 지급(노동부)
	고용지원금(채용기업주에 지급)	급여의 1/2(50만 원 한도)을 최대 4년간 지원('14년 11월 29일 이전 입국자)
	취업보호담당관	전국 56개 고용지원센터에 지정, 취업상담·알선
	기타	취업보호(우선구매), 영농정착지원, 특별임용 등
사회복지	생계급여	국민기초생활보장 수급권자(1인 세대 월 약 50만 원)
	의료보호	의료급여 1종 수급권자로서 본인 부담 없이 의료 혜택
	연금특례	보호결정 당시 50세 이상~60세 미만은 국민연금 가입특례
교육	특례 편·입학	대학진학 희망자의 경우 특례로 대학 입학
	학비 지원	중·고 및 국립대 등록금 면제, 사립대 50% 보조
정착도우미	–	1세대당 1~2명의 정착도우미를 지정, 초기 정착지원(전국 약 530명)
보호담당관	–	거주지보호담당관(약 230명), 취업보호담당관(57명), 신변보호담당관(약 800명)

1. 한국의 다문화가정 출현 배경과 향후 전망은 어떠한가?

2. 한국의 다문화가정 현황은 어떠한가?

3. 다문화가정의 주요 구성원들은 누구이며, 한국에서 이들의 삶은 어떠한가?

4. 한국 사회의 통합을 위해 다문화가족들에게 어떤 복지 지원이 이뤄져야 하는가?

참고문헌

강수돌(2002), 「노동과정의 변화: 특수고용 노동자의 출현과 노동권 상실」, 『비정규노동』11, 12-20, 한국비정규노동센터.

김성률·이원식(2017), 「외국인 근로자와 관련된 인권문제의 개선방안에 대한 연구: 고용허가제의 내용을 중심으로」, 『사회복지법제연구』8(1), 231-252, 사회복지법제학회.

김안나·최승아(2017), 「외국인근로자의 삶의 만족도에 대한 영향요인 연구: 학력 미스매치, 차별경험, 임파워먼트를 중심으로」, 『사회복지연구』48(2), 331-357, 한국사회복지연구회.

김유경·조애저·최현미·이주연(2008), 「다문화시대를 대비한 복지정책 방안 연구: 다문화가족을 중심으로」, 한국보건사회연구원.

김정원(2005), 『외국인 근로자 자녀교육복지 실태 분석 연구』, 한국교육개발원 연구보고서.

김정은·강대석(2017), 「비인격적 감독과 외국인근로자들의 직업배태성」, 『한국인사관리학회 학술대회 발표논문집』, 1-14, 한국인사관리학회.

김지현·김보미(2017), 「외국인근로자의 문화적응 스트레스 영향 요인」, 『디지털융복합연구』15(8), 277-287, 한국디지털정책학회.

김창도(2017), 「우리나라 외국인력 실태분석과 제도개선 과제」, 『한국정책학회 춘계학술발표논문집』, 29-50, 한국정책학회.

박영준(2016), 「한국 다문화교육의 문제점과 대안 고찰」, 『다문화콘텐츠연구』21, 297-322, 중앙대학교 문화콘텐츠기술연구원.

박철희·박주형·김왕준(2016), 「다문화학생 밀집학교의 교육현실과 과제: 서울 서남부 지역 초등학교를 중심으로」, 『다문화교육연구』9(2), 173-201, 한국다문화교육학회.

신현경(2009), 「여성 결혼이민자들의 문화적응 스트레스가 사회적 회피 및 불안에 미치는 영향」, 『다문화와 평화』3(1), 147-164, 성결대학교 다문화평화연구소.

이금희·유양·정동섭(2016), 「조선족 근로자의 사회적 자본이 문화적응과 직무만족에 미치는 영향」, 『인적자원관리연구』23(1), 1-18, 한국인적자원관리학회.

이주연(2017), 「다문화가정 여성의 자기효능감이 가족건강성에 미치는 영향: 자아탄력성의 매개효과」, 『상담심리교육복지』4(1), 5-16, 한국상담심리교육복지학회.

이희성(2016), 「외국인 근로자의 사업장변경의 문제점과 개선방안」, 『원광법학』32(2), 199-226, 원광대학교 법학연구소.

정병채·김형철(2017), 「외국인근로자의 생활만족도 실태조사 비교분석」, 『한국경영학회 통합학술발표논문집』2017(8), 463-474, 한국경영학회.

정상우·강현민(2016), 「이주근로자 사업장에서의 다문화인권교육」, 『법과인권교육연구』9(2), 175-195, 한국법과인권교육학회.

정해숙·김이선·이택면·마경희·최윤정·박건표·동제연·황정미·이은아(2016), 『2015년 전국다문화가족실태조사 분석』, 여성가족부 연구보고서.

정혜선·김용규·김현리·이꽃메·김정희·송연이·현혜진·이윤정·김희걸(2008), 「성별에 따른 외국인 근로자의 건강실태 및 직업적 특성」, 『한국산업간호학회지』17(2), 126-137, 한국산업간호학회.

조규식·이선희(2017), 「미등록 외국인근로자 실태 및 노동법상 문제점」, 『법률실무연구』 5(2), 31-57, 한국법이론실무학회.

조현태(2008), 「외국인 근로자들의 건강실태 조사 연구」, 『한국산업간호학회지』 17(2), 224-229, 한국산업간호학회.

조춘범·한기주(2017), 「북한이탈주민의 인구사회학적 특성에 따른 남한사회 적응정도의 차이와 남한사회 적응실태: 경기 서부지역을 중심으로」, 『다문화와 평화』 11(1), 271-292, 성결대학교 다문화평화연구소.

주익수(2017), 「외국인근로자의 건강복지 요인 실태조사」, 『인문사회21』 8(1), 829-845, 아시아문화학술원.

채경희(2017), 「북한이탈주민의 적응실태 및 방안」, 『한국산학기술학회논문지』 18(10), 524-530, 한국산학기술학회.

통계청(2017), 『2016년 다문화 인구동태 통계』, 통계청 보도자료(2017. 11. 16.).

한건수(2008), 「역사적 배경으로 본 한국의 다문화사회: 민족우월성을 넘어 다양성의 시대로」, 『Koreana』 22(2), 8-13, The Korea Foundation.

행정안전부 지방자치분권실 사회통합지원과(2017), 「2016년 지방자치단체 외국인주민 현황」.

5장

다문화 학생의 이해

김정원 서울교육대학교 생활과학교육과 교수

초등 교실에서 여러 다른 피부색을 가진 아이들이 모여서 공부하는 모습

도입활동

• 현재 학교 교실 속 다문화가정 자녀들은 누구일까?

• 다문화 학생들은 한국 사회에서 어떻게 성장하고 있을까?

한국 학교현장에서 다문화 학생을 마주치는 것은 어렵지 않게 되었다. 특히 서울 서남권 지역이나 안산 등 특정 지역의 학교들에서는 다문화 학생들이 다수자가 되기도 한다. 다문화가정의 증가와 함께 다문화 학생의 수도 급증하고 있으며, 점차 학교급이 올라가면서 학교생활 적응에 어려움을 겪는 비율도 증가하고 있다.

모든 다문화 학생들이 문제를 겪는 것은 아니지만, 다문화가족의 유형별로 다문화 학생들이 겪는 문제점을 찾아 개선 방안을 모색해 보고, 향후 다문화사회에서 우리는 어떤 교육적 과제를 추진해 나가야 할지 생각해 보고자 한다.

1. 다문화 학생 현황

1) 다문화 학생 수와 분포

한국 사회에 다문화가족이 증가하면서 다문화 학생들도 증가하고 있다. 2008년에 2만여 명에 불과하던 초·중등학교 재학 다문화가정 학생 수는 2016년 현재 약 10만 명으로 증가하였다(행정안전부, 2017; 교육부·한국교육개발원, 2017). 초·중·고등학교 모든 학교급에서 매년 다문화 학생의 비율이 증가하고 있으며, 그중 국제결혼 가정의 학생이 다수를 차지하고 있다(표 5-1). 초등학생의 숫자는 매년 눈에 띄게 증가하고 있으나 중학생 및 고등학생의 증가 속도는 느린 편이다(그림 5-1).

현재 전체 학생 중 다문화가정 학생의 비율은 2.8%에 불과하나, 한국 공교육 현장에서 다문화가정 학생 수가 8년 만에 5배나 증가한 추이로 미루어볼 때 앞으로 다문화가정 학생의 비율은 계속 상승할 전망이다.

또한 이들 재학생 외에 아직 학교에 입학하지 않은 6세 이하의 다문화가정

영유아들이 11만 4천 명 정도로 전체 다문화 자녀 중 56.4%를 차지하고 있기 때문에 공교육뿐 아니라 취학 전 유아기 단계의 교육적 접근도 중요하게 고려되어야 한다. 유아기는 자신의 정체성을 형성해 나가는 중요한 시기이며, 이때 자신에 대한 정체성을 제대로 확립해야 이후에 출신 국가나 인종 등에 대한 편견이나 고정관념 없이 성장할 수 있는 기반이 마련되기 때문이다. 북한이탈 학생의 수도 2017년 현재 2,764명으로 다른 다문화가정 학생보다 소수이기는 하나, 그 수가 계속 증가하고 있고 문화적 배경이 달라 겪는 갈등이 큰 점을 고려할 때 지속적인 관심이 필요하다(표 5-2).

표 5-1 연도 및 학교급별 다문화가정 학생 수(2012~2016)

(단위 : 명, %)

연도	전체								국제결혼 가정				외국인 가정			
	초등학교		중학교		고등학교		각종학교		초등학교	중학교	고등학교	각종학교	초등학교	중학교	고등학교	각종학교
	학생수	비율	학생수	비율	학생수	비율	학생수	비율								
2012	33,740	1.1	9,627	0.5	3,409	0.2	178	1.9	31,951	9,179	3,083	115	1,789	448	326	63
2013	39,360	1.4	11,280	0.6	4,858	0.3	282	3.6	35,829	10,305	4,358	244	3,531	975	500	38
2014	48,225	1.8	12,506	0.7	6,734	0.4	341	4.1	44,808	11,702	6,312	278	3,417	804	422	63
2015	60,162	2.2	13,827	0.9	8,146	0.5	401	4.7	54,156	12,443	7,411	350	6,006	1,384	735	51
2016	73,972	2.8	15,080	1.0	9,816	0.6	318	3.9	64,547	13,099	8,664	242	9,425	1,981	1,152	76

주: 1. 다문화가정 학생 수 = 국제결혼 가정 자녀(국내출생 자녀 + 중도입국 자녀) + 외국인 가정 자녀(이하 동일)
2. 국내출생 자녀: 한국인과 결혼한 외국인 배우자 사이에서 태어난 자녀 중 국내에서 출생한 자녀(이하 동일)
3. 중도입국 자녀: 국제결혼 가정 자녀 중 외국에서 태어나 부모와 함께 중도에 국내로 입국한 자녀(이하 동일)
4. 외국인 가정 자녀: 외국인 사이에서 출생한 자녀(외국인 근로자 자녀, 재외동포 자녀 등)(이하 동일)

표 5-2 학교 유형별 탈북학생 재학 현황(2017년 6월 기준)

(단위 : 명)

구분	정규학교						대안교육 시설 (전일제)	계
	초등학교		중학교		고등학교			
	남	여	남	여	남	여		
재학 현황	524	503	354	372	372	413	226*	2,764
	1,027		726		785			
	2,538							

(남북하나재단)

2016년 통계자료로 다문화 학생들의 지역분포를 살펴보면, 세종, 대전, 대구가 일반 학생 대비 1.8%를 보여 비교적 낮았으나, 경남·강원·충북 지역이 3.3~3.4%를, 경북·충남·전북이 4.0~4.1%를 보여 높았고, 이 중 전남이 5.1%로

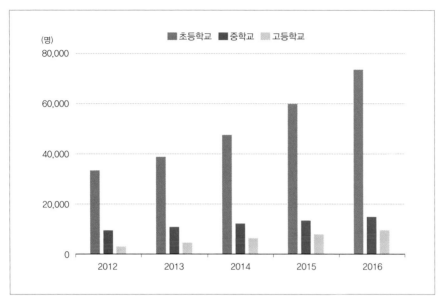

그림 5-1 다문화 학생의 연도 및 학교급별 분포도

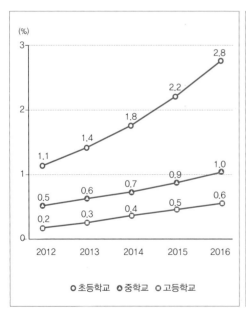

그림 5-2 연도 및 학교급별 다문화 학생 비율

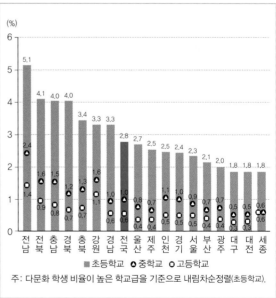

그림 5-3 지역 및 학교급별 다문화 학생 비율

가장 높은 비율을 나타냈다(그림 5-3). 전반적으로 대도시, 중소도시, 읍면지역, 도서벽지로 갈수록 전체학생 수에서 다문화 학생이 차지하는 비율이 높아지는 것을 확인할 수 있다. 이 결과는 수도권에 다문화 인구의 60%가 밀집되어 있는 것과는 다른 양상을 보이고 있는데, 그 이유는 초·중등 재학 다문화 학생은 국제결혼을 한 가정에서 태어난 자녀들로 구성되어 있기 때문이다.

부모 출신국별 다문화 학생의 비율 추이를 살펴보면, 2002년도에는 일본이 27.5%로 가장 높았고 베트남이 7.3%로 가장 낮았다. 그러나 그 사이 상황이 역전되어 2016년 현재 베트남이 24.2%로 가장 높은 비중을 차지하고, 중국(21.3%)이 그 뒤를 잇고 있으며, 일본, 필리핀, 한국계 중국은 각각 12~13% 정도만 차지하고 있다(그림 5-4).

지역별로 부모 출신국에 따른 다문화 학생의 비율을 살펴보면, 베트남 출신 학생들은 경북, 경남, 울산, 대구 등에 넓게 분포하고 있어 베트남 출신 국제결혼이민자 가족이 많은 것을 확인할 수 있었다. 또한 서울, 인천, 경기 등 수도권 지역과 제주에는 중국이나 한국계 중국 출신 학생들이 다수를 차지하고 있어

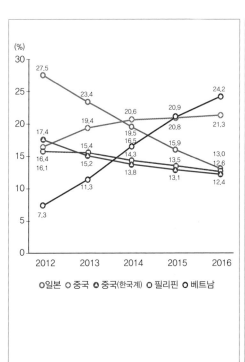

그림 5-4 연도별 부모출신국별 다문화 학생 비율

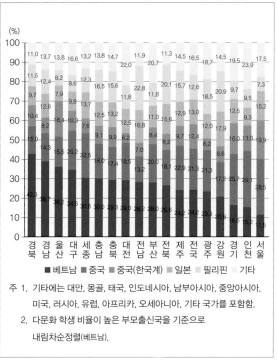

주 1. 기타에는 대만, 몽골, 태국, 인도네시아, 남부아시아, 중앙아시아, 미국, 러시아, 유럽, 아프리카, 오세아니아, 기타 국가를 포함함.
2. 다문화 학생 비율이 높은 부모출신국을 기준으로 내림차순정렬(베트남).

그림 5-5 지역 및 부모출신국별 다문화 학생 비율

중국과 한국계 중국 결혼이민자나 외국인 근로자들은 수도권과 제주에 많이 분포하고 있음을 알 수 있다(그림 5-5).

그 외에도 필리핀, 남부아시아, 중앙아시아, 몽골, 태국, 러시아 배경의 다문화 학생들이 각각 수천 명 대를, 미국, 대만, 유럽, 아프리카, 오세아니아 출신의 다문화 학생들이 수백 명 수준을 차지하고 있다.

2) 다문화 학생의 학교생활

다문화 학생의 학교생활은 가정의 사회경제적 수준이나 국내출생인지 중도입국 자녀인지에 따라 큰 차이를 보이고 있으나, 주기적으로 이뤄지는 다문화가족실태조사, 청소년종합실태조사 등을 종합해 보면 일반 학생들에 비해 전반적으로 학교생활에 어려움을 겪는 것으로 나타나고 있다.

그러나 다문화사회로의 변화 초기 단계보다 다문화 학생들의 취학률, 학교생활 적응, 또래관계 등 다양한 측면에서 서서히 개선되는 경향을 보이고 있어 그간 정부 각 부처 및 민간단체들이 추진해 온 다문화교육 정책과 지원 사업들의 효과를 확인할 수 있으며, 학교 현장에서의 지속적인 다문화교육과 다문화 학생 대상 지원 프로그램의 추진이 요구된다.

(1) 취학률

다문화 학생들의 초·중등 학교 및 고등교육기관 취학률을 국민전체와 비교해 보면, 초등학교 수준에서는 다문화 학생의 약 98%가 취학하여 큰 차이를 보이지 않으나, 중·고등학교로 올라가면서 3% 정도의 격차를, 고등교육기관 수준에서는 약 15%의 큰 격차를 보이고 있다(그림 5-6). 즉, 초등학교에서의 작은 차이가 학교급이 올라갈수록 점차 증가하면서 대학 진학률에서 큰 차이를 보이고 있어 초·중등학교에서의 학업성취도의 격차나 가정의 교육적 지원 차이가 이런 결과를 가져온 것으로 보인다.

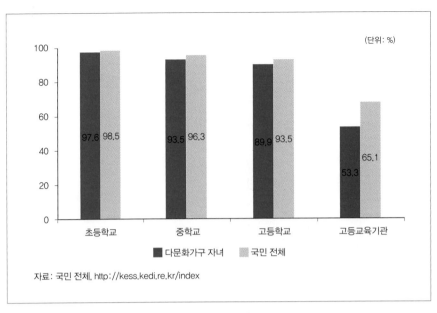

자료: 국민 전체, http://kess.kedi.re.kr/index

그림 5-6 다문화가구 자녀의 학교급별 취학률과 국민 전체와의 비교

(2) 학교생활 적응

2015년 다문화가족실태조사에 따르면, 초·중·고에 재학 중인 다문화가족 자녀의 89.8%가 학교생활에 잘 적응하고 있다고 응답하여 과거에 비해 비교적 높게 나타나고 있다. 그러나 10% 정도의 학생들은 아직도 다양한 이유로 인해 부적응을 호소하고 있었다. 부적응 이유로는 친구들과 잘 어울리지 못해서(64.7%), 학교 공부에 흥미가 없어서(45.2%), 한국어를 잘하지 못해서(25.5%)의 순으로 나타나 또래관계에서의 어려움이 큰 것으로 보고되고 있다. 그 외에도 부모의 관심이나 경제적 지원이 부족해서(10.9%), 외모 때문에(7.7%), 선생님의 차별 대우 때문에(2.5%)라는 응답도 있어, 부모들의 경제적 수준, 피부색이나 외모에 대한 한국 사회의 차별, 교사들의 다문화 수용성 부족 등이 다문화 학생들의 수학에 부정적인 영향을 미치고 있는 것으로 나타났다(그림 5-7).

다문화 학생들이 학업을 중단하는 사유로는, 학교생활과 문화가 달라서(18.3%), 학교 공부가 어려워서(18.0%), 편입학이나 유학준비로(15.3%), 돈을 벌어야 해서(14.4%), 그냥 다니기 싫어서(11.1%), 학비 등 학교 다닐 형편이 안 되어서(8.4%) 등으로 응답하여(그림 5-8), 다문화 학생들이 안고 있는 학업과 경제적 어려움을 고려한 교육적 배려와 지원이 필요한 것으로 나타났다.

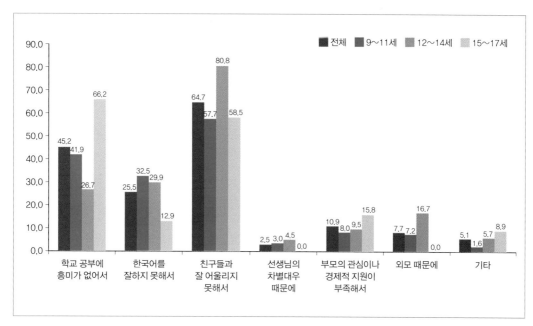

그림 5-7 다문화 학생이 학교생활에 잘 적응하지 못하는 이유(여성가족부, 2016)

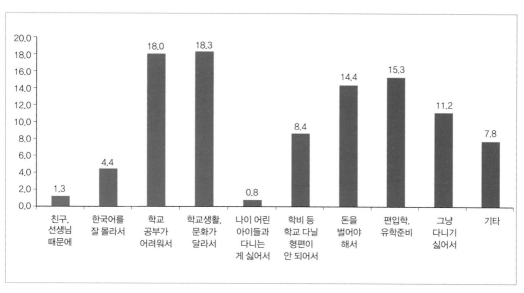

그림 5-8 다문화 학생의 학업 중단 사유(여성가족부, 2016)

(3) 학업성취도

다문화 학생들의 과반수 이상은 학교 공부에 어려움이 없다고 응답하고 있으나, 1/4 정도는 어렵다고 응답하고 있다. 다문화 학생들은 대체로 학교급이 올라갈수록, 가구소득이 낮을수록, 그리고 외국에서 성장하거나 중도입국한 경우일수록 학교 공부에 어려움을 느끼고 있어 이들에 대한 교육적 지원이 요구된다.

다문화 학생들은 학업성취도에서 양극화 현상을 보였으며, 특히 국어, 사회, 과학에서 일반 학생들보다 낮은 성취도를 보였다. 또한 외국인 근로자 가정의 자녀들이 국제결혼 가정 학생에 비해 더 뒤떨어지며, 남학생이 여학생보다 낮은 성취도를 보였다(남부현·김연이, 2011). 이 결과는 다문화가정 어머니의 출신국과 학력, 사회경제적 변인에 따라 자녀의 학업성취도가 영향을 받는 것을 보여준다. 따라서 다문화 학생 대상 교육적 지원을 세분화하고, 부모교육과 함께 학교의 다문화적 환경을 조성해 나갈 필요가 있다.

(4) 학교폭력 노출

2015년 다문화가족실태조사에서 부모님을 통해 자녀들의 학교폭력 경험을 조사한 결과는 5.0% 수준이었다. 이는 2012년도의 8.7%에 비해 3.7% 줄어든 것이나, 여전히 적지 않은 학생들이 학교폭력에 노출되어 있음을 보여준다. 이들이 당한 폭력 유형으로는 말로 하는 협박과 욕설이 65.1%로 가장 높았고, 다음으로 집단 따돌림(34.1%), 인터넷 채팅, 이메일, 휴대전화로 하는 욕설과 비방(10.9%), 손이나 발, 도구로 맞거나 특정 장소에 갇히는 폭행 및 감금(10.2%), 돈이나 물건을 빼앗기는 갈취(9.5%) 순이다. 또한 인터넷이나 휴대전화로 하는 욕설과 비방이 높아져, 다문화가족 자녀의 학교폭력 유형이 면대면에서 모바일이나 가상공간으로 옮겨가고 있었다. 학교폭력에 대응하는 방법으로는 부모에게 알리거나 학교에 알리는 경우가 가장 많았다. 부당하다고 생각했지만 참거나 그냥 넘어가는 경우도 1/3 정도로 나타나, 학교폭력에 적절한 대응 없이 넘어가는 문제점을 확인할 수 있었다.

(5) 소속감, 정서 및 고민

다문화 학생들은 73.7%가 자신은 한국 사람이라고 생각하고 있었고, 24.5%

가 한국 사람과 부모님 나라 사람이라는 이중적인 정체감을 갖고 있었다(한국청소년정책연구원, 2015).

다문화 학생들에게 지난 1년 동안 2주일 이상 지속적으로 일상생활이 어려울 정도로 슬프거나 절망감을 느낀 적이 있었는지 조사한 결과, 다수(80.8%)가 그렇지 않다고 하였으나 19.2%는 가끔 또는 자주 느낀 것으로 응답했다. 이 학생들은 주로 학교에 다니지 않거나, 외국에서 성장한 경험이 있는 자녀들이어서 중도 입국한 다문화 학생들에 대한 집중적인 교육과 배려가 필요한 것으로 나타났다.

다문화 학생의 자아존중감 수준은 5점 척도에서 평균 3.81로 비교적 자신을 긍정적으로 받아들이고 있었다. 여학생이 남학생보다, 학교에 다니는 경우가 그렇지 않은 경우보다, 가정의 소득 수준이 높은 경우가 낮은 경우보다, 국내 성장 학생이 외국에서 성장한 학생보다 대체적으로 자아존중감이 높게 나타났다.

다문화 학생들의 75.8%가 고민이 있다고 답하였는데, 공부(38.7%), 직업 및 진로(27.1%)가 주된 고민거리였고, 외모(15.7%), 용돈 부족(13.2%), 경제적 어려움(9.2%), 신체적·정신적 건강(8.4%), 부모의 싸움 등 가정환경(4.8%)의 순이었다. 공부나 신체적·정신적 건강, 가정환경과 관련한 고민들은 소득이 낮은 가구의 자녀일수록 더 많은 경향을 보였다. 고민이 생겼을 때 대화상대로는 친구나

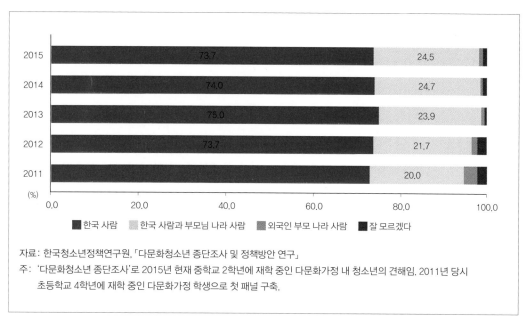

자료: 한국청소년정책연구원, 「다문화청소년 종단조사 및 정책방안 연구」
주: '다문화청소년 종단조사'로 2015년 현재 중학교 2학년에 재학 중인 다문화가정 내 청소년의 견해임. 2011년 당시 초등학교 4학년에 재학 중인 다문화가정 학생으로 첫 패널 구축.

그림 5-9 다문화 학생이 생각하는 자신의 나라(다문화청소년 종단조사, 2015)

동료가 가장 높았으나(33.2%), 그 비율이 일반 학생들(46.2%)보다는 낮게 나타났다. 또래들과의 관계 형성이 중요한 발달 과제인 점을 고려할 때 다문화 학생들이 또래관계를 잘 형성할 수 있도록 관심과 지원이 이뤄져야 할 것이다.

(6) 사회적 차별 경험

다문화가정 자녀라는 이유로 차별이나 무시를 당한 경험에 대해서는 9.4%가 그렇다고 답했는데, 국내 성장 학생들보다는 외국 성장 학생들이, 소득이 높은 가정보다 낮은 가정의 학생들의 응답이 더 높았다. 그러나 2012년(13.8%)에 비해 4.4%나 낮아졌고, 그 감소폭이 초등학생과 외국성장 학생에서 가장 크게 나타나고 있어 학교 교육 등을 통해 점차 다문화 학생들에 대한 차별이 개선되고 있는 것을 확인할 수 있다. 차별을 한 사람은 친구, 교사, 친척, 이웃, 모르는 사람 등이었는데, 친구는 학교급이 올라갈수록 줄어들고, 교사는 정규학교 교사가 아닌 공부방, 학원 등 학교 밖에서 만나는 교사의 차별이 컸다.

3) 다문화 학생의 가정생활

(1) 부모와의 관계와 자긍심

다문화 학생들은 가정에서 부모와의 의사소통 시간이 일반 학생들보다 적은 편으로 나타났다. 부모님과의 관계만족도는 아버지보다는 어머니가 높았으며, 부모님의 자신에 대한 관심도는 늦게 귀가해도 별 관심이 없고 아파도 그냥 내버려 둔다고 답하는 경우가 있어 일반 청소년과 비교해 낮았다.

이러한 환경요인에 의해 다문화 학생들은 자신에 대한 자긍심이 그리 높지 않았다. 또한 다문화 학생들은 일반 학생들에 비해 가정에서 학습활동은 적은 반면, TV, 비디오 시청 등을 더 많이 하는 것으로 나타나 부모들의 개입과 지도가 낮은 것을 확인할 수 있다.

가족 기능 중 자녀의 정서적 지지 기능은 매우 중요하다. 부부가 서로 존중하고 배려하며 안정적인 관계를 유지할 때 자녀에 대한 칭찬과 지속적인 지적 자극이 이뤄진다. 그러나 부부가 갈등상태에 있거나 서로 적개심이 있는 경우에는 자녀의 요구에 적절히 반응하지 못하며 자녀에게 비판적이거나 분노심을 표출하는 경우가 많다. 아동들이 부부의 지속적 갈등이나 가정해체에 노출되면, 정시적 안정감과 자기조절 능력이 떨어져 많은 문제행동을 보인다. 예를 들어 여자아이의 경우 주로 자기 자신에 대한 비난, 공포, 부모의 부부관계에 대한 걱정 및 부담감을 갖는 등 어려움을 내면화하는 경향을 보인다. 남자아이들은 주로 충동적 행동이나 공격성을 보인다. 또 사회경제적으로 취약한 계층의 부모는 열악한 주거환경, 부적절한 교육시설, 지역사회의 지원 부족으로 큰 스트레스를 받게 되고, 그 결과 자녀양육에 대한 인내심, 애정, 참여의지, 보호능력 등이 감소하고 일관되지 않은 양육태도와 무관심을 보이기도 한다. 또한 빈곤하고 불안정한 가정 및 생활환경이 지속되면 아동이나 청소년들이 문제행동을 일으키거나 반사회적인 행동을 보일 가능성이 높아진다. 이와 같이 부모와 자녀 간의 안정적인 관계는 여러 부정적 결과를 미연에 방지할 수 있으므로, 다문화가정 부모들의 역할을 강화할 수 있는 지원이 필요하다.

(2) 한국어와 모어의 사용

다수의 다문화 학생들이 한국에서 태어났기 때문에 한국어 구사 능력은 평균적으로 높게 나타나고 있으나 중도입국 학생 등은 상대적으로 매우 낮게 나타나고 있다. 다문화 학생들의 부모님의 모어에 대한 습득 의지는 과반수 이상이 가지고 있음에도 불구하고, 가정에서 부모님들의 모어에 대한 교육 정도는 27.8%에 지나지 않아서 현실적으로 잘 배우고 있지 못했다(여성가족부, 2016).

(3) 다문화가족 지원시설 이용

다문화가족지원법이 제정된 이후, 다양한 시설에서 다문화가족 지원 사업이 제공되고 있다. 다문화가족 자녀들이 이러한 시설들을 실제 이용한 경험이 있는지를 살펴본 결과, 학교 내 방과 후 교실을 이용한 비율이 가장 높아 72.2%에 달하고, 공부방, 지역아동센터, 청소년 방과 후 아카데미(44.7%), 다문화가족지원센터(32.6%), 청소년지원시설(31.7%) 순으로 나타났다. 시설 인지율과 이용률을 비교해 보면, 학교 내 방과 후 교실의 경우 다문화가족 자녀가 가장 많이 알 뿐 아니라 가장 많이 이용하고 있는 반면, 다문화가족지원센터나 사회복지관, 고용센터 등은 인지도에 비해 실제 이용해 본 경험은 낮았다.

2. 다문화 학생 유형별 문제점과 개선 방안

다문화사회 초기와 달리 현재 다수의 다문화 학생들은 일반 학생들과 큰 차이 없이 한국 사회에서 성장하고 있다. 그러나 아직 다문화사회로서 성숙하지 못한 상황에서 일부 다문화 학생들은 자아정체성 혼란, 편견과 따돌림, 정서적 불안정을 겪고 있기 때문에 다문화 학생이 안고 있는 문제점을 학생 유형별로 이해하고 이를 해결하기 위해 적극적으로 노력해야 한다.

1) 결혼이민자 가정 자녀

다문화가정 자녀의 숫자는 우리나라의 국제결혼 건수와 비례하여 증가하고 있다. 국제결혼과 동시에 입국하여 언어와 한국의 생활문화에 제대로 적응하지 못한 채 출산과 양육을 진행하는 어머니의 특성으로 인해, 다문화가정 자녀들은 성장 과정에서 심리적응, 언어습득과 문화정체성, 학습지지 등에서 어려움을 겪고 있다.

2015년 다문화가족실태조사 결과에서 확인할 수 있듯이 다문화가족에 대한 한국인들의 인식은 점차 개선되고 있으나, 아직 피부색, 인종, 국가에 대한 편견과 배타성이 존재한다. 이에 결혼이민자 자녀들이 한국 사회에서 겪는 어려움 중의 하나는 다문화가족과 자녀에 대한 편견이다. 국제결혼 가정의 자녀는 취약 계층일 것이라는 선입견이나 다른 외모에 대한 편견과 차별은 이들에게 소외감을 줄 수 있으며, 결국 이들이 언어·문화·경제 문제 등 사회문화적 갈등 상황을 겪으면서 바람직하지 못한 자기정체성을 형성하게 될 수 있다.

2015년 다문화청소년 종단조사 및 정책방안 연구 보고는 다문화청소년들의 발달과정을 잘 보여주고 있다. 첫째로, 아버지에 대한 자랑스러움이 증가하고 부모의 방임적 태도는 감소하였으며, 교우관계가 향상되고, 집단 괴롭힘에 의한 피해경험이 감소했으며, 부모의 양육태도 수준과 성취동기가 상승하고, 다문화 수용성이 증가하는 긍정적 변화를 보였다. 반면, 우울감이나 위축감이 증가하고, 학교 수업이 어렵거나 공부에 도움을 받을 사람이 없다는 반응이 증가하고, 가족의 지지, 자아존중감이나 자아탄력성 등의 긍정적 심리적 요인, 삶의 만족도, 성적 만족도 등은 감소하는 부정적 변화를 보였다. 둘째, 다문화청소년의 정체성 발달에 영향을 미치는 요인 중 부모 요인 및 학교생활 요인의 많은 부분들이 긍정적인 변화를 보여주었고, 다문화 정체성 요인이 심리사회적인 요인에 긍정적으로 작용하는 것으로 확인되었다. 셋째, 다문화청소년들은 생활 한국어는 능숙하나, 대체적으로 이중언어 구사 능력이 없으며, 한국인으로서의 정체성은 강하지만 이중문화에 대해서는 유연한 생각을 가지고 있었다. 학교생활에는 대체로 잘 적응하며, 친구 및 교사와의 관계가 원만하고, 차별경험도 거의 없는 것으로 나타났지만, 성적은 대체로 좋지 않으며, 학교와 가정에서의 지지는 전반적으로 취약한 것으로 나타났다. 아버지는 대체로 자녀교육에 무관심하며, 어머니의 언어적 한계로 가정에서 심리·정서 발달 및 학습을 위한 지지기반이 약한 것으로 나타났다. 진로교육에 대한 수요는 크나, 진로교육 지원은 미비한 것으로 나타났다.

또한 결혼이민자 자녀 중 중도입국 청소년은 주목해야 할 대상이다. 중도입국 청소년들은 대체로 한국 사회 적응 과정에서 한국어 능력의 부족, 부정적인 정서의 경험 등으로 다중적인 어려움을 겪는다고 보고되고 있다. 예를 들어 중국에서 태어난 조선족 청소년은 중국에서 어린 시기에 친모와 이별했으나 성장한 이후 한국에서 재혼을 한 부모의 가정으로 들어오게 됨으로써 한국에서 새롭게 구축해야 하는 가족관계나 새로운 교육환경에 노출되면서 큰 어려움을 겪기도 한다. 그러나 가족 및 사회적 지지체계가 존재함으로 인해 발전 가능성도 보이고 있었다.

결혼이민자 자녀가 갖고 있는 문제점에 대해 다음과 같은 개선 노력과 지원이 필요하다.

(1) 한국어 능력 향상 및 학습 지원이 필요하다

한국어 능력은 일상생활뿐 아니라 학업에도 필수적인 기초능력이기 때문에 부모로부터 충분한 언어능력 계발 기회를 제공받지 못한 학생의 경우, 대상자별로 맞춤형 한국어교육이 제공되어야 한다. 한국어교육과정(KSL) 전문 인력을 양성하고, 한국어교육 시스템을 구축하여 다문화 학생뿐 아니라 학부모를 대상으로도 함께 운영하여야 한다.

또한 기초학력이 저조한 경우, 학교에서 맞춤형 교육을 제공하여 뒤처지지 않도록 지원하여야 한다. 다문화 학생을 별도로 지원하기보다는 통합프로그램에 의한 학습 지원이 필요하며, 결혼이민자 가정 자녀의 학습 부진 원인을 먼저 진단하고, 그 원인에 따른 맞춤형 지원이 필요하다.

(2) 심리·정서 지원 및 문화 적응을 위한 교육이 필요하다

다문화 학생의 심리 및 정서적 안정, 그리고 문화 적응을 위해서는 학교 안팎에서 다문화 학생을 포함한 청소년의 심리·정서 적응 지원이 제공되어야 한다. 학교 뿐 아니라 지역사회, 가정의 학부모에게도 다문화 이해교육이 강화되어야 한다.

다문화가정 자녀들은 한국어 구사능력이 떨어지거나 외모에서 차이가 날 때 자아정체감이 유의하게 낮게 나타났다. 자신을 한국인이리고 여기면서도 동시에 두 문화를 가지고 있다는 점을 인식하고 있는데, 이때 긍정적 자아정체감을 갖도록 지도하는 것이 매우 중요하다.

학생들은 학업성취도가 낮거나 또래관계가 원만하지 않을 경우 자아존중감이 낮고 불안하며 산만한 경향이 있다고 보고된다. 한국의 많은 청소년들이 입시 위주의 사회적 분위기에서 이러한 경향을 보이고 있으며, 부모와 의사소통이 부족하고 학업성취도가 낮은 다문화가정 자녀들도 이와 같은 이유로 부정적인 자아개념을 형성할 가능성이 크다. 따라서 다문화가정 자녀들에 대한 심리적 지지와 교육적 지원이 필요하다.

(3) 진로교육이 제공되어야 한다

결혼이민자 가정의 자녀가 성장하면서 중등 이상의 다문화 학생 인구가 급증하고 있다. 따라서 이들을 위한 진로교육 대책이 시급하며 동시에 다양화되어야 한다. 한 사례로서, 다문화청소년을 위한 국내 최초의 고등학교 학력 인정 공립대안학교인 서울다솜관광고등학교는 한국어교육 및 국가기술자격증교육을 통해 다문화 학생들의 취업 능력을 높이고 있다.

2) 외국인 근로자 가정 자녀

외국인 근로자의 자녀에 대한 연구는 많이 찾아보기 힘드나, 가족 문제, 자녀 문제, 교육과 복지 문제 등으로 그 영역이 넓어지고 있으며, 불법체류 외국인 근로자 자녀의 교육소외 해소가 주요 과제로 등장하고 있다. 이주노동정책에 따라 고용허가제가 실시되면서, 사전 작업으로 출입국관리법을 위반한 미등록 외국인 근로자를 체포하거나 추방하였고, 이로 인해 인권 문제가 나타나고 있다. 그리고 강제퇴거 시 가족 결합권의 침해, 근무처의 제약과 함께 미등록 외국인 근로자 자녀의 건강 및 교육권이 보호되지 못하는 문제도 지적되고 있다. 따라서 지금까지는 외국인 근로자에 대한 정책을 수립하였다면 지금부터는 사회 안정과 통합 차원에서 이들의 자녀교육에 대한 정책이 마련되어야 할 것이다.

외국인 근로자가 불법체류자라 할지라도 그들의 자녀는 공교육의 기회를 제도적으로 보장받는다. 그러나 전반적으로 교육 지원은 열악한 실정이며, 일반 정규학교에 재학할 경우 국제결혼 가정 자녀와 별도로 이뤄지는 교육 지원은 드물었다. 학교에 입학할 기회가 있음에도 불구하고 실제 학교 진입에 어려움을 겪는 자녀들이 많았다. 그들은 한국어 능력의 부족과 낮은 학업성취도, 교우관계의 어려움, 집단 따돌림의 문제, 경제적 어려움, 단속에 대한 불안감 등을 갖고 있었으며, 이에 따라 '뒤처지는 아이들', '방치되는 아이들', '탈락하는 아이들'로 기술되고 있다.

외국인 근로자 자녀의 문화 적응 스트레스와 심리사회적 적응 요인에 대한 연구들은 가족의 지지, 친구의 지지, 그리고 교사의 지지가 스트레스를 완충해 주는 효과가 있음을 보여준다(김보미, 2007; 홍진주, 2003). 특히 학교생활에서는 교사의 관심과 배려가 이주근로자 자녀의 문제 완화에 유의한 효과를 줄 수 있었다. 따라서 외국인 근로자 자녀에 대한 교사들의 이해와 포용, 배려가 학교생활 적응에 큰 지원이 될 것이다. 따라서 다음과 같은 정책적 지원이 필요하다.

(1) 교육적 지원 강화가 필요하다

외국인 근로자 가정의 자녀는 부모가 모두 외국인이므로 결혼이민자 가정 자녀보다 한국어 습득이나 학교생활 적응에 더 큰 어려움을 겪을 수 있다. 외국인 근로자 가족은 고용허가 기간이 끝나면 본국으로 돌아가야 하는 상황이지만 불법으로 체류하게 되는 경우 그 어려움은 더욱 커질 수 있다. 그러나 한 인간으로서 인권을 보장하고 이들에게 교육 기회를 제공하기 위해 외국인 근로자 가정 특별학급과 같은 교육적 지원제도를 강화해야 한다.

(2) 학교 밖 외국인 근로자 자녀를 공교육으로 유입하여야 한다

중도탈락한 외국인 근로자 자녀 또는 불법체류 신분이기 때문에 학교에 가지 못하고 있는 외국인 근로자 자녀는 학령기에 학교 교육의 기회를 갖지 못함으로써 사회 주변부에 위치하게 될 가능성이 크다. 이들은 한국 사회에 부정적인 태도를 지니게 될 가능성이 크므로 이들을 공교육으로 유입하여 교육함으로써 사회적 주체로 성장시켜야 할 것이다.

3) 북한이탈주민 자녀 또는 탈북학생

북한에서 출생한 탈북학생은 탈북하는 과정에서 학습 결손이 발생하여 기초학력이 부진하거나, 적정연령을 초과하여 학교에 들어가기 때문에 적절한 친구관계를 형성할 기회가 부족한 경우가 많다. 또한 경제적인 어려움으로 가족과 함께하지 못하거나 가정의 교육적 지원이 부족한 경우 정서적인 불안을 겪기도 한다. 이런 문제들로 인해 학교를 이동하거나 중도에 학업을 포기하는 학생들이 많아서 학업중단율이 일반 학생에 비해서 높은 편이다.

탈북학생들의 학교 및 사회적응 과정을 장기적으로 추적하여 조사한 '탈북청소년 교육 종단연구'(한국교육개발원, 2013)는 탈북청소년들의 인식과 문제점을 잘 드러내고 있다. 전체적으로 탈북학생들의 교우관계는 점차 호전되는 경향을 보이나, 입국 초기에 제대로 친구 맺기를 못한 경우 친구 없이 외톨이로 지내는 학생들이 있으며, '우리말도 알아듣지 못하는 멍청이' 또는 '촌스럽고 가난한 시골아이'로 놀림의 대상이 되기도 한다. 중국출생 학생들은 한국어에 어려움을 겪고 있으며, 북한출생 학생들은 북한 사투리와 억양 때문에 따돌림을 받는 경우가 있다. 험난한 탈북 과정을 거쳐 한국에 입국하여 살고 있는 탈북학생들은 부모와 함께 온갖 어려움을 감당하며 살아가고 있기 때문에 한국 사회는 이들이 정상적으로 성장하고 정착할 수 있도록 이해하고 배려해야 하며, 다음과 같은 성책적 지원과 노력을 할 필요가 있다(한국교육개발원, 2013).

(1) 탈북 학부모와 가정에 대한 기본적인 지원이 필요하다

부모의 건강이 자녀의 건강한 삶에 중요한 역할을 하기 때문에 탈북 학부모들이 겪고 있는 신체적 질병이나 정신적 무력감, 우울증에 대한 가족단위의 지원이 필요하다. 학부모를 대상으로 정기적인 상담과 가정방문, 자녀교육과 학교교육에 대한 안내 등이 이루어져야 한다. 담임교사와 상담교사의 지원을 통해 탈북학생들이 건강한 부모와 화목한 가정에서 안정적으로 성장할 수 있도록 지원해야 한다.

(2) 탈북학생의 기초학력을 보충하는 지도방법의 개발이 필요하다

학교급이 올라갈수록 교과 수준이 높아지면서 기초학력이 부족한 탈북학생들은 누적된 학습 부진으로 수업을 따라가기 힘들게 된다. 학업성취도 저하는 학습의욕을 잃게 만들고, 지나친 학습부담은 무기력증에 빠지게도 한다. 기초학습 부진을 해소하기 위해서는 1:1 학습멘토링의 강화, 개인별 보충지도, 방과후 학교 등의 방법으로 보충학습의 기회를 제공하여야 하며 멘토교사의 세심한 관심과 배려가 필요하다. 또한 탈북학생의 배경과 학력수준을 고려하여 기초적인 한국어교육, 독서논술과 같은 개별지도가 필요하다.

(3) 탈북학생의 교우관계를 개선할 수 있도록 지도해야 한다

교우관계를 적극적으로 형성하는 탈북학생들은 학교생활에 성공적인 것으로 나타나고 있다. 따라서 탈북학생에 대한 오해나 편견으로 어려움을 겪고 있는 탈북청소년에게 다양한 형태의 성취 경험을 할 수 있도록 기회를 제공하고, 동아리활동, 문화예술활동, 스포츠활동, 현장체험활동 등 문화체험활동을 통해 교우관계를 넓혀나갈 수 있도록 해야 한다.

(4) 탈북학생을 이해하기 위한 교사연수 기회를 넓혀야 한다

탈북학생들은 자신을 격려하고 응원하는 지지자가 필요하다. 담임교사, 교내 자원교사 또는 상담교사 등 탈북학생들을 파악하고 심리적으로 지지해 줄 수 있는 교사들이 탈북학생들에게 큰 힘이 될 수 있다. 따라서 탈북학생 지도교사에 대한 교사연수 강화, 전문교사의 양성과 배치, 학생지도를 위한 매뉴얼의 개발 등이 필요하다.

(5) 탈북학생을 대상으로 심리상담과 생활지도를 강화해야 한다

탈북청소년 중 일부는 가정의 경제적 어려움이나 학교 부적응으로 인해 심리적 우울과 스트레스를 겪고 있거나 외톨이로 지내며, 때로 외상 후 스트레스나 분노조절장애를 보이기도 한다. 이들에게는 지역사회 청소년 상담기관 등과 협력하여 개인 심리상담과 생활지도를 제공해야 한다.

(6) 탈북학생에 대한 적응 단계별 진로진학 지도가 중요하다

탈북청소년은 입국 초기 단기간의 분리교육을 마친 후, 정규학교와 대안학교에서 통합교육을 지향하고 있다. 이때 단계별로 진로적성에 맞추어 상급학교로의 진학 지도가 필요하다. 4년제 대학 중심의 진로선택에서 탈피하여 특성화 고등학교와 전문대학에서 본인의 능력과 적성에 적합한 진로를 선택할 수 있도록 개인별 진로진학 지도를 강화해야 한다.

4) 난민 아동

본국의 박해 또는 생명의 위협을 느껴 조국을 떠나 다른 나라에 체류 중인 사람은 난민이라고 한다. 대한민국에서 난민 인정자는 난민으로 인정을 받은 외국인을, 인도적 체류 허가자는 난민 인정자는 아니지만 처해 있는 상황에 따라 체류허가를 받은 외국인을 뜻하는데, 2016년 법무부 통계자료에 따르면 한국에 체류 중인 난민 자녀의 수가 수 백 명에 이르고 있다. 난민 자녀들은 출생등록의 어려움, 트라우마, 외부의 편견 등으로 수용국에 온전히 적응하지 못하고 정체성 혼란, 교육 접근 기회 박탈 등을 겪고 있다. 따라서 인도적 차원에서 난민교육 지원제도의 체계화가 필요하며, 학교, 난민지원기관, 이주아동청소년센터 등의 지속적이고 긴밀한 네트워크 형성을 통한 교육 및 상담 지원이 필요하다.

3. 다문화 학생과 교육적 과제

다문화 학생은 앞으로 한국 사회의 중요한 구성원으로 자리 잡을 것이다. 따라서 다문화 학생이 한국 사회에서 바르게 성장하여 사회통합을 이루도록 하기 위해서는 다음과 같은 교육적 과제를 지속적으로 추진해 나가야 한다.

1) 다문화가정의 가족 기능 및 교육 기능 강화

부모와 자녀의 관계는 아동의 긍정적 발달과 적응을 예측하는 강력한 변인이다. 일반가정과 다문화가정의 부모와 자녀의 관계를 비교분석한 결과를 보면 경제적 조건과 상관없이 다문화가정 어머니와 아동의 상호작용의 질이 일반가정에 비해 유의하게 낮은 것으로 나타나고 있다. 또한 다문화가정 부모의 방임은 다문화청소년의 학교적응에 직접적인 영향을 미치며 사회적 위축과 우울을 매개하는 것으로 보고되었다(홍나미·박현정, 2017). 반대로 어머니의 문화 적응 스트레스가 낮을수록 어머니의 민감성이 높고 자녀에게 인지적 자극을 제공하는 정도가 높게 나타났다. 이와 같이 다문화가정 부모의 갈등지수가 낮고 사회적 적응도가 높으면 부모로서의 효능감이나 양육행동에 긍정적 영향을 미칠 것이다.

따라서 다문화 학생의 바람직한 성장을 위해서는 다문화가정의 가족 기능을 강화할 수 있도록 교육적 지원이 이뤄져야 한다. 다문화가정 자녀 대상 교육 지원뿐 아니라 학부모 대상 지원 프로그램을 개발하여 제공함으로써 부모 기능을 강화하고 유아 단계부터 언어를 포함해 자녀와의 상호작용을 촉진할 수 있도록 해야 한다. 실제 다문화가족지원센터가 전국 200여 곳에 운영되고 있으나 도움이 필요한 다문화가정 학부모들에게는 센터의 교육을 이용할 기회조차 없는 것으로 나타나고 있어 이들에게 실질적으로 다가갈 수 있는 교육방안 모색이 절실하다.

또한 다문화가정 학부모들은 사회문화적 차이에서 나타나는 교육상의 갈등을 겪고 있다. 즉, 한국 학부모들의 과도한 자녀교육열에 대해 당혹감과 함께 따라잡기 어렵다는 인식을 갖고 있으며, 자녀교육에 대한 사회적 가치관의 차이로 자녀교육에 대한 자신감이 결여되거나 소득수준이 낮은 다문화가정의 경우 상대적 박탈감을 경험하고 있다. 따라서 자녀교육에 대한 상담과 교육적 지원을 제공할 필요가 있다.

2) 학교 교육환경 개선 및 다문화 학생 지원

다문화 학생들이 미래 한국 사회의 중요한 구성원으로 성장하도록 하기 위해서는 학교 교육환경을 개선하고 다문화 학생을 지원하는 노력이 필요하다. 그러나 다문화가정이라고 모두 다 문제가 있는 것은 아니기 때문에 사회적 편견을 가지고 접근하는 것을 경계해야 하며, 대신 개별적인 상황에 대한 판단과 교육적 지원이 필요하다. 다문화 학생 입장에서 학교 환경이란 학교장을 비롯한 교사, 또래 친구, 그리고 학교 교육을 통해 제공되는 교육과정일 것이므로 다음과 같은 고려가 필요하다.

첫째, 교육을 담당하는 학교장 및 교사들이 다문화 감수성을 갖추고 교육에 임할 수 있도록 하고 다문화 학생을 지지해 주어야 한다. 이를 위해서는 학교관리자 및 교사 스스로 다문화교육 연수를 받고 다문화 수용성 내지 감수성을 길러야 한다.

둘째, 다문화 학생들이 바람직한 또래관계를 형성할 수 있도록 교실 수업, 동아리활동 등 학생활동 지원이 이뤄져야 한다. 실제 다문화 감수성이 높은 다문화가정 초등학생이 친구들과의 도움 관계가 높았고, 학생 간 도움 네트워크가 다문화 감수성에 긍정적인 영향을 미쳐 도움 네트워크가 중요하다고 보고되고 있다.

셋째, 학교 교육을 통해 모든 학생들에게 다문화 수용성 내지 감수성을 길러주어 다문화 학생들과 더불어 살아갈 수 있도록 학교 교육과정을 구성하여야 한다. 2015 개정 교육과정에서 강조하고 있는 핵심 역량 중 공동체 역량 및 심미적 감성 역량 또한 학교 교육과정 중 다문화교육을 통해 함양될 수 있을 것이다.

넷째, 현재 언어능력이나 기초학력이 낮은 다문화 학생들에게는 추가적인 교육기회를 제공하여 학교생활 적응과 더불어 긍정적인 자아정체감 형성과 발달이 이뤄질 수 있도록 지원해야 할 것이다. 특히 외국에서 성장하여 중도입국한 학생들에게는 언어, 학업, 가족관계 등에서 어려움이 큰 경우가 많기 때문에 차별화된 지원이 요구된다.

3) 정부, 학교, 지역사회의 유기적 지원

다문화 학생을 미래의 바람직한 사회 구성원으로 키워내기 위해서는 이들이 한국에서 살아가며 겪는 제반 문제에 대한 지원을 교육적 측면에서 체계적으로 지속해 나가야 한다. 공교육이 이뤄지는 학교뿐만 아니라 다문화 학생이 생활하는 지역사회의 구성원과 단체, 정부 및 지자체의 관련기관이 각자의 위치에서 다문화 학생들을 위한 교육 및 지원을 유기적으로 전개해야 한다. 다음의 그림 5-10

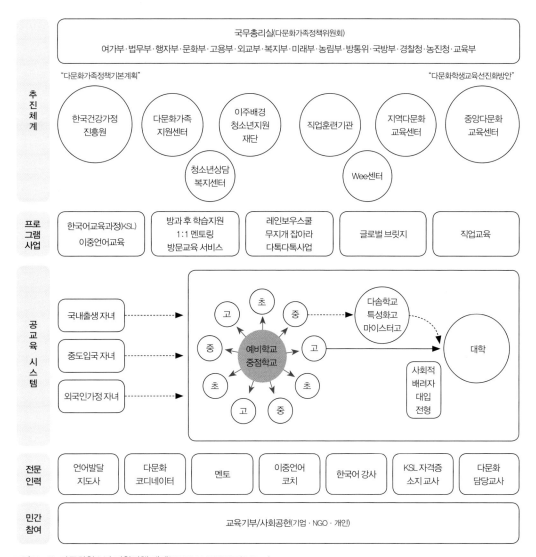

그림 5-10 다문화청소년 지원정책 체계(한국청소년정책연구원, 2015)

은 현재 우리나라 다문화청소년 지원정책의 체계를 보여주고 있다.

다문화가족정책기본계획에 따라 여성가족부부터 교육부까지 14개 정부부처가 참여하고 있으며, 한국건강가정진흥원, 다문화가족지원센터, 중앙다문화교육센터 등 관련 기관들이 다양한 교육 프로그램을 제공하고 있다. 공교육 시스템에서는 초·중등학교부터 대학까지 일반 교사뿐 아니라 다문화 담당교사 등 다양한 인력이 관여하여 다양한 배경의 다문화 학생들에 대한 교육이 전개되고 있다. 또한 기업, 종교단체, NGO 등 민간 차원의 교육적 지원이 이뤄지고 있다.

이처럼 다문화 학생 지원을 위한 큰 틀은 갖춰져 있으나, 그 세부적인 틀과 내용을 공고히 하고 교육 대상자의 수요와 수준에 맞춘 유기적인 협력 지원이 필요한 시점이다.

1. 한국 사회의 다문화 학생 현황은 어떠하며 이들은 어떻게 학교와 가정생활을 하고 있는가?

2. 다문화 학생의 유형은 어떠하며, 각각 어떤 문제점을 안고 있는가?

3. 다문화 학생이 갖고 있는 문제점을 어떻게 개선해 나갈 것인가?

4. 다문화시대에 사회적 통합을 이루기 위해서 어떤 교육적 과제를 추진해 나가야 하는가?

고민정·염미경·김일방(2013), 「다문화적 갈등 완화를 위한 학교다문화교육의 방향: 다문화학생에 대한 일반학생의 인식을 중심으로」, 『법교육연구』 8(3), 1-28, 한국법교육학회.

교육부·한국교육개발원(2017), 『2016 교육통계 분석자료집: 유초중등 교육통계편』.

김보미(2007), 「외국인 이주 노동자 자녀의 생활만족도에 관한 연구: 문화적응 스트레스, 차별경험, 사회적 지지를 중심으로」, 서울대학교 석사학위논문.

김승경·양계민(2012), 「다문화가정 학생의 자아탄력성에 영향을 미치는 요인 분석」, 『청소년학연구』 19(11), 147-176, 한국청소년학회.

김정원(2006), 「국내 몽골 출신 외국인근로자 자녀 학교교육 실태 분석」, 『교육사회학연구』 16(3), 95-129, 한국교육사회학회.

김지현·김보미(2017), 「외국인근로자의 문화적응 스트레스 영향 요인」, 『디지털융복합연구』 15(8), 277-287, 한국디지털정책학회.

김현철·모상현·오성배(2015), 『다문화청소년 종단조사 및 정책방안 연구 III: 총괄보고서』, 한국청소년정책연구원.

남부현·김연이(2011), 「다문화가정 학생과 일반학생의 학업성취도 격차 연구」, 『다문화교육』 2(3), 19-58, 한국다문화교육연구학회.

류상희·이은주·박윤경(2016), 「다문화가정 학생의 자아인식, 가정생활 및 학교생활에 대한 인식 조사」, 『교육문화연구』 22(5), 355-379, 인하대학교 교육연구소.

박세훈·장인실(2017), 「다문화 가정 초등학생에 대한 도움 네트워크 분석」, 『학습자중심교과교육연구』 17(2), 101-121, 학습자중심교과교육학회.

박영준(2016), 「한국 다문화교육의 문제점과 대안 고찰」, 『다문화콘텐츠연구』 21, 297-322, 중앙대학교 문화콘텐츠기술연구원.

박철희·박주형·김왕준(2016), 「다문화학생 밀집학교의 교육현실과 과제: 서울 서남부 지역 초등학교를 중심으로」, 『다문화교육연구』 9(2), 173-201, 한국다문화교육학회.

백목원·하명진(2016), 「다문화 배경 학생에 대한 교사의 이중적 인식 연구」, 『다문화교육연구』 9(2), 57-88, 한국다문화교육학회.

송민경·김진원(2017), 「중도입국청소년의 한국사회 입국 전·후 삶에 대한 연구」, 『한국아동복지학』 58, 103-139, 한국아동복지학회.

안영빈·김정원(2017), 「국내 난민아동의 생활실태 분석과 교육 방안 모색」, 『다문화교육연구』 10(1), 171-200, 한국다문화교육학회.

양계민·윤민종·최홍일(2016), 『다문화청소년 종단조사 및 정책방안 연구 IV: 총괄보고서』, 한국청소년정책연구원.

여성가족부(2016), 『2015 다문화가족실태조사 분석』.

오성배(2009), 「외국인 이주노동자 가정 자녀의 교육 실태와 문제 탐색」, 『한국청소년연구』 20(30), 305-334, 한국청소년정책연구원.

오성배(2011), 「외국인 이주 노동자 가정 자녀의 재학 학교 특성에 따른 교육 지원 실태와 문제 탐색」, 『순천향 인문과학논총』 29, 245-281, 순천향대학교.

오인수(2014), 「다문화가정 학생의 학교 괴롭힘 피해 경험과 심리 문제의 관계」, 『아시아교육연구』 15(4), 219-238, 서울대학교 교육연구소(아시아태평양교육발전연구단).

유향희(2016), 「미등록 외국인근로자의 인권 보호」, 『현대사회와 다문화』 6(2), 127-149, 대구대학교 다문화사회정책연구소.

최경옥(2012), 「한국에서의 다문화가정 아동의 교육권」, 『공법학연구』 13(1), 307-339, 한국비교공법학회.

최성보(2011), 「다문화가정 초등학생의 학교생활 적응 탐색」, 『다문화교육연구』 4(2), 105-130, 한국다문화교육학회.

통계청·여성가족부(2016), 『2016 청소년 통계』.

한국교육개발원(2013), 「탈북청소년 교육 종단연구(IV)」.

한국청소년정책연구원(2015), 『다문화청소년 종단조사 및 정책방안 연구 보고서』.

홍나미·박현정(2017), 「부모방임이 다문화청소년의 학교적응에 미치는 영향에서 사회적 위축, 우울의 매개효과」, 『미래사회복지연구』 8(2), 125-151, 한국사회복지실천연구학회.

홍진주(2003), 「몽골출신 이주노동자 자녀의 심리사회적 적응에 관한 연구」, 이화여자대학교 석사학위논문.

3부

다문화교육의
이론과 실제

6장

다문화 교육과정과 교수법

박상철 서울교육대학교 교육학과 교수 / **남호엽** 서울교육대학교 사회과교육과 교수

다양한 배경을 가진 학생들이 함께 하는 다문화교실

도입활동

한국의 학교에서 다문화 학급공동체가 점점 늘어나고 있다. 학급 구성원들의 인종 및 종족의 측면에서도 다양해지기 시작했다. 이러한 다문화 교실에서 학생들은 상호이해와 공존의 마음을 형성해야 할 상황이다. 다문화교실 공동체에서 교사는 수업을 통해 무엇을 해야할까?

다 문화 소양을 후속 세대들에게 안정적으로 길러주기 위해서는 이를 학교 교육에서 다루어야 한다. 학교 교육의 핵심은 교육과정과 수업이며, 다문화교육에서도 예외는 아니다. 교사는 다문화 교육과정 실행가의 입장에서 학습자의 바람직한 변화를 도모해야 하는 존재이다. 다문화 교육과정 실행자로서 교사가 이해하고 있어야 할 이론체계와 실제적인 접근법을 살펴본다.

1. 다문화 교육과정 이론

1) 우리의 현주소

다문화교육에 대한 관심이 높아지면서 학교 교육과정과 관련하여 이때까지 주목받지 못했거나 덜 주목받았던 문제들이 새롭게 부각되고 있다. 1절에서는 다음의 두 가지 문제를 검토해 보고자 한다. 첫째, 교육이념으로서의 '홍익인간 (弘益人間)'은 다문화사회에서도 여전히 타당한가, 둘째, 다양한 특성을 가진 개 개인에게 '평등하게' 제공해 주어야 하는 학교 교육의 내용은 무엇인가.

(1) 교육이념으로서의 '홍익인간'

최근 한국 사회에서는 '요즘과 같은 다문화사회에서 단일민족, 단군의 후예, 한겨레, 배달의 자손이라는 개념을 학생들에게 가르쳐야 하는가'라는 비판이 심심치 않게 대두되고 있다. 그러나 그 비판이 과연 타당한가에 대해서는 의문의 여지가 있다.

우리나라의 교육기본법 제1장에는 교육이 지향해야 할 이념을 다음과 같이 명시하고 있으며, '홍익인간'은 학교 교육과정 전체를 통하여 실현해야 할 이념으로 간주해 왔다.

교육은 홍익인간(弘益人間)의 이념 아래 모든 국민으로 하여금 인격을 도야(陶冶)하고 자주적 생활능력과 민주시민으로서 필요한 자질을 갖추게 함으로써 인간다운 삶을 영위하게 하고 민주국가의 발전과 인류공영(人類共榮)의 이상을 실현하는 데에 이바지하게 함을 목적으로 한다(제2조).

홍익인간이 우리나라의 교육이념으로 자리 잡게 된 것은 미군정기인 1946년이며, 이를 제안한 사람은 용재(庸齋) 백낙준(白樂濬) 선생이었다고 한다. 우리 민족의 건국 신화인 단군신화(檀君神話)에 등장하는 홍익인간을 교육의 이념으로 삼고자 한 용재 선생의 시도에 대하여 그 당시에도 이견이 분분했던 모양이다. 이에 대하여 용재 선생은 다음과 같이 말하였다.

어떠한 사람은 이 말이 신화에서 나왔다고 비과학적이니 교육이념이 되지 못하느니 하고 평하는 이도 없지 아니합니다. 이 이념이 우리에게 문자로 드러나서 전해 오기는 적어도 제왕운기(帝王韻紀), 삼국유사(三國遺事)가 저작되던 때, 이제부터 팔백 년 전이요, 그 이상이 전하여 옴은 언제부터인지 알 수 없습니다. 제왕운기의 작가와 삼국유사의 저자는 따로 같은 이념을 적은 것이 아니요, 옛적부터 전하여 오던 문자 그대로 옮겨놓은 것이 아니면, 오랫동안 전해 온 정신이요 이상을 문자화한 것이었을 것입니다. 백보를 양(讓)하여 그 말이 신화에서 나왔다고 하더라도 그 이상이 좋고 더욱이 우리 민족의 이상을 가장 잘 표현하고 있는 이상 우리 교육의 이념을 삼지 못할 이유가 없는 줄로 알고 있습니다(백낙준, 1963: 22-23; 손인수, 1969: 13에서 재인용).

용재 선생은 홍익인간이 교육이념으로서 적절하지 못하다는 주장에 대하여 단군신화와 홍익인간의 거리를 애써 떼어놓는 방향으로 반론을 제기하고 있다. 즉 용재 선생은 홍익인간의 이념은 단군신화가 기록되어 있는 제왕운기나 삼국

유사에 등장하는 것이 사실이지만, 그것은 그 두 책이 저술되기 훨씬 이전부터 계승되어 온 우리 민족의 정신이라고 볼 수 있으며, 설령 그것이 단군신화에 '실제로' 등장하는 개념이라는 점을 인정한다 하더라도 그 출처가 신화인가 아닌가를 따질 것이 아니라 우리 민족의 이상을 잘 표현하고 있는가 아닌가를 따져야 한다고 말하고 있다. 그러나 용재 선생의 이 시도가 과연 타당한지에 대해서는 의문의 여지가 있다. 홍익인간은 단군신화를 떠나서는 그 의미를 확인할 길이 없는, 단군신화의 핵심에 해당하는 이념이라고 보아야 하지 않는가 하는 의문이 드는 것이다.

단군신화는 "옛날 환인(桓因)의 서자 환웅(桓雄)이 자주 천하에 뜻을 두고 인간 세상을 탐내어 구하였다. 아버지가 아들의 뜻을 알고는 삼위태백(三危太伯)을 내려다보니 인간을 널리 이롭게 할 만하여(弘益人間), 즉시 천부인(天符印) 세 개를 주어 내려 보내 인간 세상을 다스리게 하였다"(三國遺事, 紀異第一)는 말로 시작된다. 환웅은 이 세상에 내려와 홍익인간의 이념을 펼치고, 곰에서 사람으로 환생한 웅녀와 결혼하여 단군을 낳았으며, 단군은 고조선을 세워 우리 민족의 시조가 되었다. 단군 또한 그의 아버지인 환웅과 마찬가지로 홍익인간의 이념을 펼치고자 노력하였을 것이다.

단군신화를 신화가 아닌 역사적 사실로 받아들인다면, 이 이야기의 어떤 말도 받아들이기 어렵다. 신에게 아들이 있다는 말도 믿기 어렵고, 그 아들이 이 땅에 내려왔다는 말도 믿기 어렵고, 곰이 사람으로 환생했다는 말은 더욱 믿기 어렵다. 그러나 단군신화를 역사적 사실이 아닌 신화로 정당하게 존중한다면, 이 이야기는 우리 모두가 특별한 과업을 안고 살아가는 존재임을 알려주는 것으로 해석될 수 있다. 이 경우 우리는 교육을 통해 홍익인간이라는 이념을 실현하기 위하여 노력해야 하며, 그것이 우리가 이 세상에 태어나서 살아가는 근본적 이유가 된다. 홍익인간의 실현이라는 공통된 과업을 안고 살아가고 있다는 점에서 우리는 모두 한 가족이요 한 핏줄이다. 『예기(禮記)』에 기술되어 있는 '대동(大同)'은 교육이 성공을 거둔 상태, 즉 널리 인간이 이롭게 된 상태가 어떤 상태인지를 감동적으로 보여준다.

大道之行也 天下爲公 選賢與能 講信修睦 故人不獨親其親 不獨子其子 使老有

所終 壯有所用 幼有所長 矜寡孤獨廢疾者皆有所養 男有分 女有歸 貨惡其棄於
地也 不必藏於己 力惡其不出於身也 不必爲己 是故謀閉而不興 盜竊亂賊而不
作 故外戶而不閉 是謂大同 (禮運)

大道가 행해지는 시절에는 천하에 주인이 따로 없다. 나라 일은 어질고 유능
한 사람에게 맡기며, 사람들은 신뢰와 친목을 두텁게 하는 데에 힘쓴다. 사람
들은 자신의 부모만을 부모로 섬기지 않으며, 자신의 자식만을 자식으로 돌보
지 않는다. 노인은 임종을 편안하게 맞이하며, 젊은이는 각기 맡은 일이 있으
며, 아이들은 마음껏 자란다. 홀아비, 과부, 고아, 자식 없는 노인, 병든 자 등도
모두 생활에 걱정이 없다. 남자는 수행할 직분을 가지고 있고 여자는 시집가
서 남편을 받든다. 재물은 어찌 땅에 버리랴마는 오로지 자신만을 위하여 모
으지 않으며, 힘은 어찌 제 몸에서 나오지 않으랴마는 오로지 자신만을 위하
여 쓰지 않는다. 그리하여 모략과 도둑질, 나라를 어지럽히는 일 등등이 있을
수 없으며, 사람들은 대문을 잠그는 일이 없다. 이러한 세상을 일컬어 '大同'이
라고 한다(이홍우·유한구·장성모, 2003: 185-186).

(2) 교과와 교육

학교 교육은 어제 오늘 시작된 것이 아니라 오랜 역사와 전통을 가진 하나
의 사회 제도이다. 오랜 세월 동안 학교는 여타의 기관에서는 제공하지 못하는
매우 특별한 내용을 인간에게 제공해 왔으며, 성, 인종과 민족 등의 차이에도 불
구하고 개개인에게 '평등하게' 제공해야 하는 내용 또한 바로 그 '특별한 내용'
이다. 학교는 어떤 곳이며, 그곳에서 가르쳐온 그 '특별한 내용'은 어떤 것일까?

아침 8시 20분. 삼삼오오 짝을 지어 학교로 향하는 아이들의 모습이 정겹다.
큼지막한 가방을 등에 메고, 신발주머니인 듯한 작은 가방을 한 손에 들고, 나머
지 한 손에는 과제물로 보이는 두루마리 종이를 들고 학교로 향하는 아이들. 그
아이들의 모습을 보면서 가방의 무게가 아이들의 체형에 미칠 악영향을 생각하
며 잠깐 동안 걱정하기도 하지만, 그 이외의 모든 순간에는 동물적 속성을 벗고
인간다운 삶을 살고자 학교로 향하는 아이들의 아름다운 모습을 그냥 감상할 뿐
이다. 이 아름다움이 개미떼가 자아내는 아름다움과 다르다는 데는 의문의 여지
가 없다.

진화론, 원숭이를 인간의 조상으로 만들어 놓은 그 이론을 내세운 찰스 다윈이 케임브리지 대학교에서 신학을 공부했다는 사실은 흥미롭다. 신학과를 졸업한 1831년에 다윈이 영국의 해군 측량선인 비글호를 타고 5년이라는 긴 탐사 여행을 떠날 수 있었던 것은 생물학자의 자격으로서가 아니라 항해의 지루함을 달래기 위해 지식인과의 수준 높은 대화를 원했던 선장의 배려 때문이었을 것이라는 주장, 비상한 기억력과 집중력을 발휘해 진화론이라는 어마어마한 이론을 정립할 수 있었던 것은 그가 자폐증의 일종인 아스퍼거 증후군 환자였기 때문이라는 어느 정신과 의사의 주장, 임종 직전에 "나는 창조주 하느님을 믿는다"는 말을 남겼다는 주장 등등, 다윈을 둘러싼 여러 가지 추측들은 그를 더욱 매력적인 인물로 만든다.

다윈은 비글호를 타고 남아메리카, 태평양, 인도양, 남아프리카 연안을 무려 5년에 걸쳐 탐사했고 그 기간 중에 획득한 각종 자료와 경험을 바탕으로 1858년에 린네학회에서 진화론을 발표했으며, 그다음 해에 『종의 기원』을 출판했다. 신의 발밑에 있던 인간이 개나 고양이와 다름없는 동물의 옆자리로 추락한 사건이 벌어진 것이다. 이 사건이 인류의 정신문명에 미친 영향의 크기는 상상조차 할 수 없다. 동물의 행동에 대한 연구가 인간의 본질을 이해하는 데 도움이 될 것이라는 생각도 그렇거니와, 이 세상에 태어나기 이전과 죽은 이후를 배제한 나머지 삶, 심장이 뛰는 시간대만으로 인간의 삶을 한정짓는 경향 역시 진화론의 영향이 아닌가.

그러나 다윈의 진화론 연구는 인간의 조상이 원숭이라는 점만 보여주는 것은 아니다. 그의 연구는 은연중에 또 다른 중요한 사실 한 가지를 보여준다. 그가 겉으로 내세운 주장과는 별개로, 다윈은 평생에 걸쳐 치열한 탐구를 수행함으로써, 인간은 동물에게서 찾아볼 수 없는 특별한 능력, 즉 삶과 세계의 비밀을 밝혀낼 수 있는 특별한 능력이 있으며 그 능력을 최대한도로 발휘하는 것이 인간다운 삶을 사는 길임을 입증한 것이다.

인간의 삶과 세계에 대한 탐구가 본격적으로 이루어진 시기이자 오로지 그 탐구 행위만을 위한 공간으로서의 '학교'가 생겨난 시기는 기원전 4~5세기 무렵의 그리스 시대인 것으로 알려져 있다. "현재 여기에 있는 것, 과학과 예술, 삶을 풍부하게 해주며 드높고 아름답게 해주는 모든 것은 직접 또는 간접으로 그리스에서 유래된 것"이라는 어느 사상가의 말은 이 경우에도 예외 없이 적용된다.

그리스 사람들은 학교에서 불확실한 '의견'으로부터 자유를 누리고자 하였다. '의견'은 우리가 아무런 의심 없이 옳은 것으로 받아들이고 있는 일체의 신념 체계를 가리킨다. '의견'으로부터 벗어나기 위해서는 자아와 세계를 대상으로 하여 질문을 제기하지 않으면 안 된다. 그 질문을 가장 포괄적으로 제시하면 아마도 '나는 누구이며, 내가 살아가는 이 세계는 어떤 곳인가'가 될 것이다. 자아와 세계를 대상으로 질문을 제기한다는 것, 이것은 동물과 구별되는 인간만의 특별한 능력이다. 세계를 대상으로 성찰하는 원숭이, 자신의 처지를 비관해 자살을 꿈꾸는 원숭이는 동서고금을 막론하고 어디에도 없다.

개체 발생이 지루하게 반복되는 동물들과는 달리 인간이 역사와 전통을 가진 존재로 살아갈 수 있게 된 것도 자아와 세계에 대한 탐구 때문일 것이다. 그리스 시대 이래로 인류는 자아와 세계에 대한 탐구를 통해 '의견'에서 자유로운 삶, 동물과는 다른 인간나운 삶을 꿈꾸었다. 지금 눈앞의 아이들이 총총걸음으로 향해 가는 학교, 그 안에서 가르치고 있는 지식 체계는 동물적 속성에서 벗어나기 위한 인류 공동의 노력의 산물이다.

2) 다문화 교육과정 개발

(1) 뱅크스의 교육과정 개혁 모델

제임스 뱅크스(James A. Banks)는 다인종과 관련된 내용을 포함시키는 방향으로 초·중등학교 교육과정을 개혁하는 방안을 네 가지 수준에서 그림 5-3과 같이 제시하고 있다. 뱅크스의 교육과정 개혁 모델은 다인종 관련 내용뿐만 아니라 다문화교육을 위한 교육과정 운영 일반에 활용할 수 있을 것으로 보인다.

뱅크스가 제안한 교육과정 개혁의 네 수준은 다시 두 가지로 분류할 수 있다. 즉 제1수준과 제2수준은 현존하는 교육과정에 변화를 주지 않는 범위 내에서 다문화 관련 주제를 취급한다는 점에서 공통되며, 제3수준과 제4수준은 현존하는 교육과정을 근본적으로 바꾸는 수준이라는 점에서 공통된다. 각각의 수준에 대한 뱅크스의 설명을 제시하면 다음과 같다(Banks, 2008/2008: 69-72).

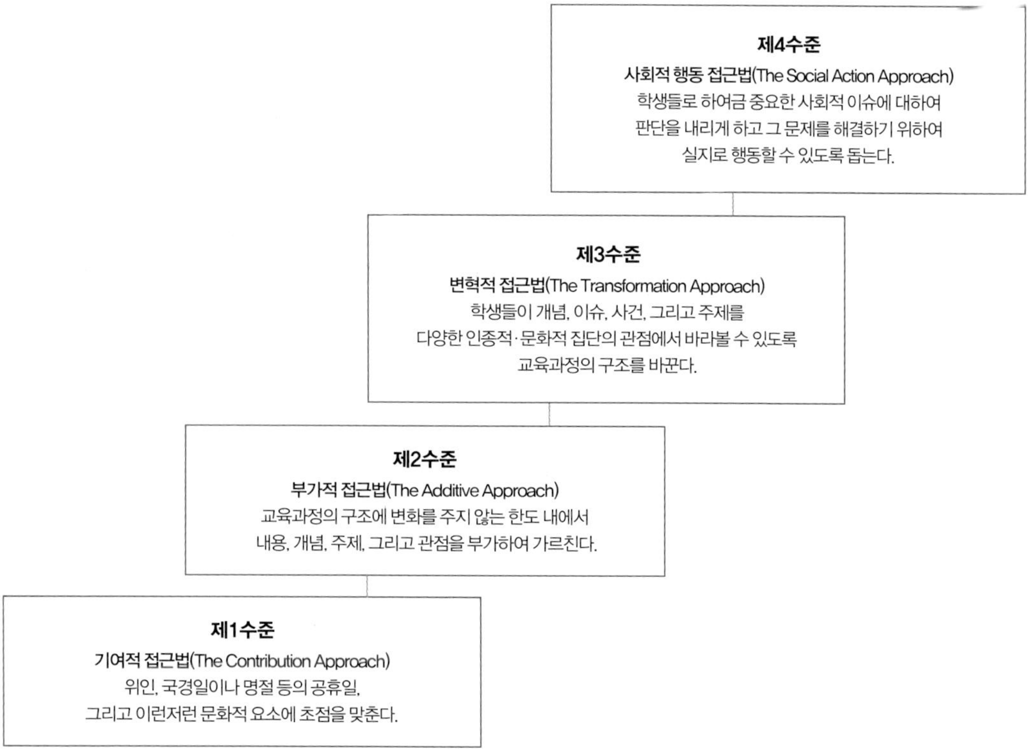

제4수준
사회적 행동 접근법(The Social Action Approach)
학생들로 하여금 중요한 사회적 이슈에 대하여
판단을 내리게 하고 그 문제를 해결하기 위하여
실지로 행동할 수 있도록 돕는다.

제3수준
변혁적 접근법(The Transformation Approach)
학생들이 개념, 이슈, 사건, 그리고 주제를
다양한 인종적·문화적 집단의 관점에서 바라볼 수 있도록
교육과정의 구조를 바꾼다.

제2수준
부가적 접근법(The Additive Approach)
교육과정의 구조에 변화를 주지 않는 한도 내에서
내용, 개념, 주제, 그리고 관점을 부가하여 가르친다.

제1수준
기여적 접근법(The Contribution Approach)
위인, 국경일이나 명절 등의 공휴일,
그리고 이런저런 문화적 요소에 초점을 맞춘다.

그림 6-1 뱅크스의 교육과정 개혁 모델(Banks, 2004b: 15)

기여적 접근법에서는 민족 및 문화 집단에 대한 내용이 싱꼬 데 마요(Cinco de Mayo),[1] 아시아 및 태평양 문화 주간, 흑인 역사의 달, 여성사 주간 등과 같은 공휴일과 기념일에 국한된다. 이 접근법은 초등학교 단계에서 주로 사용된다. 이 외에 문화 관련 내용을 교육과정에 통합하는 데 자주 사용되는 다른 접근법은 부가적 접근법이다. 이 접근법은 교육과정의 기본적인 구조나 목적, 특징은 변화시키지 않고 문화와 관련된 내용, 개념 그리고 주제를 교육과정에 덧붙이는 것이다. 부가적 접근법은 교육과정 체제의 변화 없이 책, 단원 또는 하나의 과정을 더함으로써 이루어진다.

(중략)

변혁적 접근법은 ⋯ 교육과정의 규준, 패러다임, 기본적인 가정을 변화시키고 학생들이 다른 관점에서 개념, 이슈와 문제를 조망해 볼 수 있도록 한다.

----

1 1861년에 프랑스 군대와 맞서서 멕시코 군이 대승을 거둔 멕시코의 기념일.

이 접근법의 주요 목표는 학생들이 다양한 민족과 문화의 관점에서 개념과 사건 그리고 인물을 이해하고 지식이 사회적 구성물임을 이해하도록 돕는 것이다. 이 접근법에서 학생들은 정복자와 피정복자 모두의 목소리를 읽고 들을 수 있다. 또한 사건과 상황에 대한 교사의 관점을 분석하며 사건과 상황에 대한 자신만의 해석을 만들어보고 정당화해 보는 기회를 가진다. 변혁적 접근법의 중요한 목적은 비판적으로 사고하고 결론과 일반화를 도출하여 이를 증명하고 정당화하는 기능을 발달시키는 데 있다.

(중략)

의사결정 및 사회적 행동 접근법은 학생들이 의사결정을 내리고, 학습한 개념, 문제, 주제들과 관련된 개인적, 사회적, 시민적 행동을 할 수 있는 프로젝트와 활동을 수행할 수 있도록 함으로써 변혁적 교육과정을 확장한다. 학생들은 '서진 운동'(서쪽을 향한 유럽계 미국인들의 이동)을 바라보는 상이한 관점들에 대해 배우고 난 후, 미국 원수민에 대해 더 많이 학습하고 더 정확하고 긍정적인 관점에서 미국 원주민을 다룰 수 있도록 해달라는 요구를 할지도 모른다. 학생들은 원주민이 집필한 책의 목록을 작성하여 사서에게 주문을 요청하거나 학교 아침 활동으로 '서진 운동: 상대편에서 바라본 관점'에 대한 소극을 공연할 수도 있다.

(2) 베넷의 의사결정 모델

크리스틴 베넷(Christine I. Bennett)은 학교 교육과정 개발의 일반적 절차와 방법을 원용하여 다문화 교육과정을 개발하는 절차와 방법을 제시하고 있다. 그가 보기에, 다문화 교육과정을 개발하는 과정은 곧 의사결정의 과정이며, 그 과정은 그림 6-2와 같이 나타낼 수 있다.

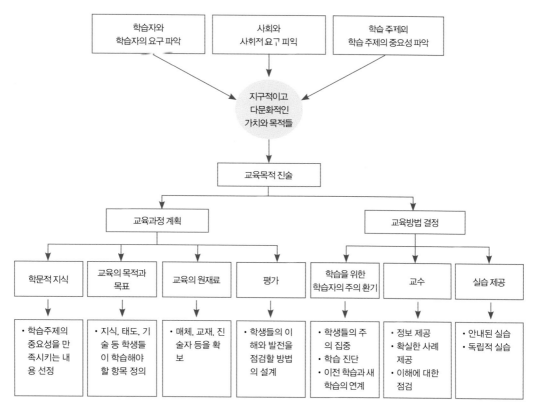

그림 6-2 베넷의 다문화 교육과정 개발 절차(Bennett, 2007/2009: 453)

　　베넷은 다문화 교육과정 개발의 일반적 절차를 제시하는 한편, 운영하고자
하는 다문화 교육과정의 목적을 명료화하고, 구체적인 수업의 목표를 설정하고,
수업계획안을 작성하는 과정에서 활용할 수 있는 '의사결정 워크시트'(그림 6-3)
를 제시하였다.

제1단계: 다문화 교육과정의 목적 명료화

아래에는 다문화교육이 취할 수 있는 여섯 가지 목적이 나열되어 있다. 당신이 가르치고자 계획했던 교육과정을 숙고하고, 가장 높은 가치를 두는 목적에서부터 시작하여 1에서 6까지 순위를 매겨라.

먼저 혼자 해보라. 그 다음에 동료들과 당신의 결정에 대해 토론하고, 어떤 목적이 가장 중요한지 합의를 도출해 보라.

____ 1) 다양한 역사적 관점을 발전시키기
____ 2) 문화적 의식을 강화하기
____ 3) 간문화적 역량을 강화하기
____ 4) 인종차별주의, 성차별주의 및 모든 형태의 편견과 차별에 맞서 싸우기
____ 5) 지구의 상태와 세계적 역동성에 대한 인식 키우기
____ 6) 사회적 행동 기술 형성하기

우리가 믿고 있는 가장 중요한 다문화교육의 목적을 정의하면 다음과 같다.
_____
_____
_____

위와 같이 생각하는 이유는 다음과 같다.
1) _____
2) _____
3) _____

우리의 목적은 적어도 다음과 같은 가치를 가진다.
_____
_____
_____

위와 같이 생각하는 이유는 다음과 같다.
1) _____
2) _____
3) _____

제2단계: 학습자를 위한 학습목표의 정의

나의 교수 영역은 (   )이다. 나는 학습자를 위해 다음과 같은 학습목표를 가지고 다문화 교육과정의 목적을 달성할 수 있다.
1) _____
2) _____
3) _____

제3단계: 수업 계획안 작성

혼자서 혹은 소집단으로 수업 계획안을 작성해 보라. 그렇게 하면 당신이 학습목표를 파악하는 데 도움이 될 것이다.

그림 6-3 베넷의 다문화 교육과정 설계를 위한 '의사결정 워크시트'(Bennett, 2007/2009: 454-456)

(3) 게이의 '다문화교육과 핵심적 학습 기술 통합' 모델

세네바 게이(Geneva Gay)는 '핵심적 학습 기술(core learning skills)'—분해, 비판적 사고, 문제해결, 교과와 직접적으로 관련되어 있는 내용과 기법 등—을 가르칠 때 '다문화 자원(multicultural resources)'—문화적으로 다원적인 성격의 글, 관점, 경험, 역사, 문화 등—을 활용함으로써 학생들이 '핵심적 학습 기술'을 배우는 과정에서 자연스럽게 다문화교육을 받을 수 있도록 하기 위한 교육과정 개발 모델인 '다문화교육과 핵심적 학습 기술 통합(Integrative Multicultural Basic Skills: IMBS)' 모델을 제시하였다.

IMBS 모델은 상호 관련되어 있는 세 개의 동심원으로 구성되어 있다. 첫 번째 동심원은 '중핵(core)' 교육과정—다시 말하여, 문해, 비판적 사고, 문제해결, 그리고 교과와 직접적으로 관련되어 있는 내용과 기법 등 학교에서 일상적으로 가르치는 보편적인 성격의 기본 기술을 중핵으로 하는 교육과정을 나타낸다. 두 번째 동심원에는 교사가 교육과정을 만들 때 필수적으로 고려해야 할 활동들이 포함되어 있다. 학생의 요구 결정하기, 수업의 내용과 교수·학습 자료 선정하기, 학생의 활동과 교수 행동 확인하기, 수행평가 도구와 기법 선택하기 등이 그것이다. 세 번째 동심원은 다문화 자원을 나타내며, 여타의 두 동심원을 둘러싸고 있다. 이 그림은 다문화 자원(문화적으로 다원적인 성격의 글, 관점, 경험, 역사, 문화 등)이 교육과정을 설계하는 일과 관련하여 이루어지는 실질적 결정을 내리는 모든 과정에서 친화적 환경과 참조의 지침으로 제공되어야 함을 시사한다. IMBS 모델을 활용하여 수업을 설계하고 실행할 때, 학생들은 기본적인 공부의 기술을 성공적으로 학습하고자 하는 학생이라면 누구든지 다문화교육을 받지 않으면 안 된다. 왜냐하면 다문화교육은 기본적인 공부의 기술을 학습하는 데 있어서 맥락과 텍스트로 제공되기 때문이다(Gay, 2004: 44-45).

3) 다문화 교육과정 실행자로서의 교사

국가에서 교육과정의 기준을 마련하여 제시하고, 시·도에서 이를 교육과정 편성·운영 지침으로 상세화하여 제시하지만, 학생들을 위해 교육과정을 계획하고 실행하는 사람은 교사이다. 다문화교육의 문제 역시 국가와 시·도에서 이런 저런 기준과 지침을 마련하여 제시할 수 있지만, 교육과정의 최종 실행자로서의 교사가 어떤 자세로 그 문제를 수용하고 학생들을 대하느냐에 따라 매우 중요한 차이를 나타낼 수 있다.

교육과정 실행자로서의 교사는 다문화교육의 문제와 관련하여 무엇보다도 '낙인효과(labeling effect)'에 유의할 필요가 있다. '낙인효과'는 사회제도나 규범을 근거로 하여 특정인을 '일탈자'로 인식하기 시작하면 그 사람은 결국 범죄인이 되고 만다는 범죄학의 '낙인이론(labeling theory)'에서 유래한 용어이다. 예컨대 주위의 모든 사람들이 특정 아이를 '바보'라고 지목하고 그렇게 대하면, 다시 말하여 '바보'라고 낙인을 찍으면 그 아이는 자기 자신을 바보라고 인식하게 되며 급기야는 진짜로 바보가 될 수 있다. 이것이 낙인효과이다. 학교 현장에는 피부색, 종교, 신체적 조건 등이 서로 다른 다양한 아이들이 있다. 예컨대 이들 중에서 피부색이 다른 아이만을 위한 특별한 행사를 자주 개최한다면, 그 행사의 횟수가 늘어날수록 그 아이는 자신이 보통의 아이들과 다른 아이라고 인식하게 될 것이다. 지나친 관심이 오히려 차별을 낳을 수도 있는 것이다.

둘째로, 교사는 언제나 객관적 근거에 입각하여 학생을 대할 필요가 있다. 신문이나 방송 등 언론매체의 보도에 의하면, 다문화가정의 자녀는 대체로 기초학습 능력이 부족하고 외모의 차이 등으로 인한 정서 불안을 경험하는 것으로 알려져 있다. 그러나 언론매체에서 제시하는 이런저런 정보들이 과연 어느 정도로 사실인지는 의문이다. 비교적 검증된 자료를 활용하여 다문화가정 자녀와 보통의 학생이 과연 기초학습 능력 면에서 차이가 있는지, 실제로 정서 불안을 경험하는지 확인할 필요가 있으며, 그렇게 하여 다문화가정 자녀의 아이가 보통의 학생에 비해 기초학습 능력이 떨어진다는 점이 확인되었다 하더라도, 그들에 대한 교육적 지원은 기초학습 능력이 떨어지는 여타의 학생 전체와 함께 이루어지는 것이 바람직하다.

2. 다문화 교육과정의 지침과 실행: 미국의 사례[2]

3절에서는 미국의 유치원과 초·중등학교(P-12)에서 다문화 교육과정을 운영할 때 참고로 삼을 만한 지침을 분석하는 한편, 그 지침이 학교 교육 현장에서 실지로 어떻게 실행되고 있는지를 확인해 보도록 하겠다. 우리가 미국의 다문화 교육과정 지침과 실행에 관심을 둘 필요가 있는 이유는 무엇보다도 미국이 '다문화 국가'를 대표하는 나라 중의 하나이며, 그렇기 때문에 다문화주의를 학교 교육과정 안에 어떻게 받아들여야 하는지에 대해 오래전부터 고민해 온 나라이기 때문이다. 나아가, 그들의 고민을 단서로 하여 '다문화교육', '다문화 교육과정'을 주제로 한 담론이 본격적으로 시작되고 있는 우리나라의 현 시점에서 그 논의의 방향을 구체적으로 탐색할 필요가 있기 때문이다. 앞으로 다룰 내용을 문제의 형태로 제시하면 다음과 같다.

- 첫째, 미국의 다문화 교육과정 운영 지침은 어떻게 유목화될 수 있는가?
- 둘째, 그 지침이 학교 현장에서 어떻게 실행되며, 그것이 우리나라의 다문화 교육과정에 관한 논의에 시사하는 바는 무엇인가?

첫 번째 문제와 관련하여, 미국의 유치원과 초·중등학교에서 다문화교육의 정신에 입각하여 학교 교육과정을 운영하고자 할 때 지침으로 삼을 만한 대표적인 자료로서, 미국사회과협회(National Council for the Social Studies: NCSS)에서 발표한『다문화교육을 위한 교육과정 지침(Curriculum Guidelines for Multi-cultural Education)』(1976, 1991)과 워싱턴대학교의 다문화교육센터에서 발간한『단일성 내의 다양성(Diversity Within Unity)』(2001)을 분석하였다. 그리고 두 번째 문제와 관련하여, 미국의 학교 교육과정 운영에 대해 실질적인 경험을 가지고 있는 2명의 한국계 미국인 교사와 대학교수를 대상으로 자유토론 형식의 면담을 실시하였다.

....

2   이하의 내용은 박상철·Eun-Mi Cho(2012)의 내용을 수정, 보완한 것임.

이와 같이 본 연구에서는 문헌연구와 질적 연구방법의 하나라고 볼 수 있는 면담을 병행하였다. 문헌연구만으로는 다문화 교육과정 지침이 실행되는 모습이 파악될 수 없다고 보았기 때문이다. 면담의 대상으로 삼은 2명의 한국계 미국인이 미국의 학교 현장에 몸담고 있는 교사이거나 교사교육기관에서 가르친 경험이 있는 사람이기는 하지만, 그렇다 하더라도 그들이 과연 미국의 교사 전체를 대표할 수 있는가 하는 문제는 존재한다.

면담 대상자는 K씨(46세, 남자, 대학교수)와 L씨(43세, 여자, 교사)이다. K씨는 우리나라에서 태어나 초·중등학교와 대학을 졸업하였으며, 미국으로 건너가 석사·박사 학위를 받은 후 미국 A대학의 교수로 재직 중이며, 5년간 교사양성교육을 담당한 경험도 가지고 있는 한국계 미국인이다. L씨는 초등학교 3학년 때 부모님을 따라 우리나라에서 미국으로 이민하였고, 그 후 미국에서 초·중등학교와 대학을 졸업하였으며, 교사자격증을 취득하여 미국 중부에 위치한 초등학교에서 교사 생활을 하고 있다(보조교사를 포함하여 교직 경력 12년). K씨와 L씨는 모두 한국어에 능통하다. K씨에게는 초등학교와 중학교에 다니는 자녀가 있으며, L씨에게는 초등학교에 다니는 두 명의 자녀가 있다.

1) 다문화 교육과정 운영 관련 지침

다문화교육이라는 주제가 학계를 포함하여 미국의 여러 분야에서 특별한 관심을 얻게 된 데에는 두 가지 요인이 작용한 것으로 보인다. 그 첫 번째 요인은 1960~70년대에 들어 미국 사회 전체를 흔들었던 민권 운동에서 찾을 수 있다. 아프리카계 미국인을 중심으로 한 유색인들은 미국 시민으로서의 권리를 찾기 위해 대대적인 사회 운동을 전개하였으며('브라운 대 토피카 교육위원회 재판' 참조), 미국 사회 전체에 큰 반향을 불러 일으켰다(사실상 '유색인'이라는 용어 자체부터가 인종차별적인 의미를 담고 있다고 말할 수도 있다). 그들의 목소리가 큰 힘을 얻을 수 있었던 것은 그들이 요구하는 권리가 미합중국 헌법과 독립선언문과 권리헌장에 이미 명시되어 있는 미국인 모두의 권리였기 때문이다. 학교 교육의 측면에서 보면, 그들의 요구는 유색인도 백인과 마찬가지로 학교에 입학하여 교육받을 동등한 기회를 제공받고, 나아가서는 유색인이라는 이유로 학업성취 면에서 불이익을 당해서는 안 된다는 것을 의미한다. 그리고 또 한편으로 학교 교육과정의 측면에서 보면, 다소간 서구문명 편향적으로 구성되어 있는 교육내용이 모든 문명과 가치를 아우르는 방향으로 재구조화되고 교수되어야 한다는 것을 의미한다(Banks, 2000; Gay, 2000; Lenaghan, 2000 참조).

다문화교육이라는 주제가 관심을 끌게 된 또 다른 요인은 미국 사회의 급격한 인구분포 변화에서 찾을 수 있다. 대체로 인정되고 있는 바에 의하면, 주마다 약간의 차이가 있겠으나 전체 미국 학령인구의 약 40% 정도가 유색인인 것으로 알려져 있다. 한 연구에 의하면, 2020년에는 유색인 학생의 비율이 46%에 이를 것으로 전망되며, 그 학생 중의 약 27% 정도는 빈곤층에 속할 것으로 예상된다(Pallas et. al., 1989). 지난 2010년에 미국 인구조사국에서 실시한 인구조사 결과, 그리고 그 결과를 바탕으로 한 미래의 인구 변화 예상 역시 2040년이 지나면 유색인의 비율이 미국 전체 인구의 절반 이상을 차지할 것으로 전망하고 있다(인구조사국 홈페이지 www.census.gov와 *Wall Street Journal*, 2010. 6. 11. 참조). 이와 같은 학령인구의 변화는 자연스럽게 학교와 교실 문화, 그리고 학교 교육의 핵심을 이루는 교육과정의 변화를 요구하고 있으며, 이 변화된 환경에 현명하게 대처할 능력을 교사에게 요구하고 있다(Gay, 1993; Chou, 2007; Lin, et. als., 2008; Gorski, 2009 참조).

1970년에 접어들면서 다문화교육에 본격적인 관심을 보이기 시작한 단체로는 위에서 언급한 미국사회과협회 이외에도 미국국어과교사협회(National Council of Teachers of English: NCTE), 그리고 미국교사교육대학연합회(American Association of Colleges for Teacher Education: AACTE) 등을 들 수 있다. 이들 단체들 중에서 특히 미국사회과협회는 1973년에 '민족학 교수: 개념과 전략(Teaching Ethnic Studies: Concepts and Strategies)'이라는 제목으로 자신들의 43번째 연감을 출간함으로써 다문화교육에 관한 담론의 기틀을 마련하였다. 이 연감에서는 1) 인종차별주의, 문화적 다원주의, 그리고 사회적 정의, 2) 소수 민족의 문화에 관한 교수, 3) 백인 집단과 여성의 권리에 관한 교수 등등, 다문화교육의 주요 쟁점들이 논의되고 있으며, 여기서 논의된 내용들은 『다문화교육을 위한 교육과정 지침』의 기본을 이루고 있다.

『다문화교육을 위한 교육과정 지침』(이하 『지침』)은 『민족학 교수』가 발간되고 3년이 지난 1976년에 초판이 발표되었으며, 그로부터 16년이 지난 1991년에 개정판이 발표되었다(『민족학 교수』의 편집, 그리고『지침』저술의 책임자는 모두 워싱턴대학의 제임스 뱅크스 교수이다. 그리고 이하에서 언급할『단일성 내의 다양성』의 주저자 역시 제임스 뱅크스 교수이다).『민족학 교수』와 비교할 때『지침』은 다문화교육의 이념을 학교 교육과정을 통해 실현하고자 했다는 점에서 진일보했다는 평가를 받을 만하다.

『지침』의 초판과 개정판 사이에는 몇 가지 중요한 차이점이 발견된다. 그중에서 가장 큰 것은 '다민족교육(multiethnic education)'이라는 용어 대신에 '다문화교육(multicultural education)'이라는 용어가 일관성 있게 사용되고 있다는 점이다. 초판에서는 본문에서뿐 아니라 제목에서도 '다민족교육'이라는 용어가 사용되었다. 그러나 개정판에서는 '다민족교육'이라는 용어를 과감하게 포기하고 '다문화교육'이라는 용어를 채택하고 있다. 그 이유로는, '다민족교육'보다는 '다문화교육'이 그 당시 학계에서 널리 통용되고 있었다는 점, 그리고 그렇게 함으로써 담론의 외연을 확장할 필요가 있었다는 점을 들 수 있다. 다시 말하여, '다문화교육'이라는 용어를 채택함으로써 논의의 범주 내에 민족뿐 아니라 성, 계층, 종교 등을 포함시킬 수 있게 된 것이다. 그렇다 하더라도 다문화교육에서 가장 중요한 위치를 차지하는 논의의 영역은 민족 그리고 민족의 본질을 이루는 문화이며, 이 점은 개정판에서도 확인된다.

초판과 비교할 때 개정판이 가지는 다른 한 가지 특징은 인종(race), 인종차별주의(racism)의 문제를 본격적으로 다루고 있다는 점이다.『지침』의 이론적 토대에 해당한다고 볼 수 있는『민족학 교수』에서 인종, 인종차별주의의 문제가 엄연히 논의되고 있음에도 불구하고, 이『지침』의 초판에서는 인종차별주의는 말할 것도 없고 인종이라는 용어조차 거의 사용되지 않고 있다. 여기에 대해서는 인종과 민족을 엄격하게 구분해야 한다는 초판 집필진의 의도가 반영된 것이 아닐까 짐작할 수 있다. 서구에서 인종과 인종차별주의라는 개념은 부정적인 색채를 띠고 있으며, 따라서 인종이라는 개념 요소를 '민족'에서 최대한 배제함으로써 좀 더 중립적인 논의가 가능하다고 생각할 수 있기 때문이다. 이유야 어찌 되었건 간에 개정판에서 인종과 인종차별주의를 본격적으로 다루고 있는 것으로 볼 때, 초판 집필진의 이러한 의도는 그다지 성공적인 결과로 이어지지 못한 듯하다. 개정판의 집필 책임을 맡은 뱅크스 교수는 서문에서 "인종차별주의는 윤생히는 것으로서 오늘날에도 건재하고 있다. 인종차별주의는 … 긴긴한 다문화 교육과정 안에서 진지하게 검토되어야 한다"(NCSS, 1991: Introduction)고 밝히고 있다. 사실상 다문화교육이 제대로 이루어지지 않았을 때 인종차별주의가 등장한다고 보아야 할 것이다.

『지침』은 크게 네 부분으로 구성되어 있다. 민족적 다원주의와 다문화교육이 필요한 이유(1부), 다문화교육을 위한 교육과정 지침(2부), 다문화교육 프로그램 평가 시 점검 목록(3부), 참고문헌(4부)이 그것이다. 2부에서는 다문화교육을 위한 교육과정 지침 23가지를 제시하고 그 각각에 대해 약간의 설명을 붙여놓고 있으며, 3부에서는 2부에 제시된 23개의 교육과정 지침 각각에 의거하여 다문화교육 프로그램을 평가하고자 할 때 어떤 점에 유의해야 하는지를 질문의 형식으로 상세하게 제시하고 있다. 2부와 3부에서 개정판의 집필진들은 23개의 지침을 별다른 구분 없이 나열하고 있다. 연구진이 보기에, 그 23개의 지침은 1) 다문화 교육과정을 위한 학교 환경, 2) 다문화 교육과정의 개발과 교수·학습, 3) 다문화 교육과정의 평가 등 세 가지 영역으로 분류할 수 있다. 이하에서는 이 분류 방식에 따라 『지침』의 2부와 3부에 제시된 내용을 소개하도록 하겠다.

『지침』 이외에 유치원과 초·중등학교에서 참고할 만한 다문화 교육과정 지침으로서 워싱턴대학교의 다문화교육센터에서 발간한 『단일성 내의 다양성』(Banks, et. als., 2001)을 들 수 있다. 이 책자에는 '다문화사회에서 교수와 학습을 위한 필수 원리(Essential Principles for Teaching and Learning in a Multicultural Society)'라는 부제가 붙어 있다. 『단일성 내의 다양성』의 저자들은 다문화 교육과정과 교수·학습을 위한 12가지 필수 원리를 다섯 개의 범주 —1)교사의 학습, 2)학생의 학습, 3)집단 간 관계, 4)학교 행정, 조직, 그리고 평등, 5)평가 —로 구분하여 제시하고, 그 각각의 필수 원리에 대해 상세하게 설명하고 있다. 이 다섯 가지 영역은 앞에서 유목화한 『지침』의 세 개 영역 —1) 다문화 교육과정을 위한 학교 환경, 2) 다문화 교육과정의 개발과 교수·학습, 3) 다문화 교육과정의 평가 —과 그 내용에 있어서 비슷한 것끼리 표 6-1과 같이 묶을 수 있다.

표 6–1 『지침』과 『단일성 내의 다양성』의 영역 분류

『지침』	『단일성 내의 다양성』
1) 다문화 교육과정을 위한 학교 환경	1) 교사의 학습, 4) 학교 행정, 조직, 그리고 평등
2) 다문화 교육과정의 개발과 교수·학습	2) 학생의 학습, 3) 집단 간 관계
3) 평가	5) 평가

이하에서는 『지침』의 영역에 따라 논의를 전개하고, 면담 결과를 관련 부분에 인용하도록 하겠다.

2) 다문화 교육과정을 위한 학교 환경

『지침』과 『단일성 내의 다양성』에 제시되어 있는 여러 지침 중에서 표 6–1에서 제시한 '다문화 교육과정을 위한 학교 환경'에 해당하는 것들은 다음의 표 6–2와 같다.

『지침』에 제시되어 있는 첫 번째 지침이면서 아마도 가장 중요한 지침은 "학교환경 전반에 걸쳐 민족·문화적 다양성이 침투되어야 한다"(1.0)이다. 이 지침은 다문화교육이 몇몇 특별 프로그램이나 행사에 국한되어서는 안 된다는

표 6–2 다문화 교육과정을 위한 학교 환경

『지침』	1.0 학교환경 전반에 걸쳐 민족·문화적 다양성이 침투되어야 한다.
	2.0 학교의 정책과 집행 절차는 학생, 교사, 그리고 직원들의 다문화적 상호작용과 이해를 긍정적인 방향으로 조장해야 한다.
	3.0 교직원은 미국 내의 다양한 민족·문화적 다양성을 반영하여 구성되어야 한다.
	4.0 학교는 체계적, 포괄적, 필수적, 그리고 계속적 직원개발 프로그램을 가지고 있어야 한다.
『단일성 내의 다양성』	〈교사의 학습〉
	1. 직무 개발 프로그램은 교사들이 미국 사회 내 여러 민족 집단의 복합적 특성을 이해하고, 인종, 민족, 언어, 사회 계층 등의 요인이 학생의 행동에 영향을 미치는 방식에 대해 이해하도록 도와야 한다.
	〈학교 행정, 조직, 그리고 평등〉
	10. 학교의 조직 전략은 의사결정을 폭넓게 공유하고, 학생을 보호하는 환경을 만들기 위해 상호 협력하는 기술과 성향을 학습할 수 있도록 보장해야 한다.
	11. 지도자는, 어디에 위치해 있는 학교이건 모든 학교가 공평하게 재원을 분배받도록 하기 위한 전략을 개발해야 한다.

점, 다시 말하여 교과 교육과정에서부터 교과 외 교육과정에 이르기까지, 유치원에서부터 12학년에 이르기까지 교육과정의 한 측면으로 강조되어야 한다는 점을 강조하고 있다. 이 지침을 올바르게 실천하기 위해서는 민족·문화의 차이를 잘 보여주는 교수·학습 자료를 수업 시간에 활용할 필요가 있으며, 여러 민족·문화 집단의 역사와 경험을 접할 수 있는 다양한 교수·학습 자료를 도서관이나 자료센터 등에 비치하고, 민족·문화 집단의 차이를 반영하여 학내의 각종 모임이나 행사 등을 진행해야 한다.

다문화 교육과정을 위한 학교 환경을 조성하기 위해서는 다양한 민족·문화 집단 구성원의 행동 방식, 학습 유형, 가치관 등을 충분히 반영하여 학교 정책을 수립하고, 이를 집행하는 과정에서도 특정 민족·문화 집단의 구성원으로서 학생의 존엄과 가치를 존중해야 하며, 다양한 민족·인종 집단 출신을 교직원으로 채용하고 유지하기 위한 정책을 수립하여 추진해야 한다. 또한 학내 모든 교직원(교장, 교감, 교사, 사서, 상담교사, 요리사, 행정직원, 버스 운전사 등)의 다문화적 소양을 기르기 위한 직원개발 프로그램을 마련하여 시행해야 한다. 직원개발 프로그램은 강의, 현장 경험, 프로젝트 등 다양한 방법을 활용하고, 인근의 교육구나 대학 등 지역사회의 전문기관과 연계하여 운영할 필요가 있다.

『지침』과 비교할 때 『단일성 내의 다양성』에서는 교사교육에서 학생의 행동에 미치는 사회적 변인을 중요하게 다룰 것을 권장하고 있으며, 공개된 의사소통, 공평한 재원 배분 등을 강조하고 있다.

다음은 '다문화 교육과정을 위한 학교 환경'과 관련된 L씨와 K씨의 이야기이다.

L씨: 첨에 '다문화 교육과정' 그러길래 뭔가 특별한 프로그램을 말하는 줄 알았어요. 미술 프로그램, 과학영재 프로그램, 뭐 그런 거 말이에요. 근데 읽어보니까 그런 게 아니더라고요. 학교 교육, 커리큘럼 전체를 말하는 거더라고요…. 미국에서 다문화교육이라든지 다문화 교육과정을 특별한 프로그램으로 생각하는 사람은 없을 것 같아요. 그냥 다 다문화교육이죠…. 학교장이 커리큘럼을 짜고 교사를 고용하고 평가할 때 학교 내 인종 집단을 굉장히 중요하게 생각해요. 안내문 한 장 보낼 때도 그래요. 그게 잘 안 되면 당장 항의가 들어

오고 사고가 나기도 해요. 굉장히 조심스럽고 민감한 문제예요. 요즘 상황 같으면 그거 잘못하면 학교 문 닫을 수도 있죠. '직원개발 프로그램'이라는 말이 나오던데, 그게 다 다양한 인종 집단에 어떻게 하면 잘 대응할 건가와 관련되어 있어요. 평소에 늘 하는 게 그거예요. 실수 안 하도록 도서관이나 식당 직원도 교육시켜요.

K씨: 나도 처음에는 약간 이상했어. 그런데 생각해 보니 이해할 수는 있을 것 같아. 벌써 거기서 한국의 상황과 미국의 상황이 정말 다른 거야. 여기서 살아 보니까 미국은 다문화교육을 중요시할 수밖에 없는 나라야. 다문화교육의 정신에 따라 교육을 한다고 말하면 되지 않을까 싶어. … 학교 교육뿐만 아니라 미국의 사회제도 전체가 다문화주의를 이념으로 삼고 있는 것 같아. 그럴 수밖에 없지 않겠어?

위의 L씨와 K씨의 이야기는 미국에서 '다문화교육은 곧 학교 교육'이라는 등식을 확인시켜 주고 있다. L씨의 이야기는 다문화 교육과정이 특별 프로그램이 아니라는 점, 학교 교육과정 운영 전반에 걸쳐서 의미를 가진다는 점을 강조하고 있다. 또한 K씨는 미국 인구의 구성비와 건국과정 등을 고려할 때 다문화교육의 정신이 사회제도 전반에서 강조될 수밖에 없으며, L씨의 이야기에도 나타나 있는 바와 같이, 그것을 소홀히 할 때 크고 작은 사고가 발생한다는 점을 강조하고 있다. '다문화교육은 곧 학교 교육'이라는 이 등식은 '특별 프로그램'의 성격에서 완전히 벗어났다고 보기 어려운 우리나라의 현실에 시사하는 바가 크다.

3) 다문화 교육과정의 개발과 교수·학습

『지침』과 『단일성 내의 다양성』의 지침들 중에서 앞의 표 6-1에서 제시한 '다문화 교육과정의 개발과 교수·학습'에 해당하는 것을 제시하면 다음의 표 6-3과 같다.

다양한 민족·문화 집단은 나름의 특징적인 가치관과 사고방식을 소유하고 있으며, 이 점이 올바르게 존중되지 않을 때 학생과 학생 간, 그리고 교사와 학생

표 6-3 다문화 교육과정의 개발과 교수·학습

『지침』	5.0	교육과정은 학교 공동체에 속해 있는 여러 학생의 문화 차이에 따른 학습 유형과 특성을 반영해야 한다.
	6.0	다문화 교육과정은 학생들이 보다 나은 자아관을 형성할 기회를 계속적으로 제공해야 한다.
	7.0	학교 교육과정은 민족·문화 집단이 미국에서 겪은 경험 전체를 학생들이 이해하도록 도와야 한다.
	8.0	다문화 교육과정은 이상과 현실 간의 갈등이 인간 사회에서 언제나 존재한다는 것을 학생들이 이해하도록 도와야 한다.
	9.0	다문화 교육과정은 민족·문화적 대안과 선택지를 명료화하고 탐색해야 한다.
	10.0	다문화 교육과정은 민족적 다원주의와 문화적 다양성을 지지하는 가치, 태도, 행동을 기를 수 있도록 구성되어야 하며, 국가와 국민 전체가 공유하는 국가 문화를 건설하고 지원해야 한다. '다수를 넘어서 하나로(E Pluribus Unum ; out of many, one)'가 학교와 국가의 목적이 되어야 한다.
	11.0	다문화 교육과정은 다원적 민주 국가에서 시민의식을 효과적으로 발휘하는 데 필수적인 요소인 의사결정 능력, 사회참여 기술, 정치적 효능감 등을 개발할 수 있도록 도와야 한다.
	12.0	다문화 교육과정은 사람, 민족, 문화 집단 간 효과적 상호작용에 필요한 기술을 개발하도록 도와야 한다.
	13.0	다문화 교육과정은 그 범위와 계열이 포괄적이어야 하며, 민족·문화 집단의 관점을 빠짐없이 제시해야 하며, 전체 학교 교육과정의 한 부분으로 통합되어야 한다.
	14.0	다문화 교육과정은 다양한 민족을 포함해야 하는 것은 물론이고, 문화, 역사적 경험, 사회적 현실, 인종·문화 집단의 실존적 상황 등에 대해 지속적으로 공부하도록 구성되어야 한다.
	15.0	다문화 교육과정을 계획하고 실행하는 데 있어서 간학문적·다학문적 접근이 활용되어야 한다.
	16.0	다문화 교육과정에서는 민족·문화 집단에 대한 공부에서 비교를 통한 접근이 활용되어야 한다.
	17.0	다문화 교육과정은 다양한 민족·문화 집단의 시각과 관점의 차이에서 비롯된 사건, 상황, 갈등을 조망하고 해석할 수 있도록 도와야 한다.
	18.0	다문화 교육과정은 미국이 다문화 지향적 사회로 발전해 온 과정을 개념화하고 기술해야 한다.
	19.0	학교는 다양한 민족·문화 집단의 심미적 경험에 참여할 기회를 학생들에게 제공해야 한다.
	20.0	다문화 교육과정은 정당한 의사소통 체계로서 민족 집단의 언어를 공부할 기회를 제공하고, 최소한 두 개의 언어를 능숙하게 읽고 쓸 수 있도록 도와야 한다.
	21.0	다문화 교육과정에서는 경험을 통한 학습, 특히 지역 공동체의 자원을 최대한 활용해야 한다.
『단일성 내의 다양성』		〈학생의 학습〉
	2.	학교는 평등한 학습 기회와 높은 수준의 기준에 도달할 기회를 모든 학생에게 보장해야 한다.
	3.	교육과정은 지식이 사회적으로 구성되며, 연구자 개인의 경험뿐 아니라 그들이 살아가고 일하는 사회적·정치적·경제적 맥락을 반영한다는 것을 이해하도록 도와야 한다.
	4.	학교는 학업성취도를 향상시키고 인종 간 긍정적 관계를 촉진하는 지식, 기술, 태도를 개발하는 데 필요한 교과 외 활동과 특별활동에 참여할 기회를 모든 학생에게 제공해야 한다.
		〈집단 간 관계〉
	5.	학교는 집단 간 관계 개선을 위해 모든 문화 집단을 아우르는 최상위 집단을 만들어야 한다.
	6.	학생들은 인종과 민족의 관계에 부정적인 영향을 미치는 고정관념, 그리고 그와 관련된 편견에 대해 학습해야 한다.
	7.	학생들은 모든 문화 집단이 실질적으로 공유하고 있는 가치(예를 들어, 정의, 평등, 자유, 평화, 동정심, 박애 등)에 대해 학습해야 한다.
	8.	교사는 자신과 다른 인종, 민족, 문화, 언어 집단에서 자란 학생과 효과적으로 상호작용하는 데 필요한 사회적 기술을 학생들이 습득하도록 도와야 한다.
	9.	학교는 서로 다른 인종, 민족, 문화, 언어 집단에서 자란 학생들이 사회적으로 열악한 조건에서 살아가는 사람들에 대한 공포와 불안감을 덜 가질 수 있도록 그들과 상호작용할 기회를 제공해야 한다.

간에 갈등이 발생한다. 그에 따라 『지침』에서는 다양한 민족·문화 집단의 가치관과 사고방식을 반영하여 학교 교육과정을 구성해야 한다는 점, 그리고 교사는

다양한 민족·문화 집단의 가치관과 사고방식을 반영하여 수업 목표, 수업 전략, 학습 자료 등을 설계하고 준비해야 한다는 점을 강조하고 있다. 그러나 다음의 L씨의 이야기는 다문화 교수·학습에서 가장 중요하게 고려되어야 할 사항에 민족·문화 집단의 차이 이외에 다른 것이 있을 수 있음을 제시한다.

> L씨: 미국 바깥에서 미국을 보는 사람들은 인종 간에 차이만 있는 줄 아는데 사실 그렇지 않아요. 물론 인종마다 정말 다르긴 해요. 중요하게 생각하는 게 정말 다르죠. … 그래서 수업 주제를 정하고 자료를 만들고 그럴 때 신경 많이 써요. 교사들이 제일 고민하는 게 그거라고 봐도 될 정도로요. 그런데 애들 가르치다 보면 어떨 때는 애들마다 다 다른 것 같아요. … 열심히 가르쳐야겠다고 맘먹을 때는 애들 한 명 한 명을 생각하며 수업을 준비해요. 효과는 금방이죠. 프로젝트 이런 거 할 때 나중에 결과물 보면 깜짝 놀랄 정도로요.

> L씨: 인종보다 더 중요한 건 부모가 애 교육에 관심이 있느냐 없느냐예요. 가난한 아이들, 부모가 애 교육에 관심 없는 아이들은 정말 난감해요. 교사의 입장에서는 그게 인종보다 더 중요해요.

위의 첫 번째 이야기에서 L씨는 인종의 차이가 중요하기는 하지만 모든 아이들이 각자 독특한 개성을 가진 인격체가 아닌가 하는 의견을 제시하고 있으며, 두 번째 이야기에서는 경제적 수준과 교육에 대한 부모의 관심이 인종보다, 또는 인종에 못지않게 큰 영향을 미친다고 말하고 있다. 지침의 수준에서 인종의 차이만큼 강조되고 있지는 않지만, 학교 교육 현장에서 경제적 수준, 교육에 대한 부모의 관심이 아동의 성장과 교육에 중요한 변인으로 작용한다는 그의 말은 주목할 만하다.

『지침』은 또한 다문화 교육과정이 학생 개개인에게 긍정적인 자아관, 보다 나은 자아관을 형성할 기회를 제공해야 한다는 점을 강조하고 있다. 이 지침에 의하면, 다문화 교육과정은 학생들이 자아정체성을 확립하고 키워가도록 돕고, 자신이 속한 민족·문화적 유산에 비추어 자신을 이해하도록 도와주어야 한다. 뿐만 아니라 특정 집단에 대해 가지고 있는 학생들의 편견, 예를 들어 어떤 민족·문화 집단에는 알코올 중독자가 많고 어떤 집단은 범죄율이 높고 또 어떤 집단에는 문맹이 많다는 식의 편견을 없애는 데에 학교 교육이 기여해야 한다. 이를 위해 학교 교육과정은 미국 내 여러 민족·문화 집단이 가진 경험의 부정적인 측면과 긍정적인 측면 모두를 다루고, 유색인들이 겪어온 인종차별, 편견, 차별대우 등에 대해서도 취급해야 한다. 이 점은 『단일성 내의 다양성』에서도 마찬가지로 강조하고 있다. 그러나 다음의 L씨의 이야기는 '유색인들이 겪어온 인종차별, 편견, 차별대우' 등이 얼마나 해소되기 어려운지를 단적으로 보여준다.

> L씨: 그런 게 있긴 있어요. 제가 학교 다닐 때도 애들 사이에서 인디언들은 알코올 중독자에 도박꾼이고, 흑인들은 총을 가지고 다니고, 멕시칸들은 … 그거 뭐더라. 문맹 맞아요, 그런 것도 많고 성에 대해 자유로워서 애가 많다고. … 뭐 그런 말을 했어요. 지금도 애들 얘기하는 거 보면 우리 때나 마찬가지인 것 같아요. 물론 애들마다 다르긴 하죠. 근데 솔직히 말하면 저도 그런 생각을 갖고 사람을 대하는 거 같아요. 안 그러려고 애를 쓰기는 하는데 잘 안될 때가 많아요. 솔직히 정말 틀렸다고 보기도 어려워요.

미국에서 비교적 어렸을 때부터 자란 L씨는 현재 교사의 신분임에도 불구하고 여전히 아메리칸 인디언, 라틴 아메리카계 미국인, 아프리카계 미국인 등에 대해 미국인들이 가지고 있는 편견에서 벗어나지 못하고 있으며, 그 이상으로 그 편견이 과연 틀렸는지에 대한 의문을 가지고 있었다. 교사로서의 L씨의 이 인식은 대다수의 미국인들이 공유하고 있는 유색인에 대한 편견이 아닌가 하는 의구심을 갖게 한다.

『지침』에서는 현재 당면해 있는 여러 사회 문제와 관련하여 미국 사회가 나아가야 할 이상적 방향을 탐색하고, 각 민족·문화 집단이 기대하는 바와 현실 사이의 간극을 학생들이 이해하도록 도와줄 것을 강조하고 있으며, 이러저러한 민족·문화 집단, 그리고 그 집단이 가지는 특징은 장차 학생들이 선택할 수 있는 집단이거나 특징일 수도 있음을 가르쳐야 한다고 말하고 있다. 이를 위해 민족·문화 집단 간의 차이를 수용하고 존중하며 그 차이를 자유롭게 탐색하는 방향으로 교실과 수업 분위기를 조성할 것을 권장하고 있다.

다문화 교육과정은 여러 민족·문화 집단이 가지고 있는 나름의 가치관과 사고방식을 확인하고 그 차이를 존중하는 한편, 민주주의의 이상과 가치를 공유하는 데 그 목적을 두고 운영되어야 한다. 이러한 맥락에서 『지침』은 다양성을 존중하는 태도가 잠재적 갈등을 해소하는 사회적 힘이 될 수 있다는 점, 그리고 다문화 교육과정은 자유, 평등, 인간존중 등 민주주의의 이상과 가치를 공유하는 데 목적을 두어야 한다는 점을 강조하고 있다. 특히, 미합중국이 구현하고자하는 국가 이념을 상징적으로 보여주는 구호인 '다수를 넘어서 하나로(E Pluribus Unum; out of many, one)'가 학교 교육 전체의 목적이자 다문화교육의 목적이기도 하다는 점을 분명하게 밝히고 있다.

『지침』에서는 또한 다문화 교육과정을 통해 다문화사회에서 살아가는 민주시민으로서 필요한 의사결정 능력, 사회참여 기술, 정치적 효능감 등을 개발해야 한다는 점을 강조하고 있다. 이를 위해서는 사실과 의견을 구분하는 능력, 필요한 정보를 찾아 적절하게 처리하는 능력, 민족·문화 집단 간 쟁점들을 분석하고 개념화하는 능력, 다문화사회의 이러저러한 문제를 해결하는 데 기여하고자하는 의지, 여타의 민족·문화 집단 구성원과 의사소통하는 구체적인 방법 등을 학습할 기회를 학생들에게 제공할 것을 권장하고 있다. 다음의 인용문에서 L씨는 학생들에게 자기표현의 기회를 적극적으로 제공하는 것이 서로를 이해하는 좋은 방법이 될 수 있으며, 그 과정 전체가 학생의 자발적 참여를 전제로 해야한다는 점을 말하고 있다.

L씨: 남들 앞에서 자기를 드러낼 기회를 많이 주는 게 중요해요. 저는 그렇게 해요. 한 학기 정도 지나면 반 아이들이 서로를 잘 알게 돼요. 여기 애들은 학교 끝나면 곧바로 집으로 가니까 교실 안에서 서로 알아가는 게 정말 중요해요.

L씨: 전통 옷 입어보고 전통 음식 만들어보고 그런 게 중요하긴 해요. 근데 그게, 여기는 집에서 그런 걸 애들이 하거든요. 그런 옷도 있고 음식도 집에서 먹고요. 그러니까 그런 걸 해도 애들이 불편해하지 않아요. 서로 신기해하죠. 애들이 경쟁적으로 가지고 와요. 서로 튀려고 그러죠. 백인 애가 엉뚱하게 인디언 복장 가져오고 그래요. 그러다 보면 재미있게 서로를 알게 돼요. 학부모가

오기도 해요. … 애들이 그런 걸 가져오기 싫어한다면 그건 절대 아니죠. 큰일 나죠. 어긴 뭐든 자발적으로 해야 해요. 아이들이 혜택을 받아야 하는데 그걸로 아이들이 불행하게 느끼면 정말 아니죠.

『지침』에 의하면 다문화 교육과정은 유치원에서 12학년까지 다양한 민족·문화 집단의 경험을 과거의 경험에서부터 현재 당면한 문제에 이르기까지 포괄적으로 구성되어야 한다. 또한 다문화 교육과정은 이러저러한 민족·문화 집단이 국가에 대해서뿐 아니라 지역사회에 기여한 바에 대해 논의하고, 언어능력과 셈하기 등 기초학습 기능을 가르칠 때에도 민족·문화 집단과 관련된 자료를 활용하여야 한다. 무엇보다도 민족과 문화의 다양성에 대한 공부가 부수적이거나 추가적인 계획이 아니라 학교 교육과정의 한 부분으로 포함되어야 한다.

민족·문화 집단, 그리고 그와 관련된 여러 쟁점들에 대해 가르칠 때는 간학문적·다학문적 접근을 취함으로써 학생들에게 폭넓은 시야를 제공하고, 민족·문화 집단 내, 그리고 집단 간의 유사성과 차이점을 검토하는 등 '비교를 통한 접근'을 활용할 필요가 있다. 다음의 인용문에서 L씨는 '비교를 통한 접근'을 실천하는 구체적인 방법으로서 학생을 공평하게 대하고, 장점과 단점을 모두 탐색해야 한다고 말하고 있다.

L씨: 애들에게 교사는 잘 대하는 게 중요한 게 아니고, 공평하게 대해야 해요. 애들하고 가깝게 지내는 거보다 더 중요한 게 공평하게 대하는 거예요. 서로 장단점이 있잖아요. 인종 간에도 그렇고요. 조금 불만이더라도 공평하면 용서가 되는 거 같아요.

『지침』에서는 동일한 사건, 상황, 갈등 등에 대해 상대편의 입장에서 생각해 보는 기회, 그리고 나아가 역사를 기술하는 제3의 방법을 모색하는 기회를 학생들에게 제공할 필요가 있음을 강조하고 있다. 예를 들어, 2차 세계대전에서 일본과 미국의 갈등 문제를 일본의 입장에서 생각해 보게 한다거나, 1830년의 인디언 이주법(Indian Removal Act)에 대해 인디언의 입장에서 생각해 보게 하는 것 등을 들 수 있다. 이러한 경험을 통해 학생들은 '영국에서 온 일군의 청교도들이 미국의 동부에 정착하고 서부를 개척하였다'는 식이 아닌 다른 방식으로도 미국의 역사를 기술할 수 있음을 경험하게 된다. 다음은 이 문제에 대한 L씨와 K씨의 이야기이다.

> L씨: 인종차별 문제, 역사 문제 이런 건 조심스럽다는 말밖에 할 게 없어요. 진짜 무서워요. 교사가 중립적인 입장을 취하고 있다는 걸 애들이 알게 해야 해요. 안 그러면 초등학교 애들만 해도 당장 문제가 돼요. 정말 자신 없으면 안 다루는 게 차라리 낫죠. 전문가에게 부탁을 하는 게 좋을 수도 있죠. 저는 가끔 그렇게 해요. 학부모들 중에도 진짜 잘하는 분들이 있거든요.

> K씨: 한국도 비슷하지 않은가? 얼마 전에 인터넷 기사를 보니 삼일절이나 독도 문제 나오면 한국에 사는 일본 사람들이 많이 힘들어한다면서?

위의 인용문에서 L씨는 인종차별 문제, 역사 문제에 대해 교사가 중립적인 입장을 취하는 것이 매우 어렵다는 것을 말하는 한편, 학부모나 전문가 등 외부 인사의 도움을 받는 것이 바람직하다는 의견을 제시하고 있다. 한편, K씨는 우리나라도 미국에 못지않은 역사 문제를 안고 있다는 점을 지적하고 있다. K씨의 이 말은 침략을 한 입장에서 상대편을 고려하는 방식과 침략을 받은 입장에서 상대편을 고려하는 방식이 다를 수 있다는 점을 간접적으로 시사하고 있다.

다문화교육은 특정 교과에 국한되지 않는다. 특히 예술과 문학은 특정 민족·인종 집단이 겪어온 경험의 총체라는 점에서 다문화 교육과정에서 특별한 의미를 가진다. 다문화 교육과정은 다양한 민족·문화 집단의 시, 단편, 소설, 민담, 연극, 수필, 자서전 등을 읽을 기회, 그리고 다양한 민족·문화 집단의 음악, 미술, 건축, 무용 등을 접할 기회를 학생들에게 제공하고, 이를 통해 학생들의 심미적 감상 능력과 표현 능력을 개발하고, 타자에 대한 이해의 깊이뿐 아니라 자아에 대한 이해의 깊이를 더욱 심화시킬 필요가 있다. 다음의 인용문에서 L씨는 문학작품과 운동이 다문화교육을 위한 주요 내용이 될 수 있으며 실제 학교 현장에서 널리 활용되고 있음을 말하고 있다.

L씨: 애들이 다 좋아하는 거. … 사랑을 주제로 한 다른 나라 시를 찾아오라고 하거나, 무서운 이야기 몇 개를 찾아오라고 해서 시로 발표시키면 정말 좋아해요. 여기 애들은 무서운 얘기 정말 좋아해요. … 애들한테 찾을 주제를 줘야 해요. 미국 애들이라고 미국 시나 이야기 찾아올 거 같아요? 안 그래요. 오히려 미국 애들은 아프리카나 인도, 그런 데 거 찾아와요. 미국 애들은 그런 곳에 대한 동경이 있는 것 같아요. 오히려 아시아계 애들이 미국 거 찾아와요. 우습죠?

L씨: 애들 친해지기는 운동만큼 좋은 게 없어요. 남자애들은 특히 그렇죠. 여기는 여자애들도 운동 많이 시키잖아요. 내 생각에 운동이 제일 좋은 다문화 교육 프로그램이에요.

『지침』에서는 학생들이 집에서 사용하는 모국어를 학교 교육과정에서 적극 인정하고 활용함으로써 학생들의 자긍심을 키우고, 학업성취도를 향상시키고, 직업선택의 범위를 넓혀줄 것을 강조하고 있다. 학생들은 의사소통을 위해 제2언어와 그 문화에 대해 학습하는 한편, 영어가 제2언어인 학생은 자신의 모국어를 능숙하게 읽고 쓰는 능력을 개발할 기회를 제공받아야 하고, 교사는 이들에게 교과를 가르칠 때 필요 시 해당 학생의 모국어를 적극 활용해야 한다. 예를 들면 라틴 아메리카인이 상당수 거주하고 있는 캘리포니아주의 경우, 초등학생들의 수학적 문제해결 능력을 기르기 위해 스페인어로 하는 수학 수업을 진행하는 프로그램이 상당한 정도로 보편화되어 있으며, 그들과 함께 살아가는 라틴 아메리카인 이외의 다른 학생들이 학교에서 스페인어를 배울 기회를 충분히 제공하고 있다. 다음은 이중언어교육과 관련된 K씨의 이야기이다. K씨가 보기에 이중언어교육은 직업선택의 폭을 넓히는 데 실질적으로 기여한다.

K씨: 애들이 클수록 나중에 직업 때문에라도 이중언어교육이 꼭 필요해. … 영어가 문제가 아니고 한국어가 문제야.

『지침』에 의하면 교수·학습의 과정에서 지역 공동체의 자원을 충분히 활용하는 것이 바람직하다. 다시 말하여, 지역공동체 내의 민족·문화 집단 관련 문제에 대해 공부할 기회를 학생들에게 제공하고, 지역사회 민족·문화 공동체의 구성원을 교실 수업의 자원으로 자주 활용하고, 지역사회에 속한 다양한 민족·문화 자원에 대한 현장학습의 기회를 학생들에게 제공할 필요가 있다. 다음의 인용문에서 L씨는 현장학습이 다문화교육의 이념을 실현하기 위한 중요한 방법이 될 수 있으며, 현장학습의 실행 여부는 교사의 열의에 달려 있다고 말하고 있다.

> L씨: 동네마다 다르긴 하지만, 애들 데리고 여기저기 많이 가요. Field Trip이라고 하죠. 미술관이나 박물관에도 가지만 여러 인종이나 민족의 특징을 보여주는 곳도 많이 가요. 사는 데도 가보고요. 요즘은 학교 예산이 많이 깎여서 덜 가기는 하는데, 지금도 열심히 하는 교사는 학부모 차 가져오라고 해서 가기도 해요. 나라는 큰데 애들 경험은 굉장히 폭이 좁이요. 한국 애들보다 더 그럴 거예요. 많은 애들이 자기 집, 동네밖에 모르거든요. 그래서 학교에서도 그렇고 교사도 그걸 깨줄려고 애 많이 써요. 효과도 있고요.

『단일성 내의 다양성』에서는『지침』에서는 보이지 않는 몇 가지 중요한 특징들이 발견된다. 최근 미국의 상황을 반영하여 학업성취 면에서의 평등을 강조한 점, 교육과정 운영 면에 대해서뿐 아니라 내용 자체에 관심을 가질 필요가 있음을 강조한 점, 집단 간의 관계를 개선하기 위한 '최상위 집단'을 구성할 필요가 있음을 강조한 점, 그리고 무엇보다도 문화 집단의 차이에도 불구하고 모두가 공유하는 공통된 가치가 있음을 강조한 점 등이 그것이다.『단일성 내의 다양성』은 그 제목에 이미 시사되어 있는 바와 같이, 다문화교육 영역에서의 담론이 '다양성'에만 초점을 맞출 것이 아니라 '단일성'에도 관심을 기울여야 하며, 그 양자 사이의 미묘한 관계에 주목할 것을 촉구하고 있다.

4) 다문화 교육과정의 평가

이 연구에서 분석의 대상으로 삼고 있는『지침』과『단일성 내의 다양성』의 지침들 중에서 앞의 '다문화 교육과정의 평가'에 해당하는 것을 제시하면 다음의 표 6–4와 같다.

표 6–4 다문화 교육과정의 평가

『지침』	22.0 학생에 대한 평가 절차는 그들의 민족·문화적 경험을 반영해야 한다.
	23.0 학교는 민족·문화적 다양성에 대한 교수 과정에서 활용되는 목표, 방법, 수업자료를 지속적이고 체계적으로 평가해야 한다.
『단일성 내의 다양성』	12. 교사는 복잡한 인지적, 사회적 기술을 측정하기 위해 문화친화적인 다양한 기법을 사용해야 한다.

『지침』과 『단일성 내의 다양성』에서는 학생 개개인의 민족·문화적 특성을 반영하여 평가하고, 학교의 정책과 집행 과정에 대해서도 평가하고, 그 결과를 학교의 교육 프로그램 개선에 활용할 것을 강조하고 있다.

5) 시사점

이상에서는 다음의 두 가지 문제, 즉 (1)미국의 다문화 교육과정 운영 지침은 어떻게 유목화될 수 있는가, (2)그 지침이 학교 현장에서 어떻게 실행되며, 그것이 우리나라의 다문화 교육과정에 관한 논의에 시사하는 바는 무엇인가 하는 문제에 대해 논의하였다. 첫 번째 문제에 해답하기 위해 미국사회과협회의 『다문화교육을 위한 교육과정 지침』과 워싱턴대학교의 다문화교육센터에서 발간한 『단일성 내의 다양성』을 분석하였으며, 그 결과를 (1)다문화 교육과정을 위한 학교 환경, (2)다문화 교육과정의 개발과 교수·학습, (3)평가의 세 항목으로 유목화하여 제시하였다.

위의 두 번째 문제와 관련하여 다문화 교육과정 지침 분석과 면담으로부터 다문화 교육과정에 관한 우리나라의 담론을 위한 몇 가지 중요한 시사점을 얻을 수 있었다. 첫째로, 다문화 교육과정은 몇 가지 특별 프로그램이나 행사로 운영될 것이 아니라 학교 교육과정 전반에 걸쳐 실현되어야 한다. 다문화교육은 특정 인종·문화 집단을 대상으로 한 일회성 행사나 특별 프로그램의 형태로 진행되어서는 안 되며, 교과 교육과정과 교과 외 교육과정 등 학교 교육과정 전체의

한 측면으로 구성되고 운영되어야 한다. 특정 민족·문화 집단을 대상으로 한 일회성 행사나 보여주기 식의 프로그램은 그 대상자의 마음에 상처를 입힐 가능성이 대단히 높으며, 그렇기 때문에 다문화교육의 이념에 오히려 위배될 수도 있다. 지침과 교사의 면담에서 여러 차례 확인되는 바와 같이 '다문화교육은 곧 학교 교육'이다.

둘째로, 교육과정 운영에 있어서 인종과 민족의 차이가 중요한 변인이기는 하지만, 그에 못지않게 경제적 수준과 교육에 대한 부모의 관심이 아동의 성장과 교육에 중요한 변인으로 작용한다. 이 점은 당연해 보이지만 다문화교육과 다문화 교육과정을 둘러싼 담론이 주로 인종과 민족에 집중될 가능성이 대단히 높다는 점에서 주목할 만하다.

셋째로, 문학작품과 운동, 현장학습이 다문화교육을 위한 효과적 도구로 활용될 수 있으며, 다문화교육에 대한 교사의 열의가 무엇보다도 중요하다.

넷째로, 학생의 자발적 참여를 바탕으로 다문화 교육과정이 운영되어야 한다. 자발적 참여가 바탕이 되지 않을 때, 그 과정에서 학생은 마음의 상처를 입을 수 있다.

다문화 교육과정 운영과 관련된 이러저러한 지침이 실현하고자 하는 이념을 한마디로 요약하자면 '함께 공부하고, 함께 살아가기'라고 할 수 있다. 다문화교육을 주제로 한 여러 문헌은 한결같이, 미국에서 인종차별의 근거로 전가의 보도처럼 활용되었던 '분리 평등(separate but equal)의 원칙'에서 벗어나는 것이야말로 다문화교육의 이념을 실현하는 길이 된다는 점을 강조하고 있다. '분리 평등 원칙'의 이면에는 겉으로 평등을 내세우면서 사실상 마음 놓고 차별하겠다는 속셈이 감추어져 있다고 보아야 할 것이다.

여러 문헌들에서 확인되는 흥미로운 사실은 다문화 교육과정 관련 논의가 민족·문화적 차이뿐 아니라 사회·경제적 배경의 차이, 그리고 정신적·신체적 면에서의 차이 등에서도 이루어지고 있다는 점, 그리고 예비교사들이 직무교육을 수행하는 과정에서 이러저러한 차이를 나타내는 학생들과 함께 공부하는 경험을 가지는 것을 대단히 강조하고 있다는 점이다. 학령인구에서 다문화가정 자녀가 차지하는 비율이나 중요성의 정도 등을 감안할 때, 우리나라에서는 다문화 교육과정에 관한 논의의 중점을 사회·경제적 배경의 차이나 정신적·신체적인 면에서의 차이에 두는 것이 바람직하지 않은지 생각해 볼 필요가 있다.

3. 다문화 이해능력 신장을 위한 교수 방법: 시민교육의 관점[3]

1) 학교 교육과정에서 추구하는 시민의 모습과 다문화교육의 목적

학교 교육은 바람직한 방향으로 인간을 형성하려고 하며, 이러한 지향의 담지자로 시민(citizen)을 생각할 수 있다. 올바른 시민을 기르고자 하는 취지는 학교 교육 전체가 추구하는 기본 방향이다. 학습자들은 민주주의가 지향하는 삶의 태도를 내면화해야 하며, 이러한 취지가 가장 전형적으로 나타나는 교과가 바로 사회과이다. 사회과는 사회현상에 대한 합리적인 인식을 기초로 하여 민주적인 삶의 방식들을 체화하도록 의도하고 있다. 즉, 사회과는 사회현상에 대한 합리적인 이해에 기초하여 시민으로서 갖추어야 할 자질을 기르는 교과이다. 합리적인 사회인식은 민주주의 사회구성원이 가져야 할 품성의 근간이다. 사회과에서 길러주고자 하는 민주시민의 모습은 교육과정에서 다음과 같이 제시되고 있다 (교육부, 2015: 3).

사회과는 학생들이 사회생활에 필요한 지식과 기능을 익혀 이를 토대로 사회 현상을 정확하게 인식하고, 민주 사회 구성원에게 요구되는 가치와 태도를 지님으로써 민주시민으로서의 자질을 갖추도록 하는 교과이다. 사회과에서 육성하고자 하는 민주시민은 사회현상을 이해하고 사회생활을 영위하는 데 필

---

3   이 글은 초등교원 양성대학 다문화가정 학생 멘토링 매뉴얼(2009년)에 수록한 남호엽의 원고를 수정, 보완한 것임.

요한 지식의 습득을 바탕으로 인권 존중, 관용과 타협의 정신, 사회정의의 실현, 공동체 의식, 참여와 책임 의식 등의 민주적 가치와 태도를 함양하고, 나아가 개인적·사회적 문제를 합리적으로 해결하는 능력을 길러 개인의 발전은 물론, 사회, 국가, 인류의 발전에 기여할 수 있는 자질을 갖춘 사람이다.

사회과를 제대로 공부한 사람은 인권을 존중하고, 관용과 타협의 정신을 가지며, 사회정의의 실현 등에 앞장선다. 이른바 민주적인 가치와 태도를 기초로 하여 개인과 사회, 국가와 인류의 발전에 기여할 수 있는 사람이다. 이와 같이 사회과를 공부한 마음의 상태는 다문화교육이 추구하는 인간의 모습과 일맥상통한다. 다문화교육은 공평함(equity), 정의(justice), 그리고 문화민주주의를 핵심 가치로 추구하고 있기 때문이다(Banks, 2004). 요컨대 다문화교육은 다음과 같은 교육목적을 표방하고 있기에 사회과의 지향과 일치하고 있다(Banks, 2008).

- 다문화교육은 개인들로 하여금 다른 문화의 관점을 통하여 자신의 문화를 바라보게 함으로써 자신에 대한 이해를 증진시킨다.
- 다문화교육은 학생들에게 문화적·종족적·언어적 대안들을 가르친다.
- 다문화교육은 모든 학생이 자문화, 주류문화, 그리고 타문화가 공존하는 다문화사회에서 요구되는 지식과 기능, 태도를 습득하도록 한다.
- 다문화교육은 소수종족집단이 그들의 인종적·신체적·문화적 특성 때문에 겪는 고통과 차별을 감소시키도록 한다.
- 다문화교육은 학생들이 전 지구적이고 평평한 테크놀로지 세계에서 살아가는 데 필요한 읽기, 쓰기, 그리고 수리적인 능력을 습득하도록 한다.
- 다문화교육은 다양한 인종, 문화, 언어, 종교 집단의 학생들이 자신이 속한 문화 공동체, 국가 시민 공동체, 지역 문화 그리고 전 지구 공동체에서의 역할 수행에 필요한 지식, 기능, 태도를 습득하도록 한다.

요컨대 다문화교육의 목적은 사회인식의 전형적인 상황이라고도 볼 수 있다. 학습자의 인식 대상인 사회현상이 다문화적인 요소로 충만하기 때문이다. 즉, 21세기를 살아가는 오늘날의 학습자들에게 다문화사회 인식은 선택이 아니라 필수적인 사안인 것이다. 동시에 학교 교육과정이 추구하는 인간형성의 논리가 다문화교육의 목적과 일맥상통하고 있음을 확인할 수 있나.

2) 교육과정에 나타난 다문화교육의 논리

다음은 구체적으로 교육내용 속에서 다문화교육의 논리를 확인하고자 한다. 2015 개정 사회과 교육과정에서 제시하고 있는 교육내용 중 성취 기준에 나타난 다문화교육의 논리를 검토하였다. 먼저, 초등학교 3~4학년 성취 기준 중 '(2) 우리가 살아가는 모습' 단원에서 다문화교육의 접근이 명시적으로 나타남을 확인할 수 있다(교육부, 2015: 18).

이 단원은 환경 및 시대에 따라 달라지는 고장의 생활 모습, 가족의 구성 및 역할 변화에 대한 탐구를 통해 고장 사람들의 생활 모습이 서로 다르고 변화하고 있음을 이해하기 위해 설정되었다. 이를 위해 고장 간 의식주 생활 모습을 비교하여 환경의 차이에 따른 생활 모습의 다양성을 탐구하고, 옛 사람들이 사용한 생활 도구와 세시 풍속을 조사하여 시대에 따라 다른 생활 모습과 변화상을 파악하며, 옛날과 오늘날의 혼인 풍습과 가족 형태를 비교하여 가족의 변화 모습과 가족 구성원의 역할 변화를 탐구한다.

이 단원 중 세 번째 주제 '가족의 모습과 역할 변화'에서 다문화가정의 이해를 명시적으로 제시하고 있다. 성취 기준으로 "현대의 여러 가지 가족 형태를 조사하여 가족의 다양한 삶의 모습을 존중하는 태도를 기른다"라고 했는데(같은 책: 21), '현대사회의 다양한 가족 형태' 중 하나로 '다문화 가족'에 주목하고 있다(같은 책: 22).

[4사02-06]에서는 현대사회의 다양한 가족 형태(다문화 가족, 한부모 가족, 재혼 가족, 입양 가족, 조손 가족 등)을 알아보고 가족의 다양한 삶의 모습을 탐색하면서 가족 형태의 다양성을 존중하는 태도를 갖도록 한다.

사회의 기본 단위로서 가족에 대한 이해를 추구하는 과정에서 그 가족의 다양한 형태 중 하나로 다문화 가족을 이해하도록 의도하고 있다. 이것은 우리 사회의 특징으로 다문화 현실이 존재함을 확인하며, 이를 직접적인 인식의 대상으로 범주화한 것으로 보인다. 학습자들은 3~4학년 사회과의 교육내용을 통해 우리 사회가 다문화사회임을 공식적으로 확인하고 있는 셈이다.

다음으로 '(4) 다양한 삶의 모습과 변화' 단원에서도 다문화사회 인식의 상황이 나타난다. 사회변화에 따른 삶의 다양성에 주목하고 있는 단원으로서 그 세부적인 내용은 다음과 같다(같은 책: 27).

이 단원은 우리의 삶이 정주 공간, 경제활동, 사회 변화 등에 따라 다양한 모습으로 나타나고 있음을 인식하고, 이러한 생활 모습의 차이와 변화로 인해 발생하는 문제점과 해결 방안을 탐구함으로써 삶의 다양성을 존중하는 태도를 기르기 위하여 실징되있다. 이를 위해 촌락과 노시에서 나타나는 생활 모습의 특징과 이들 사이의 교류 및 상호 관계를 탐구하고, 생산과 소비 등 경제활동에 대한 이해를 바탕으로 여러 지역들이 물자 교환과 경제 교류를 통해 맺고 있는 상호 의존 관계를 탐구한다. 아울러 사회 변화로 나타난 일상생활의 모습과 특징을 조사하고, 다양한 문화가 확산되면서 발생하는 문제를 탐구한다.

이 단원에서는 '사회변화와 문화다양성'이라는 주제를 통해서 다문화사회 인식의 경로를 구조화하고 있다. 필수 학습 요소로 '사회 변화, 문화다양성의 확산과 그에 따른 문제, 타문화 존중'에 주목하고 있으며, 성취 기준은 다음과 같다(같은 책, 31).

[4사04-05] 사회 변화(저출산·고령화, 정보화, 세계화 등)로 나타난 일상생활의 모습을 조사하고, 그 특징을 분석한다.

[4사04-06] 우리 사회에 다양한 문화가 확산되면서 생기는 문제(편견, 차별 등) 및 해결 방안을 탐구하고, 다른 문화를 존중하는 태도를 기른다.

요컨대 사회변화에 따라 문화다양성의 도래가 필연적인 현실에서 학습자들이 어떤 삶의 태도를 가져야 하는지를 학습해야 하는 단원인 것이다. 교사는 이 단원을 가르칠 때, 학습자들이 '문화다양성의 확산으로 발생하는 편견이나 차별 현상은 가치 판단이 요구되는 문제임을 인식하고, 학생들이 현재 가지고 있는 신념이나 경험과 관련지어 반성적으로 살펴보게 함으로써 태도 변화를 모색할 수 있도록 지도'해야 한다. 동시에, 학습자들이 단지 사회현상의 이해에 머무는 것이 아니라 '편견이나 차별 문제의 원인을 파악하고 바람직한 해결 방안'을 모색하도록 하는 데까지 나아가고 있다(같은 책: 31).

다문화사회의 탄생이 글로벌화의 진전에 기초하고 있다고 볼 때, '지구촌의 평화와 발전'이라는 주제를 다루고 있는 단원도 주목할 만하다. 오늘날 현대사회가 지구촌 사회라는 발상 자체가 다문화 소양의 중요성을 부각시키기 때문이다. 초등학교 사회과의 마지막 대단원에서 관련 사안이 다루어지고 있는데, 교육과정상의 성취 기준은 다음과 같다(같은 책: 57).

[6사08-03] 지구촌의 평화와 발전을 위협하는 다양한 갈등 사례를 조사하고 그 해결 방안을 탐색한다.

[6사08-04] 지구촌의 평화와 발전을 위해 노력하는 다양한 행위 주체(개인, 국가, 국제기구, 비정부기구 등)의 활동 사례를 조사한다.

주지하다시피 지구촌이라는 발상은 지구 전체를 하나의 마을처럼 사유한 결과물이다. 그만큼 지구사회 구성원들 사이의 상호작용이 활발하다는 의미이고, 그 상호작용 속에서 발생하는 갈등의 해결이 중대한 과제임을 강조하는 것이다. 이전 단원에서 학습한 다문화 소양이 이 단원에서 더욱 보편적인 구도 아래 작동할 수 있는 셈이다. 요컨대 다문화교육의 인간형성론이 글로벌 시민교육의 맥락에서 의미 부여가 이루어질 수 있게 되었다.

지금까지 살펴본 바와 같이 국가 수준의 초등학교 사회과 교육과정에는 다문화 소양이 직접적인 학습의 대상이 되고 있다. 뱅크스(Banks, 2008)의 다문화 교육과정 접근법에 기초하면 변혁적 접근법(transformative approach)과 사회적 행동 접근법(social action approach)이 추구되고 있다. 요컨대 사회과 교육과정의 성취 기준을 통해 다문화사회 인식의 내용 요소들이 상세화되고 있는 것이다. 이것은 기여적 접근법(contribution approach)이나 부가적 접근법(additive approach)에 머물지 않고, 매우 적극적인 다문화교육의 논리가 추구되고 있음을 의미한다.

3) 다문화 교수법의 실제

(1) 다문화가정 자녀 맞춤형 수업 전략

다문화가정의 자녀가 사회과 학습을 하면서 직면하는 어려움을 중심으로 교수법의 사례를 제시하자면 다음과 같다.

① 이주노동자의 자녀가 직면한 사회과 공부의 어려움: "용어가 어렵다"

> 연구자: 그럼 사회수업을 들을 때 제일 어려운 점은 뭐야?
>
> 혜　기: 다 외워야 되니까. 또… 어려운 단어.
>
> 연구자: 예를 들면?
>
> 혜　기: 언론.
>
> 연구자: 언론? 그럼 학교에서 수업하다가 그런 어려운 단어 나오면 어떻게 해?
>
> 혜　기: 옆에 친구한테 묻거나…
>
> (우희숙, 2008: 109)

사회과 수업 중에 교사의 발문과 교과서의 내용 등에서 매우 추상적인 개념이나 용어가 나올 경우, 이주노동자의 자녀는 학습에 어려움을 겪는다. 이는 한국어 능력이 다른 학생에 비해서 취약한 것이 근본적인 원인이지만, 일반 학생들도 직면하는 어려움이다. 따라서 교사는 학습자에게 사회과 공부 시간에 나온 어려운 용어들이 무엇인지 질문하고, 그 용어에 대해 이해할 수 있도록 해준다. 이때 학습자가 처해 있는 맥락을 최대한 고려하여 적절한 교수법을 탐색한다.

사회과 학습에서…추상적 개념을 설명한다면, 그 개념을 한국어와 이들의 모국어로 병기하여 써순 뒤 한국어로 설명해 수면 더 쉽게 이해할 수 있다. 예를 들어 영어권 학습자와 한자권 학습자가 있다면 한국어 단어 옆에 영어와 한자어로 같은 개념을 써준 뒤 아이들이 알고 있는 일상 생활어를 사용하여 추상적인 개념의 의미를 풀어서 설명해 준다. 동일한 개념에 여러 가지 유사한 예를 들거나, 개념의 유의어와 반대어를 비교 제시하면 아이들이 개념의 의미를 더욱 명확하게 이해할 수 있게 된다. 관련 개념의 이해를 돕기 위해 역사적·문화적 배경과 관련된 동영상이나 사진, 인터넷 자료를 활용하여 시각적인 이해를 도울 수도 있다(우희숙, 2009: 325).

② 이주노동자의 자녀가 직면한 사회과 공부의 어려움 : "순서가 어려워요"

> 연구자 : 사회 공부할 땐 뭐가 어려워?
> 혜 기 : 사회는 순서가… 어려워요. 저는 순서를 잘 못 외우겠어요. 로마…그리스… 이게 순서대로 가지 않고 딱 그 부분만 외우니까…또 어디가 쳐들어갔고, 그 지역이 어떻게 됐고, 누가 이기고…그런 거
>
> (우희숙, 2008: 109)

사회과 공부에서 이주노동자의 자녀는 역사 공부에서 순서대로 교육 내용을 이해하는 것이 어렵다. 이 역시 일반 학생들이 학습할 때 직면하는 곤란함이지만, 이주노동자의 자녀는 그 정도가 더욱 심하다고 볼 수 있다. 이 문제의 해결책은 추상적인 시간의 흐름을 가시화하는 방식이 좋다. 즉, 연표(timeline)를 만들어 역사의 흐름을 이해하도록 한다. 연표는 여러 가지 주제로 다양하게 만들어보는 것이 의미가 있다. 국가의 변천사를 기본으로 하면서 다양한 테마의 역사를 연표로 만들어보는 활동을 권고하고 있다(권구순, 1996 참고). 아울러, 한반도의 역사, 동아시아사 나아가 글로벌 역사의 흐름을 이주자의 본국의 역사와 결부시키는 관계사도 시도해 볼 만한다.

(2) 모두를 위한 다문화 수업 전략

다음에서는 다문화가정의 자녀뿐만 아니라 모든 학습자를 위한 다문화교육의 방법을 모색하고자 한다. 이 경우는 다문화가정의 자녀가 포함된 교실, 다문화가정의 자녀가 없는 일반적인 교실 모두에 해당한다.

① 문화 간 이해를 위한 수업: 국제결혼 가정의 자녀가 직면한 정체성 혼란, "나는 누구인가"

연구자: 자신의 정체성은?

학생 1: 수단 이름이 있긴 하지만 한국 이름을 주로 사용하고 한국서 오랜 생활을 했기 때문에 한국인이라고 생각한다.

학생 2: 기본적으로 한국 사람이라고 생각한다. 하지만 두 나라의 문화를 반반씩 갖고 있기 때문에 사람들을 대하는 데 수월하다고 생각한다. 이런 면이 다른 사람이 가지지 못한 독특한 면이라 생각한다.

학생 3: 필리핀 사람이기도 하고 한국 사람이기도 하다. 필리핀 사람이라고 생각하는 것은 어머니 때문이다. 필리핀은 2년 전에 가보았는데 고향처럼 느껴졌다. 한국에 있어도 편하다.

(우희숙, 2009: 318)

위의 딜레마는 개념 중심의 다문화 교수법을 통해 문화 간 이해능력을 신장시킬 수 있다. 다문화가정의 자녀가 엄마(혹은 아빠) 나라의 문화와 한국 문화를 비교하고 문화의 다양성과 공통성을 이해할 수 있는 기회를 제공한다. 이때 비교 대상은 추상적인 문화상징보다는 가시적인 문화요소를 사례로 한다. 문화요소는 문화의 기본 단위이며, 가시성은 초등학생의 발달 특성을 고려한 것이다. 가시적인 문화요소는 다른 식으로 말하자면 문화경관이다. 초등학생에게 문화경관 학습은 의식주 생활의 모습이 가장 전형적이다. 주생활 모습을 사례로 하여 주요 학습활동을 제시하자면 다음과 같다.

- 엄마(혹은 아빠) 나라의 위치를 지도에서 확인하고 한국으로 오는 길 확인하기
- 동남아시아의 주상 가옥 경관 사진, 한국의 '사랑채에 마루가 딸려 있는 한옥' 사진을 보고 비교하기
- 비슷한 점은 무엇인가?: 기둥 위에 사람이 생활하는 공간이 있음
- 왜 그렇게 만들었을까?: 더운 날 시원하도록 하기 위해서, 비가 많이 오는 날 편하기 위해서
- 차이점은 무엇인가?: 집을 만드는 재료가 다르다, 집을 짓는 시간이 다르다 등…

동남아시아 지역의 주상(柱上) 가옥

사랑채에 마루가 딸려 있는 한옥

비교문화 학습의 소재는 동남아시아 지역의 주생활 문화를 사례로 하였다. 동남아시아 지역은 우리나라 초등학교 교육과정에서 비중 있게 다루어지지 못하고 있다. 다문화가정의 자녀 중 엄마(혹은 아빠)가 동남아시아 지역에서 온 경우가 많다고 볼 때, 학습의 대상으로 다루는 것이 의미가 있을 것이다. 다문화가정의 자녀는 비교문화 학습을 수행해 나가면서 외갓집이 있는 지역의 생활문화를 알 수 있다. 학습 과정에서 엄마(혹은 아빠)가 자원인사로 매개될 수 있기 때문에 다문화가정의 자녀에게 매우 유익한 경험이 될 수 있다.

다음 접근법에서 주생활의 비교뿐만 아니라 의생활이나 식생활의 비교도 의미 있을 것이다. 이러한 생활문화 비교 학습은 문화 간 이해능력을 신장시킬 뿐만 아니라 다문화가정의 자녀들이 자신의 정체성을 찾아 나가는 과정이기도 하다. 다문화가정의 배경에 따라 다양한 지역 및 국가의 생활문화를 같은 맥락에서 학습의 대상으로 포섭할 수 있다. 아울러 심화학습으로 해당 지역의 지리적 특성을 학습하면서 '풍토와 문화'의 관계를 좀 더 깊이 천착할 기회를 제공할

수 있다. 그리고 문화요소에 대한 학습에서 문화지역에 대한 학습으로 확장된다면, 나중에는 문화권 비교 학습의 경지까지 나아갈 수 있을 것이다. 이러한 비교문화 학습의 상황은 다문화가정 자녀가 포함된 교실뿐만 아니라 그렇지 않은 일반적인 교실에서도 다문화 감수성을 증진하기 위한 시도가 될 수 있다.

② 체험 중심의 다문화 수업

다음으로 학습자의 능동적인 사회인식을 고려하여 현장체험학습을 다문화교육의 방법으로 고려할 수 있다. 현장체험학습은 학습자의 흥미가 매우 적극적으로 표출되기에 학습효과가 좋다. 이러한 접근법은 다문화장소 체험학습, 다문화축제 체험학습 등의 사례를 제시할 수 있는데, 여기서는 다문화축제 체험학습의 사례를 중심으로 살펴보도록 한다. 다문화축제는 최근 여러 지역과 단체를 중심으로 활발하게 전개되고 있다. 다문화축제는 다문화가정의 주체들을 대상으로 하는 적극적인 사회화 프로그램의 일송이다. 아울러 다문화축제는 다문화가정의 주체뿐만 아니라 모든 사람들에게 문호가 열려 있다. 또한 다문화가정의 주체들도 출신국가별로 문화적 배경이 다양하다. 그런고로 다문화축제는 글로벌 상호이해의 과정이며, 다문화교육의 역사적 보편성을 사고할 수 있는 상황이다.

다문화가정 어울마당 축제 행사장 배치도

앞의 자료는 서울의 한 초등학교에서 열린 다문화가정 어울마당 축제 행사장 배치도이다. 행사장의 구조와 배열을 보면 다문화축제의 성격을 알 수 있다. 참여자들은 다문화축제라는 사회적 관행 속에 빠져들면서 현실의 다양성과 공존의 미덕을 체험할 수 있다(남호엽, 2009a). 현장체험학습에서 교사가 제시할 수 있는 핵심적인 발문은 다음과 같다.

- 축제 행사장에서 볼 수 있는 것은 무엇인가?
- 왜 그러한 것이 있는가?
- 축제에 온 사람들은 누구인가?
- 축제에서 가장 재미있는 프로그램은 무엇인가?
- 왜 가장 재미가 있는가?
- 축제에 참여한 사람들을 인터뷰 해보기(어디서 왔는가?, 무엇을 했는가?, 지금 기분은 어떠하며 왜 그런가?)
- 축제 프로그램에 직접 참여하고 난 뒤 가지게 된 생각은 무엇인지 글로 써 보기

---

③ 전파와 교류를 중심으로 한 다문화 역사 수업

많은 사람들이 다문화적인 관점의 방해 요인으로 한국사 교육을 지적한다. 한국인들의 단일민족신화는 국사교육의 산물이라는 것이다. 그래서 그들은 다문화교육의 방법이 역사교육에서도 가능한지 의문을 가진다. 사실 우리는 단군의 자손이기도 하고 그렇지 않을 수도 있다. 즉, 한반도 지역에 살아온 사람들이 어느 한 종족으로 간주될 수 있겠는가? 삼국시대에 고구려, 백제 그리고 신라인들 사이에 언어가 통일되어 있지 않았다면 삼국시대와 그 이전 시기의 사람들을 단일한 민족으로 간주할 수 있을지는 의문이다(이전, 1999). 이러한 입장은 초등학교 사회과 교과서에 나타난 고조선의 역사지도에서 확인할 수 있다. 다음 지도에 나타난 바와 같이, 고조선의 정치적인 영향력이 한강 이남 지역에까지 도달하였다고 보기에는 어려움이 있다.

이와 같이 한반도에 살고 있는 사람들이 처음부터 하나의 민족이었던 것은 아니다. 오랜 세월 동안 서로 교류하고 협력하였던, 경우에 따라서는 전쟁까지

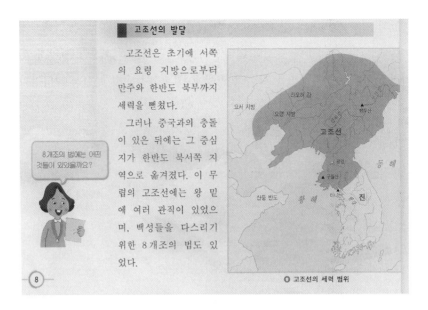

벌였던 서로 다른 종족들이 민족으로 통합되어 왔던 것이다. 또한 한반도는 그 자체로 닫힌 공간이 아니었다. 한반도의 외부 지역과 활발하게 교류하면서 독자적인 세계를 만들어 왔다. 이렇게 내부와 외부의 경계가 배타적으로만 작동한 것이 아니라는 것을 알게 된다면 국수주의적인 사고방식, 배타적인 민족감정 등은 쉽게 극복될 수 있을 것이다. 따라서 역사학습을 문화의 교류와 전파 관점에서 접근할 때, 다문화사회 인식의 경로를 확보할 수 있다.

다음은 다문화 역사교육의 사례로 신라시대 사회를 학습하는 상황을 제시한 것이다. 연구에 의하면 통일신라의 주역들인 김씨가 경주 토박이가 아니라고 한다. 이들은 중국에서는 흉노라고 부르고 서양에서는 스키타이라고 부르는 사람들이다(〈KBS 역사스페셜〉, 2009. 7. 18.). 최근의 고고학 발굴과 문헌 검토에 의하면 지금의 몽골 지역에 살던 사람들이 한반도 남동쪽 경주 지역으로 흘러왔고, 이들이 통일 신라의 주역들인 김씨라는 것이다.

이슬람 사절도 인정하는 '황금의 나라' 신라. 그 참모습을 보려면 우리는 잠깐 발걸음을 옮겨 5~6세기 서라벌의 봄으로 가야 한다. 그곳에는 온몸을 황금으로 치장한 아름다운 여인이 황금 도시 서라벌의 월성 한복판을 거닐고 있다. 오늘은 천신(天神)들에게 제사 지내는 특별한 날이라 여인은 평소에 쓰지 않는 찬란한 금관까지 쓰고 나왔다. 몸동작을 따라 하늘거리는 금관 장식과 그 옆으로 솟아 있는 순금의 새 날개 장식, 그리고 출렁거리는 허리띠 장식들이 봄빛보다 더 눈부시다. 이제 그 황금빛 패션의 진수 속으로 들어가 보자.

순금의 고깔모자에 꽂은 새 날개 장식은 금방이라도 여인을 하늘로 데리고 날아갈 것처럼 솟아 있다. 고구려 무용총 벽화에 나오는 사냥하는 무사들이 달고 있던 새 깃털보다 크고 화려하다. 새는 오랜 옛날부터 북아시아의 여러 민족이 조상신으로 여겨온 신령스러운 동물이다. 스키타이족과 흉노족도 모자에 금으로 만든 새 장식을 달고 다녔다.

한반도 동남쪽 외진 곳의 신라와 대륙 북쪽의 유목민이 무슨 상관이냐고? 둘 사이에는 새 장식 말고도 공통점이 많다. 신라왕조의 조상인 김알지 탄생 설화는 북방 계통의 설화와 같은 구조를 지녔고, 신라 왕족은 북방 유목민의 무덤과 같은 돌무지덧널무덤에 북방 계통의 장식물들과 함께 묻혔다. 그래서 신라 왕족이 스키타이 계통이라는 주장도 나온다(한국생활사박물관 편찬위, 2007: 52-53).

따라서 다문화교육의 관점에서 경주 답사를 간다면 반드시 가야 할 장소 중 하나가 계림이다. 계림은 김알지 탄생 설화의 장소이기 때문이다. 김씨 왕조의

경상북도 경주의 계림

조상들이 지금의 몽골 지역에서 왔음을 알려줄 수 있는 학습의 장소에 몽골 지역 출신 이주노동자의 자녀 혹은 엄마 나라가 몽골인 어린이가 함께 한다면 매우 고무적일 것이다(남호엽, 2009b). 동시에 대몽 항쟁만 기억하고 있는 아이들에게 다른 시각을 가지게 할 수 있는 계기이기도 하다.

1. 다문화 교육과정을 개발하는 방법에 대해 조사해 봅시다.

2. 다문화 교육과정 실행자로서 교사는 어떤 점에 유의해야 하는지 말해 봅시다.

3. 미국의 다문화 교육과정의 지침과 운영의 실제가 우리에게 주는 시사점에 대해 말해 봅시다.

4. 학교 시민교육의 측면에서 다문화 이해능력 신장을 위한 구체적인 교수 방법에 대해 논의해 봅시다.

참고문헌

교육부(2015), 『사회과 교육과정』.

권구순(1996), 「연표학습이 역사적 시간 개념 발달에 미치는 효과」, 한국교원대학교 석사학위 논문.

김윤환(2008), 『동남아문화 산책』, 창비.

남호엽(2008), 「초등학교 사회과 교육과정에 나타난 다문화교육의 논리」, 『사회과교육연구』 15(3), 27-40, 한국사회교과교육학회.

남호엽(2009a), 『다문화체험교육』, 두산동아(미발행).

남호엽(2009b), 「이민자를 위한 '한국사회의 이해' 강좌 운영 실행 연구」, 『글로벌교육연구』 창 간호, 3-15, 글로벌교육연구학회.

남호엽 외(2009), 『초등교원 양성대학 다문화가성 학생 멘토링 매뉴얼』, 레인보우북스.

류제헌(2008), 『세계문화지리』, 살림.

류제헌(2008), 『한국문화지리』, 살림.

박상철(2008), 「다문화사회에서의 학교 교육과정 정책」, 『초등교육연구』 21(2), 1-19, 한국초 등교육학회.

박상철·Eun-Mi Cho(2012), 「다문화 교육과정의 지침과 실행: 미국의 사례」, 『초등교육연구』 25(3), 113-132, 한국초등교육학회.

손인수(1969), 「문헌상으로 본 홍익인간」, 『교육학연구』 7(3), 5-20, 한국교육학회.

오은순 외(2007), 『다문화교육을 위한 교수·학습 지원 방안 연구 (I)』, 연구보고 RRI 2007-2, 한국교육과정평가원.

우희숙(2008), 『이주노동자 자녀의 사회과 학습태도의 의미 이해』, 서울대학교 석사학위논문.

우희숙(2009), 「다문화가정의 자녀교육」, 경기도다문화교육센터 편, 『다문화교육의 이론과 실 제』, 307-329, 양서원.

이전(1999), 『우리는 단군의 자손인가』, 한울.

이홍우·유한구·장성모(2003), 『교육과정이론』, 교육과학사.

장인실(2006), 「미국의 다문화교육과 교육과정」, 『교육과정연구』 24(4), 27-53, 한국교육과정 학회.

한국생활사박물관 편찬위원회 편(2007), 『신라생활관』, 사계절.

Banks, J. A. (1973). *Teaching Ethnic Studies: Concepts and Strategies*, National Council for the Social Studies.

Banks, J. A. (2000). *Cultural Diversity and Education*(4th ed.). Boston: Allyn & Beacon.

Banks, J. A. (2004a). Introduction. In J. A. Banks, & C. A. M. Banks (eds.), *Handbook of Research on Multicultural Education* (pp. xi-x iv), San Francisco: Jossey-Bass.

Banks, J. A. (2004b). Multicultural Education: Historical Development, Dimensions, and Practice. In J. A. Banks, & C. A. M. Banks (eds.), *Handbook of Research on Multicultural Education* (pp. 3-29), San Francisco: Jossey-Bass.

Banks, J. A. (2007). *Educating Citizens in a Multicultural Society* (2nd ed.). 김용신 외 공역 (2007), 『다문화시민교육론』, 교육과학사

Banks, J. A. (2008). *An Introduction to Multicultural Education* (4th ed.). Boston: Allyn & Bacon. 모경환 외 공역(2008), 『다문화교육입문』, 아카데미프레스.

Banks, J. A., & Banks, C. A. M. (eds.). (2010). *Multicultural Education: Issues and Perspectives* (7th ed.). San Francisco, CA: John Wiley & Sons, Inc.

Banks, J. A., et. als. (2001). *Diversity Within Unity: Essential Principles for Teaching and Learning in a Multicultural Society*. Center for Multicultural Education, College of Education, University of Washington.

Bennett, C. I. (2007). *Comprehensive Multicultural Education: Theory and Practice* (6th ed.). Boston: Allyn & Bacon. 김옥순 외 공역(2009), 『다문화교육: 이론과 실제』, 학지사.

Chou, H. M. (2007). Multicultural Teacher Education: Toward a Culturally Responsible Pedagogy. *Essays in Education, 21*(1), 139-162.

Gaudelli, W. (2006). Convergence of Technology and Diversity: Experiences of Two Beginning Teachers in Web-Based Distance Learning for Global/Multicultural Education. *Teacher Education Quarterly, 33*(1), 97-116.

Gay, G. (1993). Building Cultural Bridges: A Bold Proposal for Teacher Education. *Education and Urban Society, 25*(3), 284-299.

Gay, G. (2000). *Culturally Responsive Teaching: Theory, Research, and Practice*. New York: Teachers College Press.

Gay, G. (2004). Curriculum Theory and Multicultural Education. In J. A. Banks, & C. A. M. Banks (eds.), *Handbook of Research on Multicultural Education* (pp. 30-49), San Francisco: Jossey-Bass.

Gorski, P. C. (2009). What We're Teaching: An Analysis of Multicultural Teacher Education Coursework Syllabi. *Teacher and Teacher Education, 25*, 309-318.

Lenaghan, A. (2000). Reflections of Multicultural Curriculum. *Multicultural Education, 7*(3), 33-36.

Lin, M., Lake, V. E., & Rice, D. (2008). Teaching Anti-Bias Curriculum in Teacher Education Programs: What and How. *Teacher Education Quarterly, 35*(2), 187-200.

National Council for the Social Studies (1976, 1991). *Curriculum Guidelines for Multicultural Education*. (www.ncss.org)

Pallas, A. M., Garry, N., & McDill, E. L. (1989). The Changing Nature of the Disadvantaged Population: Current Dimensions and Future Trends. *Educational Researcher, 18*(5), 16-22.

Webb, M. (1990). *Multicultural Education in Elementary and Secondary Schools*. ERIC Identifier: ED327613.

7장

다문화 학생을 위한 언어교육

원진숙 서울교육대학교 국어교육과 교수

다문화 학생의 이중언어 사용을 권장하는 공익광고

도입활동

여러분이 만약 다른 나라로 이민을 가서 자녀를 낳아 기른다면, 어떤 언어로 자녀를 키우겠습니까? 왜 그런 선택을 할 것 같습니까? 그런 선택을 할 경우, 어떤 긍정적인 측면이 있을 것 같다고 생각하십니까? 또한 어떤 어려움과 문제점이 있을 것 같습니까? 여러분은 이러한 어려움을 어떻게 해결하겠습니까? 서로 이야기해 봅시다.

OI 장에서는 다문화 학생을 위한 언어교육 문제를 다룬다. 이주 배경의 다문화 학생은 물론이고 국제결혼 가정이 다문화 학생들도 서툰 한국어 능력 때문에 학교생활 부적응, 학습 부진, 정체성 혼란 등 많은 어려움을 겪는다. 언어는 단순히 일상생활에 필요한 의사소통의 도구 차원을 넘어서 범교과적인 학습의 도구로 기능할 뿐만 아니라 '나는 누구인가' 하는 자아정체성(self-identity)을 형성하는 데 밑바탕이 되기 때문이다. 이 장에서는 다문화 학생들이 일반적으로 겪는 어려움들을 주로 언어적 차원에서 짚어보고, 이러한 어려움을 해소하기 위한 방안으로 이중언어교육의 필요성과 효용성을 논의하기로 한다. 아울러 학교 공교육 시스템 안에서 이들 다문화 학생을 위한 한국어교육 지원 방안으로 마련된 KSL(Korean as a second languge) 프로그램과 구체적인 한국어교육 방법을 제시하고자 한다.

1. 다문화 학생이 겪는 언어적 어려움

우리 사회에서 흔히 '다문화가정 학생'으로 지칭되는 다문화 학생들은 단순히 국제결혼 가정의 자녀라는 의미를 넘어서 이주 외국인 가정 자녀, 중도입국 학생, 새터민 가정 자녀, 귀국자 자녀 등 매우 넓은 스펙트럼으로 존재하고 있다. 국제결혼에 의한 다문화가정 자녀의 경우만 하더라도 한국에서 나고 자란 국제 결혼 가정 자녀인지, 부모가 국제결혼으로 재혼하여 중도에 한국에 들어오게 된 중도입국 학생인지에 따라 그들이 겪는 어려움의 양상이 다르다. 또한 같은 탈 북학생이라도 부모가 모두 북한이탈주민인 가정의 자녀인지, 북한 출신인 어머 니가 탈북 과정 중에 제3국의 현지인 사이에서 출산한 비보호 학생인지에 따라 그들이 우리 사회에 적응하는 과정이나 양상이 다르다. 그런가 하면 정주민의 지위가 아닌 단기 체류자의 신분으로 우리 사회에 머무르고 있는 외국인 이주근 로자 가정의 자녀나 외국에 오래 거주하다 한국에 돌아와 새롭게 한국의 언어와 문화, 학교 교육 시스템에 적응해야 하는 귀국 자녀 학생들이 겪는 어려움의 양 상 역시 제각기 다른 모습을 보인다.

이렇게 다양한 모습으로 우리나라의 공교육 시스템 안에 공존하고 있는 다문화 학생들은 자신의 배경이 되는 언어나 문화와는 전혀 다른 낯선 한국의 언어와 문화에 새롭게 적응하는 과정에서 의사소통의 어려움, 정체성의 혼란 문제, 학력 부진 등의 도전에 직면하게 된다. 그 결과 이들을 위한 언어교육 지원 문제가 매우 시급하면서도 절실한 문제로 대두되었다.

일반적으로 '다문화가정 학생'이라는 용어로 지칭되는 국제결혼 가정 자녀의 경우만 하더라도 한국에서 나고 자란 국제결혼 가정 자녀가 한국어 의사소통에 별로 어려움을 느끼지 않는 것과 다르게, 부모의 재혼에 의한 국제결혼 가정 자녀인 중도입국 학생의 경우에는 한국어가 전혀 생소하고 낯선 언어일 수밖에 없다. 특히 이주 배경 중도입국 학생들은 자신의 의사와는 무관하게 부모의 이민으로 오게 된 한국 사회에서 자신이 본래 지니고 있던 문화적 정체성과는 전혀 다른 한국 문화와 낯선 언어인 한국어에 쉽게 적응하지 못하는 경향을 보인다. 이들은 언어가 서투르기 때문에 대개는 본인의 나이에 맞게 학교에 입학하지 못하고 적게는 두세 살 어린 나이의 학생들과 한 교실에서 공부를 해야 하는

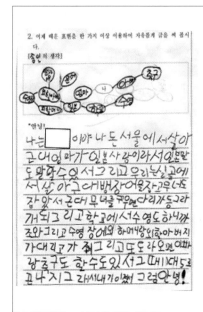

〈애들아 학교가자〉
3차시 김○○ 학생의 글

나는 ○○이야. 나는 서울에서 살아. 근데 엄마가 일본 사람이라서 일본 말도 할 수 있어. (외할아버지 할머니가 계신 일본에 갔을 때 이야기임.) 그리고 우리는 시골에서 살아. 그때, 뱀장어를 잡았어. 근데 문어를 구우면 동그랗게 돼. 그리고 학교에서 수영도 하니까 좋아. 그리고 수영장에 할머니랑 외할아버지가 데리고 가줘. 그리고 또 돌아오면 아빠랑 축구도 할 수 있어. 그때 1대 5로 끝났어. 그래서 내가 이겼어. 그럼 안녕!

다문화 학생의 언어 실태를 보여주는 예시 자료

경우가 많다. 또 한국어 능력의 부족으로 자신의 학령기에 꼭 배워야 할 교과 내용을 제대로 배우지 못하는 경우가 대부분이다.

국제결혼 가정의 다문화 학생들은 한국에서 태어나 성장했기 때문에 한국어에 별반 어려움이 없을 것이라 생각되지만, 말을 배우는 가장 중요한 시기인 유아기에 한국어가 서툰 외국인 어머니 밑에서 성장하기 때문에 언어 발달이 늦어지고 의사소통 및 인지 발달 면에서 어려움을 겪는 경우가 많다. 아이들은 성장기에 주로 어머니의 언어적 자극을 통해 언어와 인지 능력이 발달한다. 그런데 주요 언어 입력 제공자인 외국인 어머니의 한국어 능력이 부족하면 필요한 수준의 언어적 입력을 충분히 제공하지 못하게 되어 그 자녀들은 언어적으로나 인지적으로 더딘 발달을 보이게 된다.

〈예시 자료 1〉
시집 와서 바로 아이를 낳아 키우게 되었어요. 하지만 그때는 내가 한국에 온 지 얼마 되지 않아서 한국말 잘 몰랐어요. 당연히 태국 말로 아이하고 이야기하면서 키우고 싶었어요. 하지만 시부모님이나 남편은 내가 태국말 하는 것 싫어했어요. 쓰잘데기 없는 말이라고요. 아이가 괜히 태국말 하다 보면 한국말만 못하게 된다고요. 나도 우리 아이가 엄마 때문에 한국말 못하면 안 된다고 생각해서 그냥 못하는 한국말로 아이를 키웠어요. 아주 짧고 쉬운 말로요. 아이가 유치원 다니고 하면서 한국말을 잘하게 되었지만 아이가 아가였을 때 내가 한국말로 된 동화책 같은 것 잘 못 읽어줘서 지금 초등학교 가서 읽기와 쓰기를 어려워하게 된 것 같아요. 걱정이에요. (박 ○○○, 태국, 결혼 9년차)

〈예시 자료 1〉에서 보는 바와 같이 한국에서 대개의 다문화가정 학생들은 외국인 어머니의 배경 언어로 양육되는 경우가 극히 드물다. 한국어가 서툰 상태에서 국제결혼을 통해 한국에 시집와서 가정을 이루게 되는 외국인 어머니들은 남편이나 시부모에게 자신의 언어와 문화를 존중받지 못한 채 한국의 언어와 문화로만 살 것을 강요받기 때문이다. 영어나 일본어, 중국어와 같이 배워두면 유용한 언어라는 인식이 지배적인 언어권 출신의 다문화가정 여성은 경우가 다르지만, 대부분의 외국인 어머니들은 자신들의 뿌리를 이루는 모어가 아닌 제한된 수준의 한국어로 자녀를 양육할 것은 강요받으면서 산다. 그렇기 때문에 그 자녀들은 성장 과정에서 어머니로부터 충분한 인지적 자극을 제대로 받지 못해 언어적으로나 인지적으로 어려움을 겪는 경우가 많다.

〈예시 자료 2〉

아이가 엄마 발음을 따라 하기 때문에 발음이 좀 이상해요. 아빠한테 한국말을 배우면 좋을 텐데 아빠는 돈 벌어오느라고 바빠서 아침 일찍 나가서 밤늦게 돌아오니까 아이들 볼 시간이 없고… 집에서 시어머니가 계속 사투리로 말해서 발음이 더 이상한 것 같아요. 아이가 한국어가 잘 안 되니까 학교에 가서도 친구들하고 말이 잘 안 통하고 친구가 없어요. 하루는 아이와 받아쓰기를 하다가 너무 힘들어서 함께 붙잡고 울었어요. 내 발음이 이상하니까 아이가 받아쓰기를 더 못하는 거예요. 어휘력이 부족하니까 읽기도 부족하고…. (○○○, 몽골, 결혼 8년차, 33세)

〈예시 자료 2〉는 어머니의 제한된 한국어 능력이나 이들 가정의 언어문화 등의 제반 환경적 요인이 그대로 자녀에게 부정적인 영향을 미치고 있음을 짐작하게 해준다. 자녀 양육 및 교육의 책임을 거의 전적으로 어머니가 책임져야 하는 우리의 교육 현실에서 한국어가 서툰 외국인 어머니의 책임과 부담은 더욱 클 수밖에 없다.

한국에서 나고 자란 결혼이주 다문화 학생들의 경우는 한국어로 소통하는 구어 능력은 별 문제가 없어 보이지만 읽기와 쓰기 같은 문식력은 현저히 떨어진다. 또한 다문화 학생들은 〈예시 자료 2〉에 나타난 바와 같이 발음이 명확하지 못한 어머니의 영향으로 받아쓰기 등에 있어서도 어려움을 겪을 수밖에 없다. 보름달을 보고 단순히 "달이야. 저게 달이야. 이쁘다. 그치?"라고 이야기해 주는 다문화가정의 엄마와 "달이 참 곱기도 하다. 저 달 속에 방아 찧는 토끼들 보이니? 달이 저리 꽉 찬 걸 보니 올해도 풍년이겠다."라며 문화적인 지식까지 전달해 주는 엄마가 자녀의 사고 깊이나 폭에 영향을 미치는 차이는 너무도 분명하다.

이러한 현실은 다문화 학생들의 학교 공부와 과제에 관한 가정교육 실태를 조사한 오성배(2007)에 의해서도 뒷받침되고 있다. 이 조사에 의하면, 자녀의 학

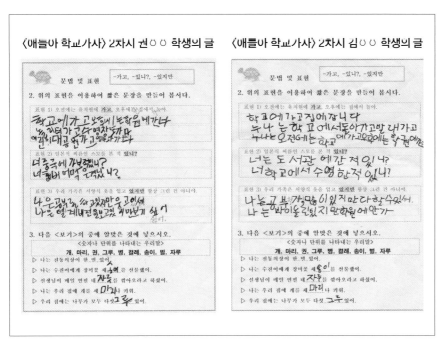

다문화 학생의 한국어 문법 오류를 보여주는 예시 자료

교 숙제를 도와주지 못하는 다문화가정의 어머니는 무려 21.2%에 달하는데, 그 이유로는 한국어를 이해하기 힘들기 때문이라는 응답이 44%를 차지하고 있다.

〈예시 자료 3〉

나뿐만 아니라 외국인 엄마들은 유치원에 아이를 보낼 때쯤 되면 아이로부터 "엄마 발음이 이상해."라는 말을 듣게 돼요. 또 아이가 궁금한 것을 물어봐도 모르는 것이 많아서 제대로 답을 못해 줄 때마다 아이는 "우리 엄마는 아무 것도 모르는 바보"라고 생각하는 것 같아요. 사실은 엄마가 바보가 아니고 외국인이다 보니 한국어와 문화에 대해 익숙하지 않고 잘 모르는 것일 뿐인데 말이에요. (○○○, 말레이시아, 결혼 7년차, 32세)

대개 결혼이주 여성들은 언어 장벽과 문화 장벽으로 인한 정체성 혼란으로 대인관계가 소극적으로 형성될 수밖에 없다. 이것은 다문화가정 학생들의 성장 과정에 적지 않은 영향을 미치면서 가정과 부모에 대한 자신감과 존경심 상실, 소극적인 대인관계, 자존심 상실, 자기 비하로 이어져 학업은 물론 생활에까지 부정적인 영향을 미치기 쉽다. 다문화 학생들은 이러한 어머니 나라의 문화와 한국의 문화라는 두 나라의 문화가 이중으로 혼재된 가정 교육과 학교 교육을 동시에 경험하면서 극심한 정체성의 혼란을 겪게 되고, 때로는 앞의 〈예시 자료 3〉과 같이 엄마를 아무 것도 모르는 바보라며 무시하기도 한다.

〈예시 자료 4〉

아이가 어렸을 때는 아무 생각이 없었는데, 막상 초등학교에 들어가고 나니 정말 걱정이 많이 됩니다. 말하는 것은 별 문제가 없어 보이지만 다른 집 아이들하고 비교해 보면 제 눈에는 정말 우리 아이가 부족한 점만 보여서 밤에 잠이 안 옵니다. 한국 엄마들은 다들 학원에서 사교육을 시키는데 우리는 돈도 없어서 그렇게 하지도 못하고요. 그래서 모든 과목에서 많이 뒤처지는 것 같아요. 수학도 부족하고, 읽기나 쓰기도 부족하고, 사회도 너무 어렵고, 영어도 못하고 … 학년이 높아질수록 다른 아이들보다 점점 더 못하게 될 텐데 어떻게 해야 좋을지 모르겠어요. (○○, 조선족, 결혼 9년차, 39세)

이러한 차이에 대해 번스타인(Bernstein, 1971)은 학교에서 통용되는 언어는 대개 그 사회의 주류 계층이 사용하는 더 정교한 코드의 언어로서 어휘 수준도 높고 통사적으로 훨씬 더 복잡한 구조로 되어 있는 반면, 사회·경제적으로 열악한 환경에서 성장하는 자녀들은 학교에서 소통되는 정교한 코드의 언어와 구별되는 제한적 코드의 언어를 사용하기 때문에 학교에 적응하지 못하고 뒤처지는 것으로 설명한다. 이러한 논리를 바탕으로 한다면, 다문화 학생들이 학교 교육에 적응하지 못하는 이유는 결국 그들의 가정에서 사용하는 언어가 학교에서 통용되는 한국의 중산층들이 사용하는 언어와 다르기 때문이다.

한국어 사용이 미숙한 외국인 어머니 밑에서 나고 자란 다문화 학생들은 한국의 주류 계층이 사용하는 언어를 미숙하게 사용하기 때문에 학교 적응에 어려움을 보인다. 이러한 학교 부적응은 그대로 학력 격차로 이어져 다문화 학생들이 상급 학교에 진학하거나 좋은 직업을 선택할 수 있는 기회에서 점점 멀어져 새로운 소외계층으로 밀려날 가능성이 높아지므로 그 문제는 심각할 수밖에 없다.

주지하는 바와 같이 우리 사회에서 다문화 학생들은 대부분 문화적 변경 지대에 있고 저소득층이 많아 사회·경제적으로 어려운 처지에 있다는 점에서 일반 아동에 비해 상대적으로 불리한 출발을 하게 된다. 이들 다문화 학생들이 한국 사회와 학교 교육 시스템에 적응하는 과정에서 겪고 있는 어려움은 이 절에서 정리한 바와 같이 크게 학업 부진, 집단 따돌림 등의 정서적 충격 경험, 정체성 혼란 등으로 요약된다(오성배, 2005; 조영달 외, 2006; 원진숙, 2008).

사실 다문화 학생들이 겪고 있는 이 모든 어려움의 중심에는 언어의 문제가 깊이 개입되어 있다. 언어 문제는 학령기 다문화 학생에게 학교 공동체 구성원들과 소통하기 위한 도구일 뿐만 아니라, 범교과적으로 모든 교과의 교수·학습을 매개하는 도구로서 학교에서의 적응을 돕는 토대가 된다. 더 나아가 언어는 자신이 누구인지에 대한 자아정체성 확립 차원에서도 매우 중요한 의미가 있다. 어떤 언어를 사용하는가에 따라 그 사람이 누구인가가 결정되기 때문이다.

어느 사회에서나 그 사회가 지닌 중핵적인 지식과 가치 체계는 학교에서 정교화된 언어 코드로 된 문식성 교육을 통해 전수되게 마련이고, 학습자들은 이러한 학교 교육을 통해 문식력을 획득함으로써 그 사회의 유능한 일원으로 성장하게 된다. 문식성(literacy)이란 가장 단순하게는 글을 읽고 쓸 수 있는 능력을 의미한다. 그러나 이 문식성은 단순히 읽고 쓰는 기능을 넘어서 특정한 사회적 맥락 안에서 그 사회가 요구하는 기능을 수행하고 그 속에서 자신의 지식과 잠재력을 개발하기 위해 문자를 활용하는 능력이다. 뿐만 아니라 세상과 소통하는 힘이라는 점에서 한 개인의 자아실현은 물론이고 능동적인 사회참여를 가능하게 하는 원동력으로 작동한다. 결국 학교 교육을 통해서 읽고 쓰는 능력으로서의 문식력을 갖게 된다는 것은 단순하게 글자를 안다는 것 이상의 의미를 지닌다는 말이다. 파울루 프레이리(Paulo Freire, 1970)는 그의 저서 『페다고지(Pedagogy of the Oppressed)』에서 글을 읽고 쓰지 못하는 사람은 가장 빈한한 사람, 힘없는 사람, 억압받는 사람이며 이러한 문맹(illiterate)을 양산하는 것이야말로 사회적인 불평등이라고 보았다. 글을 읽는다는 것은 단순하게 글자를 읽는 것이 아니라 자기가 살고 있는 세상을 읽어내는 힘을 의미하기 때문이다.

바로 이러한 이유로 다문화 학생들의 언어 문제는 특히 조기에 교육적으로 적극 지원해 주어야 하는 매우 시급하고도 절박한 문제이다. 이러한 문제들을 조기에 해결하지 못할 경우 우리는 머지않은 장래에 새로운 소외 계층의 형성, 양극화 심화, 인종 갈등과 같은 심각한 사회 문제에 맞닥뜨리게 될 것이기 때문이다. 다문화 학생들이 언어로 인한 차별과 불이익을 받지 않도록 적극 지원하고 건강한 사회 구성원으로 성장할 수 있도록 돕는 일은 사회통합 차원에서 매우 중요한 의미가 있다. 공적 영역에서 통용되는 언어를 읽고 쓸 수 있는 문식력을 갖는다는 것은 이 세상에서 살아갈 수 있는 힘을 갖게 된다는 의미일 뿐만 아니라 우리 사회에서 시민으로서 마땅히 누려야 할 권리와 자유를 보호받으며 살기 위한 최소한의 전제 조건이기 때문이다.

2. 다문화 학생을 위한 이중언어교육

1) 두 가정 이야기

다음에 제시한 〈예시 자료 5〉와 〈예시 자료 6〉은 한국에 거주하면서 자녀를 키우는 이주 배경의 다문화가정 어머니가 이중언어로 자녀를 양육하는 문제에 대한 서로 다른 인식과 태도를 보여준다.

〈예시 자료 5〉
아이가 생김새나 피부색이 다르니까 학교에서 아이들이 많이 놀리나 봐요. 처음 학교에 갔을 때는 매일 학교 가기 싫다고 울었어요. 학교 모임에 엄마가 가는 것도 많이 싫어하는 것 같아요. 내가 한국말 못하니까…아이가 이제 한국말 잘하게 되니까 집에서 내가 우리나라 말로 이야기하는 것 싫어해요. 나도 아이가 한국말 잘하는 것 원하니까 우리나라 말 잘 안 해요. 아이들이 아빠한테만 무슨 말 자꾸 하는데 나는 이해하지 못해요. 자꾸 물어보고 싶지만 미안하고…엄마가 말을 잘 하면 좋은데…. (○○ 초등학교 김○○ 학생 인도네시아인 어머니 인터뷰 내용)

〈예비 자료 6〉

서는 나문화가성 아이들이 훨씬 똑똑하고 활발한 것 같아요. 무모가 서로 멀리 떨어진 나라 사람인 경우에 아이들이 훨씬 똑똑하다는 연구 결과를 본 적이 있어요. 우리 아이를 봐도 그런 것 같아요. 말도 잘하고 반응도 확실하다고 학교 선생님이 칭찬을 많이 해요.

저는 아이가 세 살부터 집에서 중국어로만 이야기하고 있어요. 한국어는 어차피 집 밖에만 나가면 어디서나 배울 수 있으니까요. 집에서 한국어로 말하면 내가 못 들은 척하고 대꾸를 안 해요. 딸은 할 수 없이 중국어로 말했어요. 안 그러면 밥도 못 얻어먹으니까. 딸아이가 여덟 살인데, 덕분에 지금은 두 개 언어를 완벽하게 잘해요. 외할머니, 외할아버지와도 물론 중국어로 전화도 잘하구요.

저는 엄마 역할이 참 중요하다고 생각해요. 엄마가 자신감과 자부심을 가지고 살면 아이가 아무 문제가 없어요. 이런 자부심은 엄마가 가르쳐주어야 해요. 우리 아이는 엄마를 늘 자랑스러워하고, 친구들에게 "우리 엄마는 중국 사람이에요. 그런데 한국말도 참 잘해요." 이렇게 자랑해요. 아이가 절 자랑스러워 하니까 아이 친구의 한국 엄마들도 다 저랑 친하게 지내고 싶어 해요. 중국어와 중국 문화도 배우고 싶어 하고요. (○○○, 중국, 34세, 결혼 9년차)

〈예시 자료 5〉에서는 한국 사회에 언어적·문화적으로 충분히 적응하지 못한 인도네시아 출신 외국인 어머니가 자녀의 문화 적응을 위해 자신의 모국어 사용을 삼간 채 제한된 수준의 한국어로만 자녀를 양육하면서 자녀와 소통의 어려움을 겪는 모습을 보여준다. 반면 〈예시 자료 6〉에서는 자녀에게 어릴 때부터 자신의 모국어인 중국어와 한국어를 통한 이중언어교육을 적극적으로 실천하고 있는 한 중국인 어머니의 모습을 볼 수 있다. 이 두 가정의 사례는 어머니의 언어, 즉 자신의 뿌리의 기반이 되는 모어(母語)를 자녀에게 가르치는지의 여부가 자녀와 어머니의 관계는 물론 자녀의 정체성 확립에 미치는 영향을 보여준다는 점에서 시사하는 바가 크다.

〈예시 자료 5〉에서는 어머니의 언어를 배우지 못한 채 한국어가 서툰 외국인 어머니와 제한된 수준의 한국어로만 소통을 하면서 성장하는 자녀는 엄마가 학교 모임에 오는 것을 싫어할 정도로 어머니의 존재를 부정하는 모습을 보여준다. 대개 어머니의 언어와 문화를 배우지 못한 채 성장하는 자녀들은 어머니와의 소통은 물론 부모 자식 간의 관계 맺기에서도 상당한 어려움을 겪게 된다. 대부분의 다문화가정 자녀들은 학교 교육을 통해서 금방 한국어를 유창하게 습득하는 반면 외국인 어머니의 한국어 능력은 그대로 멈춰버리기 때문이다. 이러한 경우, 다문화가정 자녀들이 특히 사춘기 등을 경험하면서 가정에서 부모가 제공하는 정서적 지지를 경험하지 못해 극심한 혼란과 그 어느 쪽의 문화에도 속하지 못한 채 고립되는 정체성의 위기를 겪을 우려가 높다. 언어는 일차적으로 의사소통의 도구이기도 하지만 '나는 누구인가'에 대한 자아정체성을 형성하는 데 있어 매우 중요한 도구이기 때문이다.

반면 〈예시 자료 6〉에서는 가정에서 어머니의 모어인 중국어와 중국의 문화를 교육받고 학교생활을 통해서 한국의 언어와 문화를 배우며 성장하는 자녀가 두 개의 언어와 문화를 모두 잘하게 됨으로써 건강한 자아정체성을 형성하는 것은 물론 자신감이 넘치는 아이로 잘 성장할 수 있음을 보여준다. 가정에서 이중언어교육을 실천할 경우, 부모는 자신의 뿌리를 이루는 모어로 자녀를 양육함으로써 부모로서의 리더십을 발휘하고 자녀에게 두 개의 언어와 문화를 자산으로 물려줄 수 있게 된다. 이때 아이들은 어머니의 언어를 잘하게 됨으로써 어머니를 자랑스럽게 생각하고 건강한 자아정체성을 갖게 된다.

저우(Zhou, 1997)는 이주국의 언어와 모국어 둘 다 유창하게 하는 아동이 적응력이 높음을 지적한다. 두 개의 언어를 사용함으로써 가정에서 민족적 정체성은 물론 학교로 대표되는 주류사회의 정체성을 함께 유지·신장해 나갈 수 있게 된다는 것이다.

또한 사회통합 차원에서도 다문화 학생의 교육 격차를 예방하기 위해 최우선적으로 요구되는 것은 결국 언어교육의 문제라 할 수 있다. 어느 사회든 그 사회가 지닌 중핵적 가치 체계는 학교에서 통용되는 정교한 코드로서의 언어를 교육함으로써 전수되게 마련이다. 그리고 학생들은 학교 교육을 통해서 그러한 언어를 학습하면서 그 사회의 유능한 일원으로 성장한다. 공교육 안에서 다문화 학생들을 위한 언어교육 문제를 더 적극적으로 지원해야 하는 이유가 여기에 있다. 출발선상에서부터 사회적으로 충분한 혜택을 누리지 못하는 이들 문화적 소수자들에게 한국 사회의 건강한 일원으로 뿌리를 내리고 살아갈 수 있는 힘을 주어야 하는 것이다.

2) 이중언어교육의 필요성

학업 부진, 가정 내 소통 및 정서적 지지 부족, 정체성의 혼란 등 다문화 학생들이 겪는 이러한 언어적 어려움은 관점에 따라서 사회 통합을 저해하는 사회 문제가 될 수도 있지만, 반대로 우리 사회를 더욱 풍요롭게 만드는 사회적 자원이 될 수도 있다. 만일 이들 다문화가정 학생들에게 이중언어교육을 통해 어머니의 언어를 함께 가르칠 수 있다면 이들의 언어적 배경은 건강한 자아정체성 확립에 긍정적으로 이바지할 수 있을 뿐만 아니라 국가적으로도 장차 그들의 모국과 우리 사회를 연결할 수 있는 교량 역할을 하는 우수한 인적 자원으로 성장할 수 있는 바탕이 된다.

이를 위해서는 다문화가정 자녀들의 문화적 배경이나 언어적 배경을 충분히 고려하고 배려하여 이중언어교육을 시행하는 방안을 모색하는 것이 바람직하다. 이중언어교육(bilingual education, 二重言語敎育)이란 '두 개의 언어 능력을 가질 수 있도록 하는 교육' 또는 '두 개의 언어를 통한 교육'의 의미를 내포하고 있다. 전자가 이중언어교육이 궁극적으로 도달하고자 하는 목표에 초점을 맞춘 개념 정의라면, 후자는 '교육 방법' 혹은 '교수 전략'으로 보는 도구적 관점의 개념 정의라 할 수 있다. 즉, 이중언어교육이란 학습자의 제1언어인 모어를 지속적으로 유지·발전시키고, 목표 언어인 제2언어의 학습을 동시에 강조하면서, 이 두 개의 언어를 통해 여러 교과의 교육을 베푸는 언어교육 접근법이라 할 수 있다(Ovando, Combs, & Collier, 2006: 9).

다문화가정 자녀들이 이중언어를 구사하면, 가정에서 부모가 쓰는 언어로 의사소통을 할 수 있다. 그럼으로써 부모는 자녀교육 리더십을 발휘하여 자신의 문화적 전통을 소중한 자녀에게 계승해 줄 수 있고, 긴밀한 부모 자녀 관계를 형성할 수도 있게 된다. 또한 이중언어를 사용하면 다른 지역에 살면서 다른 언어를 구사하는 외가 쪽의 조부모와 친척들과도 소통할 수 있게 된다. 소통이 가능해지면 그 가족 안에서 소속감과 일체감이 형성됨은 물론 다양한 전통과 관념,

사고방식, 행동방식에 친숙해짐으로써 두 개의 문화와 세계를 경험할 수 있게 된다. 그 결과 차이를 포용하고 문화의 다양성을 이해할 수 있다. 뿐만 아니라 이중언어를 구사하면 인지적인 면에서 보다 유연하고 창의적으로 사고할 수 있으며, 경제적인 측면에서도 장차 더욱 광범위한 직업 선택의 기회를 가질 수 있을 것이다.

이러한 이중언어교육의 효용성은 이미 많은 연구를 통해서 뒷받침되고 있다. 좀 오래된 연구 결과이긴 하지만 필과 람베르트(Peal & Lambert, 1962)는 이중언어 사용자들이 단일언어 사용자들에 비해 인지적 유연성이 뛰어나고, 지능 발달 및 학업 수행 면에서 우수한 결과를 보여주고 있음을 보고한 바 있다. 비알리스토크와 크레이크(Bialystock & Craik, 2010)도 이중언어가 아동의 인지능력, 상위 언어능력, 어휘력, 사고력 등에 긍정적인 영향을 미치고 있음을 보여준다. 파리 등(Paris et al., 2012)도 역시 이중언어 사용이 인지 발달, 사회성 발달, 정서 발달에 긍정적 영향을 미친다고 주장하였다.

학교에서 자신의 제1언어와 현지어 이렇게 두 개 언어를 통한 이중언어 교육을 받은 소수민족의 아동들은 실제로 자신의 정체성을 인정받고 자긍심을 갖게 돼 학습 의욕도 높고 학업성취도도 높은 것으로 나타났다. 라미레스 등(Ramirez et al., 2009)은 이중언어 학습자가 단일언어 사용자에 비해 긍정적 자기 정체성과 자긍심이 높고, 학업성취가 뛰어나며, 일탈 및 비행 정도가 현저히 낮다고 보고하고 있다. 또한 필모어(Fillmore, 1991)는 이중언어 사용이 부모의 자녀 양육과 정서적 유대감 형성에 긍정적 영향을 줄 수 있다고 설명한다. 이렇듯 이중언어교육은 소수민족 아동들의 긍정적인 자아정체성 형성 측면에 매우 긍정적인 영향을 미친다는 점에서 그 교육적 효용성을 확인할 수 있는 연구 보고들이 많다는 점에 주목할 필요가 있다.

다중 민족, 언어, 문화를 운운하지 않더라도, 한 개인이 한 가지 이상의 언어를 잘할 수 있게 된다면 그 개인뿐만 아니라 사회가 그만큼 더 큰 힘을 갖게 되는 것이다. 좋든 싫든 지금은 전 세계가 치열하게 경쟁하고 상호협력하는 개방적 국제화 시대로서, 비록 개인적으로나 국가적으로 단일언어 환경에 살고 있다 하더라도 정치적·경제적·외교적·사회적·문화적인 이유로 두 개 이상의 언어를 구사해야 하는 경우가 많다(박영순 1997: 35). 이미 우리가 사는 세계는 국가

간의 무역 장벽이나 경계가 무너지고 협력이 늘어나고 관계가 밀접해짐에 따라 많은 분야에서 이중언어 혹은 다중언어 구사자들을 필요로 하고 있다.

요컨대 두 개의 언어에 통달하도록 돕는 이중언어교육은 다문화가정 학생들의 문화적 정체성을 유지하면서 주류사회의 학교 환경에서 자신감을 가지고 공부할 수 있도록 힘을 부여해 주는 매우 가치 있는 교육적 대안이다. 오늘날과 같은 다인종·다문화 사회에서 소수민족이 생존할 수 있는 방법은 주류사회의 일원으로 동화되는 것이 아니라 자민족 문화의 정체성을 가지고 개성 있는 일원으로 조화롭게 공존하는 것이다. 이런 의미에서 다문화가정 자녀를 위한 이중언어교육은 한국어 숙달도를 높여 우리 사회의 건강한 일원으로 적응할 수 있게 할 뿐만 아니라 자신의 배경이 되는 언어와 문화를 유지하고 보존할 수 있게 돕는다. 이로써 다문화 자녀는 자신의 정체성을 확립하고 부모와 원활하게 소통하는 것은 물론, 장차 그들의 모국과 우리 사회를 연결하는 우수한 인적 자원으로 성장할 수 있다.

다문화를 일찌감치 경험한 대표적인 다문화 국가인 미국도 1968년 이중언어교육법(Bilingual Education Act)이 개정되기 전까지는 단일언어교육을 시행했다. 비표준영어를 사용하는 소수민족 아동들로 하여금 하루 빨리 주류 계층의 언어를 배우게 해 미국 사회에 적응하도록 돕겠다는 배려 차원의 언어 정책이었음에도, 결과는 실패였다. 소위 '용광로(Melting Pot)'로 비유되는 동화정책[1]에 입각해 소수민족 아동들에게 막대한 예산을 들여 표준영어를 가르치려 했지만, 상당수의 학생들이 학교생활에 적응하지 못하고 중퇴를 하거나 사회의 문제아로 전락해 버렸기 때문이다. 표준영어만을 인정하고 가르치는 정책은 소수민족 학생들에게 자신의 모어를 부정하고 주류 계층의 언어만을 강요하는 것으로 비춰

---

1   일반적으로 다문화교육 정책은 용광로 정책과 샐러드 볼 정책으로 구분된다. 용광로 정책 (melting pot policy)이란 다양한 인종과 민족을 용광로에 녹여 하나의 새로운 동질 문화를 형성하려는 이상을 바탕으로 한다. 이민 국가인 미국이 이민자들을 대상으로 적극적인 영어교육과 다문화교육을 통해 다양한 민족과 문화를 하나로 통합하는 정책을 표방해 온 것이 대표적인 사례이다. 반면 샐러드 볼 정책(salad bowl policy)이란 각각의 야채가 그 자체로 접시에 담겨 있지만 각각의 모양과 맛을 유지하는 것처럼 한 사회를 구성하는 다양한 집단의 문화를 그 사회를 더욱 풍요롭게 발전시킬 수 있는 가치 있는 사회적 자원으로 인식하는 관점에 기반한 정책이라 할 수 있다.

져, 도리어 학교생활을 위축시키고 적응하지 못하게 만들어버렸던 것이다.

미국이 1968년에 이중언어교육법을 시행하게 된 사회적 배경은 바로 이러한 문제에 대해 현실적 대안을 모색한 결과였다. 이중언어교육은 소수민족 출신의 아동들에게 자신의 모어와 표준영어라는 두 개 언어를 함께 교육함으로써 학교에서 더 나은 출발을 할 수 있게 하자는 것이었다. 원래 대부분의 이중언어교육 정책은 전환적 이중언어교육(transitional bilingualism)에서 첨가 보존적 이중언어교육(additional-maintenance bilingualism)으로 발전하게 된다. 초기에는 동화를 목표로 소수민족 아동들이 표준영어를 완전히 익히고 학교에 적응하게 되는 이삼년간만 과도기적으로 모어로 교육하다가 점차 모어와 영어를 함께 통달하도록 교육하는 것이다. 소수민족의 아동들은 자신의 제1언어와 표준영어라는 두 개 언어를 함께 교육받음으로써 자신의 정체성을 인정받고 자긍심을 갖게 된다. 그 결과 학습 의욕도 높아지고 학업성취도도 향상되어 건강하고 유능한 사회인으로 성장할 수 있게 된다(박영순, 2007).

하지만 이중언어교육을 반대하는 의견도 만만치 않다. 이중언어교육이 학생들을 더욱 혼란스럽게 하고 그들의 인지적 성장을 오히려 방해할 수 있다는 것이다. 이에 대해 커민스(Cummins, 1979/1991)는 학습자의 제1언어와 제2언어의 숙달도는 서로 밀접한 관련성이 있으며, 제1언어의 공고한 토대가 제2언어를 더 쉽고 빠르게 배울 수 있도록 지원하는 토대가 될 수 있다는 상호의존 가설을

Box 1 이중언어교육 프로그램의 유형들

1) 전환적 이중언어교육(transitional bilingualism)
과도기적 이중언어교육이란 이제 막 이주해 온 이민자의 자녀들이 목표 언어에 익숙해질 때까지 1~2년 정도 제한된 기간 동안만 과도기적으로 자신의 모국어로 교육하는 동화정책 차원의 언어교육 접근법이다. 소수민족 학습자들은 과도기적 이중언어교육을 통해서 1~2년간 언어적 완충 지대에서 목표 언어에 능숙해지면서 자연스럽게 자신의 모국어를 서서히 상실하게 된다.

2) 유지 보존적 이중언어교육(maintenance bilingualism)
유지 보존적 이중언어교육이란 목표 언어를 배우면서 동시에 학습자 자신의 모국어 교육을 지속적으로 병행함으로써 유지·보존할 수 있도록 하는 형태의 교육 방식이다.

3) 강화적 이중언어교육(enrichment bilingualism)
강화적 이중언어교육이란 제1언어와 제2언어 모두에서의 언어적·인지적·학문적 발달을 도모하는 형태의 교육 방식으로 궁극적으로 이중언어 능력과 학업성취도를 높은 수준으로 신장시킬 수 있다는 강점이 있다.

주장한 바 있다. 이러한 주장은 소수민족 아동의 제1언어를 유지·발전시켜주는 것이 제2언어의 숙달도를 높이는 데 도움이 된다는 입장을 강력하게 지지한다. 이중언어교육에 관한 이러한 제반 관점들을 고려한다면, 다문화가정 자녀들의 제1언어는 학교생활 적응을 저해하는 방해 요인이 아니라 학습자 개인의 인지 능력을 극대화하는 매우 가치 있는 자산인 셈이다.

박영순(2008)은 이러한 이중언어교육의 원리로 모든 아동은 부모의 재산이나 직업, 인종과 관계없이 평등한 교육 기회를 가져야 한다는 '평등의 원리', 이중언어교육은 인권(human right)의 차원에서 실행되어야 한다는 '인권의 원리', 사람은 누구나 교육적 환경과 여건만 제대로 마련해 주면 여러 개의 언어를 습득할 수 있다는 '개인의 능력 개발 극대화 원리'를 들고 있다.

이중언어교육 실시의 이유로 국제적 경쟁력 향상이나 교육의 평등성 원리 확대 등이 부상하게 된 배경에는 이중언어를 보는 관점의 변화가 의미 있게 작용하고 있다. 베이커(Baker, 1996: 353-359)에 의하면, 다중언어 사회에서 종래에는 언어를 하나의 사회적 문제로 보던 관점에서 인간의 권리로 보는 관점으로 바뀌었다. 즉, 모든 인간은 누구든 자유롭게 자신의 배경이 되는 언어를 배울 수 있는 기본 권리를 가져야 한다. 실제로 유네스코나 유럽 공동체의 헌장에는 소수민족들이 자신의 언어를 보존하고 발달시킬 수 있는 권리가 있음을 명기하고 있다.

다언어, 다문화사회 환경에 놓인 아동들에게 두 개 이상의 언어에 통달하게 도와주는 것을 본질로 하는 이중언어교육은 다문화가정 아동들이 자신의 문화 정체성을 유지하면서도 주류사회의 학교 환경 속에서 자신감을 가지고 공부할 수 있는 힘을 길러주는 가치 있는 교육적 대안이 될 수 있다.

3) 다문화 학생을 위한 이중언어교육의 실천 사례

이중언어교육은 자녀가 어릴 때부터 가정에서 양쪽 언어를 사용하는 부모의 세심한 관심과 격려 속에서 자연스럽게 이루어지는 것이 바람직하다. 그렇지만 아직 우리나라 대부분의 다문화가정에서는 이중언어교육에 대한 인식 부족으로 제대로 이루어지지 못하는 실정이다. 하지만 교육부는 공교육 차원에서 다

학교에서 이중언어교육을 도입하여 다문화 학생의 직업교육을 통한 사회진출을 돕는 서울다솜관광고등학교 사례. 서울다솜관광고등학교는 전국 최초의 다문화 고등학교 학력인정 대안학교로, 컴퓨터미디어학과·호텔관광학과 전문교육을 통해 학생들의 취업과 사회진출을 이끌어주고 있다.

문화 학생을 위한 이중언어교육의 필요성을 인식하고 2009년부터 이중언어 강사 제도를 도입하여 실행하고 있다. 다문화를 배경으로 하는 고학력 결혼이주 여성을 이중언어 강사로 선발·양성하고 일선 학교에 배치하여 이중언어교육 및 다문화 이해교육을 실시하고 있다.

이 제도는 다문화 학생들의 어려움을 근본적으로 해결하는 데 이주 부모의 출신국 언어를 교육하는 이중언어교육이 바람직한 대안이 될 수 있다는 인식과 이러한 교육의 적임자로서 고학력 결혼이주 여성을 활용함으로써 이들의 사회참여도 끌어낼 수 있다는 취지에서 출발하였다. 이중언어 강사 양성 및 배치 사업은 2009년 처음 서울시교육청 특별교부금사업의 형태로 서울교육대학교 다문화교육연구원과 연계하여 시작된 이후, 2017년 현재 전국적으로 총 425명의 이중언어 강사들이 일선 학교에서 활동하고 있다.

이전의 다문화가정 지원정책이 결핍 이론의 관점에서 이들의 약점을 보완하는 차원의 정책 지원이었던 것과 달리 이중언어 강사 제도는 '강점 모델'에 기반을 두어 고학력 결혼이주 여성이 지닌 강점인 이중언어 구사 능력과 다문화 역량을 계발하고 이들이 우리 사회의 당당한 일원으로 사회활동에 참여할 수 있도록 교육과 취업을 연계한 교육정책이었다는 점, 고학력 결혼이주 여성들이 그들의 역량을 발휘하여 다문화 배경 학생들이 겪는 기초학력 부진, 학교 부적응, 정체성 혼란 등의 어려움을 줄여줄 수 있는 근본적인 대처 방안으로 도입되었다는 점, 공교육 시스템 안에 다문화가정 부모의 출신국 언어를 교육하는 이중언어교육을 제도적으로 지원할 수 있는 교두보를 마련했다는 점에서 매우 바람직한 다문화정책이라는 평가를 받아왔다. 한국에서 이루어지고 있는 이중언어 강사 제도를 통한 이중언어교육은 엄밀한 의미에서 아직 본격적인 이중언어교육이라 보기 어렵지만, 다문화 배경 학생들의 모어를 통해 초기 학교생활 적응과 최소한의 교과 학습에 대한 접근을 가능하게 한다는 점에서 큰 의미가 있다.

이중언어 강사는 학교에서 수업의 협력자로서 중도입국 학생 등 한국어를 처음 접하는 다문화 배경 학습자에게 적정 수준의 이해 가능한 입력을 제공해 주는 인지적 측면의 비계 지원자 역할은 물론, 낯선 언어를 통해 학습하는 데서 생길 수 있는 부담을 최소화함으로써 학습자의 정서적 안정을 도모해 주는 역할을 수행하고 있다. 또한 이들 이중언어 강사는 다문화 배경 학생의 부모 나라 언어 및 문화 지도, 학교생활 지원을 통한 한국어교육, 학습보조, 다문화가정 학부모 통역 지원, 다문화 학생 상담, 다문화 학생 교육활동과 관련된 업무 지원 등을 통해 다문화 학생 지원 업무뿐만 아니라 일반 학생의 다문화 이해교육과 제2외국어교육 등 다양한 업무를 수행하면서 학교 교육 현장에서 매우 긍정적인 평가를 받고 있다.

(1) 경기도 가평군 미원 초등학교의 사례

우리나라에서 일찍부터 다문화 학생을 위한 이중언어교육을 성공적으로 실천해 온 사례로 경기도 가평군 설악면 소재 미원 초등학교를 들 수 있다. 미원 초등학교는 소규모 농촌 학교로 지역적 특수성으로 통일교인의 유입이 많아 전교생 346명 가운데 다문화 학생이 무려 50%에 달하는 학교이다.

미원 초등학교는 2006년부터 3년간 교육과학기술부 지정 다문화교육정책 연구학교로 지정되어 주로 방과 후 수업 시간에 한국어와 영어, 일본어를 중심으로 하는 이중언어교육을 실시하여 매우 성공적인 성과를 거두었다. 다언어·다문화를 배경으로 하는 외국인 학부모 인력을 십분 활용한 결과였다. 미원 초등학교는 다양한 언어를 배경으로 하는 학생들을 위한 교육 기회의 평등, 이중·다중언어 능력 함양을 위한 학생 중심 교육, 모든 학생들의 융합에 기여하는 학

경기도 미원 초등학교에서의 방과 후 이중언어 수업 장면

교 공동체, 경쟁이 아닌 조화로운 공존을 지향하는 이중언어 학교를 목표로 주로 다음과 같은 세 가지 방향에서 이중언어교육을 실천해 왔다.

- 다문화교육 및 이중언어교육을 위한 인프라를 구축한다.
- 다문화가정과 일반가정 아동을 대상으로 다양한 다문화 이해교육을 실시한다.
- 다문화 학생의 이중언어 사용 활성화를 위한 다양한 교육 활동을 전개한다.

① 이중언어교육을 위한 인프라 구축
- 다문화 학생을 위한 실내 환경 조성
  - 다문화교육 및 이중언어교육 코너 마련, 한국어·일어·영어 3개 언어로 학교 시설 안내 표지판 병기 및 안내 방송 실시
- 다문화 학생과 일반 학생의 통합 학급 운영
- 다문화교육 능력 향상을 위한 교원 연수
- 다문화교육 및 이중언어교육 이해를 위한 학부모 연수 실시
- 다문화 학생 상담 프로그램 운영

- 다문화 학생을 위한 이중언어교육 관련 홈페이지 구축
- 다문화 학생을 위한 교육 공동체의 지원 체제 구축

② 다양한 다문화 이해교육 실시
- 다문화가정 학부모를 위한 한국어교실 운영
- 방과 후 시간을 활용한 주제 중심 한국어교실 운영
- 외국인과 함께 하는 문화교실(Cross Cultural Awareness Program: CCAP)
- 현장학습 등을 통한 다양한 문화 체험 활동
- 다문화 관련 영화 만들기―〈친구를 위하여〉

③ 이중언어 사용 활성화를 위한 다양한 교육활동 전개
- 매월 놀토에 다문화교육 및 이중언어 체험학습일 운영
  – 노래, 놀이, 다양한 활동 등을 통한 이중언어교육, 이중언어 역할극, 책
    만들기, 영화 만들기 활동 등
- 학부모 명예교사제를 활용한 방과 후 영어·일본어 교실 운영
- 미원 가족 외국어 경연대회
- 이중언어 인증제 실시
- 다문화가정을 위한 외국어 안내자료 발간 및 활용
- 이중언어교육을 위한 미원 어린이 방송국 운영

(2) 일선 학교에서 이중언어 강사 배치를 통한 이중언어교육 실천 방안

① 개별화된 이중언어 지도 프로그램

이 유형은 이제 막 한국에 이민 온 다문화 학생이 학교 안에 별도의 KSL 학급이나 방과 후 프로그램이 없는 상태에서 일반 학급에 배치되어 일반 수업을 받아야 할 경우에 적합한 프로그램이다. 이러한 상황에서 어려움을 겪고 있는 다문화 학생들에게는 이들이 한국어에 익숙해질 때까지 과도기적으로 그들의 모국어를 통해서 수업을 이해할 수 있도록 이중언어 강사가 곁에서 언어적 비계를 제공해 주는 것이 필요하다. 또한 일반 학급 안에서 한국어로 이루어지는 집

이중언어 강사에 의한 개별화된 이중언어 지도 장면

중 수업을 따라가지 못하는 다문화 학생들을 위해서도 이중언어 강사가 일대일 개별지도를 통해 교과 내용을 이해할 수 있도록 도움을 줄 수 있다. 요컨대 개별화된 이중언어 지도 프로그램은 다문화 학생들에게 자신의 모국어를 사용할 수 있도록 허용함으로써 목표 언어인 한국어 소통 능력을 신장시키고 그 학년 단계에서 이루어져야 할 교과 학습의 결손을 막을 수 있도록 하는 프로그램이라 할 수 있다.

② 방과 후 양방향 이중언어교육 프로그램

원래 양방향 이중언어교육(two way bilingual education)이란 소수언어계 아동과 일반 학생의 언어를 결합하여 가르치는 방식으로 두 그룹은 각각 서로의 언어를 함께 배울 수 있다는 이점이 있다. 이를 한국적 상황에 맞게 원용한다면, 일본어나 중국어를 배우고 싶어 하는 일반 아동과 이들 언어를 배경으로 하는 다문화가정 자녀를 방과 후에 함께 가르치는 학급을 개설해서 자연스럽게 일본어와 한국어, 또는 중국어와 한국어를 양방향으로 함께 가르치는 것이다.

이러한 양방향 이중언어교육 프로그램은 방과 후 프로그램의 부정적인 측면은 줄이면서, 일반 학생들에게는 또 다른 언어를 배우는 첨가적 이중언어교육

이중언어 강사가 진행하는 다문화 이해 수업을 겸한 양방향 이중언어 수업 장면

(additional bilingual education)이 되고, 다문화 학생들에게는 자신의 배경이 되는 언어를 배우면서 자신의 뿌리인 언어와 문화에 대한 자부심을 바탕으로 긍정적인 자아정체성을 형성하는 강화적 이중언어교육(enrichment bilingual education)이 될 수 있다. 또한 단순히 다문화 학생들에게만 효과를 드러내는 '소수자를 위한 프로그램'이 아니라 '모두를 위한 이중언어교육(Bilingual Education for All)'이 될 수 있음을 보여주는 프로그램이라는 데 의미가 있다.

③ 한국인 교사와 이중언어 강사의 협력 수업을 통한 이중언어교육 지원 방안

교과 담당 교사와 이중언어 강사와의 협업(co-teaching)을 통한 교육 방법은 목표 언어인 한국어와 학습자의 배경 언어인 두 개의 언어를 수업의 매개어로 삼음으로써 다문화 학생들이 자신의 모어(L1)를 기반으로 언어와 교과 내용을 함께 학습하게 해준다는 점에서 의미가 있다. 협력적 교수법이란 문자 그대로 둘 또는 그 이상의 교사가 협업을 통해서 한 교실의 학생들을 대상으로 수업을 이끌어가는 것(Hinigsfeld & Dove, 2008)을 말한다. 이러한 협력적 교수법은 원래 특수교육 분야에서 교과 교육과정의 내용과 구조를 잘 이해하는 일반 교과 담당 교사와 특수한 교육적 요구를 가진 학습자를 도울 수 있는 특수교사의 협력에 기반하여 교육력을 강화해 보려는 취지에서 도입된 것이다.

교과 담당 교사와 이중언어 강사가 각각 자신의 전문성을 기반으로 실질적 교수를 실현하는 협력적 교수법은, 중도입국 학생과 같이 언어적 어려움을 겪

는 다문화 학생의 특수한 교육적 요구에 부응하면서 이들이 그 학년 수준에서 꼭 배워야 하는 교과 내용에 접근할 수 있게 해준다는 교육적 효용성이 있다. 교과 담당 교사는 교과 전문성이나 그 학년 수준에 도달해야 할 학습 성취 기준을 잘 알더라도 다문화 학생 자체에 대한 이해가 부족하거나 이들에게 적합한 교수법을 모를 수 있다. 그렇기 때문에 이들 학습자의 교육적 요구에 부응하지 못하는 한계 상황을 이중언어 강사의 비계 지원을 통해 극복할 필요가 있다. 반면 이중언어 강사는 교과에 관한 전문 지식은 없지만 다문화 학생의 특수한 교육적 요구에 부응하는 방법을 잘 알고 있다. 따라서 수업의 협력자로서 낯선 언어를 통해 교과 내용을 학습해야 하는 어려움을 안고 있는 학습자에게 적절한 개념 설명이나 통역 등의 이해 가능한 입력을 제공해 주는 인지적 측면의 비계 지원자 역할을 해줄 수 있다. 또한 이중언어 강사는 다문화 학생과 비슷한 다문화 배경을 가지고 있으며, 이중언어를 구사할 수 있다는 그 자체로 학생들에게 심리적·정서적 안정감을 줄 수 있다. 뿐만 아니라, 학생들이 어려워하는 것이 무엇인지를 잘 알기 때문에 이들을 보다 효율적으로 지도할 수 있다는 강점을 지닌다.

이중언어 강사와의 협력적 교수법은 이주 배경의 다문화 학생의 긍정적 자아정체성 형성에도 기여할 수 있다. 학습자가 가장 처음 배운 언어이면서 가장 잘할 수 있는 모어(L1)는 그들의 자존감이나 자아정체성과 직결된다는 점에서 매우 특별한 의미를 지닌다. 새롭게 적응해야 하는 낯선 학교에서 이주 배경 학습자의 배경 언어인 모어를 사용하는 것은 그 자체로 학습자의 자존감을 고양시켜줌으로써 자신의 배경이 되는 문화와 새로 접하게 되는 문화 모두에 대한 긍정적인 자긍심을 갖게 해주기 때문이다(Guthrie, 2004). 이렇게 이중언어 강사와의 협력적 교수에 기반한 교육 방법은 제한적으로나마 현실적으로 매우 바람직한 대안이 될 수 있다. 이주 배경 다문화 학생들이 낯선 학교 적응 과정에서 그들의 모어를 유지하고, 그 학년 수준에서 배워야 할 교과 내용을 공부할 수 있는 학습권을 보장해 줄 수 있기 때문이다.

학습자의 모어를 가치 있는 것으로 받아들이기

다문화 학생들이 새롭게 제2언어를 배우는 일은 자신의 자아정체성을 배경으로 한 심리적 동기가 학습의 성패를 좌우할 만큼 중요하다. 따라서 생태학적으로 학습자의 모어를 유지할 수 있게 하면서도 새로운 목표 언어인 한국어를 자연스럽게 학습할 수 있는 교수·학습 환경을 구축해 주어야 한다. 교사는 이를 위해 다문화 학생의 모어와 모문화를 가치있는 것으로 인정해 주고 배려하는 태도를 견지할 필요가 있다.

교실에 다문화 배경 학습자의 출신국 언어로 표기된 간단한 인사말, 문화와 관련된 여러 요소들—지도, 국기, 문화 유산, 의상, 대표적인 음식 등—을 게시판 등에 반영하여 교실 환경을 조성해 주는 것도 한 방법이 될 수 있다. 이러한 배려를 통해 학습자 스스로 소외감을 느끼지 않고 자신의 언어와 문화에 대해 긍정적인 인식을 유지하면서 새로운 학교 상황에 편안하게 적응할 수 있도록 도와줄 수 있다. 또한 일정 기간 그들이 한국어에 익숙해질 때까지는 교수·학습 과정에서 일기 쓰기나 노트 정리도 자신의 모어로 할 수 있도록 허용한다. 그럼으로써 다문화 학습자들이 교실 공동체의 당당한 구성원으로 목소리를 낼 수 있도록 한다.

이렇게 학습자의 모어와 문화를 가치 있는 것으로 받아들이는 접근법은 그들이 자신의 언어와 문화가 바뀜에서 오는 정체성 혼란과 학습 부진 등을 극복하고, 이전의 학교 교육을 통해 경험하고 축적해 온 배경지식이나 사고력 등을 기반으로 새로운 교수·학습 상황에서 자연스럽게 적응할 수 있도록 해준다.

두 언어의 교류의 양과 질의 균형 맞추기

내국인 교과 담당 교사와 이중언어 강사 두 사람이 협력적 교수 방식으로 접근하는 이 교수·학습 모형에서는 학습자의 모어와 목표 언어인 한국어에 대등한 가치를 부여함은 물론, 두 언어의 교류에서 양과 질의 균형을 유지한다. 일반 교사가 주도하는 내용교과 수업에서 한국어가 미숙한 다문화 학습자들이 한국어 단어를 이해하지 못할 때, 이중언어 강사가 보조적으로 그때그때마다 해당 어휘를 학습자의 모국어로 단순 번역해 주는 수준이 아니라, 두 사람의 교수자가 서로 대등한 위치에서 각자의 전문성을 발휘하여 모든 교육과정—수업을 계획하고, 실행하고, 평가하는—안에서 두 언어의 교류의 양과 질의 균형을 유지하면서 수업의 책무성을 나누어 갖도록 한다.

수업의 교수·학습 목표 수준, 교육 내용, 수업 자료, 학습활동 과제, 수업의 주요 단계별로 담당해야 할 각각의 역할 분담, 평가 방법 및 피드백 제공 방식 등에 대한 문제들을 계획하기 단계에서 사전 협의 과정을 통해 공유한다. 그리고 두 언어의 교류의 양과 질의 균형을 맞춤으로써 다문화 학생들이 자신의 모어를 유지, 발전시키면서 목표 언어인 한국어와 교과 내용을 자연스럽게 학습할 수 있도록 한다.

이해 가능한 입력 제공하기

학습자들은 이미 알고 있는 지식을 바탕으로 새로운 지식을 받아들인다. 그렇기 때문에 입력을 제공할 때는 학습자의 흥미를 유발할 수 있을 만큼 새로우면서도 학습자의 선행 지식과 관련된 이해 가능한 입력을 유의미하고 유목적적인 방식으로 제공해야 한다. 크라센(Krashen, 1985)은 제2인어는 학습자가 '이해 가능한 입력(comprehensible input)'을 받아들일 때 습득된다고 보았다. 이해 가능한 입력이란 학습자가 가지고 있는 선행 지식(i)과 관련이 있으면서 뭔가 새로운 지식을 더함(i+1)으로써 이루어지는 것으로, 학습자의 습득을 유발하는 최적화된(optimal) 수준의 입력이라 할 수 있다.

다문화 학생들에게 이해 가능한 입력을 제공하기 위해서는 교육 내용이 학생의 수준과 요구에 맞게 적절히 재조정될 필요가 있다. 일반 교과 담당 교사는 어렵고 복잡한 학습 정보와 개념을 알기 쉽게 전달하는 이해 가능한 수준의 입력 형태로 마련하도록 한다. 주요 핵심 개념을 시각화함으로써 이해를 쉽게 하는 그래픽 조직자, 사진, 삽화, 동영상 등의 보조 자료, 조작 가능한 활동(hands-on activity) 등을 최대한 사용한다. 또한 이러한 교육 내용을 전달할 때도 발화 속도를 천천히 하거나 반복하고, 가급적 쉽고 간단한 어휘로 바꾸어서 쉽게 설명한다. 이를 통해 이중언어 강사와의 협업을 원활히 함으로써 다문화 배경 학생들의 수업 참여도와 이해도를 높인다.

두 개의 언어로 출력하기

이중언어 강사와의 협력적 교수를 통한 수업에서는 학습자들이 생성된 지식을 두 개의 언어로 출력(Targeted Output)해 보는 경험을 갖도록 격려할 필요가 있다. 스웨인(Swain, 1985)은 언어 학습 국면에서 목표 언어를 적절하게 말할 수 있는 기회를 제공해야 한다는 출력 가설의 중요성을 주장한 바 있다. 다문화 학생들은 한국어 실력의 부족으로 교수·학습 과정을 통해 생성된 지식을 한국어로 출력하는 데 어려움을 가지고 있다. 하지만 이중언어 강사와 교과 담당 교사의 비계 지원으로 얼마든지 이 지식을 자신의 미적 감각이나 창의적인 아이디

협력적 교수 기반 수업 단계		교과 담당 교사		이중언어 강사
계획하기	수업 목표 및 교수·학습내용 협의하기	• 수업 목표(내용 목표 및 언어 목표) 설정하기 • 수업 목표에 따라 교수·학습 내용 최적화하기 • 이중언어 강사와 수업 계획을 협의하고 자료 공유하기	→ ←	• 교과 담당 교사와 수업 목표 및 내용 공유하기 • 교수·학습 목표를 내용 담당 교사와 협의하고 숙지하기 • 수업 자료 공유하기
실행하기	들어가기	• 학습 동기 유발 • 차시 교수·학습 목표 제시(내용 목표 및 언어 목표)	→ ←	• 학습 동기 유발 • 차시 교수·학습 목표를 학습자의 L1으로 제시하기
	주요 학습 어휘 제시하기	• 차시의 주요 학습 어휘를 학습지 형태로 제공 • 주요 학습 어휘의 개념과 내용 설명하기	→ ←	• 교과 담당 교사가 제시한 주요 학습 어휘를 학습자의 모어로 통역·설명하면서 학습자의 배경지식과 연계시키기 • 학습지에 제시된 주요 학습 어휘의 뜻을 학습자의 모어로 정리할 수 있도록 지원하기
	이해 가능한 입력 제공하기	• 주요 학습 어휘와 관련된 핵심 개념과 내용을 이해 가능한 입력(Comprehensible input)으로 설명하고 명료화하기 • 언어 학습과 내용 학습을 연계하기	→ ←	• 학생들의 L1으로 주요 학습 어휘와 관련된 핵심 개념과 내용을 이해 가능한 입력 형태로 설명해 주기
	연습하기	• 주요 학습 내용을 과제 활동을 통해 연습하기 • 교사–학생, 학생간 상호작용하기	→ ←	• 학습자의 L1으로 주요 학습 내용을 과제 활동을 수행할 수 있도록 지원하기
	두 언어로 출력하기	• 교수·학습 과정을 통해 배운 내용을 간단한 한국어 어휘와 문형을 통해 표현해 보게 하기	→ ←	• 교수·학습 과정을 통해 배운 지식을 자기화하고 다양한 시각적 자료를 동원하여 모어 텍스트로 정리하여 구두로 발표해 보도록 지원하고 격려하기
정리 및 평가하기	정리 및 평가하기	• 주요 어휘와 개념 복습하기 • 출력물에 대한 피드백 제공하기	→ ←	• 복습 정리 및 평가 업무 지원하기

그림 7-1 교과 담당 교사와 이중언어 강사와의 협력적 수업 모형(원진숙, 2017)

어로 삽화나 사진을 곁들여 두 개의 언어가 혼합된 형태의 텍스트를 생산해 낼 수 있다. 이들 다문화 학생들은 자신이 생산해 낸 텍스트를 교실에 전시하거나 웹사이트에 게시하는 경험을 통해 무력한 학습자가 아닌 학습 공동체 안에서 자신의 목소리를 내는 당당한 학습 주체로 설 수 있다.

3. 다문화 학생을 위한 한국어(KSL) 교육

1) 다문화 학생을 위한 한국어(KSL) 교육의 개념

'제2언어로서의 한국어(Korean as a second language: KSL)' 교육이란 한국어가 주류 언어일 수밖에 없는 한국이라는 공간에서 한국어가 모국어가 아닌 언어적 소수자들을 대상으로 한국어를 목표 언어로 가르치는 일체의 교육 행위를 이르는 말이다. 제2언어로서의 한국어교육은 목표 언어가 한국어라는 점에서는 '외국어로서의 한국어(Korean as a foreign language: KFL)' 교육과 같지만, 이들 용어가 내포하는 한국어의 위상과 언어교육의 환경은 매우 다르다. '제2언어로서의 한국어(KSL)' 교육 상황에서 한국어는 사회적으로 우세한 주류 언어이지만, '외국어로서의 한국어(KFL)' 교육 상황에서는 학습자의 모국어가 사회적으로 우세한 주류 언어이면서 한국어는 여러 외국어 가운데 하나에 불과하다. 또한 학습자가 처해 있는 공간적 위치 면에서도 차별성을 지닌다. 제2언어로서의 한국어 교육은 한국어가 주류 언어인 공간, 즉 한국 내에서 학습이 이루어지는 반면, 외국어로서의 한국어 교육은 학습자의 모국어가 주류 언어인 공간에서 학습이 이루어진다. 그러나 한국어를 외국어로 간주하는 외국어로서의 한국어교육은 한국어 학습에 대한 수요가 있는 곳이라면 어디에서든 학습이 이루어질 수 있다(전은주, 2008).

예컨대 미국의 한 청년이 한국의 가수 싸이가 부르는 '강남 스타일'이라는 노래를 접한 뒤 한류 문화에 관심을 가지게 되고, 아예 대학에서 한국어 강좌를

신청해서 배우는 경우라면, 한국어는 명실상부하게 외국어로서의 한국어의 지위를 갖게 된다. 단기 체류 외국인의 한국어교육에 대한 수요나 해외의 국제 한국어교육 시장 수요에 대처하는 차원의 개념인 것이다. 이 경우 한국어는 그저 개인적 관심사나 배우고 싶다는 의지에 의해서 배우는 여러 개의 외국어 가운데 하나일 뿐이다. 반면 몽골에서 나고 자란 잠자골이라는 한 초등학생 어린이가 엄마의 이혼과 한국인 아버지와의 재혼으로 인해 어느 날 갑자기 한국으로 이주하게 되고, 언어적·문화적으로 전혀 낯선 한국의 학교에서 새롭게 적응하면서 배우는 한국어는 제2언어로서의 한국어의 지위를 갖는다. 이 경우 한국어는 매우 절박하게 배우지 않으면 사회적인 생존 자체가 위협받을 수밖에 없는 학습자의 생활 언어이면서 교육에서의 매개어 기능(전은주 2008: 639)을 한다. 이렇듯 한국으로의 영구 체류를 목적으로 이주해 온 결혼이민자, 이주노동자, 중도입국 학생 등과 같은 학습자들에게 한국어는 생존의 언어로서의 제2언어의 지위를 지닌다.

초등학생과 중학생을 위한 한국어(KSL) 교재

2) 다문화 학생을 위한 한국어(KSL) 교육의 성격과 목표

2015년 교육부에서 개발 고시한 「한국어 교육과정 개정안」에서는 한국어(KSL) 교육의 성격을 다음과 같이 규정하고 있다.

'한국어' 과목은 한국어 의사소통 능력의 함양이 필요한 학생으로 하여
금 한국어로 의사소통할 수 있는 능력을 길러 일상생활과 학교생활에 적
응하게 하고, 이를 바탕으로 학교급별로 여러 교과의 학습을 한국어로
수행할 수 있는 역량을 기름으로써 장차 한국 사회의 구성원으로서 주체
적인 삶을 영위하는 데 필요한 소양을 갖추게 하는 과목이다. 학습자는
'한국어'의 학습을 통해 의사소통 역량과 학습 기초 역량, 대인관계 역량,
공동체 · 정체성 역량, 문화 이해 역량을 기를 수 있다.

「한국어 교육과정」 문서에서 규정하고 있는 '한국어(KSL)' 과목의 성격은
위에서 보는 바와 같이 다문화 학생이 한국어로 의사소통할 수 있는 능력을 기
르고, 여러 교과 학습을 수행할 수 있는 역량을 기르는 것으로 요약할 수 있다.
또한 「한국어 교육과정 개정안」에서는 다문화 학생을 위한 한국어(KSL) 교
육의 목표를 다음과 같이 명시하고 있다.

가. 일상생활 및 학교생활에 필요한 기본적인 의사소통 한국어 능력을 함양
한다.
나. 모든 교과 학습에 기초가 되는 학습 도구로서의 한국어 능력을 함양한다.
다. 학교의 교과 수업 상황에 능동적인 학습자로 참여할 수 있도록 돕는, 교
과 적응에 필요한 한국어 능력을 기른다.
라. 한국 사회와 문화에 적절하게 대응할 수 있는 상호문화 이해 및 소통 능
력을 기른다.
마. 한국어에 대한 흥미와 한국어 사용에 대한 자신감을 가지고, 한국 사회의
구성원으로서 긍정적인 태도와 정체성을 함양한다.

정리하자면 한국어(KSL) 교육의 목표는 크게 의사소통 한국어 능력과 학습
도구로서의 한국어 능력, 교과 적응에 필요한 한국어 능력, 상호문화 이해 및 소
통 능력, 한국 사회 구성원으로서의 긍정적인 태도와 정체성 함양으로 요약할
수 있다. 이 가운데 다문화 학생을 위한 한국어(KSL) 교육의 핵심을 정확하게 파

악하기 위해서는 일반적인 외국인 성인 학습자를 위한 한국어교육과 다른 KSL 교육의 특수성을 이해하지 않으면 안 된다.

다문화 학생을 위한 한국어(KSL) 교육은 일반적인 외국인 성인 학습자를 위한 한국어교육과는 달리 다음과 같은 뚜렷한 차별성을 지닌다. 일반 외국인 성인 학습자를 위한 한국어교육은 주로 일상생활 속에서 한국어로 소통할 수 있는 의사소통 능력 신장에 초점을 두는 '외국어로서의 한국어(KFL)' 교육인 데 비해서 다문화 학생을 위한 한국어교육은 일상생활과 학교생활을 해 나가는 데 필요한 기본적인 의사소통 능력뿐만 아니라, 여러 교과를 학습하는 데 필요한 학습 한국어 능력까지도 함께 길러주어야 하는 '제2언어로서의 한국어(KSL)' 교육의 성격을 지닌다(원진숙 외, 2011).

커민스(Cummins, 1980)에서는 다문화를 배경으로 하는 제2언어 학습자가 학교의 ESL프로그램에서 배워야 할 언어 능력을 대인관계에 필요한 기본적인 의사소통에 관한 '기본적 대인관계 의사소통 능력(Basic Interpersonal Communicative Skills: BICS)'과 인지적 의사소통 과정인 학업 수행에 필요한 '인지적·학문적 언어능력(Cognitive Academic Language Proficiency: CALP)'[2]으로 구분한 바 있다. 즉 BICS는 일상적인 의사소통에 필요한 언어능력이며, CALP는 학문적 의사소통에 필요한 언어능력이라는 것이다. 언어능력을 BICS, CALP로 구분하는 관점은 의사소통 상황과 목적에 따른 언어능력에 차이가 있음을 명확히 설명해 줄 수 있다는 장점이 있어 제2언어교육, 외국어교육 등에서 널리 사용되고 있다.

교육부에서 개발 고시한 다문화 학생을 위한 한국어(KSL) 교육과정에서는 BICS 영역을 '생활 한국어'라 명명하고, 다문화 학생들의 발달 단계, 흥미, 필요, 인지 수준 등을 고려하여 학습 의욕을 유발할 수 있는 생활 밀착형 주제와 내용―학교생활 적응에 필요한 교실, 운동장, 문방구, 놀이동산 등의 발화 상황, 수, 놀이, 음식, 학교 부속시설, 과목명, 위치와 장소, 학교 규칙, 방과 후 놀이, 하루 일과, 학교 숙제, 시험, 방학 등 학교생활 밀착형 주제와 어휘 등―과 인

---

2 중·고등학교나 대학 수준의 강의를 통해서 성공적인 학문적 성취를 위해 알아야 할 지식과 기능, 언어의 복합적인 집합체로서 '탈맥락적인 언어'라 할 수 있다.

초등학교 한국어(KSL) 교재에 실린 생활 한국어(BICS) 영역의 교육 내용에 관한 예시 자료

사하기, 사물의 이름 묻고 답하기, 만밀로 밀하기, 활동 지시하기, 물건 사기, 약속 제안하기, 거절하기 등의 실제적인 의사소통 기능을 교육 내용으로 제시하고 있다.

또한 한국어(KSL) 교육과정에서는 CALP 영역을 '학습 한국어'라 명명하고, 다문화 학생들이 학교 교실 상황에 능동적 학습자로 참여할 수 있도록 학습 의사소통 기능—순서화하기, 분류하기, 질문하기, 설명하기, 비교하기, 예시하기, 추론하기 등—과 학습 전략—확인 질문하기, 예를 들어 설명하기, 도움 요청하기, 학습에 대해 계획·점검·조정하기 등—은 물론 교과 학습에 반드시 필요한 주제별 핵심 어휘 등을 교육 내용으로 포함하고 있다.

다문화 학생들에 대해 일반적으로 갖기 쉬운 편견 가운데 하나는 이들이 한국어를 모르기 때문에 국어, 수학, 사회, 과학과 같은 내용교과 학습이 불가능하다고 생각한다는 점이다. 물론 이들 다문화 학생들이 제한된 한국어 능력 탓에 내용교과 학습에 접근하기가 어려운 것은 사실이지만, 그렇다고 내용교과를 학습할 수 있는 능력 자체가 없는 것은 아니다. 한국에 오기 전에 학습에 필요한 일정 수준의 배경지식과 학습 개념, 기능이 이미 형성되어 있었기 때문에 누구나 적절하게 체계화된 프로그램 안에서 학습할 수 있는 기회만 주어진다면 얼마든지 학습이 가능하다. 사실 이러한 교과 학습을 받아야 하는 것은 그들이 당연

초등학교 한국어(KSL) 교재에 실린 학습 한국어(CALP) 영역의 교육 내용에 관한 예시 자료

히 누려야 할 권리이기도 하다.

하지만 많은 현장 교사들은 다문화 배경 학습자들이 한국어를 모르기 때문에 수학, 사회, 과학과 같은 내용교과 학습이 원천적으로 불가능하다고 생각한다. 한국어가 일반 학습자 수준으로 향상되어야 내용교과 학습이 가능하다고 보는 것이다. 그래서 아예 다문화 배경 학습자들에게 교과 학습의 기회조차 제공하지 않거나 매우 단순한 기초기능 학습 위주로 교육하는 경우가 많다. 하지만 학년 수준에서 배워야 할 내용교과 학습의 기회를 배제하거나 제한한다면 학습 결손으로 인한 학습 부진은 더욱 심화되고, 그 결과 영영 사회의 낙오자가 될 수도 있다(원진숙, 2012).

대부분의 다문화 학생들에게 내용교과 학습을 통한 학교에서의 학업성취는 이들이 장차 한국 사회의 일원으로 건강한 삶을 살아갈 수 있도록 하는 데 무엇보다도 필요한 생존의 조건이 된다. 바로 이러한 까닭으로 국가 차원에서나 학교 차원에서 이들의 학습권을 제도적으로 지원해 줄 책무가 있는 것이다. 이와 같이 다문화 학생들의 학습 결손을 최소화할 수 있도록 생활 한국어(BICS)와 함께 학습 한국어(CALP)도 함께 제시함으로써 일정 수준의 학업성취를 경험할 수 있게 해주는 것이 매우 중요하다. 이러한 노력은 전 세계적으로 우리보다 앞서 다문화사회로 진입해 있는 여러 선진 국가에서 발견되는 보편적인 흐름이기도 하다.

다문화 학생들의 한국어 능력은 어떤 면에서 내용교과 학습으로부터 접하는 교과 전문 학습 어휘나 사고 도구어, 학습 기능 및 전략 등을 통해 더욱 빠른 시간 안에 신장될 수 있기 때문에 어떤 경우에도 생활 한국어와 학습 한국어 영역의 교육이 균형 있게 이루어져야 한다.

이때 간과하지 말아야 할 것은 다양한 언어적·문화적·민족적·인종적 배경을 지닌 초등 다문화 학습자들이 한국 사회의 일원이 되기 전에 획득한 자신의 언어와 문화를 최대한 인정하고 존중할 수 있도록 해야 한다는 점이다. 다문화 학습자들이 가지고 있는 언어적·문화적 배경에 대한 존중은 이들의 건강한 정체성 형성 및 유지에 매우 필요할 뿐만 아니라 같은 교실에서 함께 공부하는 일반 학생들의 다문화적 감수성이나 이해교육에도 매우 유용한 자산이 될 수 있다. 이와 함께 상호문화 이해능력을 길러줌으로써 다문화 학습자들이 자신의 문화와 한국 문화 간의 차이에서 발생하는 어려움을 줄이고 한국 사회와 문화에 적절하게 대응할 수 있도록 해야 한다.

3) 다문화 학생을 위한 단계별 한국어(KSL) 프로그램

다문화 학생을 위한 KSL 프로그램은 한국어 능력의 부족으로 일반 학급에서 수업을 따라가기 어려운 다문화가정 학생들을 배려하는 일종의 '보호 프로그램'[3]의 성격을 지닌다. (물론 일상생활과 학교에서 요구되는 능력을 갖추도록 도와준다는 점에서 '디딤돌 프로그램'으로서의 성격도 지닌다.) KSL 프로그램은 다문화 학생들이 자신의 언어와 문화를 유지하면서 초기 단계에서는 문화적 차이로 인한 어려움을 극복하고 한국의 학교생활에 적응할 수 있도록 기초적인 한국어 의사소통 능력(BICS) 신장에 중점을 두어야 한다. 그러다가 차츰 일반 학급으로의 환급을 목표로 한 범교과적인 교과 적응 능력 강화를 위한 인지적·학문적 한국어 능력(CALP) 신장으로 무게 중심을 옮겨가야 한다.

한국어 능력이 부족한 다문화 학생들이 한국의 학교생활에 성공적으로 적응

----

3   보호 프로그램(Sheltered Program)이란 일반 아동과는 동일 출발선상에서는 도저히 경쟁이 불가능한 다문화 학생들을 위해서 수학, 사회, 과학 등과 같은 주요 내용교과에 대한 필수적인 교육 내용을 학생들이 이해 가능한 수준에서 베푸는 것에 주안점을 둔다.

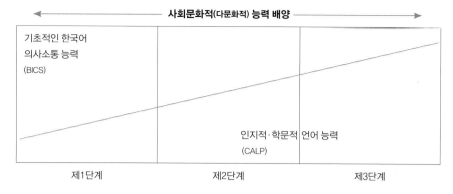

그림 7-2 다문화 학생을 위한 단계별 한국어 프로그램

하기 위해서는 이 두 가지 유형의 언어 능력을 모두 갖추지 않으면 안 된다. 결국 일선 학교 교육에서 다문화 학생을 위한 KSL 프로그램은 학습자의 한국어 숙달 정도에 따라 단계별로 기초적인 한국어 의사소통 능력(BICS)과 인지적·학문적 한국어 능력(CALP)의 상대적 비중을 달리 적용하는 단계별 교육과정 구성 원리에 기초하여 개발하는 것이 바람직하다(원진숙, 2009).

(1) 제1단계: 기초적인 한국어 의사소통 능력 배양기

제1단계는 다문화 학생들이 문화적 차이로 인한 어려움을 극복하고 한국의 일상적인 학교생활에 적응하는 데 필요한 기초적인 한국어 의사소통 능력(BICS)을 배양하는 데 중점을 둔다.[4] 수업은 대부분 한국어로 이루어지지만, 전혀 한국어 의사소통이 되지 않는 다문화 학습자들일 경우에는 이중언어 강사의 지원을 얻어 일정 기간 학습자의 모국어를 교육 매개어로 활용할 수 있도록 한다. 학습자의 모국어가 목표 언어로 교과 학습을 하는 데 긍정적으로 기여할 수 있기 때문이다.

....

4   여러 연구 결과에 의하면 다문화 학생들이 목표 언어로 온전한 학습활동에 참여하는 데에는 짧게는 3년, 길게는 10년의 기간이 걸린다고 한다(Cummins, 1991). 물론 이러한 시간은 학습자 개개인의 배경, 연령, 학습 경험, 제1언어 숙달 정도, 학교 및 학부모의 지원 정도 등에 따라 개인차가 있을 수 있다. 학생들이 기초적인 생활에 필요한 구두 의사소통 능력을 익히는 데는 1년에서 3년 정도밖에 걸리지 않지만, 이들이 교실 수업에 온전히 적응하기에는 턱없이 시간이 부족하다. 따라서 다문화 학생을 위한 한국어 지원 프로그램은 초기 단계에는 기초적인 한국어 의사소통 능력을 신장시키는 데 주력해야 한다.

이 단계에서는 학습자의 배경이 되는 언어와 문화를 배려하고 존중함으로써 학습자가 새로운 문화 환경에 대한 두려움이나 위축감 없이 자신의 경험이나 배경지식을 최대한 활성화하면서 자연스럽게 문화적 차이를 극복하고 기초적인 한국어 소통 능력을 배양할 수 있도록 하는 데 최우선적 목표를 둔다.

주된 교육 내용으로는 기초 한글 교육으로부터 학교생활에 필요한 기초 어휘(학교 시설물, 수업 시간에 사용하는 기초 문장 표현 등), 인사하기, 자기 소개하기, 묻고 대답하기, 설명하기, 전화하기, 부탁하기와 같은 구두 언어 기능, 짧은 동화 텍스트를 읽고 이해하기, 바른 글자체로 글씨 쓰기와 같은 것을 다루되, 되도록 다양한 문화 체험 행사를 병행하면서 한국의 언어와 문화에 친밀감을 느끼도록 하는 것이 중요하다.

(2) 제2단계: 다양한 문화 체험 활동을 통한 한국어 능력 및 다문화적 능력 강화기

제2단계는 기초적인 한국어 의사소통 능력 수준으로부터 차츰 인지적·학문적 언어능력을 중심으로 한 교과 학습에 대한 적응력을 강화시키는 단계로 넘어가는 전이 단계(transitional period)이다. 이 단계에서는 학교가 다문화 학습자의 가정과 긴밀한 협력 관계 속에서 다문화적 관점을 교실 환경에 도입함으로써 간문화적(間文化的) 차원에서 한국 문화와 자신의 배경이 되는 문화, 동료 학습자들의 고유문화 등을 비교하는 활동을 하도록 한다. 이를 통해 학습자들이 자연스럽게 서로 다른 문화의 차이와 다양성을 이해하고, 자신이 처해 있는 언어·문화적 환경에 대해 성찰할 수 있는 능력을 강화하는 데 초점을 둔다.

이 단계에서는 언어와 문화를 별개의 것으로 보지 않고 한국이라는 목표 문화 안에서 언어적 의사소통 능력과 문화적 숙달도를 함께 발달시키는 방향에서 교육과정을 구성한다. 이때 한국적인 문화요소에 관한 정보를 일방적으로 전달하는 방식이 아니라 학습자가 경험한 문화와 어떤 차이가 있는지를 비교하고 평가하는 방식을 통해 자연스럽게 체득해 나갈 수 있도록 한다. 또한 한국어를 분절적이고 파편적인 방식으로 교수하기보다는 유의미한 맥락 안에서의 실제적인 언어 사용, 듣기, 말하기, 읽기, 쓰기 네 가지 기능의 통합과 문학작품의 사용을 강조하는 총체적 언어교수법, 다문화적인 요소를 중심으로 한 주제 통합교육 방식을 활용하여 가르치는 것이 바람직하다.

(3) 제3단계: 내용교과 학습을 통한 인지적·학문적 한국어 능력 배양기

제3단계에서는 제1, 제2단계에서 습득한 문화와 연계된 기본적인 한국어 의사소통 능력을 기반으로, 일반 학급으로의 환급을 목표로 내용교과 학습을 통한 인지적·학문적 한국어 능력(CALP) 배양에 목표를 둔다.

이 단계에서는 특히 다문화 학생들이 단지 한국어가 서툴다는 이유로 학습자의 연령이나 인지적 발달 수준에 맞게 꼭 배워야 하는 과학, 수학, 사회와 같은 내용교과 교육을 배제하지 않도록 배려하는 것이 무엇보다 중요하다. 대개 다문화 학생들이 한국어가 서툴다는 이유만으로 자신의 학년보다 많게는 2~3학년 낮은 학년에 배정받거나 주요 내용교과 교육을 제대로 받지 못하고 있는 현실을 고려해 볼 때, 다문화 학생을 위한 KSL 프로그램은 단순히 한국어교육만이 아닌 내용교과 학습을 통한 인지적·학문적 한국어 능력 신장을 목표로 하는 보호 프로그램의 성격을 지향할 필요가 있다.

한국어가 서툰 다문화 학생에게 이해 가능한 수업이 되기 위해서는 무엇보다 교육 내용이 학생에게 의미를 줄 수 있도록 설계되어야 하며, 주제와 관련된 유의미한 맥락 안에서 실제적인 학습을 할 수 있도록 지도하는 것이 중요하다. 또한 학습자 수준에 맞도록 각 학년에서 꼭 배워야 할 핵심 교육과정 내용에 관한 주요 개념 및 필수 어휘, 교사의 정확하고 자연스러운 발음과 적절한 발화 속도, 시범 보이기, 다양한 멀티미디어 자료의 활용, 실제적인 조작 활동을 강조하며 학생들이 배운 내용을 제대로 이해했는지를 자주 점검해야 할 필요가 있다.

이상과 같은 단계별 한국어교육 프로그램은 다문화 학생들의 배경이 되는 언어와 문화를 유지하면서 한국 문화에 대한 이해를 바탕으로 새로운 환경에의 생활 적응 능력 및 한국어 의사소통 능력을 신장시킨다. 더 나아가 한국의 교육 시스템 안에서 일반 내용교과 학습을 할 수 있는 기초적인 학습능력을 배양함으로써 일반 학급으로의 환급을 목표로 운영된다.

4) 다문화 학생을 위한 한국어(KSL) 프로그램 운영 절차

다문화 학생을 위한 한국어교육 프로그램은 일선 학교마다 그 실정에 맞게 다 다르게 운영되겠지만, 대개 다음과 같은 절차를 통해서 시행하고 운영할 수 있을 것이다.

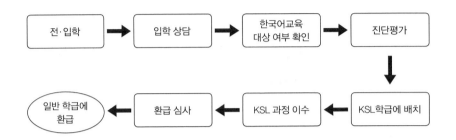

(1) 한국어교육 내상 여부 확인

한국어교육을 시작하기에 앞서 가장 먼저 해결해야 할 문제가 바로 한국어 교육 대상 여부를 확인하는 일이다. 국제결혼 가정이나 이주노동자의 가정에서 태어나 자란 학생이라 할지라도 학생의 한국어 학습 능력은 한국에서 태어났는지의 여부, 양 부모 혹은 아버지 또는 어머니가 가정에서 학생과 어떤 언어로 의사소통을 해왔는지의 여부에 따라 다양한 차이를 드러낸다. 따라서 대상 학생의 제1언어는 무엇인지, 한국어 환경에 얼마나 오랫동안 노출되어 왔는지, 한국어 숙달도는 어느 정도인지, 학부모의 사회경제적 지위는 어떠한지, 가정에서 사용하는 언어는 무엇인지, 인지적 발달 수준은 어느 정도인지, 학업성취도는 어느 정도인지 등에 대한 기초 조사를 통해서 학생이 한국어교육 프로그램 대상자인지의 여부를 확인해야 한다.

(2) 한국어 능력 수준 진단평가 및 KSL 프로그램 배치

일차적으로 앞의 기초 조사 단계를 통해 해당 학생에 대한 한국어교육 대상 여부가 결정되면, 구체적인 한국어 프로그램 배치를 위한 한국어 능력 진단 평가를 시행해야 한다. 이러한 진단평가는 듣기, 말하기, 읽기, 쓰기를 중심으로 한 한국어 숙달 능력(Korean Language Proficiency) 정도와 인지적인 학습 능력

(Academic Skills) 정도를 주로 평가함으로써 학생에게 맞는 학급을 배치하는 데 최우선적인 가치를 둔다.

진단평가 시 최우선적으로 고려해야 할 것은 단지 학생의 언어 능력보다는 잠재적인 학습 능력을 제대로 평가하는 것이다. 자칫 다문화 학생이 못하는 한국어에 주목하여 학생의 능력에 대해 편파적인 판단을 내리는 잘못을 범할 수도 있기 때문이다. 특히 중도입국 학생의 경우라면 가급적 그 학생의 배경이 되는 언어를 구사할 줄 아는 평가자와 함께 그 학생의 한국어 수준과 학습 능력을 평가하여 학생에게 적합한 수준의 학급에 배치해야 한다. 목표 언어를 제대로 구사하지 못하는 것이 곧 언어 장애를 의미하는 것은 아니기 때문이다.

(3) KSL 과정 이수

진단평가를 통해 학생 수준에 맞는 KSL 학급에 배치한 후, KSL 교사는 다문화 학생들이 한국어 소통 능력 및 학교생활을 통한 교과 학습 적응력을 갖도록 지도한다. 초급 단계에서는 한국어 의사소통 능력 신장을 중심으로 지도하다가 중, 고급반으로 갈수록 일반 내용교과 학습을 보호 프로그램 차원에서 이해 가능한 수준의 교수·학습이 이루어지도록 지도한다. KSL 교사는 일반 협력 학급 교사와 긴밀한 연대 속에서 한국어가 서툰 다문화 학생들이 그 학년에서 꼭 배워야 할 핵심 교육과정의 내용에 접근할 수 있도록 지원을 아끼지 않아야 한다. 음악, 미술, 체육 등과 같은 예체능 교과목은 가급적 협력 학급에서 일반 학생들과 함께 배우도록 함으로써 학교생활 적응력을 키울 수 있도록 한다. 아울러 초기 단계에서 전혀 한국어가 소통되지 않는 학생이라면 한국어만을 강요하기보다는 이중언어 강사와 협력하여 학생의 모국어를 교육 매개어로 활용하는 것도 바람직하다.

(4) 환급 심사

일반 학급으로의 환급 여부는 매학기가 끝날 때마다 정기적으로 학생들의 학업성취도 평가 결과와 평소 담당 교사가 다양한 상황에서 관찰했던 학업 수행 장면, 한국어 수준, 한국어 숙달 시험 성적, 학업 태도 등을 종합적으로 판단하여 결정한다. 아울러 학습자마다 개인차가 있음을 유념하고 학습 속도가 빠른 학생의 경우는 꼭 학기가 끝나는 시점이 아니더라도 수시로 환급 심사(exit program evaluation)를 할 수 있도록 한다.

이러한 KSL 프로그램을 성공적으로 운영하기 위해서는 무엇보다 다문화를 배경으로 하는 학생들의 언어와 문화의 가치를 인정하는 수용적인 태도를 견지하면서 이들이 학교에 입학해서 쉽게 적응하고 긍정적인 경험을 할 수 있도록 배려하는 교육 환경을 구축해야 한다. 또 학교 곳곳에 다언어 표지판 및 게시판 제작 비치, 다언어로 된 각종 안내자료와 가정통신문, 이중언어 강사를 활용한 학부모 상담 및 정기적인 학부모 모임, 일일 강사 초청 등의 행사를 통해서 다문화가정의 학부모들을 최대한 그들 자녀의 교육에 참여할 수 있도록 지원하고 격려하는 것이 중요하다. 아울러 학교에 상근하는 이중언어 강사를 전문 카운슬러로 기용하여 학교생활 전반에 걸쳐 다문화 학생을 위한 지원을 제공할 수 있도록 하는 방법을 병행하는 것도 필요하다.

4. 다문화 학생을 위한 한국어교육 방법

1) 언어 사용 기능별 지도법[5]

(1) 듣기 지도법

듣기란 단순하게 소리를 듣는 물리적인 행위가 아니라 언어를 의미로 변형하는 인지적인 사고 과정이다. 더욱이 듣기는 구두언어 활동을 대상으로 하며 청·화자가 '지금', '현재'라는 시간과 '바로 여기'라는 공간을 공유하기 때문에 강세, 어조, 억양, 말하기 속도, 음성 크기 등 준언어적 특질, 눈빛, 얼굴 표정, 제스처, 자세, 침묵 등 비언어적 특질이 의미 있게 작용한다. 또 듣기는 청각적 예

················
5   다문화 학생을 위한 한국어 사용 기능별 지도법은 원진숙(2008: 506-514)을 기초로 재구성한 것임을 밝혀 둔다.

민성, 교육 경험과 배경지식, 정의적·사회적 적응 정도, 듣는 환경, 내용의 어려움 정도, 화자의 목소리와 전달 방법 등 여러 요인이 영향을 미친다. 그렇기 때문에 다문화 학생들이 듣기를 익히기는 쉽지 않다.

일반적으로 한국어교육 차원에서 듣기는 청취력과 이해력을 키우는 영역으로 나뉜다. 청취력이란 생리 기관을 통해서 음을 대조하고 구분할 수 있는 능력이고, 이해력은 들은 것을 청자의 목적과 기대에 따라 해석하고 기억하며 나아가서 표현 영역으로 전환할 수 있는 능력을 말한다. 화자가 말을 하면 청자는 발화 상황을 대략적으로 인지하면서 음의 분절화를 통해서 음운을 인식하고, 문장과 담화 단위로 내용을 이해한다. 그리고 이것을 청자 나름대로 재구조화해서 장기기억 장치에 저장하는데, 이것이 바로 청취력과 이해력의 단계이다. 이러한 듣기는 다른 기능으로의 전이 능력이 크기 때문에 다문화 학생들을 위한 한국어교육 국면에서 듣기 능력을 키우는 것은 전반적인 언어 능력 신장 및 기본적인 학습력 배양 차원에서 특히 중요한 의미를 지닌다.

① 듣기 교수의 내용
- 듣기 교육에서는 발음, 단어, 문장, 단락, 전체 내용을 모두 포함해야 한다. 또한 듣고 파악할 내용에 따라 언어적으로 다양한 정보에서부터 비언어적인 정보, 발화 상황, 담화 속에 담긴 화자의 의도와 태도, 다양한 듣기 전략을 교육 내용으로 포함해야 한다.
- 실제적인 언어생활을 반영한 듣기 자료를 교육 자료로 활용해야 한다. 구어적인 특성을 최대한 반영할 수 있도록 중복, 축약, 생략, 머뭇거림, 휴지, 횡설수설하는 말 등이 포함된 자연스러운 담화로 이루어진 자료를 교육 자료로 활용하도록 한다.

② 과정 중심 듣기 지도법
다문화 학생을 위한 듣기 지도는 자연스러운 억양, 리듬, 발음, 발화 속도, 불완전한 문장, 주저함, 주변 소음 등을 포함한 다양한 소통 장면의 실제적인 듣기 자료를 활용하되, 듣기가 언어 이해 과정임을 고려하여 듣기 전 단계, 듣는 중 단계, 들은 후 단계로 나누어 다음과 같이 체계적으로 교육할 필요가 있다.

가) 듣기 전 단계

- 목적: 동기화, 흥미 유발
- 방법: 주제 관련 질문(주변적, 경험담)

  사진, 삽화, 도표, 실물 등 주제 관련 시각 자료 제시로 주제 유도

  필요한 언어적 지식 제공(관련 어휘를 목록화)

  들어야 할 대상물의 주제와 관련된 배경지식 구축

나) 듣기 중 단계

- 목적: 설정된 과제의 수행
- 방법: 다양한 기법 사용

  지각, 정보 확인, 내용 이해 등을 중심으로 지도

  주의집중해서 듣는 활동, 메모하기 등의 활동을 통해 내용 정리

다) 듣기 후 단계

- 목적: 정리, 강화
- 방법: 내용 이해도 확인

  새로운 문법 구조, 단어, 발음 점검

③ 한국어 듣기 과제의 수행 활동 유형

- 듣고 신체적으로 반응하기
- 일치하는 그림 선택하기—담화 내용이나 담화 상황과 유사한 정보를 가진 그림을 몇 가지 제시하고, 그중에서 담화 내용에 맞는 그림이 어느 것인지 표시한다.
- 지도에 표시하기—지시를 듣고 찾아가야 하는 건물의 위치를 지도에 표시한다.
- 그림 그리기—물건, 건물 등의 위치를 듣고 전체 그림의 해당 위치에 그림을 그린다.
- 그림 순서대로 나열하기—담화 내용을 듣고 사건의 진행 또는 발생 순서대로 그림에 번호를 표시한다.
- 선 긋기—내용을 듣고 짝이 되는 내용을 선으로 연결한다.
- 표 완성하기—정보 내용을 듣고 해당 표의 공란에 써넣고, 두 사람의

대화를 듣고 시간표나 일과표 완성한다.

- 빈칸에 쓰기—전화번호, 주소 등에 나온 숫자, 담화의 중요한 핵심어를 듣고 빈칸에 쓴다.
- 질문에 답하기—주어진 담화의 중심 생각, 중심 내용을 알아본다.
- 제목 붙이기—주장이나 논제가 있는 대화, 뉴스 등을 듣고 주어진 담화의 주제에 맞는 제목을 단다.
- 실마리 찾기—주어진 담화의 주제나 내용을 파악하게 하는 실마리를 찾는다.
- 담화적 요소 파악하기—담화 장소, 시간 등 담화 장면 파악하고, 화자의 목소리, 어조 등을 듣고 화자의 발화 태도 추측하며, 주어진 담화가 전체 담화의 어느 부분(처음, 중간, 끝)에 해당하는지 파악한다.
- 정리, 요약하기/메모하기—내용을 들으면서 노트에 내용 요약하거나, 전화 내용을 들으면서 약속 내용, 상대방의 요구 사항 등 해야 할 일을 적어본다.
- 추측하기/추론하기—두 사람의 대화를 듣고 이후의 사건이나 변화를 추측하거나, 담화의 한 부분을 듣고 다음에 이어질 내용, 결과 등을 추론한다.

(2) 말하기 지도법

말하기는 음성언어를 통해 자신의 생각, 느낌, 정보 등을 표현하는 언어 기능으로 한국어교육에서 가장 비중 있게 교육되어야 할 부분이다. 다문화 학생을 위한 일차적인 한국어 말하기 교육의 목표는 사람들 간의 상호작용 속에서 자신의 의사를 명확하게 표현하고, 상대방의 의사를 정확히 이해하여 상황에 맞게 적절히 대처하며, 자신이 필요로 하는 정보를 요구하여 알아내거나 확인하고, 이를 통해 한국이라는 언어 공동체 속에서 원활한 인간관계를 유지할 수 있도록 하는 의사소통 능력을 신장시키는 데 그 목적이 있다.

다문화 학생을 위한 말하기는 인터뷰, 스토리텔링, 드라마, 역할 놀이, 협동 게임 등의 활동을 통해 지도하되, 다음의 사항에 주안점을 두어야 할 것이다.

첫째, 다문화 학생을 위한 말하기 지도는 정확성과 유창성을 균형 있게 발전시키는 데 주안점을 두어야 한다. 정확성이란 정확하고 분명한 한국어 발음으로 어법에 맞는 한국어 문장을 생성하는 능력이고, 유창성이란 한국어로 자연스러운 억양과 발화 속도로 대화를 이어갈 수 있는 능력이다. 유창성만을 강조하다 보면 자칫 다른 언어를 사용하는 어머니의 문법적 오류가 그대로 화석화될 우려가 있다. 자연스러운 한국어 말하기를 유도하되, 학습 초기 단계부터 정확한 한국어 사용을 강조할 필요가 있다.

둘째, 교사는 다문화 학생들로 하여금 실수를 두려워하지 않고 적극적으로 말하기 활동에 참여할 수 있도록 격려함으로써 학습자의 정의적인 측면을 강화하여야 한다. 크라센(Krashen, 1988)의 정의적 여과장치(affecctive filter) 가설에 의하면, 학습자가 학습 동기가 약하고 자신감이 부족하며 불안감이 높을 때는 정의적 여과장치가 일종의 심리적 방어벽으로서 언어 습득에 필요한 '이해 가능한 입력(comprehensible input)'을 충분히 활용하지 못한다. 교사는 이러한 점을 감안히여 학습지로 히여금 두려움 없이 말하기에 적극적으로 참여할 수 있도록 학습 동기 부여를 강화하는 데 만전을 기해야 한다.

셋째, 발음 지도를 강화해야 한다. 다문화가정 학생은 한국어 발음이 어눌한 외국인 어머니 밑에서 나고 자랐기 때문에 상대적으로 한국어 발음이 부정확한 경향이 있다. 따라서 개별음의 음가에 따라 정확하게 발음하기, 음을 대조해서 듣고 평가하기, 맥락 속에서 발음 연습하기 등을 통해서 유의미한 학습 경험을 많이 할 수 있게 해주어야 한다. 아울러 긴 문장을 통해서 적절하게 끊어 호흡하는 방법, 연음된 부분을 자연스럽게 발음하는 방법 등도 체계적으로 훈련시킬 필요가 있다.

넷째, 문장 층위에서의 문법 규칙과 형태를 훈련시키는 것 못지않게 담화 차원의 말하기 활동을 강화해서 교육해야 한다. 말하기 기능 및 형태를 함께 고려하면서 의미의 전달과 이해에 초점을 둔 담화 차원의 말하기 교육을 통해 실제 말하기 상황에서 이어지는 말로서의 담화를 생성하는 훈련 기회를 충분히 제공해 주어야 할 것이다.

다섯째, 한국어 의사소통 능력을 신장시키기 위해서는 담화 상황에서 언어를 적절하게 사용할 수 있도록 하는 실제적인 '과제(task)' 중심의 수업을 구성해야 한다. 과제 중심의 말하기 수업은 학습자의 문제해결 능력은 물론 교실 밖에서의 언어수행력을 높여줄 수 있다는 점에서 매우 바람직하다.

① 말하기 교수의 내용

- 초급에서는 단순한 문형을 사용하여 발화하도록 하되, 일상 회화에서 빈번히 쓰이는 정형화된 표현, 간투사 사용, 바꿔 말하기 등을 활용하도록 한다.
- 정확한 발음과 적절한 속도로 의미 단위, 호흡 단위를 적절히 이용해 자연스러운 발화를 구사하도록 한다.
- 의미 전달을 위해 손짓이나 몸짓, 언어 행위에 수반되는 비언어적 단서 등 한국어 문화권에서 적절한 동작 언어를 사용하도록 한다.

② 말하기 활동 유형

가) 문형 중심의 통제된 연습

교사가 기본 문형을 제시하고 그 용법을 구체적인 사용법과 함께 설명하고 나면, 학생은 이 문형을 반복적으로 연습하는 방식이다. 이때 중요한 것은 문형을 문형으로만 연습시키지 않고 유의미한 상황과 함께 제시하여 형태가 아닌 의미와 사용법에 초점을 맞추어야 한다는 것이다.

나) 역할극

특정 발화 상황에서 상대방과 대화적 상호작용을 통해서 한국어를 학습시키는 방식이다. 역할극(role play)은 다양한 발화 상황 속에서 학습자들이 서로의 역할을 담당하여 적절한 발화를 연습해 보는 활동으로 실제적인 성격의 과제를 해결해 나가도록 한다.

다) 인터뷰하기

학습한 문법 요소나 문형을 활용하여 상대방을 인터뷰하고 필요한 정보를 얻는 활동이다. 인터뷰하기 활동은 말하기와 듣기 활동을 유기적으로 관련지어 연습할 수 있다는 점뿐만 아니라 실제적인 목적하에 구체적인 과제를 수행할 수 있다는 점에서 바람직하다. 개인의 신상 정보나 경험, 생각 등을 파악하거나 구체적인 특정 목표를 중심으로 새로운 정보를 수집하는 인터뷰 활동이 있을 수 있다.

라) 문제해결 활동

그룹 활동 형태의 문제해결 활동은 가상의 상황과 조건하에서 주어진 정보를 바탕으로 문제를 해결해 나가도록 한다. 특정 문법이나 표현을 반복 사용하는 연습 활동으로 유도할 수도 있으며 실제적인 상황에서 과제 형태로 확장할 수도 있다. 예컨대 무인도에서 생존하기 위해 꼭 필요한 것들, 여행에서 꼭 필요한 물건들의 목록 작성하기, 인구 문제를 해결하기 위한 방법 등의 문제를 중심으로 그룹 안에서 자유롭게 의견을 모아 정리해 가는 방법을 활용할 수 있다.

마) 스피치하기

전체 학급 구성원을 대상으로 하여 미리 준비한 주제와 내용을 스피치 형식으로 전달하는 경험을 갖게 한다. 스피치는 필요한 자료를 읽고 정리해서 원고로 정리하는 과정과 연계한다면 읽기와 쓰기 기능을 통합해서 경험할 수 있는 학습활동이 될 수 있다. 발표 내용에 대해서는 반드시 동료들과 교사의 피드백을 경험할 수 있도록 하여 자신의 말하기 문제점을 점검하고 이를 보완해 나갈 수 있도록 해야 한다.

바) 대화 관찰법

실제 또래 학습자 연령대의 대화 참여자들이 나누는 자연스러운 대화 상황이 들어 있는 방송 자료나 비디오 자료를 대상으로 말하기의 언어적, 비언어적 상호작용을 메타적으로 관찰함으로써 실제 사용되는 언어에 대한 감각을 쌓도록 하는 연습 활동이다. 제안하기, 요청하기, 거절하기, 협상하기 등의 다양한 언어적 행동 양식 및 말하기 전략 등을 관찰하고 이를 통해 새로운 표현법 등을 함께 익히도록 한다.

(3) 읽기 지도법

① 한글 지도법

한글 자모의 발음 지도를 할 때 교사는 발음과 입 모양을 자연스럽게 해서 학생이 따라 하도록 한다. 학생이 발음하면 그 발음이 정확한지를 잘 들어본다. 정확하게 발음하지 못하면 우선 정확하게 들을 수 있는가를 시험한다. 대개 다른 음과 혼동하는 경우가 많으므로, 두 개의 혼동하는 소리를 구별하도록 다시 들려주고 반복하도록 한다. 이때 음성기관 그림을 사용하여 조음점과 조음 방법을 알려주는 것도 좋다.

먼저 단모음 'ㅏ, ㅓ, ㅗ, ㅜ, ㅡ, ㅣ'를 차례로 발음 연습을 시킨 다음, 자음(ㄱ, ㄴ, ㄷ, ㄹ, ……)을 붙여서 발음시켜 본다. 다음 단계는 경음 ㄲ, ㄸ, ㅃ, ㅆ, ㅉ과 유기음 ㅋ, ㅌ, ㅍ, ㅊ을 지도한다. 학생 어머니의 언어권에 따라 이들 발음들을 잘 발음하지 못하거나 구별하지 못하는 경우가 있을 수 있다. 다문화가정 자녀들에게서 흔히 발견되는 발음상의 문제는 자칫 읽기 국면은 물론 쓰기 국면에서도 오류로 화석화될 우려가 있기 때문에 저학년 단계에서부터 확실하게 바로잡아줄 필요가 있다.

받침들을 가르치고 나면 보고 읽을 수 있는 단어의 양이 많이 늘게 된다. ㅑ, ㅕ, ㅛ, ㅠ, ㅘ, ㅝ, ㅢ 따위의 복모음은 발음상 그다지 어려움을 느끼지 않지만 ㅔ, ㅐ, ㅚ, ㅟ, ㅙ, ㅞ, ㅖ, ㅒ 등의 모음이나 겹받침은 구조와 함께 소리에서도 혼동을 느낄 만한 것들이므로 문장 속에서 반복적으로 훈련시키는 것이 좋다.

② 문장 읽기

문장 읽기는 한글 익히기가 끝난 후 교재 본문에 들어가면서 시작한다. 대개 본문 읽기 지도는 먼저 교사가 천천히 정확한 발음으로 시범을 보이면, 학생들이 이를 듣고 소리를 구별하도록 하는 것부터 시작한다. 교사는 이어서 한 문장, 한 구절씩 끊어서 따라 읽기를 시킨다. 다음에는 학생 한 사람씩 낭독시키면서 오류를 교정한다. 학생들이 문장을 읽게 되면, 특히 여러 가지 발음의 변화에 유념하여 충분히 연습시킨 후에 보다 정확하고 유창하게 읽을 수 있도록 연습을 시킨다.

③ 글 읽기

본문을 소리 내서 읽고 나면 앞 단원에서 배웠던 기본 문형이나 어휘를 사용하여 본문에 대한 내용 이해 문제를 제시함으로써 내용 이해 정도를 확인한다. 이때 연습 문제나 미리 준비한 보충 자료를 통해 이미 학습한 문형이나 어휘를 사용해 만든 짧은 글을 소리 내서 읽게 하는 것도 좋은 방법이다. 낭독을 통해서 부자연스러운 억양이나 발음 오류를 교정해 주어야 한다. 글의 길이와 사용 어휘의 수를 차츰 늘려가면서 독해 능력을 길러주되, 읽기 능력이 진전되면 속독과 묵독 등을 통해 빠른 시간 안에 내용을 이해하도록 하는 훈련을 시킨다.

(4) 쓰기 지도법

① 한글 쓰기

한글 학습 초기 단계에서는 자음, 모음, 받침 등을 쓰는 순서를 잘 지도해야 한다. '위에서 아래로', '왼쪽에서 오른쪽으로'라는 기본 원칙을 인식시키며 학습시켜야 ㅂ, ㅁ, ㅌ 등의 자음과 이중모음 따위를 쓸 때 나타나는 실수를 막을 수 있다. 먼저 단모음 'ㅏ, ㅓ, ㅗ, ㅜ, ㅡ, ㅣ'를 차례로 발음과 쓰는 연습을 시킨 다음, 자음(ㄱ, ㄴ, ㄷ, ㄹ, ……)을 단모음에 붙여서 발음시켜 본다. 교사의 발음을 듣고 받아쓰기를 하도록 하면 소리를 구별할 수 있는지를 확인할 수 있다. 다문화 학생들의 경우는 말하기나 듣기 능력에 비해 상대적으로 읽기나 쓰기 능력이 취약한 경우가 많기 때문에 이들 학생을 위한 받아쓰기는 띄어쓰기나 한글 맞춤법을 가르치기 위해서 꼭 필요하다.

② 문장 만들기

한글 학습이 끝나면 문형과 새로운 단어를 익히며 한국어를 본격적으로 배우게 한다. 새 단어나 문형을 배웠으면 그것을 이용하여 문장 만들기 연습을 시킨다. 문형을 활용하여 문장을 만들게 하고, 결과에 대해서는 첨삭 지도 등을 통해 오류를 수정해 준다. 다문화 학생들은 나면서부터 한국어가 아닌 어머니의 언어를 듣고 자라왔기 때문에 이들 언어의 영향으로 비문들을 많이 만들어내는 경향이 있다. 따라서 교사는 이들 학생 개개인의 취약점에 대해 관심과 애정을 가지고 끊임없이 고쳐주고 결과를 확인하는 과정을 반복할 필요가 있다. 예컨대 빈칸 채워 넣기, 틀린 문장 고쳐쓰기, 순서 바로하기, 그림을 이용한 문장 만들기, 질문에 답 쓰기, 대화문 완성하기, 앞뒤 문장을 적절한 접속사를 이용해서 연결하기 등의 방식을 사용할 수 있다.

③ 짧은 글쓰기

본문과 관련된 제목으로 짧은 글을 써 보는 연습을 한다. 질문에 문장으로 답을 써보기, 그림을 보고 본문과 연관해서 쓰기, 들은 이야기를 글로 옮기기 등의 방법으로 짧은 글부터 써보도록 한다. 처음 입문 단계에서는 글의 길이도 짧고 표현이나 문장의 연결이 부자연스러울 수 있겠지만, 일단 한국어로 글을 쓸수 있다는 자신감과 용기를 갖도록 하는 것이 중요하다. 차츰 어휘 학습량이 늘어감에 따라 배운 문형을 활용하여 편지나 일기, 간단한 독후감 등의 글을 지속적으로 쓰게 함으로써 글쓰기 습관을 키워준다.

아울러 그림이나 사진을 보고 그 속에 나타나 있는 사건이나 장면을 설명하거나 묘사하기, 제시된 핵심어들을 이용하여 완성된 이야기를 구성하기, 이야기의 골격에 세부내용을 덧붙여 이야기를 풍부하게 구성하여 쓰기, 읽고 요약하기, 읽기 자료를 모방해서 쓰기 등의 활동을 활용하는 것도 좋다.

2) 통합적 한국어 교수법

(1) 총체적 교수법을 활용한 한국어 교수 방안

총체적 교수법(Whole Language Approach: WLA)은 철자, 발음, 문법 중심의 음성언어 중심 방법과 대비되는 언어접근법으로 실제적인 텍스트를 사용하여 언어 기능의 요소들을 통합적으로 학습하는 것이다. 총체적 언어접근법에서는 문학작품을 많이 이용하며 일상에서 자주 쓰는 더욱 실제적이고 실용적인 텍스트(authentic text)를 사용한다. 또한 읽기와 쓰기를 의미구성

Big Book을 활용한 언어 지도

의 과정으로 보고 쓰기나 읽기의 주제를 자유롭게 선택하고 변형할 수 있게 한다. 이로 인해 총체적 언어접근법에 기반을 둔 수업에서는 학생들이 개인의 감정과 느낌을 표현하는 기회가 많이 주어지고, 학습자 간의 협력활동이 장려된다.

이러한 총체적 언어접근법은 더 편안한 분위기에서 아이들의 발화와 활동을 중심으로 언어교수·학습을 진행할 수 있으며, 실제적인 텍스트를 이용함으로써 다양한 사회문화적 배경을 지닌 학생들의 삶과 경험을 존중하고 효과적으로 반영할 수 있는 장점이 있다. 특히 기능 중심의 언어학습이 필요한 초급 수준의 학습자와는 달리, 더 정교하고 유창한 한국어 능력 향상이 필요한 중급 수준의 학습자에게는 언어뿐만 아니라 언어문화 및 한국어를 자연스럽게 익히는 데

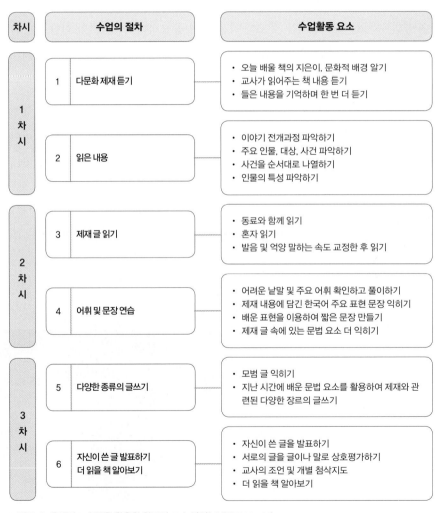

차시	수업의 절차	수업활동 요소
1 차 시	1 다문화 제재 듣기	• 오늘 배울 책의 지은이, 문화적 배경 알기 • 교사가 읽어주는 책 내용 듣기 • 들은 내용을 기억하며 한 번 더 듣기
	2 읽은 내용	• 이야기 전개과정 파악하기 • 주요 인물, 대상, 사건 파악하기 • 사건을 순서대로 나열하기 • 인물의 특성 파악하기
2 차 시	3 제재 글 읽기	• 동료와 함께 읽기 • 혼자 읽기 • 발음 및 억양 말하는 속도 교정한 후 읽기
	4 어휘 및 문장 연습	• 어려운 낱말 및 주요 어휘 확인하고 풀이하기 • 제재 내용에 담긴 한국어 주요 표현 문장 익히기 • 배운 표현을 이용하여 짧은 문장 만들기 • 제재 글 속에 있는 문법 요소 더 익히기
3 차 시	5 다양한 종류의 글쓰기	• 모범 글 익히기 • 지난 시간에 배운 문법 요소를 활용하여 제재와 관련된 다양한 장르의 글쓰기
	6 자신이 쓴 글 발표하기 더 읽을 책 알아보기	• 자신이 쓴 글을 발표하기 • 서로의 글을 글이나 말로 상호평가하기 • 교사의 조언 및 개별 첨삭지도 • 더 읽을 책 알아보기

그림 7–3 총체적 교수법을 활용한 한국어 교수 방안(이세연 2009:100)

유용한 학습법이 될 수 있다.

(2) 다문화 문학 제재 텍스트를 활용한 한국어교육 방안

다문화 문학(multicultural literature)[6]은 문학에 등장하는 주인공이 다양한 국적 출신이거나 문학의 배경 또는 내용이 다문화적 요소를 가지고 있는 도서를 모두 가리키는 말이다. 다문화 문학은 넓은 의미로 세계 문학까지 포함할 수 있으나, 다문화 프로그램이나 한국어 교재에 적용하는 다문화 문학은 좁은 의미인 경우가 대부분이다. 책의 내용이 세계 여러 나라의 다양한 문화를 배경으로 사건이 전개되는 것, 동화의 인물이 다양한 인종인 것, 이야기의 주제가 다문화와 관련된 것 등을 지칭한다고 볼 수 있다.

이미 미국을 중심으로 이루어진 다문화 문학과 관련된 연구를 살펴보면 다문화가정 자녀를 위한 국어 수업에서 다문화 문학을 이용하는 것은 학생의 정서와 언어 발달, 그리고 가족 간의 친밀도에 긍정적인 영향을 준다는 것이 밝혀졌다(Frances, 1996; Barbara & Margaret, 1995). 또 우리나라의 경우에도 최근에 국제사회 이해교육 및 반편견교육 등에 다문화 문학을 활용하는 경우 등 다문화 문학의 효용성을 인정하고 다양한 방식으로 다문화 문학을 교육에 활용하려는 연구가 활발히 시작되는 단계에 있다(이정미, 2008; 박영민, 2007; 박윤경, 2007; 임기연, 2008).

다문화 도서의 예 『사라, 버스를 타다』(사계절)

다문화 문학의 효용성은 사회·문화적 지식과 세계 시민으로서의 태도를 자연스럽게 기를 수 있는 것 이외에도 다양한 수준과 배경을 지닌 학생의 요구

----

6   다문화 문학(Multicultural Literacy)은 다문화 도서, 혹은 다문화 문학이라고 번역할 수 있다.

에 따라 교재를 적절히 변형해서 활용할 수 있다는 장점이 있다. 다문화가정 자녀들의 학습성취도의 배경요인이 되는 상황은 개개인별로 많은 차이가 있다. 또한 언어 기능 중 특히 읽기가 부족한 학습자, 한국어 학습능력이 부족한 학습자 등의 차이에 따라 학습자의 요구는 다양하다. 이러한 다양한 요구를 받아들이고 효과적으로 수업을 하려면 보다 다양한 제재와 교수·학습 방법을 안내할 수 있는 교재가 필요하다. 다문화 문학의 경우 교재에 나와 있는 동화의 한 부분 이외에도 다른 부분을 적용해서 수업을 할 수 있으며, 듣기, 말하기, 읽기, 쓰기 네 가지 언어 기능을 여러 방식으로 적용할 수 있고, 다양한 독서교육 방법을 이용하여 교사들이 여러 가지 교수·학습 방법을 탄력적으로 활용할 수 있다는 장점이 있다.

또한 다문화 문학은 다문화 학생들이 대부분 공통적으로 가지고 있는 열악한 문식성 환경을 개선시킬 수 있다. 한국어 능력이 부족한 아이들은 대부분 어머니의 한국어 능력이 부족한 경우가 많고, 이는 자녀들이 한국어 글과 말을 접할 수 있는 기회가 부족한 문식성 환경에 놓이게 한다. 즉, 일반 아동보다 다문화 학생들은 책을 접하고 읽을 기회가 상대적으로 부족한 경우가 대부분이다. 교재에 다문화 문학을 제재로 이용한다는 것은 주변 또래들보다 상대적으로 부족한 문식성 환경을 개선시켜준다는 점에서 의의가 있다. 더불어 다문화 문학을 통해 책에 흥미를 가지고 앞으로 스스로 책을 찾아 읽고 활용하는 능력을 길러줄 수 있다.

1. 다문화 학생을 위한 언어교육 지원이 중요한 까닭을 서로 이야기해 보자.

2. 다문화 학생들에게 이중언어교육이 필요한 까닭이 무엇이라고 생각하는가?

3. 다문화 학생들을 위한 한국어(KSL) 교육이 보호 프로그램이어야 하는 까닭을 말해 보자.

4. 다문화 학생을 위한 한국어(KSL) 교육 프로그램에서 생활 한국어(BICS) 교육뿐만 아니라 학습 한국어(CALP) 교육을 함께 교육해야 하는 이유를 말해 보자.

5. 미래의 예비교사로서 학생들에게 다문화적 문식력(multicultural literacy)을 갖게 해주는 것이 왜 중요한지를 생각해 보자.

구정화·박윤경·설규주(2008), 『다문화교육 이해』, 동문사.

권순희(2009), 「이중언어교육의 필요성과 정책 제언」, 『국어교육학연구』 34, 국어교육학회.

권순희·김호정·이수미(2008), 「다문화 문식성 제고를 위한 읽기 텍스트 구성 방안 연구」, 『국 어교육학연구』 33, 국어교육학회.

김정숙(1996), 「담화 능력 배양을 위한 읽기 교육 방안」, 『한국어교육』 7, 국제한국어교육학회.

김정숙(1999), 「담화 능력 배양을 위한 외국어로서의 한국어 쓰기 교육 방안」, 『한국어교육』 10권 2호, 국제한국어교육학회.

박영순(1997), 『이중/다중언어 교육론: 세계의 언어교육과 한국의 언어정책 과제』, 한신문화사.

박영순(2005), 「이중언어교육의 최근 동향과 재외동포의 한국어 교육 문제」, 『이중언어학』 28, 이중언어학회.

박영순(2007), 『다문화사회의 언어 문화 교육론』, 한국문화사.

박영순 외(2008), 『한국어와 한국어 교육』, 한국문화사.

박윤경(2007), 「지식구성과 다문화 문식성 교육」, 『독서교육』 18, 한국독서학회.

시헉(2007), 「열린 문화 공동체를 지향하는 다문화시대의 한국어 교육 지원 방안」, 『서울교육 대학교 초등국어교육연구소 학술대회 자료집』.

오성배(2005), 「코시안 아동의 성장과 환경에 관한 사례 연구」, 『한국교육』 32(3), 한국교육개 발원.

오성배(2006), 「한국 사회의 소수 민족, 코시안 아동의 사례를 통한 다문화 교육의 방향 탐색」, 『교육사회학 연구』 16(4), 한국교육사회학회.

오은순 외(2007), 『다문화 교육을 위한 교수 학습 지원 방안 연구(1)』(연구 보고 RRI 2007-2 KICE), 한국교육과정평가원.

오은순 외(2008), 『다문화 교육을 위한 범교과 교수 학습 프로그램 개발 연구』(한국여성정책연 구원), 한국교육과정평가원.

오은순 외(2009), 『다문화 가정 학생을 위한 한국어 교육 지원 방안 탐색 세미나』(연구자료 ORM 2009-10), 한국교육과정평가원.

왕한석·한건수·양명희(2005), 『국제 결혼이주 여성의 언어 및 문화 적응 실태 연구: 전라북도 임실군(및 순창군, 남원시) 일원 사례 보고서』, 국립국어원.

원일초등학교(2009), 「언어 적응 프로그램 구안·적용을 통한 외국인 근로자 자녀의 학교 생활 적응력 신장 방안」, 『경기도 교육청 지정 외국인 근로자 자녀 특별학급 시범학교 운영보 고서』.

원진숙·이영호(2003), 「二重言語教育으로서의 海外 歸國學生을 위한 韓國語教育」, 이중언어 학회 국제 학술대회(북경외대) 발표 논문.

원진숙(2007), 「다문화시대 국어교육의 역할」, 『국어교육학연구』 30, 국어교육학회.

원진숙(2008a), 「다문화시대의 초등학교 국어과 교육: 다문화 가정 자녀를 위한 한국어 교육지 원 방안을 중심으로」, 『국어교육학연구』 32, 국어교육학회.

원진숙(2008b), 「다문화 가정 자녀를 위한 이중언어교육 지원 방안」, 이중언어학회 국제학술대회 발표 논문.

원진숙(2008c), 「다문화 가정 자녀를 위한 한국어 교육」, 최미숙 외(2008), 『국어 교육의 이해·국어 교육의 미래를 모색하는 열여섯 가지 이야기』, 사회평론.

원진숙(2009), 「초등학교 다문화 가정 학생을 위한 언어 교육 프로그램」, 『한국초등국어교육』 40, 한국초등국어교육학회.

원진숙(2012), 「초등 다문화 배경 학습자 대상 KSL 교재 개발을 위한 시론」, 『국어교육학연구』 45, 국어교육학회.

원진숙(2017), 「이중언어강사와의 협력적 교수에 기반한 KSL 프로그램 운영 방안 연구」, 『국제한국어교육』 2(2), 국제한국어교육문화재단.

이세연(2009), 『다문화 제재 문학 텍스트를 활용한 초등 한국어 교재 개발 방안 연구』, 서울교육대학교 교육대학원.

이정미(2008), 「문학 제재를 활용한 다문화 이해교육」, 전주교육대학교 석사학위논문.

임기연(2008), 「어린이책을 활용한 초등다문화 교육의 효과」, 청주교육대학교 석사학위논문.

장인실(2007), 「다문화 교육을 위한 초등 교사 교육과정 모형 고찰」, 『다문화가정 자녀를 위한 초등국어교육』, 서울교육대학교 초등국어교육연구소 학술대회 발표집.

전은주(2008), 「다문화사회와 제2언어로서의 한국어(KSL) 교육과정의 목표 설정 방향」, 『국어교육학연구』 33, 국어교육학회.

조영달 외(2006a), 『다문화 가정의 자녀교육 실태 조사』(정책연구과제 2006-이슈-3), 교육인적자원부.

조영달 외(2006b), 『다문화 가정 교육 지원을 위한 자료 개발 연구』(정책연구과제 2006-이슈-3), 교육인적자원부.

콜린 베이커, 정부연 역(2006), 『내 아이를 위한 이중언어교육 길라잡이』, 넥서스.

Baker, C. (1996). *Foundations of Bilingual Education and Bilingualism*. Philadelphia: Multilingual Matters.

Diamond, B. J., & Margaret, M. A. (1995). *Multicultural Literacy: Mirroring The Reality of the Classroom*. N. Y. Longman.

Bialystock, E., & Craik, F. I. (2010). Cognitive and Linguistic Processing in the Bilingual Mind. *Current Directions in Psychological Science, 19*(1).

Brown, H. D. (1994). *Principles of Language and Teaching* (3rd ed). Prentice Hall Regents.

Brown, C. L. (2004). Content Based ESL Curriculum and Academic Language Proficiency. *The Internet TESL Journal, 10*(2). http://iteslj.org

Cummins, J. (1980). Psychological Assessment of Immigrant Children: Logic or Institution?. *Journal of Multicultural and Multicultural Development, 1*(2), 97-111.

Cummins, J. (1981). Age on Arrival and Immigrant Second Language Learning in Canada: A Reassessment. *Applied Linguistics, 11*(2), 132-149.

Cummins, J. (1996). *Negotiatiating Identities: Education for Empowerment in a Diverse Society*. Ontario, CA: California Association for Bilingual Education.

Fillmore, L. W. (1991). When Learning a Second Language Means Losing the First. *Early Childhood Research Quarterly, 6*(3).

Freire, P. (1970). *Pedagogy of the Oppressed*. New York: Header & Header.

Kendall, F. E. (1996). *Diversity in the Classroom: New Approaches to the Education of Young Chjldren*. New York: Columbia University.

Gay, G. (2000). *Culturally Responsive Teaching: Theory, Research, and Practice*. New York: Teachers College Press.

Hawkins, M. R. (2005). ESL in elementary education. In E. Hinkel (ed.), *Handbook of Research in Second Language Teaching and Learning*. New Jersey: Lawrence Erlbaum Associate, Inc.

Krashen, S. D. (1985). *The Input Hypothesis: Issue and Implications*. New York: Longman.

Ovando, C. J., Combs, M. C., & Collier, V. P. (2006). *Bilingual and ESL Classrooms: Teaching in Multicultural Contexts*. McGrawHill.

Peal, E., & Lambert, W. E. (1962). The Relation of Bilingualism to Intelligence. *Psychological Monographs: General and Applied, 76*(27).

Ramirez, M., Perez, M., Valdez, G., & Hall, B. (2009). Assessing the Long-Term Effects of an Experimental Bilingual-Multicultural Programme: Implications for Drop-Out Prevention, Multicultural Development and Immigration Policy. *International Journal of Bilingual Education and Bilingualism, 12*(1).

Zhou, M. (1997). Growing Up American: The Challenge Confronting Immigrant Children and Children of Immigrants. *Annual Review of Sociology, 23*(1).

8장

다문화교실 인성교육

이인재 서울교육대학교 윤리교육과

도입활동

다음은 2008년 서울특별시교육청 지정 "다문화 이해교육" 정책연구학교에서 2~6학년 일반학생 650명과 다문화가정 학생 24명을 대상으로 설문 조사한 내용의 일부이다.

[일반학생 650명]

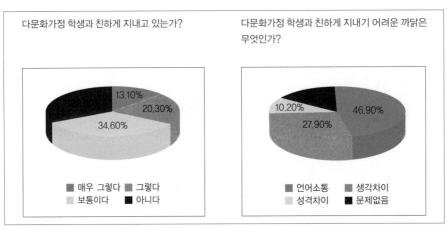

[다문화 가정 학생 24명]

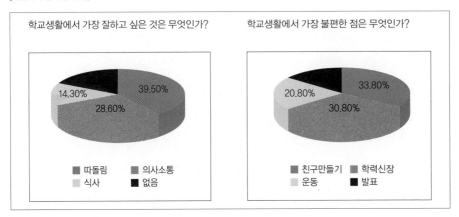

• 이 그래프를 통해 볼 때, 다문화가정 학생들이 학교생활에 잘 적응하도록 하기 위해 우리가 해야 할 일은 무엇이라고 생각하는가?

O| 장에서는 다문화가정 학생들이 학교생활을 하면서 겪고 있는 여러 가지 문제들 중에서 자아정체성 혼란, 교사나 또래의 차별, 집단 따돌림, 또래와의 원만한 관계 형성 등의 어려움을 해결하기 위하여 다문화교실 인성교육의 의미, 목표, 내용, 방법에 대해 탐구한다. 다문화가정 학생과 일반 학생들이 함께 생활하는 다문화교실에서 서로 잘 이해하고 존중하며, 편견과 차별의식을 해소하고 더불어 생활하기 위해 필요한 덕성과 행동 양식을 알고 느끼며 지속적으로 실천할 수 있는 바람직한 인성 함양의 효과적인 방안을 제시한다.

1. 다문화교실 인성교육의 필요성

흔히 우리나라에 거주하는 외국인과 그 자녀의 수가 매년 증가하고 있다는 점을 들어 최근 한국 사회가 빠른 속도로 다인종·다문화사회로 변화하고 있음을 언급하곤 한다. 그리고 다문화사회로 전환함에 따라 다문화가정에 대한 인도주의적인 배려, 사회통합, 세계화 시대의 인력자원개발 등을 이유로 하여 다문화교육의 필요성을 주장하기도 한다(차윤경, 2009: 8).

그동안 정부의 여러 부처나 지자체 그리고 교육기관에서는 타인종·타문화를 가진 사회적 소수자들에 대한 인종·민족·문화적 편견의 감소를 위해 다문화교육을 시행해 왔다. 특히 각급 학교에서의 다문화교육은 다문화가정 학생들이 학교에 다니면서 겪는 한국어 능력 부족이나 성적 부진, 학교생활 부적응, 따돌림, 정체성 혼란 등의 문제를 조기에 차단함으로써 이들이 한국 사회의 구성원으로서 행복한 삶을 살아가도록 하기 위한 것이었다. 그렇지만 지금까지의 다문화교육은 일반적으로 국제결혼 가정, 외국인 근로자 가정, 북한이탈주민 가정, 이주동포 가정의 구성원들을 대상으로 한 각종 프로그램(한국어교육, 상담, 멘토링, 한국전통문화교육 등)이나 이벤트성의 행사들(다문화축제, 문화유적답사, 체육대회 등)과 거의 동일했으며, 일부 학교 현장에서 일반 학생들을 대상으로 한 타문화이해교육이나 반편견교육을 하고 있으나 그것도 부분적이었다. 그러므로 한국 사회에서 진행해 온 다문화교육은 사실상 분리된 소수 집단에 대한 사회 적응 능력 배양 중심의 동화주의 교육의 성격을 띠고 있다고 볼 수 있다(윤인진, 2008; 정영근, 2009).

우리가 지향해야 할 다문화교육은 다양한 소수 집단과 이질적인 문화 요소들의 평화적 공존과 상호 창조적 융합이 가능한 개방된 다문화사회를 만들기 위해 기여해야 할 것이다. 그렇지만 현재의 다문화교육은 이러한 다문화교육의 목표를 달성하는 데 일정 부분 한계를 보이고 있다. 우리는 다문화가정 학생들이 한국어의 미숙과 학습 부진, 그리고 피부색이나 부모의 외국 국적 등이 복합적으로 작용하여 교사로부터 차별받고 또래들에게 따돌림과 멸시를 받고 있으며, 이러한 것들은 다문화가정 학생들의 자신감 상실과 부정적인 자아정체성 형성으로 이어진다고 알고 있다. 다문화가정 학생들이 겪는 많은 어려움들은 다문화가정 학생과 일반 학생들의 바람직하지 않은 인성과 관련되어 비롯된 것이 많으며, 이를 해결하기 위한 인성교육의 필요성에 대해서는 공감하면서도 구체적인 인성교육에 대한 논의는 미흡했다. 설령 있었다고 해도 무엇을 어떻게 해야 이러한 문제들을 효과적으로 극복할 것인지에 대한 구체적인 논의가 매우 저조한 실정이었다. 따라서 이제 다문화교육의 담론에서 '다문화교실 인성교육'에 대한 목표, 내용, 효과적인 방안을 필수적으로 논의할 필요가 있다. 여기서 말하는 다문화교실 인성교육이란 다문화가정 학생들이 선하고 바르게 살아갈 수 있는 품성과 능력을 길러줄 뿐만 아니라, 일반 학생들의 다문화가정 학생에 대한 편견과 차별 의식의 해소, 타문화·타인종·타민족에 대한 존중, 타문화에 대한 높은 감수성과 관용적 태도, 따돌림의 방지를 위한 올바른 태도와 행동을 함양하는 교육을 의미한다.

그렇다면 다문화가정 학생들이 겪는 여러 어려움 중에서 특히 인성과 관련한 것은 무엇이며, 이것은 다문화교실 인성교육의 필요성에 어떤 시사점을 주는가? 다문화가정 학생들의 실태를 조사한 여러 선행 연구 결과를 종합해 보면 이들은 소극적인 대인 관계, 정체성 형성의 어려움을 겪고 있으며, 다른 외모와 피부색, 어머니의 국적, 다른 말투 및 문화적 차이와 관련하여 친구들에게 놀림과 따돌림을 받는 것을 알 수 있다(민경숙·유형근·소용선, 2008). 즉 나문화가성 학생들은 교사 혹은 또래들에게 인종·민족·문화적 편견으로 인한 무시와 멸시, 놀림이나 따돌림을 겪으며, 이것은 다문화가정 학생들의 자존감 상실과 자기비하로 이어져 학업성취나 또래관계에서 자신감을 잃게 하여 고립, 우울, 폭력 등 부정적 행동을 일으키게 한다. 뿐만 아니라 심한 경우는 자살 등 돌이킬 수 없는 심각한 결과를 낳기도 한다.

그런데 여기서 유의해야 할 중요한 점은 이러한 다문화가정 학생들의 어려움은 자신들이 문제 행동을 유발하여 생기는 것도 있지만, 다문화가정 학생을 둘러싼 학급의 또래들이 보여주는 편견과 차별 의식, 멸시와 무시 등으로 인하여 발생되는 어려움이 더 많다는 점이다. 이는 다문화교실의 인성교육이 무엇을 어떻게 해야 할 것인가에 대하여 시사하는 바가 크다. 즉 단순히 다문화가정 학생들만을 대상으로 그들을 선하고 바르게 자라도록 하는 교육만을 의미하는 것이 아니라, 다문화교실을 구성하는 일반 학생들이 다문화가정 학생들을 이해하고 존중하고 배려하면서 더불어 생활할 수 있는 따뜻한 마음과 올바른 행동 양식을 갖도록 하는 것이 병행되어야 한다는 점을 의미한다.

이와 같이 다문화교실에서 인성교육이 필요한 이유는 한국 사회에서 다문화가정 학생, 즉 소수문화 집단 학생들이 겪는 어려움과 문제는 가장 기본적으로 한국어 능력의 미숙함과 낮은 학업성취도에서 나오지만, 이에 못지않게 일반 학생들의 차별과 편견이 복합적으로 작용하여 다문화가정 학생들의 자신감 상실 및 정체성 혼란 그리고 원만하지 않은 또래와의 관계 형성 등과 같은 인성 관련 문제들도 무시할 수 없을 만큼 매우 중요하기 때문이다. 또한 현재 초등학교에 재학 중인 다문화가정 학생들이 이러한 어려움을 잘 극복하지 못한 채 중·고등학교에 진학할 경우, 정서적으로 민감한 학생들이 심리적 위축감과 자신감 상실을 겪는 등 정서적 발달에도 좋지 않은 결과를 초래하여 무단결석, 가출, 폭력 등의 사례가 늘어나 사회문제가 될 우려가 있어 조기에 이를 예방하는 교육이 절실히 요청되기 때문이다.

2. 다문화교실 인성교육이란 무엇인가

1) 인성과 인성교육의 의미[1]

'인성 또는 인성교육이 무엇인가'에 대해 한마디로 명확하게 정의하기는 쉽지 않다. 인성교육을 아주 간단하게 문자적으로 풀어 "인성을 함양하는(기르는) 교육"이라고 말할 수 있겠지만, 아래의 표 8-1에서 보듯이, 사람마다 인성을 무엇으로 보는가에 따라 인성교육에 대한 개념은 매우 다양하게 나타날 수 있기 때문이다.

표 8-1 선행 연구자 및 기관에서 정의한 인성 개념

연구자 및 기관	인성의 정의
이근철(1996)	좁게는 도덕성, 사회성, 정서(감정) 등을 의미하고, 넓게는 지·덕·체 또는 "지·정·의를 모두 갖춘 전인성".
한국교육학회(1998)	인성은 사람의 바탕이 어떠하며 사람 된 모습이 어떠한지를 말하는 개념으로, 사람의 마음과 사람됨이라는 두 가지 요소로 구성.
남궁달화(1999)	인간의 성품으로, 성품은 인간의 성질과 품격으로 구성됨. 여기서 성질은 마음의 바탕이고, 품격은 사람됨의 바탕임.
조난심 외(2004)	사람이 태어나면서 가지고 있는 성격이나 특질의 개념이 아니라 의도적인 교육이나 학습에 의해 습득하거나 변화가 가능한 인간의 성품.
조연순(2007)	자신의 내면적 요구와 사회·환경적 필요를 지혜롭게 잘 조화시킴으로써 세상에 유익함을 미치는 인간의 특성.
강선보 외(2008)	인간이 도달해야 하는 이상적인 인간다운 성품, 인간 본연의 모습.
문용린·최인수(2010)	신뢰받을만하고 협동적인 인간관계를 맺으며 행복한 삶을 사는 품성.
박성미·허승희(2012)	인간이 개인적으로 갖추어야 할 바람직한 심성과 사회적으로 갖추어야 할 가치 있는 인격 및 행동 특성.
교육과학기술부(2012)	더불어 살아갈 수 있는 품성과 역량(도덕성, 사회성, 감성의 3차원).
현주 외(2013)	바람직한 개인 또는 사회구성원으로서 살아가기 위해 보편적으로 요구되는 품성과 역량.

....

1   이인재(2016: 273-279)를 재구성하였다.

양정실(2013)	인간다운 바람직한 삶을 영위하는 데 필요한 도덕성과 시민윤리를 바탕으로 인간의 참된 본성과 진인성의 토대 위에서 미래사회를 위한 도덕적 사회적 감성적인 소양을 일상생활 속에서 실천해 낼 수 있는 역량을 갖춘 상태.
미 교육부(2007, 2008)	존중, 공정성, 보살핌 등의 도덕적, 윤리적 가치와 책임감, 신뢰, 시민성 등을 망라하는 개념으로, 개인 또는 집단의 정서적 지적, 도덕적 자질은 물론 이러한 자질들이 친사회적 행동으로 발현되는 것을 포함함.
Lickona와 Davidson (2005)	정직, 정의와 같이 핵심 윤리적 가치가 될 수 있는 덕목인 도덕적 인성(moral character)과 인내심, 용기처럼 도덕적 행동을 지지해 주는 덕목인 행동적 인성(performance character)이 있음.

말 그대로 인성은 인간의 성품(性品), 즉 사람의 성질이나 품격(됨됨이)이라는 의미를 갖고 있다. 위에서 제시한 선행 연구자나 기관의 인성 개념을 보면, 인성 개념 속에는 성품 혹은 품성, 기질, 성격, 인간의 특성, 사람됨, 전인성, 인격, 도덕성, 역량 등 다양한 의미가 포함되어 있을 뿐만 아니라, 개인적인 요소와 함께 사회적인 요소도 있음을 알 수 있다. 그렇지만 '무엇이 인성의 본질에 더욱 적합한 것인가'의 관점에서 보면, 인성을 가치중립적으로 사용하는 개성이나 성격으로 보기보다는 인성의 가치 지향성, 즉 인간이 지향하고 성취하여야 할 인간됨(인간다움), 인격(character), 인품, 도덕적 자질로 이해하는 것이 더 바람직하다. 왜냐하면 인성이란 사회적으로 유익하며 노력이나 교육을 통해 성취 또는 도달해야 할 지향점이며, 각 개인이 가지고 있는 사고와 태도 및 행동의 근원을 이루는 특질들의 총합으로서 성격에 도덕성이 통합된 것을 의미하기 때문이다.

최근에는 인성을 미래 사회에서 성공적인 삶을 영위하는 데 필요한 핵심 역량(key competencies)으로 이해하기도 한다. 천세영 외(2012)의 연구에서는 미래 사회의 역심 역량으로 요구되는 인성을 도덕성, 사회성, 감성의 3가지 영역으로 분류하고 3영역에 따른 6개의 핵심 덕목으로 정직, 책임, 공감, 소통, 긍정, 자율을 강조하고 있다. 이근호 외(2012)는 미래사회로의 변화를 대비하여 학생들이 반드시 갖추어야 할 역량으로서 주로 자신과 관련된 자기존중과 수용, 잠재력 계발, 자기통제와 개발 능력을 제시하였고, 이미숙 외(2012)는 공감능력, 소통능력, 갈등해결능력, 관용, 정의 등 대인관계 능력이 학교폭력의 문제를 개선하는 데 필요한 인성이라고 주장하였다. 양정실 외(2013)도 위의 표에서 제시했듯이, 인성을 가치 덕목을 실천해 낼 수 있는 역량으로 규정하면서, 이를 통

해 아는 것과 행동 간의 불일치 문제를 해소할 것으로 기대하고 있다. 정창우 외
(2013)도 핵심 역량은 '바람직한 인성'의 측면과 정합성을 가지면서도 윤리적 행
동 실천을 위한 동기부여 및 기술(skills)을 부여하여 행위의 가능성을 높이고, 행
위의 일관성과 안정성을 제공할 수 있어야 한다고 본다.

그렇다면 인성교육은 무엇인가? 인성이 무엇인지에 대한 이해가 연구자
마다 천차만별이듯이 인성교육도 인성을 어떻게 규정하는가에 따라 아래의 표
8-2, 표 8-3에서 보는 것처럼 매우 다양하게 정의되고 있음을 알 수 있다.

표 8-2 선행 연구자와 기관에 나타난 인성교육 개념

연구자	인성교육 개념
남궁달화(1999)	학생들이 지·정·의를 조화롭게 발달시켜 마음을 통합할 수 있도록 도와주는 마음의 교육
신차균(2000)	사회적으로 바람직한 행위 규범을 내면화함으로써 인간으로서 갖추어야 할 최소한도의 품성을 형성하는 교육
현주 외(2013)	사람들이 가족, 친구, 이웃, 지역사회, 국가의 일원으로 함께 살아가고 일하는 데 도움을 주는 바람직한 사고와 행동의 습관화를 위한 일련의 교육
정창우 외(2013)	개인의 내면을 바르고 건전하게 가꾸고 타인·공동체·자연과 더불어 살아가는 데 필요한 인간다운 성품과 역량을 길러주는 일
인성교육진흥법(2015)	자신의 내면을 바르고 건전하게 가꾸고 타인·공동체·자연과 더불어 살아가는 데 필요한 인간다운 성품과 역량을 기르는 것을 목적으로 하는 교육
Lickona(1993)	개인과 사회에게 유익한 핵심 덕목을 이해하고, 이런 가치에 대하여 관심을 가지며, 이에 따라 행동할 수 있도록 돕기 위한 의도적이고 집중적인 노력
미 교육부(2008)	학생들로 하여금 존중, 정의, 민주시민 자질, 자기 자신과 타인에 대한 책임 등의 핵심 윤리적 가치를 이해하고, 중요하게 생각하며, 행동하게 하는 학습과정이며, 이를 위한 일련의 교육적 과정

표 8-3 선행 연구자에 나타난 인성교육의 구성 요인

연구자	구성 요인

조난심 외(2004)	• 개인적 요소
	  – 도덕교육과정요소: 생명존중, 정직, 자주, 절제, 경애, 효도
	  – 21세기 인성요소: 자기주도성, 관용(개방성), 사고의 유연성
	• 사회적 요소
	  – 도덕교육과정요소: 예절, 협동, 타인배려, 준법, 정의, 공동체의식, 민족애, 인류애
	  – 21세기 인성요소: 타문화 이해

이명준 외(2011)	존중, 배려, 책임, 신뢰성, 정의/공정성, 시민성(이 6개의 덕이 개인과 사회에서 구현되는 하위 각 덕들로 상세화)
이근호 외(2012)	자기존중과 수용, 잠재력 개발, 자기통제와 개발 능력(자신과 관련된 인성 역량)
이미숙 외(2012)	공감능력, 소통능력, 갈등해결능력, 관용, 정의 등(대인관계 중심의 인성 역량)

천세영 외(2012)	• 3영역 6개의 핵심 덕목(미래 사회의 핵심 역량)
	  – 도덕성: (역량) 가치인식, 책임있는 능력, (덕) 정직, 책임
	  – 사회성: (역량) 사회인식 능력, 대인관계 능력, (덕) 공감, 소통
	  – 감성: (역량), 자기인식능력, 자기관리 능력, (덕) 긍정, 자율

박성미 · 허승희(2012)	• 개인가치: 긍정적 생활태도, 심미적 소양 • 타인가치: 타인에 대한 존중, 타인에 대한 용서와 관용 • 사회가치: 사회구성원으로서의 역할과 책임, 세계시민정신, 도덕적 판단력

박창언 외(2013)	• 3개 범주 10개 덕목
	  – 개인: 정직, 책임, 긍정, 자율, 예절, 존중
	  – 사회: 공감, 소통
	  – 민주시민의식: 시민의식, 공존
	• 10개 덕목과 관련된 역량: 핵심가치인식, 책임 있는 의사결정, 자기인식, 자기관리, 문화적 소양, 사회적 인식, 대인관계, 민주시민의식

지은림 외(2013)	• 3영역 7개의 요인
	  – 도덕성: 정직/정의, 책임, 윤리(어른공경)
	  – 사회성: 배려/봉사, 공감
	  – 감성: 긍정적 자기이해, 자기조절

양정실 외(2013)	• 아는 것과 행동 간 불일치의 문제를 해소하기 위한 8개의 핵심 덕과 역량: 존중, 배려, 책임, 참여와 협동, 공감과 수용, 대화와 소통능력, 문제와 갈등해결 능력, 정의
정창우 외(2013)	지혜, 용기, 성실, 절제, 효도, 예절, 존중, 배려, 책임, 협동, 준법, 정의

위와 같이 인성교육은 다양하게 규정되고 있지만 그 특성을 보면 크게 개인적 차원과 사회적 차원의 인성 함양을 목표로 하는 것으로 알 수 있다. 개인적 차원에서는 한 인간으로서 인간답게 살아가기 위해 필요한 올바른 품성과 덕을 기르는 데, 사회적 차원에서는 자신과 관계를 맺고 있는 타인, 공동체, 자연과 더불어 살아가기 위해 필요한 품성과 역량을 기르는 데 중점을 두고 있다고 할 수 있다. 물론 인성교육이 추구하는 궁극적 목적을 달성하기 위해 이 양자를 분리하여 어느 하나만을 강조해서는 안 된다. 이 양자는 동일하지는 않지만 서로 밀접하게 관련되어 있다. 인성교육을 통해 기르고자 하는 바람직한 인간은 이 양자가 조화롭게 발달한 상태이기 때문이다.

현재 우리나라의 인성교육 논의에서 간과해서는 안 되는 것은 인성교육이 사회·환경적 측면, 즉 사회 맥락적 요소와 관련되는 특성이 있다는 점이다. 인성교육을 이렇게 이해해야 인성교육이 사용되는 실질적인 맥락을 놓치게 되는 잘못을 피할 수 있다. 즉, 현재의 인성교육은 바로 우리 사회의 심각한 도덕성 붕괴, 특히 학생들의 학교폭력과 도덕적 일탈에 대한 우려를 바탕으로 학교교육을 통해 이를 극복해 보고자 하는 시도에서 출발하고 있으며, 인성교육진흥법을 제정하고 인성교육 강화 기본 계획을 수립하며 교육활동을 통해 인성교육을 실천할 수 있도록 교육과정에 명시하는 것과 같이 이를 국가 정책적으로 강조하고 있기 때문이다.

이러한 인성교육에 대한 최근 정책을 보면, 다음과 같은 방향으로 인성교육이 추구되고 있음을 알 수 있다(김수진, 2015: 211-212). 첫째, 인성을 도덕적 차원에 국한하지 않고 개인, 타인, 사회의 다양한 차원과 관련되는 것으로 보고 있다. 둘째, 정직, 책임과 함께 배려, 나눔, 공감, 소통, 존중과 같이 긍정적인 관계를 형성하고 유지하는 데 필요한 가치, 즉 '관계성에 초점을 둔 가치'를 중시하고 있다. 셋째, 교과만이 아니라 체육·예술교육, 체험활동, 수업의 과정 및 학교 문화에 이르기까지 학교교육 전반을 통해 지속적으로 인성교육을 실천해야 함을 강조하고 있다. 넷째, 인성교육을 위해 학교뿐만 아니라 가정, 사회, 국가의 역할을 강조하면서 실천 중심의 인성교육을 강화하고 있다.

이상에서 살펴본 것처럼, 최근에 이루어지고 있는 우리의 인성교육의 특징은 긍정심리학이나 위험 행동의 감소 및 친사회적 행동의 증가와 같은 인성교육의 성과에 관한 논의를 반영하여 개인적으로 미래 사회를 긍정적으로 살아가기 위해 갖추어야할 역량과 사회 구성원으로서의 더불어 살아가는 데 필요한 역량을 함양하는 데 초점을 두고 포괄적으로 접근하고 있다는 점이다.

2) 다문화교실 인성교육의 의미와 목표

앞에서 언급했듯이 일반적으로 학교의 인성교육이란 학생들이 장차 한 사회의 민주시민으로서 바람직한 삶을 살아가는 데 필요한 도덕적 지식이나 품성, 그리고 올바른 실천 능력을 함양하는 것을 의미한다. 이러한 인성교육은 어릴 때부터 바른 생활습관이나 예절 및 규범을 올바르게 이해하고 실천하는 성향을 길러주는 것을 목표로 하는데, 오늘날에는 학교가 체계적인 인성교육을 담당하는 경우가 많다.

다문화교실 인성교육은 방금 언급한 학교 인성교육의 일반적인 의미를 다문화가정 학생과 일반 학생을 대상으로 한 인성교육에 초점을 둔 개념이다. 따라서 다문화교실 인성교육은 다문화가정 학생들이 건강한 한국의 구성원으로서 선하고 올바르게 살아갈 수 있도록 도덕적 지식이나 판단력, 도덕적 열정이나 민감성을 높이고 일상적인 생활에서 선하고 옳음을 잘 실천하도록 하는, 그리고 이를 위해 교사, 학부모, 지역사회가 유기적으로 협력하면서 이루어지는 체계적이고 의도적인 노력이라고 할 수 있다. 이러한 인성교육은 일차적으로 다문화가정 학생들과 일반 학생들이 이질적인 문화에 대해 서로 존중하고, 서로 사랑하고 이해하며 좋은 관계를 형성하도록 돕는 것을 말한다. 또한 소수자인 이주 2세대에 대한 편견과 차별 극복을 위해 일반 학생들의 관용과 상호존중 및 상호이해, 포용의식을 함양하고 실천할 수 있도록 하는 체계적인 노력이라고 할 수 있다.

다문화교실 인성교육은 특정 민족이나 인종 집단의 구성원들, 특히 소수문화 집단의 학생들이 신체적·문화적 특징 때문에 경험하는 고통과 차별을 줄이는 것을 목표로 해야 한다. 또한 궁극적으로는 다원화된 현대사회에서 다양한 구성원들이 다양성의 공존 속에서 인권, 자유, 행복, 공동선을 추구하고 더불어 살아갈 수 있는 지적 능력과 따뜻한 마음 그리고 알고 있는 선함과 옳음을 일상생활에서 지속적으로 실천할 수 있는 능력을 겸비한 민주시민을 길러내는 것을 말한다. 다시 말해 인성교육은 다문화가정 학생들과 일반 학생들 간의 상호이해를 통한 편견과 차별의 감소, 존중과 배려, 공정함과 자제력의 함양을 지향하며, 이는 반드시 문화적 소수자들만이 아니라 일반 학생들도 포함된 통합적 교육이 되도록 해야 한다.

그러므로 다문화교실 인성교육에서는 먼저 반편견, 차별의 극복을 위해 배려와 관용의 가치를 널리 확산시키는 데 초점을 둘 필요가 있다. 여기서는 한국사회가 다문화교육에서 강조해 온 '소수자를 위한 교육', '소수자를 바꾸기 위한 노력'에서 벗어나야 한다. 왜냐하면 다문화가정 학생들의 인성 관련 문제들은 많은 경우 다문화가정 학생들을 둘러싼 일반 학생들의 편견과 차별의식, 그리고 멸시와 놀림 등에서 비롯되기 때문이다. 따라서 다문화교실 인성교육은 소수자인 이주 2세대에게 필요한 교육이면서도 이들과 더불어 살아갈 다수의 일반 학생들에게 더욱 절실히 요구되는 교육이라고 할 수 있다.

학교 인성교육이 지향해야 할 올바른 목표는 훌륭한 인격 함양이다. 훌륭한 인격이란 무엇인가? 이는 통합적 인격교육(integrated character education)의 목표와도 일치하기 때문에 이를 토대로 살펴보고자 한다. 1990년대 이후 미국뿐만 아니라 우리나라 인성교육에서 강조하는 통합적 인격교육은 추상적인 성질인 덕 자체보다는 덕을 지닌 사람, 즉 덕을 실천하는 사람, 다시 말해 수많은 덕목을 학생들에게 주입하기보다는 '도덕적으로 성숙한 사람(the morally mature person)'을 길러내는 데 초점을 둔다. 도덕적으로 성숙한 사람은 도덕적 판단, 도덕적 감수성, 도덕적 행동 중 어느 하나만이 발달한 것이 아니라, 이 세 가지 모두가 조화롭게 발달된 사람을 의미한다. 즉 '도덕적으로 성숙한 사람'이란 무엇이 옳은지에 대해 정확히 이해하고 판단할 수 있으며, 그 옳음을 사랑하고 열정을 가지고 실천하려는 높은 의지를 지님은 물론, 알고 있는 옳은 것을 잘 실천할 수 있다. 달리 말하면 도덕적으로 성숙한 사람은 잘 생각하고(think well), 옳은 것을 그 어떤 다른 것보다 더 선호하며(love well), 잘 행동하는(act well) 그런 사람이다.

이것은 훌륭한 인격을 지닌 사람과도 통하는데, 그것은 도덕적 앎(moral knowing), 도덕적 감정(moral feeling), 도덕적 행동(moral behavior)이라는 세 가지 상호 관련된 부분으로 구성되어 있다. 도덕적 앎이란 선(good)에 대해 올바로 아는 것(정신의 습관)이고, 도덕적 감정이란 선을 열망하고 혹은 선을 가치 있게 여기는 것이고(마음의 습관), 도덕적 행동이란 선에 따라 행동하는 것(행동의 습관)을 의미한다. 이 세 가지는 도덕적 삶을 이끄는 데 필수적인 것이고 인간을 성숙하게 만든다. 따라서 토머스 리코나(Thomas Lickona)는 초등학교의 인성교육은 "훌륭한 인격을 발달시키기 위한 의도적이고 행동 지향적인(proactive) 교육"이라고 말하고, 포괄적인 접근(a comprehensive approach)을 강조한다.

3) 다문화교실 인성교육의 원리

다문화교실 인성교육은 다음과 같은 몇 가지 원리에 따르면 더욱 큰 효과를 거둘 수 있다.

첫째, 통합적 접근의 원리이다. 이는 다문화교실 인성교육이 중심이 되지만 학생들이 학교에서 배운 가치를 일관되게 실천하기 위해서는 가정과 사회의 지원과 협력이 병행되어야 함을 의미한다. 둘째, 지속성의 원리이다. 한 인간의 바람직한 태도 및 행동의 형성은 단속적이거나 일정한 기간에만 일어나는 것이 아니기에 일상생활에서 반복적으로 내면화·습관화해야 한다. 셋째, 관계성의 원리이다. 교사와 학생, 교사와 학부모, 학생과 학생의 관계가 인간적이고 서로 존중하며 상호 협력적일 때 학교의 인성교육은 더욱 큰 효과를 거둘 수 있다. 특히 교사는 학생들의 모범이 되고, 자상한 생활의 안내자가 되고, 도덕적인 문제를 학생들과 함께 고민하고 논의할 수 있어야 한다. 넷째, 자율성의 원리이다. 올바른 가치관 형성은 일방적 지시나 명령이 아니라 학생들 스스로가 올바른 행동에 대한 당위성을 깨닫고 실천할 수 있도록 해야 한다. 다섯째, 체험의 원리이다. 단지 아는 것으로는 실천을 확실하게 담보할 수 없다. 아리스토텔레스가 "집을 많이 지어봐야 훌륭한 건축가가 되고, 용기 있는 행동을 해야 실제로 용기 있는 사람이 된다"고 했듯이, 학생들이 배운 도덕적 가치를 실제로 체험하고 실천할 수 있는 다양한 기회를 제공해야 한다.

다문화교실 인성교육이란 다문화가정의 학생들이 바람직한 자아정체성을 형성하고 민주시민으로서 요구되는 품성과 능력을 기를 수 있도록 도움을 주는 것이며, 일반 학생들 역시 다문화가정 학생들의 안정적이고 행복한 학교생활을 위해 인종적·민족적·문화적 소수자에 대한 편견과 차별을 극복하고 이들을 존중하고 배려하도록 가르치는 것이며, 이를 위한 적절한 환경을 조성하는 것이다. 이러한 학교의 인성교육은 다음의 그림 8-1(이인재, 2002)에서 볼 수 있듯이, 교과교육활동과 비교과교육활동의 통합, 학교의 공식적 교육과정과 잠재적 교육과정과의 통합은 물론 가정과 지역사회의 지원과 협력을 끌어내 유기적으로 이루어질 때 그 효과를 극대화할 수 있다.

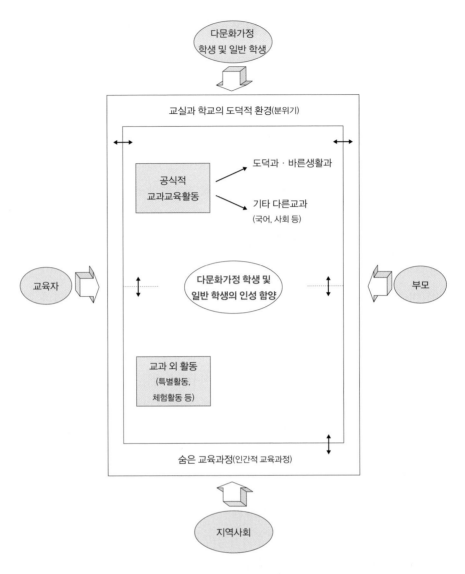

그림 8-1 바람직한 인성함양을 위한 다문화교실 인성교육의 원리

4) 다문화교실 인성교육의 내용

다문화가정 학생과 일반 학생들에게 무엇을 가르쳐야 할 것인가? 왜 그것이 필요한가? 이 물음은 다문화교실 인성교육의 내용으로, 다문화가정 학생과 일반 학생들에게서 부족한 인격적 자질이나 행동 양식이 무엇인가를 찾아내는 일과 관련된다.

다문화가정 학생들이 겪는 어려움이나 일반 학생들이 다문화가정 학생들을 대하는 바람직하지 않은 태도를 종합해 볼 때, 다문화가정 학생과 일반 학생에게 공통적으로 필요한 품성과 능력은 공감, 자제력, 존중, 관용, 배려, 공정함의 태도라고 본다. 이러한 것들은 다문화가정 학생들이 가정에서든 학교에서든 자신감을 가지고 당당하게 살아가도록 하기 위해 다문화가정 학생뿐만 아니라 일반 학생들도 지녀야 할 품성과 능력들이다. 다문화가정 학생이나 일반 학생들에게 이러한 품성과 능력이 부족할 때, 배척하고 차별하고 괴롭히고 따돌리며 폭력을 행사하기도 하므로 이로 인해 다문화가정의 학생이 낮은 자존감과 정체성의 혼란을 겪게 된다. 이하에서는 다문화가정 학생을 위한 인성교육에서 가르쳐야 할 대표적인 가치 덕목 세 가지를 간략하게 설명하고자 한다.

첫째, 공감능력(empathy)을 지닐 수 있도록 해야 한다. 공감능력은 한마디로 타인의 문제를 그들의 입장에서 생각하는 능력으로, 학생들이 서로 다른 관점에 대해 사려 깊어지고 남의 생각과 의견을 잘 이해하게 되는 바탕이 된다. 타인의 고민을 이해하고 함께 생각하는 능력인 공감능력은 다른 사람에게 관대하며 남을 배려할 줄 알고 타인의 욕구를 이해하며 상처를 받거나 괴롭힘을 당하는 사람들을 도와줄 정도로 자상한 학생으로 변화시키는 덕목이다. 공감능력이 있는 학생은 이해심이 많아지고 남을 배려하는 마음이 커지며, 좀 더 능숙하게 분노를 억제할 수 있어 무관심과 폭력, 잔인한 행동, 냉정함, 이기주의를 멈출 수 있게 된다(미셸 보바, 2005: 35). 다시 말해 공감능력은 타인의 기분이나 감정을 생각하는 방법을 알려주는 핵심적인 도덕적 정서라고 할 수 있다. 또 학생이 옳은 행동을 하도록 독려하는 강력한 도덕적 정서로서 정서적 고통이 주는 충격을 인식하고 잔인하게 행동하지 않도록 해준다.

오늘날 다문화가정 학생들과 일반 학생들은 그들이 주로 생활하는 가정이나 학교 그리고 사회에서 어릴 때부터 폭력과 잔혹성, 무례함, 이기심 등에 자주 노출되어 있어 공감능력을 발휘하지 못하게 된다. 공감능력이 계발되지 않음으로써 이들은 쉽게 폭력이나 차별, 무례함을 보여주곤 한다. 따라서 타인에 대해 공감할 수 있는 능력을 함양한다면 다문화가정 학생과 일반 학생들에게서 나타나는 여러 가지 바람직하지 못한 행동을 억제할 수 있을 것이다.

둘째, 자제력(self-control)을 길러주어야 한다. 자제력은 옳다고 판단되는 일을 할 수 있도록 행동을 조절해 주는 덕목으로, 충동을 억제하고 행동하기 전에 생각하도록 도와줌으로써 올바르게 행동할 뿐만 아니라 잠재적으로 위험한 결과를 초래할 선택을 하지 않도록 해준다. 다시 말하면, 자제력은 학생들이 좀 더 안전하고 현명한 선택을 할 수 있도록 도덕적 행동을 안내해 주는 강력한 내적 메커니즘으로 폭력과 파괴적인 충동을 억제하게 하고, 해로움을 줄 수 있는 행동을 일시적으로 막아주는 도덕적 힘이기도 하다(같은 책: 111). 이는 즉각적으로 욕구를 충족시켜 주는 것 대신 다른 누군가를 위해 뭔가를 할 수 있는 관대함과 친절을 끌어내는 덕목이라고 할 수 있다.

오늘날 아동과 청소년들은 정도의 차이는 있지만, 과거에 비해 충동적이고 반항적이며 화를 더 잘 내고 폭력적이다. 도덕적이지 못한 행동들, 즉 욕설, 괴롭히기, 따돌리기 등을 서슴없이 저지른다. 이는 학생들이 진심으로 옳다고 생각하는 행동을 하도록 충동을 조절하거나 억제할 수 있게 해주는 자제력이 부족해서 발생한다. 자제력이 있는 학생들은 스스로 행동을 선택하고 조절할 수 있으며, 관대하고 친절하다. 자기 신뢰에서 나오는 자제력은 충동적인 욕구 충족을 뒤로 미루고 다른 누군가를 위해 행동하도록 양심을 자극한다. 자제력은 어떤 행동이 불러올 위험한 결과에 대해 경고하고 학생 스스로 판단해서 감정을 억제할 수 있도록 도와줌으로써 무례하거나 상스럽거나 분노로 날뛰는 행동을 멈추게 해주는 힘이다.

셋째, 관용(tolerance)을 가르쳐야 한다. 관용은 다른 사람이 나와 다름을 인정하고 새로운 견해와 신념에 개방적이며, 인종과 성, 용모, 문화, 능력, 성별에 상관없이 개개인을 인간으로서 존중하도록 도와준다. 이는 다른 이를 친절하게 대하고 그들을 이해하며 증오와 폭력, 완고함에 당당히 맞서게 하고 무엇보다 인격을 근거로 사람을 존중하도록 해준다. 관용은 증오와 폭력과 완고함을 줄이는 데 도움이 될 뿐만 아니라 친절과 존중, 이해심으로 타인을 대하도록 이끌어 주는 덕목이다(같은 책: 245). 다시 말하면, 관용은 설령 자신과 다른 사람들의 신념이나 가치가 다를지라도 모든 사람들이 사랑받고 공평하게 대우받으며 존중받을 가치가 있음을 알려주며, '차이를 존중하라'고 요구한다. 일반적으로 관용에는 두 가지 측면이 있는데, 하나는 존중(respect)이고 다른 하나는 다양한 인간의 긍정적인 특성과 기여도를 올바르게 인식하는 것이다. 전자와 관련하여 볼 때 인간의 존엄성과 권리를 존중하는 것이며, 우리의 생각만을 강요하거나 타인의 자유를 부당하게 침해하지 않는 것을 의미한다. 후자와 관련해서는 학생들이 자기와는 다른 방식의 삶도 흥미 있고 유용하며 가치 있는 것임을 배워야 한다. 편견과 선입견 그리고 고정관념은 어릴 때부터 갖고 태어나는 것이 아니라 사회화 과정에서 생겨나기 때문이다. 관대한 학생들은 누군가의 견해나 신념에 동의하지 않더라도 그것을 존중하는 능력을 갖고 있으며, 이 때문에 잔인함과 편협한 신념과 인종차별주의 등에 쉽게 빠지지 않는다. 그러므로 학생들이 관용을 베푸는 능력을 증진시키는 인성교육을 한다면 편견과 선입견, 고정관념과 증오를 거부하도록 도와줄 수 있고, 차이점보다 그 사람의 인격과 태도를 중시할 수 있도록 가르칠 수 있다.

5) 다문화교실 인성교육의 방법

(1) 다양성에 대해 올바르게 인식하도록 해야 한다

이를 위해 바른생활이나 도덕, 사회나 국어 교과를 핵심으로 하면서 다른 교과에서도 학생들이 모든 사람의 신념과 차이를 존중하고 관대하게 대하는 것이 얼마나 가치 있는지 스스로 생각할 수 있도록 돕는 교수·학습 활동을 할 필요가 있다. 이때 교사가 할 수 있는 구체적인 질문의 예를 들면 다음과 같다.

- 관용이란 무엇일까? 사람들은 태어나면서부터 관대할까? 아니면 자라면서 관대해지는 것일까? 누가 관대한지는 어떻게 알 수 있는가?
- 왜 어떤 사람들은 다르게 생겼다고 혹은 달리 행동한다는 이유로 남을 비웃을까? 그것이 옳은 일일까? 그렇다면 그 이유는 무엇일까?
- 차별을 한다는 것이 어떤 의미인지 아는가? 차별을 경험했거나 차별을 당하는 누군가를 본 적이 있는가? 기분이 어떨까? 그것은 옳은 일일까, 아닐까?
- 차이 때문에 사람을 배척하는 것은 옳은 일일까? 성별이나 신념 때문에 같이 놀지 않고 따돌리는 것은 좋은가?

다음으로 '관대하지 않은 사람은 어떻게 행동할까?'라는 질문을 하고 이에 대해 학생들이 모둠별로 상호 토의를 해보게 한다. 놀리기, 마음대로 결론 내리기, 누군가의 결점에 대해 비웃기, 험담하기, 별명 부르기, 타인의 차이점에 대해 농담하기, 다르게 생겼거나 달리 행동한다고 해서 그 사람을 배척하기 등과 같은 행동이 나타날 수 있음을 알게 하고, 이러한 일들이 가져오는 부정적인 결과를 파악하도록 한다.

(2) 바람직한 인성 함양을 위해 가르치고자 하는 가치·덕목에 부합하는 사람들의 말과 행동을 구체적인 사례를 통해 깨우치게 한다

다문화가정 학생과 일반 학생들이 알고 지켜야 할 가치·덕목에는 어떤 것이 있으며, 이것의 의미와 행동이 무엇이며, 어떻게 실천할 수 있는지에 대해 알도록 해야 한다. 많이 안다면 일상생활에서 그러한 가치·덕목을 실행할 가능성이 높아지기 때문이다. 대체로 일반 학생들은 다문화가정 학생들을 다른 피부색이나 어눌한 한국어 때문에 놀리고 괴롭힌다. 일반 학생들은 소수의 다문화가정 학생들을 놀리면 그들이 상처를 받는다는 사실을 알고 있으면서도 놀림을 당하는 다문화가정 학생들, 즉 피해자의 불쾌감을 공감할 수 있는 방법을 몰라서 놀리곤 한다. 만약 일반 학생들이 다문화가정 학생의 고통과 기쁨, 불안, 걱정, 자부심, 행복, 분노를 인식할 줄 한다면 이들을 동정할 수 있을 것이다. 따라서 다문화가정 학생과 일반 학생들이 왜 서로를 존중하고 배려해야 하는지에 대해 알고 느끼도록 해야 하는데, 이를 위해 타인의 입장에서 생각해 보고 타인의 감정을 느껴보도록 하는 것이 필요하다.

한 가지 예로, 공감능력과 관용을 가진 사람들이 잘하는 말과 행동을 예로 들어 설명해 주는 것을 생각해 볼 수 있다. 또한 귀와 눈과 마음을 열고 친구가 기분이 좋은지, 나쁜지 등 어떤 상태에 있는지 친구의 말을 조용히 경청해 보게 한다. 이때 친구의 감정을 비난하거나 무시하지 않고 지지해 주는 것이 중요하다. 친구가 어떤 상황에서 그런 기분을 느끼는지 알아보게 한 후, 친구의 현재 감정을 분류하고, 그것을 친구에게 말하게 한다. 친구가 스스로 자신의 감정 욕구를 해결하도록 도와주게 한다. 이는 친구의 곤란한 상황을 자신도 공감한다는 것을 좀 더 보여줄 수 있도록 도와준다.

공감능력과 관용을 가진 사람들이 잘하는 말의 예	공감능력과 관용을 가진 사람들이 잘하는 행동의 예
• "나도 예전에 그런 일을 당해 보았어. 그래서 너만큼이나 속상해." • "네가 있어 행복하단다." • "진수야, 그만 해, 그 애를 무시하고 있잖아." • "그 애를 너의 팀에 넣어 주는 것이 좋겠다. 공을 한 번도 못 쳐봤으면 어때." • "영철아, 외모 때문에 놀리는 것은 옳지 않아."	• 누군가 괴로워하고 있으면 다가가 위로한다. • 인종과 종교, 문화, 체격, 성별, 성적 취향 등에 관해 놀리거나 비하하는 말을 하지 않는다. • 아픈 사람에게 상냥하게 말한다. • 차이점 대신 공통점에 집중한다. • 괴롭힘을 당하거나 놀림 받는 사람의 편에 선다. • 자신과 다른 경험을 했다고 그를 배척하지 않는다.

(3) 공감, 자제력, 배려, 존중의 기초는 감정이므로 학생들의 감정 인식을 발달시키고 감정 어휘를 익힐 수 있는 활동을 한다

남의 기분을 이해하기 위해서는 다양한 감정들을 성공적으로 확인하는 기술이 꼭 필요하다. 공감능력이 뛰어난 학생들은 감성능력도 뛰어나다고 알려져 있는데, 이는 자신의 감정 상태와 타인의 감정 상태를 인지하고 표현하는 방법을 안다는 것이다. 학생들이 감정을 얼마나 잘 알아채는지는 그들이 정확한 감정 어휘를 알고 있는지 여부에 따라 어느 정도 달라진다. 따라서 다음과 같은 활동을 관련 교과나 교과 외 활동을 통해 실천해 볼 수 있다.

- 행복, 슬픔, 화남, 놀람, 무서움, 미움 등 감정 카드를 만들어 그러한 감정이 어느 때 어떻게 표현되는지를 알아보게 하는 활동을 한다. '감정을 억제할 수 없을 때의 상황을 어떤 단어들로 표현할 수 있을까?'라는 질문에 대해 이때 사용할 수 있는 모든 단어들을 생각해 보도록 하는 활동을 한다.
- 감정을 나타내는 그림이나 사진을 찾아 제시하면서 그것을 보면서 느낌을 추측해 보게 한다.
- 자신이 느낀 감정을 얼굴이나 몸을 통해 보여주거나 그러한 감정을 경험했던 때에 대해 토의하도록 한다.
- 감정의 동의어와 반대어를 찾아보게 한다. 이를테면 '분노'라는 감정의 동의어로는 '성나는', '화가 나는', 분노한' 등이 있으며 반대어로는 '침착한', '평화로운', '조용한' 등이 있다.
- 감정에 해당되는 행동을 말해 보게 한다. 이를테면 화가 났을 때 나타나는 행동에는 '뺨이 빨개진다', '심장이 두근거린다', '손을 꽉 움켜쥔다' 등

이 있다.

- 친구와 함께 정서적 단서, 즉 말투나 행동, 얼굴 표정을 보고 친구의 감정을 정확하게 판단할 수 있는 연습을 해본다.

- 감정을 담아 주어진 이야기 자료를 읽는 활동을 해보게 한다. 짧은 절을 반복해서 읽어주되, 제각기 다른 감정을 가진 말투(지루하거나 흥분하거나 피곤하거나 슬프거나 화가 난 듯이)로 읽는 활동을 한다.

- 모든 사람들은 분노가 폭발하려고 할 때 보이는 개인적인 징후가 있다. 그러므로 학생들에게 자신이 화가 날 때 어떤 반응이 일어나는지를 발표하게 하고, 화가 난다고 바로 화를 내면 어떤 일이 생길지 등에 대해 논의하게 한다.

- STAR전략[잠시 생각을 멈추고(Stop), 생각하고(Think) 올바르게 행동한다(Act Right)]을 활용하여 분노를 억제하는 연습을 해본다.

(4) 가르친 가치·덕목에 대해 어른들이 모범을 보이고, 학생들이 배운 가치·덕목을 가정이나 학교에서 실천 및 체험해 볼 수 있는 긍정적인 환경을 조성한다

다문화가정 학생을 일반 학생들과 차별 없이 대하는 교사의 공정성, 다문화가정 학생의 집단 따돌림에 대처하는 교사의 태도 등은 다문화가정 학생들이 밝고 건강하게 학교생활을 하는 데 큰 영향을 미친다. 그러므로 교사의 모범적 언행은 다문화가정 학생을 위한 인성 함양에 매우 중요하다.

다문화가정 학생들과 일반 학생들에게 관용, 배려, 존중, 반편견 등을 가르치기 위해 교사는 가정의 학부모와 협력하여 몸소 이러한 가치·덕목을 실천하는 모범을 보여야 한다. 즉, 학생들 앞에서 차별하는 말을 하지 않고 다양성을 포용하는 모습을 자주 보여주어야 한다. 또 차이를 존중하는 태도를 체험하거나 실천할 수 있도록 협동학습, 방과 후 프로그램이나 캠프 등에 적극 참여하도록 한다. 자신과 다른 것을 용인하고 관용을 보여주는 경험이 없으면 아이들은 타인의 다른 점을 받아들이고 포용하는 법을 배울 수 없기 때문이다.

또한 교사는 다문화교실 인성교육에서 다문화가정 학생이나 일반 학생의 학부모들이 특정한 방식으로 참여할 수 있도록 유도해야 한다. 이를 위해 교사는 부모와 교류하고 협력하는 데 필요한 간문화적 능력을 가지고 있어야 한다. 다문화가정 학생들은 문화와 생활습관의 차이로 많은 문제에 직면하며 특히 학교 교육에서 어려움을 많이 겪는다. 이는 언어 능력의 부족뿐만 아니라 다른 문화적 배경에서 비롯되는 정체성 상실과 같은 문화충격을 포함한다. 특히 학교에서 교사가 다문화가정 학생을 차별한다는 느낌이 들면 학생들은 상처를 받는다. 독도 등 영토 문제나 역사 교과서 왜곡 문제와 같이 특정 국가와 관련된 국제적 이슈가 교육의 장에서 논의될 때는 교사의 개인적인 감정이 섞이지 않도록 주의해야 한다. 또한 종교 문제를 다루거나 약소국가에 대해 가르칠 때도 비하하는 듯한 발언을 조심해야 한다. 교사는 객관적인 정보를 제공하고 수용적인 자세로 지도해야 한다(서종남, 2009: 248).

교사는 다문화가정 학생과 일반 학생들이 장차 올바른 민주시민으로 성장해 나가도록 학교나 학급의 운영을 민주적이고 정의롭게 해야 하며 교실은 민주적인 삶의 방식과 태도를 지지하고 존중될 수 있도록 경험을 제공하는 장(Banks, 2007/2008)으로서 기능해야 한다. 그래야만 다문화사회에 적합한 태도와 인성을 가진 인재 양성이라는 다문화교육의 목표를 달성할 수 있다.

3. 사례를 통해 본 다문화교실 인성교육의 실제

1) 집단 따돌림의 사례

아들아이가 유치원 때 일본과 한국을 오가면서 언어와 문화 문제로 고민이 참 많았어요. 아이는 자기가 한국 아이라고 생각했지만 학교에서 엄마가 일본 사람이라는 이유로 집단 따돌림 당하고 아이들한테 많이 맞고 다녔어요. 일본 놈은 모두 나쁜 놈이라고 하면서요. 특히 초등학교 저학년 때 참 많이 힘들었어요. 울기도 많이 울었어요. 어느 날 아이가 이런 말을 했어요. "난 한국 사람이 싫어." 그다음부터 아이는 한일 운동 경기나 한일 간의 역사를 다루는 드라마는 절대로 안 봐요. 저도 아이가 피해를 당할까 싶어서 3·1절이나 8·15 광복절 같은 날은 아예 집 밖으로 아이를 내보내지 않고요. 독도 문제가 나오면 가슴이 콩알만 해져요. 해코지라도 당할까 봐요.(○○○○ ○○○, 일본, 43세, 결혼 13년차)(원진숙, 2009)

다문화가정 자녀에 대한 집단 따돌림은 보통 교사의 눈길이 미치지 않는 곳에서 발생하며, '피부색이 다르다', '말을 더듬거린다', '발음이 정확하지 않다' 등 문화적 차이나 언어적 부적응, 외국인 부모에 대한 면박 등이 그 원인이다. 다문화가정 자녀들은 차별적인 교사의 대우로 인하여 또래나 선배로부터 집단 따돌림을 당하는 경우도 있기 때문에 다문화가정 자녀만을 선별하여 특별하게 대우하기보다는 다문화가정 자녀들이 일반 가정의 자녀들과 동질감을 느끼도록 배려하는 것이 필요하다(이인재, 2009a). 가해자와 피해자 모두가 따돌림의 피해자라는 인식을 깃들도록 해 따돌림을 예방할 수 있는 학습지를 제시해 보면 다음과 같다.

• 괴롭힘과 따돌림 예방을 위한 학습활동

우리 모두 피해자?

1. 내가 만약 1년 동안 친구 없이 생활한다면?

_____

_____

2. 괴롭힘과 따돌림의 이유는 무엇일까요?

구분	괴롭히거나 따돌리는 이유
가해자	

구분	괴롭힘, 따돌림을 당하는 이유
피해자	

구분	괴롭힘, 따돌림을 보고도 가만히 있는 이유
방관자	

3. 괴롭힘과 따돌림을 가하거나 당했을 때 일어날 수 있는 결과를 '피해자', '가해자', '방관자'의 입장에서 생각해 봅시다.

구분	괴롭힘과 따돌림으로 인해 일어날 수 있는 결과
피해자	
가해자	
방관자	

2) 편견과 차별의 사례

나는 우리 아이들이 학교나 주변 친구들로부터 차별을 받을까 봐 늘 두려워요. 우선 내가 한국말이 완벽하지 못하므로 아이들도 한국말이 서툴고 이 서툰 한국어로 인해서 아이들이 학교에서 공부를 따라가지 못하고 주변 친구들로부터 괴롭힘을 당하거나 외로울 수 있기 때문이에요. 어느 날인가는 아이가 학교에서 "너희 엄마는 일본인이지? 일본인들은 한국에서 옛날에 나쁜 짓을 했잖아. 그런데 왜 우리나라에서 살아?"라는 말을 듣고 와서 막 우는 거예요. 그때 나도 울고 싶었지만 당당하게 "물론 일본 사람들이 옛날에 나쁜 일도 했지만 지금 엄마는 한국인인 아빠와 결혼해서 사이좋게 잘 살고 있잖아. 너는 일본인과 한국인의 사랑의 상징이야. 당당하게 행동해."라고 말해 주었어요. 그렇지만 그다음부터 우리 아이는 친구들한테 엄마가 일본인이라는 것을 절대로 말하지 않아요. 좀 섭섭했지만 어쩔 수 없다고 생각하고 있어요.(○○○, 일본, 42세, 결혼 12년차)(같은 책)

다문화가정 학생들은 일반 학생들의 편견, 차별, 멸시를 경험함으로써 심리적 상처를 받아 자신감을 잃기도 한다. 특히 외국인 근로자 가정 자녀들은 나이와 맞지 않는 학년을 배정받아 학교생활 적응에 문제가 된다. 즉 부족한 한국어 실력으로 두세 살 어린 같은 반 일반 학생들에게 반말을 듣거나 성적이 낮게 나와 늘 열등감을 느끼고 자존심에 상처를 받기도 하며, 자신의 의사를 잘 전달하지 못하는 경우가 많아 학교생활에 적극적으로 참여하지 않는 경향을 보인다. 나이 어린 학급 동료들과 같이 하는 학교생활이 재미가 없어 장기적으로 학교를 결석하는 사례도 나타난다.

외국인 근로자 가정 자녀들이 학교에서 겪는 어려움은 교사나 일반 학생이 보여주는 불신, 차별, 배타적 행동이 큰 원인이 된다. 이들은 늘 심리적으로 차별받고 있다고 느끼며, 공정성, 평등성에 대한 욕구가 강하고, 한국과 자신의 나라 혹은 자신과 한국 아이들을 비교하는 데 분노를 표시하곤 한다(이학춘, 2009: 160). 따라서 학생들의 편견과 차별 의식을 해소하기 위한 교수·학습 활동을 제시하면 다음과 같다.[2]

• 편견과 차별 없는 세상

학습주제	편견과 차별 없이 친구와 어울리기			
학습목표	편견과 차별 없이 친구와 함께 어울릴 수 있는 마음가짐을 가질 수 있다.			
다문화 영역	인권	지도내용	이해(다양성)	실천(공영)
			인종, 문화, 가치관	반편견, 상호협력

단계	교수·학습 활동	시간	자료 및 유의점
동기유발	◆ 친구의 의미 생각하기 • '만약에 나라면…' 놀이를 통해 각 주어진 상황을 보고 나라면 어떻게 행동할지 이야기한다. 　- 친구가 미술 준비물을 가져오지 못했을 경우 나라면 어떻게 행동할까? 　- 친구 간에 지켜야 할 예절에 대해 생각해 본다.	5′	

----

2 충남평생교육원(2009), 『똘레랑스, 우리는 하나』(2월)에서 인용.

학습문제	편견과 차별 없이 친구와 어울릴 수 있는 마음을 갖자.		
	◈ 학습 활동 안내 ▶ 활동1: 이야기 내용 파악하기 ▶ 활동2: 이야기 바꾸어 보기 ▶ 활동3: 다문화 친구와 사이좋게 지내는 방법 알기		

탐색 및
문제해결
	◈ 활동1 - 이야기 내용 파악하기
	• 『커피우유와 소보로빵』 중 한 부분을 읽고 내용 파악하기
	  - 샘이 친구들에게 놀림을 받은 이유를 알아봅시다.
	  - 샘의 기분이 어떨지 생각해 봅시다.
	  - 내가 샘이라면 어떻게 행동했을지 말해 봅시다.
	• 인물이 되어보는 활동하기
	  - 글을 읽고, 샘의 모습을 상상해 봅시다.
	  - 샘과 나의 모습을 그려보고 생김새는 달라도 친구가 될 수
	    있을지에 대해 생각해 봅시다.
		13′	활동지,
			이야기 책

	◈ 활동2 - 이야기 바꾸어 보기
	• 『커피우유와 소보로빵』의 이야기를 바꾸어 6컷 만화 그리기
	  - 1컷은 샘이 전학 온 장면, 6컷은 행복한 샘과 친구들의 모습
	    입니다. 중간 내용을 자유롭게 바꾸어 만화로 표현해 봅시다.
		10′	활동지,
			색연필

발전 적용	◈ 활동3 - 다문화 친구와 사이좋게 지내는 방법 생각하기
	• 샘처럼 우리 반에 다문화 친구가 전학을 왔을 때 일어날 수 있
	  는 일을 상상해 보기
	  - 다문화 친구가 전학 왔을 때 생길 수 있는 일들에는 어떤 것
	    들이 있을지 생각해 봅시다.
	  - 다문화 친구가 학교생활을 하는 데 어떤 어려운 점을 겪을지
	    말해 봅시다.
	• 다문화 친구를 도울 수 있는 방법 알아보기
	  - 다문화 친구에게 가장 필요한 것이 무엇일지 생각해 봅시다.
	  - 다문화 친구에게 도움을 줄 수 있는 방법을 생각해 봅시다.
		7′	활동지

학습정리	◈ 학습내용 정리하기
	• 포스터 문구를 만들기
	  - 그림을 보고 어울리는 포스터 문구를 만들고, 실천 의지를
	    다져봅시다.
		5′	활동지

평가 관점	• 편견과 차별 없이 친구를 존중하는 태도를 갖게 되었는가? • 친구 간에 지켜야 할 예절이 무엇인지 알고, 이를 실천하려고 하는가?

Box 1 다음 글을 읽고, 샘과 나의 모습을 그려 봅시다.

샘은 욕실의 거울 앞에 서서 자신의 얼굴을 자세히 관찰하기 시작했다. 낮고 뭉툭한 코, 새까만 눈동자, 곱슬곱슬하고 검은 머리카락.

샘은 엄마의 화장대를 뒤져서 크림을 찾아 얼굴이 허옇도록 크림을 듬뿍 펴 발랐다. 엄마의 노란색 수영 모자를 찾아 고불거리는 검은 머리카락을 가렸다.

내 피부가 희다면 보리스하고도 친해질 수 있을까?'

바로 그때 엄마가 욕실로 들어왔다. 엄마는 화를 내며 수영 모자를 벗기고 얼굴에 바른 크림을 수건으로 닦아내셨다.

"다시는 이런 짓 하지 마, 알았어? 네 피부는 죽을 때 까지 갈색이야. 그리고 난 내 아들의 피부가 희어지는 것 싫어! 정말 중요한 건 여기, 그리고 이쪽에 뭐가 들어 있는가 하는 것이야!"

— 카롤린 필립스(2006), 『커피우유와 소보로빵』, 푸른숲

샘의 모습	나의 모습
※ 우리가 친구가 될 수 있을까요? 이유는?	

3) 사회·정서적 발달의 어려움

다문화가정 학생의 발달 상태를 조사한 전혜정 등(2008)의 연구 결과, 다문화가정 학생들은 일반 학생들에 비해 사회·정서적 발달 수준이 통계적으로 유의하게 낮은 것으로 나타났다. 특히 사회·정서적 특성 중 분노 및 공격적 행동 특성과 불안 및 위축 행동 특성이 일반 학생에 비해 높은 수준이었다. 한편 김순종(2007)의 연구에서 다문화가정의 자녀들은 엄마가 외국인이며 외모가 다르다는 이유로 놀리거나 집단 따돌림을 당할 가능성이 상대적으로 높고, 행동이 위축되고 소극적이며 학교에서 부적응 현상을 보이는 것으로 조사되었다. 또 지나치게 소극적이거나 반대로 폭력성 또는 과잉장애행동 등 정서장애를 보

일 가능성이 상대적으로 높은 것으로 나타났다(최문성·김순자, 2009: 63-64에서 재인용).

이처럼 다문화가정 학생들은 또래사회에서 따돌림을 당하거나 자존감이 저하되어 원활한 사회적 관계를 형성하지 못함으로써 사회·정서적 발달에 잠재적인 어려움을 가지고 있는 경우가 많다. 일반 학생들 또한 자신과 타인의 감정을 이해하고 감정을 조절하는 데 미숙하고 문제해결을 위한 합리적인 의사결정 능력이 부족하여 원만한 또래관계를 형성하지 못하는 경우가 많다. 그러므로 다문화가정 학생뿐만 아니라 일반 학생들 모두에게 필요한 능력은 사회·정서적 능력으로서 감정에 대해 올바르게 이해하고 이를 적절하게 표현하고 조절할 수 있는 의사소통 능력과 문제해결 능력이다. 이러한 능력을 키우기 위해 교과활동 시간에 활용해 볼 수 있는 학습지를 예로 들면 다음과 같다(이인재, 2009b).

• 상황 제시를 통한 감정 인식 활동

감정 단서 찾기

어떤 상황입니까?	
1. 내가 어떻게 보입니까?(얼굴표정, 신체변화)	
2. 난 무엇을 하고 있는 중입니까?	
3. 나에게 무슨 일이 일어나고 있습니까?	
4. 나는 무엇을 말하고 있습니까?	
5. 나는 어떻게 말하고 있습니까?	
6. 과거에 이런 일이 나에게 발생했었습니까?	
7. 나는 무엇을 생각하고 있습니까?	
8. 나는 어떻게 느끼고 있습니까?	

• 분노 이해: 나는 어떨 때 얼마나 화를 내는가?

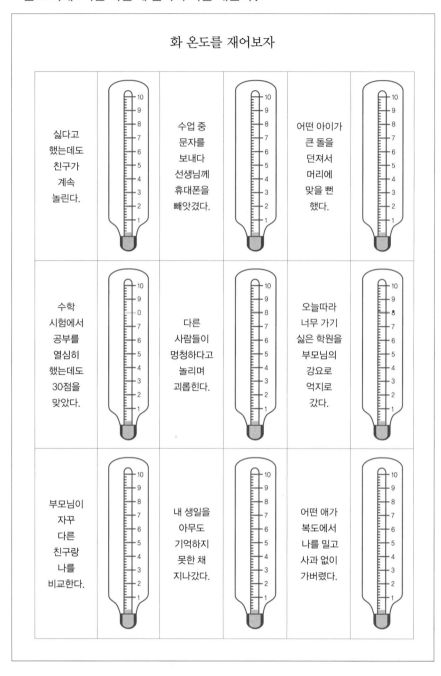

화 온도를 재어보자

싫다고
했는데도
친구가
계속
놀린다.

수업 중
문자를
보내다
선생님께
휴대폰을
빼앗겼다.

어떤 아이가
큰 돌을
던져서
머리에
맞을 뻔
했다.

수학
시험에서
공부를
열심히
했는데도
30점을
맞았다.

다른
사람들이
멍청하다고
놀리며
괴롭힌다.

오늘따라
너무 가기
싫은 학원을
부모님의
강요로
억지로
갔다.

부모님이
자꾸
다른
친구랑
나를
비교한다.

내 생일을
아무도
기억하지
못한 채
지나갔다.

어떤 애가
복도에서
나를 밀고
사과 없이
가버렸다.

4. 바람직한 인성 함양을 위한 다문화교실 인성교육의 방안

지금까지 살펴본 것처럼, 다문화교실 인성교육에서는 다문화가정 학생들에 대한 일반 학생들의 편견을 해소하기 위해 특히 노력해야 한다. 특정 집단에 대한 편견은 인종, 민족 등 하나의 특성을 기준으로 해당 집단 구성원을 모두 동일한 대상으로 범주화하여 인식하는 데서 출발한다. 다문화가정 학생들은 동질적인 집단이 아니라 다양한 특성을 지닌 하위 집단으로 구성되어 있다. 따라서 다문화교실 인성교육을 통해 다문화가정 학생 개개인을 개별적인 정체성을 가진 존재로 인식할 수 있도록 도와야 한다. 다문화가정 학생들이 학교생활에서 주로 경험하는 어려움이 교우관계와 연관되어 있으며, 교사의 낮은 기대가 학생들의 낮은 학업성취로 연결될 수 있다는 점에서 학교 구성원 모두가 반편견, 존중, 배려, 공감의식을 가질 수 있도록 인성교육을 내실화해야 한다.

지금까지 진행되어온 한국의 다문화교육은 '소수자 대상 적응 교육'의 방향과 '다수자 대상의 소수자 이해교육'으로 나눌 수 있는데(양영자, 2008), 다문화교실 인성교육의 방향과 목표는 '다수자 대상의 소수자 이해교육'에 중점을 두어야 하며 궁극적으로 다수와 소수의 구분을 넘어서 '모두를 위한 교육'이 되어야 한다. 특히 다문화교실 인성교육에서는 정체성 함양, 편견과 차별의 극복, 상호 이해와 존중 및 관용의 함양, 사회정의와 민주주의를 중요 개념이나 원리로 다루면서 더욱 근원적으로는 편견과 차별을 야기하는 원인 자체를 탐색하고 그 원인에 맞서는 인식의 전환과 실천을 강조해야 한다.

다문화교실 인성교육에서 교사는 다문화가정 학생이 또래의 집단 따돌림과 압력을 현명하게 잘 이겨낼 수 있도록 지도하는 데 주의를 기울여야 한다. 교사는 자신의 학급에서 집단 따돌림이 발생하면 초조하고 불안한 마음에 즉시 해결하고자 하는데, 그렇게 해서는 안 된다. 먼저 집단 따돌림을 당하는 아이의 마음을 안정시키는 것이 중요하다. 피해 학생이 자신의 상황에 대해 얘기를 하지 않는 경우가 많기 때문에 피해 학생의 입장을 이해하고 함께 괴로워하는 자세를 보여주어야 한다. 교사가 진지하게 자신의 고민을 들어준다는 느낌이 들었을 때

피해 학생이 자신의 생각을 솔직하게 표현할 수 있기 때문이다. 또한 집단 따돌림을 가하는 학생들에게도 신중하게 대처해야 한다. 대개 집단 따돌림을 가하는 학생들은 피해자를 배려하는 마음이 부족해서 혹은 욕구불만을 해소하기 위해서 이렇게 행동하는 경우가 많기 때문에, 호통을 치거나 심하게 꾸짖는 것은 오히려 반감만을 조장한다. 또 다문화가정 학생들은 차별적인 교사의 대우로 또래나 선배에게 집단 따돌림을 당하기도 하므로 다문화가정 학생만을 특별하게 대우하기보다는 다문화가정 학생들이 일반 학생들과 동질감을 느끼도록 배려할 필요가 있다.

다문화가정 학생들이 미래에 대한 뚜렷한 비전을 갖기 어려워하는 것도 인성교육에서 고려해야 할 중요한 문제이다. 학업 및 언어 구사 능력의 격차 때문에 다문화가정 학생들은 심리적 열등감을 느끼기 쉽다. 그러므로 그들이 떳떳하고 좋은 부모 나라의 자녀들이라는 점을 강조하는 내용을 인성교육에 포함하여 긍정적인 정체성을 함양할 수 있도록 해야 한다. 그리고 다문화가정 학생이 한국어와 다문화가정 부모 국가의 언어를 잘 구사하게 되면 해당 국가에 진출한 한국 기업인은 이들을 현지인으로 채용할 것이며, 나아가 부모 나라에 진출하여 여러 분야의 전문가로 성장할 수 있는 기회를 가지게 될 것임을 인식하도록 해야 한다. 우리가 다문화가정 학생들을 문제아로 볼 것인지 아니면 기회의 아동으로 볼 것인지에 따라 그 결과는 매우 큰 차이가 난다. 다문화가정 학생이 한국의 국제화를 위한 소중한 자원으로서 무한한 기회를 가진 인재라는 점을 잊어서는 안 된다.

1. 다문화가정 학생들이 겪고 있는 인성 관련 어려움은 무엇인가?:

2. 다문화교실 인성교육의 의미와 목표는 무엇인가?

3. 다문화교실 인성교육에서 가르쳐야 할 가치·덕목은 무엇이며, 왜 그것이 중요한가?

4. 다문화가정 학생과 일반 학생들이 서로 존중하면서 생활하도록 하기 위해 필요한 것은 무엇인가?

박강선보·박의수·김귀성·송순재·정윤경·김영래·고미숙(2008), 「21세기 인성교육의 방향 설정을 위한 이론적 기초연구」, 『교육문제연구』 30, 고려대학교 교육문제연구소.

교육부(2015), 「인성교육진흥법」.

김수진(2015), 「인성교육의 주요 접근」, 『교육과정연구』 33(2), 한국교육과정학회.

김순종(2007), 「초등학교의 다문화가정 자녀 교육의 실태와 대책」.

남궁달화(1999), 『인성교육론』, 문음사.

문용린·최인수(2010), 『창의인성교육 총론』(창의인성교육 현장적용도 제고 방안 모색을 위한 공청회 발표 자료).

미셸 보바, 한혜진 역(2005), 『도덕 지능』, 한언.

민경숙·유형근·조용선(2008), 「다문화가정 중학생에 대한 반편견 교육프로그램 구안」, 『중등교육연구』 56(2), 491-526.

박성미·허승희(2012), 「청소년용 통합적 인성 척도 개발」, 『유아교육』 21(3), 한국아동교육학회.

박윤경(2009), 「다문화가정 학생의 학교생활실태와 학교교육의 과제」, 『다문화교육과 학교교육』(중앙다문화교육센터 제1차 다문화교육 전문가협의회 자료집), 중앙다문화센터.

박창언·최호성·정광순·나장함·오은주·조상연·이욱재·김경선·서미라·김성태·강임숙·김영철(2013), 『인성교육중심수업강화를 위한 교수·학습자료 개발』, 교육부.

서종남(2009), 「지역사회통합을 위한 다문화교육의 역할」, 『다문화사회로의 이행, 평생교육의 새로운 정책 패러다임』(제2차 평생교육정책포럼), 평생교육진흥원.

신차균(2000), 「체험중심 인성교육의 이념과 실제」, 『교육철학』 23, 교육철학회.

양영자(2008), 「한국 다문화교육의 개념 정립과 교육과정 개발 방향 탐색」, 이화여자대학교 박사학위논문.

양정실·조난심·박소영·장근주·은지용(2013), 『교과교육을 통한 인성교육 구현 방안』(한국교육과정평가원 연구보고, RRC 2013-6).

염철현(2012), 『미국 초·중등학생의 '학업적, 사회적, 감성적 능력 함양을 위한 학습법' 소개 및 한국 교육에 주는 시사점』(한국교육개발원 CR 2012-01-4).

원진숙(2009), 「다문화 가정 자녀의 어려움 해소를 위한 이중언어교육 지원 방안」, 『제2회 세계인의 날 기념 이민정책 포럼 자료집』, 한국 이민정책 발전재단.

윤인진(2008), 「한국적 다문화주의의 전개와 특성: 국가와 시민사회를 중심으로」, 『한국사회학』 42(2), 72-103, 한국사회학회.

윤희원(2009), 「다문화사회와 국어교육: 다문화가정 학생의 한국어 교육을 중심으로」, 『국어교육학연구』 34, 국어교육학회.

이근철(1996), 「초등학교 도덕 인성교육의 발전 방향」, 경인초등도덕교육학회.

이근호·전제철·이승미·최정순(2012), 『미래사회 대비 핵심역량 함양을 위한 국가 교육과정 구상』, 한국교육과정평가원.

이명준·진의남·서민철·김정우·이주연·김병준·박혜정(2011), 『교과교육과 창의적 체험활

동을 통한 인성교육 활성화 방안』(경제·인문사회연구회 협동연구총서 11-18-01), 한국교육
과정평가원.

이미숙(2012), 『인성교육과 교육과정 개선』(제6회 청람교육포럼 겸 제53차 KEDI 교육정책포럼 발
표자료).

이인재(2002), 「초등학생의 인성발달에 미치는 열린 인격교육 프로그램의 효과: 문화기술적
연구」, 『국민윤리연구』 50, 한국국민윤리학회.

이인재(2002), 「초등학생의 인성발달에 미치는 열린 인격교육 프로그램의 효과: 문화기술적
연구」, 『국민윤리연구』 50, 한국국민윤리학회.

이인재(2009a), 「다문화가정 자녀를 위한 인성교육」, 『글로벌시대 다문화현실과 교육적 과제』
(개원 1주년 학술대회 자료집), 서울교대 다문화교육연구원.

이인재(2009b), 『학교폭력 예방을 위한 초등학교 인성교육 프로그램 개발』(2009년 정책연구과
제 보고서), 서울시교육연구정보원.

이인재(2016), 「학교 인성교육의 체계적 접근과 교사의 역량」, 『윤리교육연구』 39, 한국윤리교
육학회.

이학춘(2009), 「다문화가정 학생의 교육 실태와 교육적 비전」, 『다문화사회로의 이행, 평생교
육의 새로운 정책 패러다임』(제2차 평생교육정책포럼), 평생교육진흥원.

전혜정·민성혜·이민영·최혜영·장수지·조을순(2008), 『국제결혼가정 자녀 실태조사 및 성
장지원 방안연구』, 보건복지가족부.

정영근(2009), 「한국사회의 다문화화에 대한 교육학적 성찰」, 『교육철학』 44(1), 교육철학회.

정창우·손경원·김남준·신호재·한혜민(2013), 『학교급별 인성교육 실태 및 활성화 방안』
(2013년 정책연구개발사업 보고서).

조난심·문용린·이명준·김현수·김현지(2004), 『인성평가 척도 개발을 위한 기초 연구』, 한국
교육과정평가원.

조연순·김아영·임현식·신동주·조아미·김인정(1998), 「정의교육과 인성교육 구현을 위한
기초연구 1」, 『교육과학연구』 28(1), 이화여자대학교 사범대학 교육과학연구소.

지은림 외(2012), 『인성지수 개발연구』(교육부 연구보고서).

지은림·도승이·이윤선·박소연·주언희·김해경(2013), 『인성지수 개발연구』(교육부 연구보고
서).

차성현(2012), 『인성교육 개념의 재구조화』(제6회 청람교육포럼 겸 제53차 KEDI 교육정책포럼 발
표자료).

차윤경(2009), 「세계화 시대, 선진강국으로의 도약을 위한 다문화교육의 의미」, 『다문화사회로
의 이행, 평생교육의 새로운 정책 패러다임』(제2차 평생교육정책포럼자료집), 평생교육진흥
원.

천세영·김왕준·성기옥·정일화·김수아·방인자, 『인성교육 비전 수립 및 실천 방안 연구』(교
육과학기술부 보고서).

최문성·김순자(2009), 「다문화가정 학생의 자아정체성확립을 위한 도덕교육의 과제」, 『디지
털, 다문화 환경에서의 사회통합을 위한 도덕교육의 과제』(2009년 5월 기획 학술회의), 한
국윤리교육학회.

한국교육학회(1998), 『인성교육』, 문음사.

현주(2012), 『학교 인성교육의 의의와 과제』(POSITION PAPER, 제9권 제2호(통권 제151호), 현안 보고 OR 2012-05-2), 한국교육개발원.

현주, 『위기학생 지도와 인성교육의 중요성』(한국교육개발원 CP 2013-02-2, 2013).

현주·임소현·한미영·임현정·손경원, 『초·중등 학생 인성수준 조사 및 검사도구의 현장 활용도 제고방안 연구』(한국교육개발원 연구보고서, 2014).

현주·최상근·차성현·류덕엽·이혜경·유지연(2009), 『중학교 인성교육 실태 분석 연구』(한국교육개발원 연구보고서, RR 2009-09, 2009), 한국교육개발원.

Banks, J. A. (2007). *An Introduction to Multicultural Education*. 모경환·최충옥·김명정·임정수 공역(2008), 『다문화교육입문』, 아카데미프레스.

Pollock, D. C., & Reken, R. V. (2008). *Third Culture Kids: The Experience of Growing Up Among Words*. 박주영 역(2008), 『제3문화 아이들』, 비즈앤비즈.

9장

다문화교실에서의 반편견교육

이인재 서울교육대학교 윤리교육과 교수

자기 자신과 다른 것을 보면 차별하거나 편견을 가질 수 있지만 다르다고 틀린 것은 아니다.

도입활동

다문화사회에서 빈번하게 발생하는 인종차별, 성차별, 인권침해 등은 편견과 선입견에서 비롯되는 경우가 많습니다. 이러한 편견을 줄이기 위해 무엇을 어떻게 해야 할까요?

우리 사회가 직면하고 있는 다문화 환경을 고려할 때 다문화교육에서 핵심은 문화적 소수자들이 한국 사회에서 바르게 적응하도록 할 뿐만 아니라 다수의 한국인들이 문화·인종적 소수자들에 대한 존중과 배려를 통해 다양성, 평등의 가치를 실천하도록 하는 것이다. 이를 위해 우선 우리 속에 잠재되어 있는 타문화에 대한 편견을 극복하는 것이 선행되어야 한다.

1. 다문화교육의 핵심, 반편견교육

다인종·다문화 환경으로의 급격한 진전에 따라 우리 사회는 이제까지 심각하게 고민하지 않았던 서로 다른 인종과 문화에 대한 인정과 공존, 소수자의 인권 보장, 문화적 갈등 해소 및 편견과 차별의 극복을 위한 새로운 가치관과 태도의 확립, 그리고 기존 교육에 대한 인식의 전환과 새로운 교육 패러다임의 실천을 강하게 요구받고 있다. 따라서 "모든 학생이 인종적·문화적 다양성이 증대되는 현실에서 요구되는 지식과 태도, 기술을 함양"(Banks, 2008: 21)하기 위한 다문화교육을 통해 우리 사회가 안정적이고 조화롭게 다문화사회로 정착되도록 할 필요가 있다.

이러한 다문화교육에서 중요하게 다루어져야 할 핵심 요소 중의 하나가 바로 반편견교육(anti-bias education)이다. 제임스 뱅크스는(James A. Banks)는 다문화교육의 다섯 가지 차원인 내용 통합, 지식구성 과정, 편견 감소, 평등한 교수법, 학생의 역량을 강화하는 학교 문화와 조직을 통해서 다문화교육 분야의 주요 요소를 설명하고 있는데(Banks, 2006: 5), 반편견교육은 바로 뱅크스가 말한

편견 감소를 핵심 과제로 하고 있다.

　1980년대 후반부터 본격적으로 사용된 반편견교육 개념은 다민족국가인 미국에서 다양한 사회·문화적 편견을 극복하기 위해 등장했지만, 오랫동안 단일민족국가를 유지해 온 우리나라에서는 반편견교육이 오랫동안 관심을 끌지 못했다. 2000년대 이전만 해도 우리나라에서는 단일문화적 배경, 인종적 동일성 속에서 우리와 '다른 것'을 '틀린 것'으로 간주하고 '차이'를 '차별'의 구실로 삼아왔다. 우리 사회의 구성원들은 인종적·민족적 편견을 일상에서 표출했고, 이로 인해 유엔으로부터 민족·인종 차별 철폐 노력을 권고받기도 했다. 우리나라에서 반편견교육에 대한 연구는 주로 유아들을 대상으로 성역할, 장애 등과 관련된 편견 감소를 위한 연구들이 주를 이루고, 다문화가정 학생에 대한 편견 감소를 위한 프로그램 개발이나 적용에 관한 연구는 거의 없었으나(민경숙·유형근·조용선, 2008: 493), 최근 도덕과 및 사회과를 중심으로 다문화교육에서 반편견교육의 필요성이 크게 부각되고 있으며, 그 내용과 방안에 대한 연구물들이 조금씩 나오고 있다(정탁준, 2008; 정경미, 2009; 이선정, 2009; 이인재, 2010).

　교사의 행동은 학생이 자신과 다른 사람을 인식하는 데 중요한 영향을 미친다. 그러므로 편견과 차별을 줄이기 위해서는 교사가 먼저 편견, 고정관념, 차별, 인종차별주의 등과 같은 핵심 개념을 명확히 정의하고 반편견 의식의 확립과 실천에서 모범을 보여주어야 한다. 특히, 다문화가정의 학생들은 각급 학교의 일반 학급에서 일반 학생들과 동일한 교육과정을 이수하고 있다. 그런데 다른 외모와 피부색, 한국어의 미숙 등으로 인하여 학교 적응에서 어려움을 겪고 있을 뿐만 아니라, 일반 학생들이 이들 다문화가정 학생들을 편견과 선입견을 가지고 무시하거나 차별함으로써 여러 문제가 발생하고 있다. 따라서 다문화가정 학생에게는 학교생활의 적응과 정체성 형성에 도움이 되고, 일반 학생들에게는 다문화가정 학생들에 대한 편견이나 차별을 갖지 않도록 하는 내실 있는 반편견교육이 절실히 요청되고 있다.

2. 반편견교육의 이해

1) 다문화교육과 반편견교육

우리는 어떤 대상이나 상황에 대한 잘못된 판단, 오해, 치우친 견해로 인해 그것의 본질이나 진리를 왜곡하여 공정하지 못한 행동을 하는 경우가 많다. 이는 바로 편견, 선입견 또는 고정관념 등이 우리의 인식과 판단 및 태도와 행동에 옳지 못한 영향을 미쳤기 때문이다. 특히 다문화사회에서 우리와 다른 인종이나 문화에 대한 편견을 갖는 것은 더불어 평화롭게 살아가는 데 커다란 장애가 된다. 편견을 극복하는 데 관심을 갖고 반편견을 적극적으로 실천해야 할 이유가 바로 여기에 있다. 편견 극복의 측면에서 볼 때, 기존의 선입견, 고정관념, 편견에 도전하는 능동적이고 적극적인 반편견교육을 비주류, 소수집단뿐만 아니라 주류, 다수집단 모두에게 해야 한다.

반편견교육에서 목표로 삼는 편견 감소(reducing prejudice)는 다문화교육의 주요한 요소 중의 하나이다. 이와 관련하여 뱅크스는 다음과 같이 말하고 있다.

> 다문화교육에서 편견 감소라는 차원은 아동들의 인종적 태도의 특징과 학생들이 보다 긍정적인 인종적·민족적 태도를 습득할 수 있도록 하는 데 활용할 수 있는 전략을 다룬다. (…) 만약 민족·인종 집단에 대한 실제 이미지가 학습교재에 지속적이고 자연스럽고 통합된 방법으로 포함된다면 학생들은 더 긍정적인 인종적 태도를 형성할 수 있을 것이다. 학생들이 다양한 문화적 경험을 하고, 다른 인종 집단의 학생들과 함께 협동 학습에 참여하게 된다면, 보다 긍정적인 인종적 태도와 행동을 형성할 수 있을 것이다(Banks, 2008: 48).

이는 다문화교육에서 편견과 차별 감소를 위한 노력이 얼마나 중요한지를 잘 드러내주고 있다. 다문화교육은 사회정의(social justice)를 지향하는 가르침 혹은 모든 유형의 차별과 편견, 특히 인종차별주의, 성차별주의, 계급차별주의에 대한 저항을 지향한다. 즉, 학생들에게 인종차별주의나 성차별주의, 계급차별주의에 대한 이해력을 향상시키고 그와 관련된 적절한 태도와 사회적 행동기술을 발달시킴으로써, 차별에 대한 투쟁과 문제해결 과정에 헌신적으로 참여하도록 한다(Bennett, 2008: 31). 이 점에서 반편견교육은 다문화교육과 맥을 같이 하면서 다문화 인식을 높이기 위한 하나의 방법으로 인식될 수 있을 것이다. 특히 반편견교육은 소외된 다양한 문화집단이 차별을 받지 않도록 소수집단에 대한 편견을 극복하여 서로의 차이점과 유사점을 올바르게 인식하고, 편견이 나타나는 상황을 비판적으로 사고하고 감정이입하여, 이에 대응할 수 있는 태도와 행동양식을 갖게 하는 데 그 특성이 있다.

그렇지만 우리가 민족에 대한 문해능력(ethnic literacy)을 갖추고 문화적 다양성을 충분히 이해한다고 해서 곧바로 차별과 편견을 제거하고 불평등의 문제를 해결하는 방향으로 행동하지 않는다는 점에 유의할 필요가 있다. 인간이 갖는 편견은 어릴 때부터 다양한 요인으로 인해 형성되고, 사회화나 인터넷, 방송매체 등을 통해 고정화되기 때문에 일단 형성되면 수정되기 어렵다는 특성을 갖기 때문이다. 그러므로 다문화교육에서 차별과 편견에 반대하는 의식과 실천 능력을 갖추도록 하는 반편견교육은 어릴 때부터 지속적으로 실시될 필요가 있다.

2) 편견의 이해

(1) 편견의 의미

편견(prejudice)이라는 말은 'before'와 'judgement'라는 뜻을 가진 단어가 합쳐진 것으로 라틴어 'praejudicium'에서 나왔는데, 선입견을 가지고 한쪽으로 기울어져 내린 의견이나 판단이라는 의미를 함축하고 있다(이인재, 2010: 259). 존스에 의하면, 편견이란 "특정 사람이 속한 집단에 대한 태도와 믿음으로부터 일반화될 수 있는 어떤 사람에 대한 긍정적이거나 부정적인 태도, 판단, 느낌"(Jones, 1997: 10)을 말한다. 편견과 자주 혼용되어 쓰고 있는 용어로는 'bias(한쪽으로 치우침)', 'stigmatization(낙인 찍기)', 'stereotype(고정관념)'이 있는데, 대체로 긍정적인 뜻보다는 부정적인 의미를 내포하는 경우가 많다. 특히 'prejudice'와 'bias'는 한 개인이 집단 구성원에 의해 다르게 대우받을 때 발생하므로 차별을 드러내며, 어떤 권력의 상황에서 한 개인이 사회적으로 구분되고 고정관념화되며 차별화되는 전반적인 과정, 즉 사회적 낙인찍기의 요소가 된다(Bissell & Parrot, 2013: 222). 일반적으로 편견은 특정 집단 구성원의 믿음,[1] 고정관념,[2] 인식을 포함하는 인지적 요소, 구성원에 대한 혐오와 미움 등과 같은 싫은 감정을 포함하는 감정적 요소, 특정 집단 구성원을 향한 차별, 사회적 거부, 공격과 같은 부정적 행동 성향을 포함하는 의욕적인 요소 등 3가지 요소로 구성된다(장상희, 1998: 43-44).

지금까지 국내·외의 연구에 나타난 편견에 대한 견해를 종합해 보면 정확한 지식이나 근거 없이 어떤 개인이나 집단 및 상황에 대하여 공정하지 않게 판단하거나 이를 정당화시키려는 (보통 부정적인) 태도,[3] 경향, 의견, 감정, 믿음이라고 말할 수 있다(이인재, 2010: 49).

이러한 편견은 자신을 인식하고 수용하며 타인을 이해하는 과정에서 부정적인 역할을 수행하며, 대상에 대한 두려움, 싫어함 등의 부정적인 정서를 발달시켜 접촉 자체를 피하게 한다. 이러한 편견은 부모 및 또래집단과 같은 우리에게 중요한 영향을 미치는 사람, 학교의 경험, 영화, TV, 뉴스 등 사회가 주는 메시지 등으로부터 배운다. 편견은 특정 집단에 대한 것일 수도 있고 집단에 속해 있는 특정 개인을 향한 것일 수도 있다. 또한 편견은 인종, 성, 나이, 종족, 계층, 종교, 체중 등에 관련된 것일 수도 있다(Bennett, 2008: 127)

학생들은 자신들의 키나 몸집, 입은 옷, 사는 장소, 종교적 신념, 성별, 학업 성취, 미적 태도 등으로 인해 선택되거나 거부되기도 한다. 편견을 가진 개인은 인지된 목표 집단의 구성원에게 자신이 예상하는 것에 따라 반응하므로 그들의

---

1 편견의 인지적 요인에 포함되는 믿음은 한 개인이 다른 사람, 대상, 이슈에 대하여 갖는 정보를 의미한다. 이는 사실적일 수도 있고, 개인의 의견에 토대를 둘 수도 있으며, 정확할 수도 있고 정확하지 않을 수도 있다.
2 사회적 집단 구성원에 기반을 둔 믿음의 한 형태를 말한다. 정신적 질병에 관한 일반적인 고정관념은 한 사람을 위험하고도 예측불가능하게 만든다는 것이다. 어떤 사람은 정신적 질병을 가진 사람을 부정적으로 평가할 수 있는데, 이러한 평가는 태도를 드러낸다. 다시 말해, 이러한 평가는 특정한 방식의 탐구된 태도, 즉 편견을 표현할 수도 있다.
3 태도는 어떤 대상이나 상황에 대한 상호 연관된 신념의 체제로서 상대적으로 지속성을 가지며 행동을 끌어내는 특성을 가진다. 편견은 일종의 태도이므로 행동으로 이어지기 쉽다.

편견과 일치되지 않는 행동이나 개인적 특성에 대해 무시하는 경향이 있다. 편견은 긍정적일 수도 있고 부정적일 수도 있지만, 특정 집단에 대한 잘못된 편견은 외부로부터 주어진 정보를 도식적으로 처리하여 그 집단에 해를 끼치는 잘못된 해석이나 행동을 유도할 가능성이 높다. 비언어적·언어적·신체적 상호작용을 통해 전달되는 편견은 다양한 형태로 나타나며, 사회적 가치나 규범들처럼 사회화 과정에 의해 강화되고 증폭되어 전수되거나 존속하게 된다. 일반적으로 학생들은 사회화의 중요한 매체인 가정과 사회의 교육기관을 통해서 편견과 차별을 배우게 되므로, 학교 교육에서 의도적으로 편견을 가르치거나 비의도적으로 조장되지 않도록 해야 한다.

(2) 편견의 발생 원인

인간의 편견을 낳게 하는 요인들에는 무엇이 있을까? 이와 관련된 많은 연구를 종합해 보면, 편견과 차별이 발생하고 발달하는 데 있어 중요한 요인에는 크게 3가지 요인, 즉 개인의 인성, 한 개인이 사회화 되는 사회 구조와 문화 그 자체, 그리고 집단 정체성과 분류화(categorization)가 있다(Bansks: 2016: 277-281). 첫째, 편견은 한 개인의 인성적 요인(personality requirements)과 관련되어 발생한다. 1940년대와 1950년대 사회심리학에서는 편견과 차별이 발생하는 가장 중요한 요인을 편견과 비합리적인 반응을 촉진하는 인성이라고 간주했다. 다양한 인성적 특성이 아이들의 양육 방식의 차이를 가져다주며, 이 중 일부 특성은 상이한 인종과 집단에 대한 불관용적인 인성을 만들어내는 반면, 다른 인성적 특성은 어린 시절부터 타인종 및 집단에 대한 관용과 수용을 발달시키는 데 도움을 준다는 것이다. 다시 말하면, 어린 시절 초기에 어떤 경험을 했느냐에 따라 사람들은 불안정한 인성을 갖기도 하는데, 이런 사람들은 타인을 지배하고 타인에 대한 우월감을 느끼고자 하는 욕구를 갖게 된다는 것이다. 이들이 가진 권위주의적인 인성은 인종적 편견에서 뿐만 아니라 성적 행동과 종교적, 정치적 견해에도 명백하게 표현된다.

둘째, 편견은 사회적 구조와 관련되어 발생한다. 이러한 관점에서는 인종적 태도가 아닌 사회적 환경을 행동을 결정하는 주요한 요소로 보기 때문에, 편견을 이해하기 위해서는 개인의 인성적 태도가 아니라 사회적 환경과 규범을 이해할 필요가 있다고 주장한다. 즉, 편견은 개인의 인성적 특성이 아닌 사회가 구조화되는 방식에 토대를 두고 형성되고 발달할 수 있다는 것이다. 특히 사회의 권력 구조는 이러한 요인을 설명하는 데 있어 중요한 개념이다. 한 개인의 행동은 사회, 정치, 문화적 맥락에서 발생하기 때문이다. 한 개인이 사회의 규범과 가치를 수용하기 전에 그 개인에게 한 집단이나 환경이 중요할 수밖에 없다. 그렇지만 이 관점에서는 개인이 집단적으로 집단의 규범을 결정한다는 점을 고려하지 못하는 한계가 있다.

셋째, 편견은 사회 정체성(social identity)과 관련되어 발생한다. 이는 편견과 차별을 설명하는 현대 사회심리학 이론인 사회 정체성 이론 또는 최소집단 패러다임(minimal group paradigm)을 반영한 것이다. 사회 정체성 이론에 의하면 내집단과 외집단이 고정관념을 가질 때마다 편견과 차별은 발달한다. 그리고 최소집단 패러다임에 의하면 단순한 분류가 발달하게 될 때 개인은 외집단에 비해 내집단에 더 호의적이고 외집단을 더 차별한다. 이는 이전에 역사적 갈등이나 반감, 경쟁, 신체적 차이 또는 어떤 유형의 중요한 차이가 없는 상황에서도 발생할 수 있다. 이를테면, 특정 언어는 교실에서 그 언어를 말할 수 있는 학생과 말할 수 없는 학생을 분류하는 기준이 될 수 있다. 사회정체성 이론이 갖는 함의는 긍정적인 내집단 접촉이 증가하기 위해 현저한 집단 특성은 최소화되어야 하고, 인종, 문화, 민족, 언어가 다른 학생집단을 포괄할 수 있는 상위의 집단이 구성되어야 한다는 점이다. 그림 9-1은 지금까지 설명한 편견을 유발하는 개인의 인성적 특성, 개인을 사회화화는 사회구조와 문화, 집단 정체성과 분류화를 제시해 주고 있다.

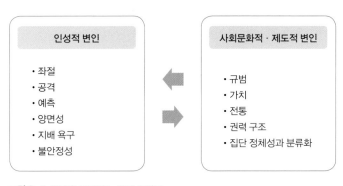

인성적 변인	사회문화적 · 제도적 변인
• 좌절 • 공격 • 예측 • 양면성 • 지배 욕구 • 불안정성	• 규범 • 가치 • 전통 • 권력 구조 • 집단 정체성과 분류화

그림 9-1 편견을 유발하는 여러 요인들

이처럼 편견을 발생시키는 요인들은 다양하고 복합적으로 상호작용한다. 이를테면 인종주의와 편견은 사회 조직과 문화 속에 배태될 수 있으며, 미디어, 박물관 등과 같은 사회의 여러 조직을 통해 소수집단에 대한 편견, 고정관념, 오해가 영속화된다. 특히 현대 사회에서 사람들의 편견이 발생하고 지속하는 데 미디어가 미치는 영향은 매우 크다. 이 외에도 편견과 차별의 복잡성을 설명하기 위해서는 학교 내의 공식적·잠재적 교육과정에 내재되어 있는 다양한 요인들에 대한 설명이 필요하다. 즉, 교사의 언행과 태도, 교수·학습자료, 또래 간의 상호작용, 학교의 분위기나 제도 등에서 편견을 유발하고 지속시키는 원인을 제공하지 않은지 주의깊게 살펴보아야 한다(같은 책: 283-287).

3) 반편견교육의 의미와 목표

반편견이라는 말은 선입견, 고정관념, 편견 등에 이의를 제기하는 능동적인 용어이다. 반편견교육(Anti-Bias Education)은 파울루 프레이리의 "자유의 실천(practice of freedom)"이라는 개념에 토대를 둔 것으로, 이 개념은 사람들이 현실(reality)을 비판적이고 창의적으로 다루고 자신들의 세상을 변화시키기 위해 참여할 수 있는 방법을 찾는 수단을 의미한다(Lin, Lake, & Rice, 2008: 188). 더만-스파크스 등에 의하면, 반편견교육이란 "성, 인종, 장애, 사회·경제적 배경, 종교 등에 상관없이 모든 사람을 존중하고 특정 부분에 대해서 편견을 갖지 않도록 하는 것이다. 반편견교육의 목표는 모든 학습자가 자신감 있는 정체성을 형성하고 다양성과의 공감적이고 정의로운 상호작용을 촉진하며, 부정의에 맞서 자신과 타인을 지지할 수 있는 비판적 사고와 기능을 함양하는 것이다. 다시 말해 반편견교육의 목표는 부정의에 맞서 포용, 긍정적인 자존감, 공감, 행동화"라고 말할 수 있다(Derman-Sparks & A. B. C. Task Force, 1989: 13). 한마디로 반편견교육은 학생들이 일상생활에서 개인적으로나 사회적으로 직면하거나 직면할 수 있는 다양한 영역에서의 편견, 고정관념, 선입견에 따라 편협하게 인식하고 행동하지 않도록 함으로써 편견으로 인해 발생할 수 있는 갈등을 예방하고 해소하는 교육이라고 할 수 있다.

더만-스파크스와 에드워즈에 의하면, 반편견교육의 핵심은 모든 학생이 그들 사회에서 성공적이고 공헌할 수 있는 구성원이 될 수 있는 세상에 대한 비전을 갖도록 하는 데 있다. 이러한 목표를 달성하기 위해 학생들은 소속감을 갖고 자신의 정체성과 문화적 존재 방식(cultural ways of being)에 대한 확신을 경험하고, 다양하고도 포용적인 환경에서 함께 일하며 살아갈 수 있는 방법을 배울 필요가 있다. 또한 이러한 반편견교육의 비전은 유엔의 아동권리규약에 기술된 기본적인 인권, 즉 정체성에 대한 권리, 차별로부터 자유로울 권리, 견해를 표현할 권리, 공동체에 능동적으로 참여할 권리 등을 포함한다. 반편견교육은 학생들이 자신과 세상을 보다 충분히 그리고 진실되게 이해할 수 있도록 돕는 것이며, 스스로를 능력 있고 권한을 가진 존재라는 인식을 강화시키는 것이다. 그러므로 학생들은 호기심, 다양한 관점에 대한 개방성, 비판적인 사고 기술을 함양할 수 있는 좀 더 나은 기회를 가져야 한다. 그리고 자신들의 역량과 효능감에 부정적 영향을 주는 편견, 잘못된 정보, 차별을 극복할 수 있는 능력을 함양할 수 있어야 한다. 학교에서의 반편견활동은 본질적으로 학생들의 미래를 위해 낙관적인 특성을 갖는다. 그러므로 반편견교육을 담당하는 교사는 모든 학생들이 가진 그들의 잠재성을 충분히 발휘할 가치가 있다는 원리를 알고 이에 헌신하여야 한다. 반편견활동은 교사로 하여금 학생들의 삶에 대한 이해를 탐구하고 전환하는 방법을 제시하고, 교사 자신의 삶을 더 깊이 이해할 수 있는 자기 성찰적인 노력을 하는 것이다(Derman-Sparks & Edwards, 2010: 1-2).

반편견교육이 추구해야 할 핵심적인 목표를 다음과 같이 4가지로 정리해 볼 수 있다(같은 책: 3-6).

- 목표 1: 학생은 자기 인식, 자신감, 가족에 대한 자부심, 긍정적인 사회적 정체성을 제시할 수 있어야 한다.
- 목표 2: 학생은 인간의 다양성, 인간 간의 차이를 나타내는 정확한 언어, 깊고 배려적인 인간의 관계와 함께 편안함과 즐거움을 표현할 수 있어야 한다.
- 목표 3: 학생은 점진적으로 불공정함을 인식하고 이를 언어로 설명할 수 있으며, 이러한 불공정함이 해로움을 준다는 사실을 이해할 수 있어야 한다.
- 목표 4: 학생은 다른 사람들과 함께 또는 혼자서 편견이나 차별적인 행동에 맞서 행동할 수 있는 힘과 기능(skills)을 지닐 수 있어야 한다.

특히 목표 4는 ① 다른 학생이 자신에게 편견을 갖고 행동하게 될 때, ② 한 학생이 다른 학생에게 편견을 갖고 행동할 때, ③ 교실에서 불공정한 상황이 발생할 때, ④ 학생의 즉각적인 공동체(immediate community)에서 불공정한 상황이 발생할 때 학생이 행동하기 위해 다양한 방법을 배우고 실천할 수 있도록 돕는 것을 목표로 한다. 목표 4를 성취함으로써 다음과 같이 나머지 3개의 목표에도 도달할 수 있다. 만일 어떤 학생이 편견이나 차별의 대상이 된다면, 그는 편견에 저항할 수 있는 수단이 필요하며 자신이 가치 있다는 점을 알아야 한다(목표 1). 어떤 학생이 또 다른 학생을 강력하게 옹호하게 되면 다른 사람들의 독특한 느낌에 대한 이해를 강화한다(목표 2). 학생이 행동을 할 수 있도록 돕게 될 때, 이는 학생들의 불공정함과 공정함을 이해하도록 하는 것이다.

이러한 목표들은 학생들이 그들의 정체성과 태도를 어떻게 형성하는지, 그리고 이러한 발달적 과정에서 인종차별주의나 다른 '~isms'들이 어떤 영향을 미치는지를 설명해 줄 뿐만 아니라 반편견교육 프로그램의 학습 환경, 교육과정, 교사-학생의 상호작용을 안내하는 틀을 제시하는 역할을 한다. 또한 4개의 각각의 목표는 상호작용하면서 다른 3가지 목표가 가능하도록 한다. 이는 마치 서로 연결되게 만든 기어와도 같다. 각각의 기어가 하나의 목표를 제시하고 있는데, 만일 기어 중의 하나를 움직이면 나머지 기어들도 또한 움직이게 되는 원리와 같이, 이 4가지 목표는 서로 밀접하게 연결되어 있다. 반편견교육은 이러한 4가지 목표가 학교 교육과정의 일환이 될 때 효과적이게 된다(같은 책: 4).

반편견교육을 통해 도달하고자 하는 목표는 학자마다 차이가 있지만, 대체로 '긍정적 자아정체감 발달시키기, 감정이입적 상호 작용하기, 편견에 대하여

비판적 사고하기, 편견에 대해 행동하기'라고 말할 수 있다(Bennett, 2008). 달리 말하면, 고정관념과 편견을 없애고 자기와 다른 집단이나 그 집단에 속한 사람들의 입장이나 시각을 이해함으로써 차이와 다양성 및 그 가치를 인정할 수 있는 능력을 함양하는 데 있는 것이다.

4) 반편견교육의 원리

그렇다면 반편견교육을 체계적이고 효과적으로 하기 위해 고려해야 할 원리는 무엇일까? 이에 대해서도 앞서 언급한 더만-스파크스와 에드워즈의 아이디어를 소개하고자 한다(Derman-Sparks & Edwards, 2010: 6-9).

첫째, 반편견교육에서는 앞에서 언급한 4가지 목표가 모든 학생에게 도움이 되도록 제시되고 추구되어야 한다.

둘째, 반편견교육에서 하는 활동들은 학생들의 일상생활에 초점을 두고 그들의 구체적인 문화적 배경에 근거하여 구안되어야 한다.

셋째, 반편견교육의 활동과 활용하는 자료들은 학생들의 인지적·사회적·정서적 발달 능력에 부합하고 이러한 발달을 효과적으로 도울 수 있도록 제시되어야 한다. 반편견교육을 하는 교사는 학생들이 한 수준 높은 단계의 새로운 아이디어와 기술을 탐구할 수 있도록 자극하는 학습 경험을 계획하고 선택해야 하며, 새롭게 이해한 것과 익힌 행동을 학생들의 일상적인 생활에 적절하게 적용할 수 있도록 해야 한다.

넷째, 반편견교육의 계획은 학생과 교사 모두의 주도적인 활동이 되도록 하되, 이 두 가지 접근 간에는 어느 한 쪽으로 치우치지 않고 균형을 이루어야 한다. 반편견교육 활동에서 학생의 질문, 코멘트, 행동은 중요한 자원이므로 교사는 가르칠 계기(teachable moments)뿐만 아니라 좀 더 장기적인 프로젝트가 될 수 있도록 자극해야 한다. 그렇지만 학생이 관련된 이슈를 가지고 있을 때에는 반편견활동만을 하는 것은 충분하지 않다. 교사 주도적인 활동도 필요하므로 교사는 학생들의 인식을 넓힐 수 있는 상황에서 의도적으로 자료를 제시하거나 가족이나 공동체에 중요한 이슈나 분야와 관련된 구체적인 학습 경험을 계획하여야 한다. 교사 주도적인 활동은 뭔가를 찾을 수 있는 기회를 주고, 학생들이 아이디어를 탐구하도록 돕는 것이다.

　다섯째, 반편견교육은 하나의 수업이나 하루의 활동으로 끝내서는 안 된다. 반편견교육은 가끔씩 하기 위한 일련의 활동이 아니라 학교 교육과정의 전반에 스며들도록 해야 한다. 학생들이 반편견활동의 아이디어와 기술에 대하여 다양한 방식으로 사고하고 경험하도록 할 필요가 있다. 학생들이 먼저 정체성과 공정함의 이슈에 대하여 이야기를 시작하게 되면 이전보다는 더 많이 편견적인 코멘트를 할 수도 있다. 그러나 이러한 코멘트는 반편견교육 과정에서 자연스런 부분이다. 학생들이 차이에 대하여 새로운 사고방식을 배우기 전에 다양한 시도가 요구되므로 학생들은 질문을 하고 아이디어를 공유하기 위하여 자유로울 필요가 있다.

　여섯째, 반편견교육을 할 때 교사는 자기 스스로에 대하여 알아야 한다. 일반적으로 수업 상황에서 교사는 학생들과 함께 활동하면서 여행을 하고 있다고 말할 수 있다. 반편견교육 활동은 다양한 여정과 흐름을 가진 여행에 비유될 수 있다. 많은 반편견교육자들은 교실을 넘어서 변화하는 활동에 참여하기를 결정해야 한다.

　일곱째, 반편견교육은 여행자 교육과정(tourist curriculum),[4] 즉 피상적인 교육적 접근이 갖는 결점에 빠지지 않아야 한다. 다시 말해 다양성이 자연스럽게 수업 환경과 경험의 일상적인 부분이 되지 못하는 한계를 극복해야 한다.

　여덟째, 반편견교육은 교직원 간, 그리고 교직원과 학부모 간의 강한 연대에 의존해야 한다. 교사가 어른들과 함께 다양성과 불평등의 이슈를 제기하는 것은 학생들과 함께 하는 것보다 더욱 도전적이다. 협동은 학생들과 어른들 모두에게 효과적인 반편견교육을 위해 풍부하고도 효과적인 경험을 제공하는 장점이 있다.

　다문화교육에서 반편견교육을 할 때, 특히 다음의 사항을 고려할 필요가 있다. 첫째, 학생들이 일상적으로 직면하는 다른 문화와 다른 인종에 대한 고정관념이나 편견, 차별적 행동이 갖는 문제점에 대한 올바른 지식과 이해를 바탕으

....

4　다문화교육에서 소수집단의 문화를 정규 교육과정과 연계하여 지속적으로 가르치는 것이 아니라 특정 기간을 정해 특별활동 방식으로 소수집단의 음식, 의상, 문화재 등을 잠깐 방문하는 방식과도 같이 일시적으로 가르치는 것을 의미한다.

로, 편견에 대해 비판적 사고를 기르도록 도와야 한다. 둘째, 다양한 사람과 문화에 대한 편견이나 정당하지 못한 차별이 타인에게 어떻게 피해를 주는지를 공감하도록 하여 반편견의 성향을 갖도록 해야 한다. 셋째, 불공정함과 편견에 직면하여 적극적으로 올바르게 행동하도록 해야 한다. 한마디로 반편견교육의 목표는 학생들로 하여금 기존의 편견을 긍정적으로 전환하는 능력과 장차 가질 수도 있는 편견에 대한 저항 능력을 갖도록 함으로써 사회의 통합에 기여하도록 하는 데 있다고 할 수 있다. 그러므로 더만-스파크스 등이 적절하게 잘 표현한 것처럼, 반편견교육이 기존의 다문화교육이 가진 피상적인 다문화교육, 즉 여행자 교육과정으로 전락하지 않도록 하기 위해 인권, 사회정의, 정체성 등의 문제에 비판적이고 사회참여적인 특성을 강조할 필요가 있다.

3. 반편견교육의 내용과 방법

1) 반편견교육의 내용[5]

학자마다 반편견교육에서 강조하는 내용에 따라 반편견에 대한 개념 규정이 다르기 때문에 '반편견교육에서 구체적으로 무엇을 가르쳐야 하는가'의 문제, 즉 반편견교육의 내용에 대해서 통일된 견해는 없다. 그러나 모든 유형의 차별과 편견이 나타나는 상황을 비판할 수 있고 또 이에 단호하게 맞설 수 있게 도움을 줄 수 있는 내용을 가르쳐야 한다는 점에서는 공통적이라고 할 수 있다.

반편견교육에서 강조되고 있는 구체적인 주제와 내용을 더만-스파크스와 The ABC Task Force의 견해를 중심으로 제시하면 표 9-1과 같다(Derman-Sparks & A. B. C. Task Force, 1989). 핵심을 요약하면, 반편견교육은 불공정한 상황에서 공정한 대우와 불공정한 대우를 구별할 수 있는 지적·정서적 능

---

5 이인재(2010: 261-262)의 내용 참조.

력을 길러 차이점에 대해 올바르게 지각하고 편견에 대한 비판적인 사고를 할 수 있도록 할 뿐만 아니라 고정관념과 편견 그리고 차별적 행동에 직면할 때 이에 맞설 수 있도록 하는 것이다. 특히 더만-스파크스는 유아기부터 사회화에 물들기 쉬운 편견의 영역을 반편견교육의 내용으로 제안하고 있는데, 주요 내용은 민족의 차이점과 공통점, 능력, 성 정체성, 문화적 유사성과 차이점, 고정관념과 차별적 행동 등이다.

표 9-1 반편견교육의 주제와 내용

반편견 주제	하위 범주	내용
민족의 차이점과 공통점	인종, 긍정적 자아 (민족적 정체성)	민족의 차이점·공통점 인식과 피부색, 머리카락 형태, 얼굴과 눈색 등과 같이 유전적인 신체적 특징 및 자아정체성과 관련된 것.
능력	재능·장애·편견에 대응하기, 다른 사람 이해, 의사 전달하는 반법(수하)	재능, 무능력, 그리고 장애를 포함한 포괄적인 개념인 능력으로서 편견에 대응하는 것과 자신의 타인에 대한 존중 및 가치를 포함.
성 정체성	성 역할, 성 행동, 양성성	정형화되지 않은 성 역할과 행동 그리고 양성성의 개념도 포함.
문화적 유사성과 차이점	다문화, 문화 간 유사점과 차이점	다양한 문화의 독특성과 유사점·차이점, 삶의 방식으로서 특별한 날들, 기념일, 습관, 언어 등을 포함.
고정관념과 차별적 행동	가족, 계층, 신념, 편견, 연령, 외모	다양한 가족 구조와 역할, 사회적 경제적 계층, 종교, 연령 및 세대 간의 차이, 그리고 외모에 대한 고정관념과 차별적 행동.
기타	갈등, 협동	문제해결, 협동.

한편, 홀과 롬버그는 편견이 생기는 영역을 명확하게 설명해야 함을 강조하면서, 능력(ability), 나이(age), 외모(appearance), 신념(belief), 계층(class), 문화(culture), 가족 구성(family), 성(gender), 인종(race), 성적 지향성(sexuality)의 10가지로 제시하고 있다(Hall & Rhomberg, 1995 참조).

편견은 인종, 민족, 성(gender)에만 국한되지 않고 문화, 능력, 연령, 외모, 신념, 계층, 가족 구성, 성 정체성 등 편견이 생기기 쉬운 모든 영역을 포함하기 때문에 반편견교육에서 다루어야 할 영역은 매우 광범위하다. 그럼에도 현재 우리의 다문화 교실에서 반편견교육을 할 때 초점을 두어야 할 영역은 무엇보다도 인종·민족·문화이며, 이때 편견의 개념과 그 형성 과정, 차별의 형태, 차별의 이유 등을 기본적으로 가르쳐야 한다. 이와 함께 인종과 관련하여서는 나와 같은 지역의 출신인지 아닌지를 기준으로, 유전석으로 설정된 일련의 신체적 특징(피부색, 머리카락 형태, 얼굴 및 신체 모습 등)을 기준으로, 또한 문화와 관련하여서는 나와 유사한 생활방식(사고 및 생활방식, 종교와 신념, 국경일, 축하 풍습, 음식, 다양한 언어, 다양한 관습, 다양한 가족 구성, 문화 및 민족 다양성의 배경과 가치와의 관계 등)을 기준으로 차별하거나 멸시하지 않도록 가르쳐야 한다.

2) 반편견교육의 방법

반편견교육이 인간은 기본적으로 존엄하다는 점을 토대로 문화, 인종, 민족, 성, 기타 모든 형태의 편견과 차별에 대해 거부할 수 있는 능력을 함양하는 것을 의미한다는 점은 이미 언급했다. 이는 성에 대한 편견이나 인종에 대한 오해 그리고 자신의 문화와 다르다는 점 때문에 만들어지거나 형성된 부정적인 태도나 행동을 줄여 나가는 것을 의미한다(Bennett, 2008: 64). 그렇다면 다문화교실에서 반편견교육은 어떻게 접근하는 것이 더욱 효과적일까?[6]

다문화교육의 세계적 권위자인 뱅크스는 "학생들의 편견을 감소시키기 위한 가이드라인"을 다음과 같이 제시하고 있는데, 이는 반편견교육을 위해 기본적으로 고려해야 할 점이다. 첫째, 다양한 민족·인종 집단의 긍정적이고 현실적인 이미지를 수업 교재에 일관되고 자연스럽고 통합적으로 포함시켜라. 둘째, 학생들이 타인종·타민족 집단 구성원들의 얼굴을 구별할 수 있도록 도와주어라. 가장 좋은 방법은 교육과정에 이러한 집단 구성원들의 다양한 얼굴을 자연스럽게 등장시키는 것이다. 셋째, 학생들을 다양한 인종·민족 집단과 함께 하는 간접 경험에 참여시켜라. 영화, 비디오, DVD, 아동 문고, 기록물, 사진, 기타 간접 경험물을 활용하여 아이들의 다양한 인종, 민족, 문화, 언어 집단의 구성원들을 경험하도록 한다. 넷째, 문화적·인종적 소수자들에게 언어적·비언어적 형태의 긍정적 격려를 제공하라. 다양한 인종·민족 집단 출신의 아이들을 협동학습 활동에 참여시키도록 한다.

....

6   이하의 내용은 이인재(2010: 263-267)의 내용을 보완한 것임.

다문화교실에서의 반편견교육은 어떤 특정 교과나 특별 프로그램을 통해 하려고 해서는 소기의 성과를 거두기 어렵다. 한마디로 학교의 공식적·비공식적(잠재적) 교육과정 모두를 통해 통합적으로 이루어질 필요가 있다. 또한 반편견교육을 받을 학생들의 발달 수준과 편견에 관한 인식과 태도 등을 정확하게 파악하여 이에 적합한 방법을 찾아내어 적용하는 것이 중요하다. 편견이 이질적 사람들에 대한 선입견이나 부정적 고정관념, 부정적 감정이나 심리적 거리 그리고 차별 행위라는 점을 인식한다면 반편견교육에서는 편견이 지닌 이러한 인지적·정서적·행동적 측면을 통합적으로 다룰 수 있는 방법을 찾아 적용하는 것이 요청된다. 반편견교육의 효과적인 방법들을 다음과 같이 좀 더 구체적으로 체계화해 볼 수 있다.

(1) 공식적 교육과정을 통한 반편견교육

이는 학교의 모든 교과활동과 특별활동 등 공식적인 교육과정에서 반편견교육의 내용을 다루면서, 그 교육 활동이 서로 조화롭게 통합되도록 하여 시너지 효과를 산출하는 것이다. 즉, 각 교과 수업에서는 그 교과에서 추구하는 고유한 내용을 다루면서도 가급적 반편견교육의 요소를 최대한 가미하여 가르치는 것이다. 도덕과의 경우를 예로 들어보자. 학생들이 바르고 선한 인격(덕성) 함양을 위해 습득해야 할 핵심적인 가치·덕목으로서 정직, 절제, 책임, 성실, 배려, 공정성 등이 있다. 이것들을 가르칠 때 관련된 일상의 사례나 상상의 사례를 통해 편견이나 차별, 인권침해의 부당함을 인식하고, 비판하고, 감정이입할 수 있도록 함으로써 반편견의 태도와 행동 양식을 길러줄 수 있다. 즉, 반편견과 관련된 덕목에 대한 이해와 그것의 습관화를 강조한다거나, 편견을 인식하고 그것에 저항할 수 있는 도덕적 사고 체계의 발달이나 추론 능력 향상에 초점을 둘 수도 있다(정탁준, 2008: 179).

각 교과활동에서 반편견교육을 할 때 효과적으로 적용할 수 있는 몇 가지 방법을 제시하면 다음과 같다. 첫째, 토론 및 토의하기 방법이다. 이는 편견과 차별로 인하여 발생하는 다양한 문제에 대하여 도덕적으로 분석하고, 편견과 차별의 해소를 위해 참여할 수 있는 의지와 실천력을 발달시키는 데 효과적인 방법이다. 이는 반편견교육의 내용(편견, 차별, 불공정, 장애 등)이 포함된 가상의 이야기나 실제 경험(도덕적인 딜레마 상황으로 제시할 수 있음)에 대해 학생들이 모둠별로 각자의 생각이나 감성 및 그 근거를 말하는 활동이다. 다른 학생들의 의견과 그 근거를 듣는 상호교류의 활동을 통해 자연스럽게 편견의 의미와 부당함을 인식하고 편견을 받는 사람의 고통이나 아픔 등에 공감함으로써 자신이 가진 잘못된 생각을 인식하고 극복하는 데 도움이 된다. 특히 반편견 주제에 대한 토론 수업에서는 자신과 다른 사람의 관점이나 입장에 서서, 즉 서로 역할을 바꾸어 논쟁을 해 보도록 하는 것이 매우 효과적인데, 이렇게 함으로써 상이한 견해들의 장단점, 정당하거나 정당하지 않은 측면을 균형 있게 인식할 수 있을 뿐만 아니라, 자신과 다른 사람을 존중하고 인정하며 협력할 수 있는 기술을 배울 수 있기 때문이다. 각급 학교에서는 주로 도덕과와 사회과를 중심으로 토론을 통한 반편견교육이 이루어진다.

토론을 통한 반편견수업에서 주로 강조되고 있는 점은 다음과 같다. 편견과 차별에 대한 학생들의 직·간접 경험, 문학작품이나 영화 등에서 가져온 가상적인 문제 사태, 아니면 역사적 소재 등을 활용하여 편견이나 차별, 선입견 등이 무엇인지 그 개념을 파악하고, 우리의 일상적인 삶 속에 또는 교실 안에 내재되어 있는 인종, 성, 민족, 문화, 장애 등과 관련된 편견의 유형이나 실태를 찾아 왜 그러한 현상이 발생했으며 무엇이 문제인지에 대한 각자의 의견과 그 근거를 교환하면서 편견에 대한 올바른 인식 전환의 활동을 한다. 그리고 나서 역할놀이, 게임 활동, 시청각 자료의 활용 등을 통해 우리들이 편견에서 벗어나기 위해 무엇을 어떻게 해야 하며 나아가 어떠한 실천을 할 수 있는지에 대해 생각을 나누고, 편견에 대항할 수 있는 강한 의지를 다지며, 반편견 상황에 직면하여 실제로 실천할 수 있는 계획을 수립하는 활동 등을 한다. 수업의 마무리 단계에서는 수업 시간에 알고, 느끼고, 다짐했던 반편견에 대한 것들을 자신의 일상적인 삶에서 지속적으로 실천할 수 있도록 격려하고 가정과 지역사회와 연계하여 다양한 실천 기회를 제공한다. 이와 관련하여 뱅크스의 편견해소 모형, 즉 MTA(Model of Transformation Approach) l이 많이 활용되고 있다(김용신, 2009: 144-145 ; 김천기 외, 2013: 239-247).

둘째, 반편견에 대한 내러티브 접근(narrative approach)을 활용한다. 이는 반편견을 담고 있는 다양한 경험과 이야기를 통해 반편견에 대한 높은 감수성과 극복 의지를 함양하는 것이다. 여기서는 크게 두 가지 방안으로 나누어 생각해 볼 수 있다. 하나는 반편견과 관련된 자신의 실생활 경험에서 나온 도덕적 관점을 또래들에게 말하거나 글로 쓰는 것이다. 이는 반편견에 대한 자신의 성공과 실패의 결과와 그 이유를 말하고, 글로 쓰면서 또래들의 경험을 교류하는 과정에서 자신이 반편견 이야기의 저자(author)가 됨으로써 편견 감소의 성향을 함양하는 데 도움이 된다. 다른 하나는 반편견을 소재로 다룬 문학작품(소설, 우화, 신화, 영웅들의 이야기 등)이나 영화를 활용하는 것이다. 편견과 관련하여 등장하는 주인공의 인식과 태도, 그로 인한 긍정적인 점과 부정적인 점, 결과와 그 이유 등에 대해 마치 자신이 직면한 상황인 것처럼 상상력을 동원하여 생각해 보고, 느껴보고, 판단 및 결정해 봄으로써 반편견의 필요성과 소중함 그리고 편견에 대항할 수 있는 다양한 방안을 탐구할 수 있도록 한다. 이를테면 마리에타 맥카티(Marietta McCarty)는 〈Little Big Mids〉라는 프로그램에서 학생들에게 편견을 이해하도록 하기 위해 하퍼 리(Harper Lee)의 소설 『앵무새 죽이기(to Kill a Mockingbird)』를 읽게 한 후, 학생들의 삶 속으로 편견이라는 주제를 끌어들여 "여러분은 다른 사람보다 우월/열등하다고 느끼는가? 그 이유는 무엇인가? 편견은 어떤 나쁜 결과를 가져오는가? 편견은 피할 수 없는가? 나와 다른 생각, 생활 방식, 문화를 이해하기 위해 어떤 노력을 하여야 하는가?"와 같은 활동을 하도록 제안하고 있다(McCarty, 2006).

특히, 인간 삶에서 발생했거나 발생할 수도 있는 구체적이고 실제적인 편견에 관한 이야기를 담은 영화나 문학작품을 활용하면 학생들이 편견에 대처하는 방법을 간접적으로 경험하고, 반편견에 대한 도덕적인 태도를 발달시킬 수 있다. 다시 말하면 영화와 문학작품에 등장하는 주인공과 그 주변 인물들의 편견에 대한 인식, 느낌, 경험에 대해 학생들로 하여금 자신의 그것들과 연결시켜 비교·검토해 보게 함으로써 학생들의 반편견에 대한 도덕적 감수성이 발달하도록 자극할 뿐만 아니라, 실제 반편견 상황에 처하게 될 때 그 상황을 수용하도록 하는 데 효과가 있다. 특히 영화의 활용은 문자로 된 텍스트보다는 인간의 삶에서 발생하는 행복과 불행, 기쁨과 슬픔 등 정서적이고 심미적인 관점을 제공할 뿐만 아니라 학생들의 흥미를 높이는 데 효과적이다. 또한 초등학교 저학년의 경우 그림 동화를 활용한 반편견교육은 반편견의 다양한 실천 사례를 표현하는 구체적인 그림 자료가 제공됨으로써 학생들이 흥미를 가지고 편견의 문제점을 파악할 수 있도록 하는 데 효과적이다. 종합하면, 우리가 직면할 수 있는 다양한 반편견의 주제에 학생들이 흥미를 가지고 자연스럽게 접근하며, 제시된 편견과 관련된 문제를 도덕적인 차원에서 분석·비판해 보고, 자신의 생활을 돌이켜보게 함은 물론 직면하고 있는 도덕적 딜레마를 해결할 수 있는 능력을 발달시키는 데 영화와 문학작품은 매우 효과가 크다. 그러므로 이를 활용하여 반편견교육을 하고자 할 때 교사는 부각시키고자 하는 반편견의 주제가 잘 드러난 작품들을 학생들의 관심과 발달 수준에 맞게 선정한 후, 수업을 통해 도달하고자 하는 목표를 달성하는 데 적합한 내용을 잘 조직하여 여기서 어떤 발문과 활동에 초점을 둘 것인지에 대한 구체적인 방안들을 가지고 있어야 한다.

셋째, 사연 있는 인형(persona doll)을 사용한 방법이다. 이는 편견, 장애, 다문화 등 반편견의 이야기를 가지고 있는 인형을 사용해서 무시와 놀림, 그리고 차별을 받았을 때 얼마나 마음이 괴롭고 힘든지를 듣고 감정이입을 해봄으로써 편견이 갖는 문제점, 반편견의 태도와 실천이 중요함을 생생하게 간접 체험할 수 있는 장점이 있다. 이 방법에서 사용되는 주제들은 학생들의 일상생활에서 직접 혹은 간접적으로 경험하는 다양한 이슈들이나 역사 속에서 발생했던 이야기, 그리고 학생들이 알아야 할 지식 또는 정보 등인데, 길고 복잡하기보다는 가급적 간단한 이야기로 제시하는 것이 좋다.

넷째, 반편견의 실천 능력을 함양하기 위해 반편견과 관련된 다양한 참여활동, 특히 봉사활동에 참여하도록 하는 것이 필요하다. 반편견교육은 단순히 교실 안에서 편견의 의미와 문제, 그리고 반편견의 필요성이나 실천 방법 등을 머리로 이해하고 마음으로 느끼게 하는 것만이 아니다. 반편견의 당위성을 알고 느낀 것을 자신의 삶에서 지속적으로 실천할 수 있을 때 비로소 반편견교육의 온전한 목적이 달성될 수 있다. 그러므로 반편견을 실천할 수 있는 참여활동이 반편견교육에서는 필수적이다. 그렇지만 제한된 공간에서 이루어지는 교실 수업에서 반편견을 직접 실천하기란 쉽지 않다. 따라서 교실 수업을 통해서는 주로 반편견에 대한 올바른 지식과 실천의지를 다지고 구체적인 방안을 세우는 데 치중하고, 체험활동이나 봉사활동 등을 통해 배운 것을 체험하고 실천할 수 있는 다양한 기회를 부여해야 한다. 지역사회 내의 학업성취도가 낮은 다문화가정 학생을 위한 '함께 공부하기'에 참여하기와 같은 지역사회 봉사활동이 반편견 실천 활동의 한 예가 될 것이다.

(2) 비공식적 교육과정을 통한 반편견교육

반편견교육은 공식적인 교과활동을 통해서만은 소기의 목표를 달성할 수 없다. 왜냐하면 편견은 비공식적인 잠재적 교육과정(달리 말해, social curriculum)을 통해 형성되는 경우가 많기 때문이다. 반편견교육의 효과를 촉진하기 위한 학교의 비공식적 교육과정으로 가장 중요한 요인은 교사의 언행과 학교의 반편견적 분위기(민주적이고 공정한 배려 공동체)라고 할 수 있다.

먼저 반편견교육에서 교사의 역할이 얼마나 중요한지를 살펴보자. 교사는 다문화교실에서 자신의 문화적 관점과 가치, 희망, 꿈을 제시하기도 하지만 편견, 고정관념, 잘못된 인식(misconceptions)을 전파하기도 한다. 이러한 교사의 관점과 가치는 자신이 가르치는 것을 조정하고 상호작용하게 하며 메시지가 학생들에게 전달되고 인식되는 방식에 영향을 미친다. 교사는 교수·학습 활동을 통해 학생들에게 전달된 메시지와 상징을 조정하기 때문에 교사가 학생들이 다양한 인종적·민족적·문화적 집단으로부터 분류된 정체성을 함양하고 긍정적으로 서로 관련을 맺도록 돕기 위해 자신의 개인적이고 문화적 가치와 정체성을 이해하는 것은 매우 중요하다. 자기수용이 증가함으로써 편견이 감소할 수 있기 때문이다.

뱅크스는 다문화사회에서 효과적인 교사가 되기 위해서 1) 민주적 태도와 가치, 2) 다문화적 철학, 3) 사건과 상황을 다양한 인종적이고 문화적 관점으로부터 볼 수 있는 능력, 4) 다양성이 갖는 복합적이고 다차원적인 특성을 이해하기, 5) 문화적 정체성의 단계에 대한 지식과 그것의 교육과정이 지니는 함의, 6) 점진적으로 보다 높은 단계의 문화적 정체성을 갖고 기능을 할 수 있는 능력을 가져야 한다고 주장하였다(Banks, 2016: 287-292). 이와 같이 다문화사회에서 교사에게 요구되는 여러 능력들은 다문화교실에서의 반편견교육을 위해 교사가 지녀야 할 태도나 능력과도 통한다고 볼 수 있다. 이를테면, 일상생활이나 편견적 상황에서 교사가 편견에 대해 어떻게 인식하고 반응하는가에 따라 학생들의 편견에 대한 태도와 행동이 달라질 수 있고, 학생들이 보여주는 편견적인 언행에 대해 교사가 어떻게 반응하는가에 따라서도 학생들의 편견에 대한 반응이 달라질 수 있다. 그러므로 반편견교육에서 편견에 대한 교사의 태도와 가치 및 반편견에 맞서는 교사의 올바른 언행이 중요하다.

교사가 반편견에 대한 모범을 보이지 않으면 편견 감소의 효과가 크지 않다는 사실에 주목해야 한다. 즉, 반편견교육이 교실 현장에서 발생할 수 있는 반편견 요인들에 대한 학생들의 이해를 통해 편견에 대항할 수 있는 힘을 기르는 데 주요 목적이 있는 만큼, 교사가 학교생활 전반에서 보여주는 반편견에 대한 언행 하나하나가 얼마나 반편견교육에 적합한지에 따라 반편견교육의 성패가 좌우된다. 교사는 걸어 다니는 반편견의 실천자로서 반편견교육의 중요한 인적 자원이다. 뿐만 아니라 교사가 반편견교육에 대한 관심과 이해가 높을수록 학생들에게 반편견교육을 올바르게 실시할 수 있다. 그러므로 학생들의 반편견의 태도와 행동을 높이기 위해서는 그만큼 교사가 학생들의 사회·경제적인 지위, 인종이나 민족, 외모 그리고 종교적인 배경과 관계없이 모든 학생들을 인정하고 공정하게 대하는 등 적극적으로 학생들에게 반편견의 모델이 되어야 한다.

또한 교사는 교실에서의 수업은 물론 학교에서의 모든 교육활동에서 학생들이 보여주는 편견적인 언어와 행동에 대해 주의 깊게 관찰하면서 적절하게 반응할 수 있어야 한다. 이를 반편견교육에서의 '반응적 접근'이라고 부를 수 있는데, 교사는 반편견교육을 할 수 있는 상황에 직면하여(teachable moments) 적절한 질문과 반응으로서 효과적인 반편견교육을 할 수 있어야 한다. 즉, 교사는 학생들과 생활하면서 편견적 상황이 발생했을 때 즉각적으로 개입하여 학생들의 행동에 반응함으로써 학생들이 그렇게 행동한 이유를 스스로 반성하고 자신 속에 있는 편견을 깨닫도록 도와주며, 또한 어떤 반응이 상대방에게 피해와 고통 또는 어려움을 주는지를 설명하고, 바람직한 대안을 생각해 보도록 하거나 제시해 줄 수 있어야 한다.

한편, 학생들이 생활하는 학교의 분위기(ethos)가 편견을 허용하는가, 허용하지 않는가에 따라 학생들의 편견에 대한 인식과 행동에서 차이가 발생한다. 학교가 인간 존엄성을 존중하고, 문화·인종·민족의 다양성을 인정하는 권위 있는 룰을 확립하여 실천할 때, 학생들의 반편견 태도는 크게 함양될 수 있다. 학생들 각자가 아무리 편견의 씨앗을 가지고 있다고 해도 자신의 생활공간이 편견을 용납하지 않는 일관된 원칙과 분위기를 유지한다면 학생은 자신이 가진 편견에 저항할 수 있기 때문이다.

4. 반편견교육이 효과를 거두기 위해 고려할 것들

지금까지 다문화교실에서의 반편견교육의 의미와 목표, 원리와 중요성 그리고 내용과 범위 및 효과적인 방법에 대해 살펴보았다. 특히 반편견교육의 방법에서는 공식적인 교과과정과 비공식적인 교과과정이 조화롭게 연계가 될 때 효과적이라는 점을 언급하면서, 공식적인 교과과정에서는 반편견 주제에 대한 토론학습, 문학 및 영화를 활용한 내러티브 접근, 사연 있는 인형 활용, 봉사활동 참여 등을, 비공식적인 교과과정에서는 반편견에 대한 교사의 모범 및 학교의 반편견을 허용하지 않은 분위기 등이 확립될 필요가 있다는 점을 강조하였다.

학교에서 반편견교육이 효과를 거두기 위해 반드시 고려해야 할 두 가지를 언급하고자 한다. 첫째, 편견의 형성 및 감소와 관련하여 학생들의 발달적 특성을 잘 파악해야 한다. 반편견교육의 대상이 어린 학생일수록 이들은 언어적·인지적·정서적 체계가 세련되게 확립되지 않고, 또한 행동과 긴밀하게 연결되지 않았기 때문에, 편견에 있어 자신이 가진 생각과 태도와 행동이 일관되거나 일치하지 않는다는 특징을 보인다(Aboud, 2005: 313-314). 이는 곧, 어린 학생들의 편견은 아직 공고화되지 않은 상태이므로 교육적 노력에 의해 편견에 저항하는 인지적·정서적·행동적 능력을 기르는 데 충분한 효과를 거둘 수 있다는 것을 암시한다. 따라서 우리나라 다문화사회 환경에서 반편견교육은 유아 및 초등학생 때부터 체계적이고 지속적으로 이루어져야 한다.

둘째, 앞에서도 언급했듯이 반편견교육에서 교사가 차지하는 역할이 매우 중요하기 때문에 교사는 반편견교육을 할 때 자신의 언행이 반편견 극복의 모델이 되도록 해야 한다. 즉, 교사는 모든 학생들에게 높은 기대 수준을 가지며, 그들에게 긍정적 태도를 지니고, 학생들을 배려하는 방법으로 대해야 한다. 또한 학생들의 발달적 특성과 흥미, 편견의 경험 양태(빈도와 그 깊이, 그리고 다양한 층위 등)를 충분히 고려하여 반편견교육의 내용을 선정하고 조직해야 한다. 유능한 교사라면 자기 학생들의 특유한 문화적 배경에 대해 잘 알고 있어야 하며, 그러한 문화적 배경에 대한 지식을 효과적인 교수법 개발에 활용할 수 있는 능력을 갖추고 있어야 한다. 따라서 교사는 학생들의 학습 특성, 문화적 특징, 동기에 적합하게 반편견수업을 진행하며, 수업 자료는 다양한 문화적, 인종적, 민족적 관점으로부터 온 사건과 상황, 개념을 반영해야 한다. 교과서와 그 외의 수업 교재에는 암시적이든 명시적이든 많은 편견이 존재하기 때문에, 교사는 특히 모든 수업 자료에 나타난 문화적 편견과 가정을 확인하고 그것에 이의를 제기하도록 가르쳐야 한다. 이와 함께 학생들의 편견에 대한 지식과 경험이 일천함을 고려할 때 쉬우면서도 제대로 인식하고 판단 및 행동할 수 있도록 학생의 눈높이에 맞는 다양한 반편견교육의 교수·학습 자료를 확보하거나 다양하게 개발하여 활용하여야 한다.

1. 편견이 발생하는 원인에는 어떤 것이 있는가?

2. 다문화가정 학생에 대한 편견은 주로 무엇이며 어떤 문제가 있는가?

3. 초등학생 대상 반편견교육에서 활용할 수 있는 동화 또는 동영상을 추천하고자 한다면 그 이유는 무엇인가?

4. 반편견교육에서 편견 없는 교사가 되기 위한 실천방안들은 무엇인가?

참고문헌

김용신(2009), 『다문화교육론 서설』, 이담.

김천기·노상우·박휴용·이정애·임은미(2013), 『다문화교육의 이해와 실천』, 교육과학사.

민경숙·유형근·조용선(2008), 「다문화가정 중학생에 대한 반(反)편견 교육프로그램 구안」, 『중등교육연구』 56(2), 497-526, 경북대학교 사범대학부속 중등교육연구소.

이선정(2009), 「초등학생 반편견교육의 교수·학습 방안 탐색」, 『초등사회과교육』, 한국초등사회과교육학회.

이인재(2010), 「다문화사회에서의 초등학교 반편견교육」, 『윤리교육연구』 22, 253-271, 한국윤리교육학회.

장상희(1998), 「인종 간 접촉과 편견: 미국 내의 한흑 집단 간 비교 연구」, 『사회조사연구』 13(1), 부산대학교 사회조사연구소

정경미(2009), 「반편견(Anti-Bias) 교육 프로그램이 편견과 다문화 인식에 미치는 영향」, 경인교육대학교 교육대학원 석사학위논문.

정탁준(2008), 「다문화가정 학생들을 위한 반편견 교육방안 연구」, 『도덕윤리과교육』 27, 167-192, 한국도덕윤리과교육학회.

제임스 뱅크스, 모경환 외 공역(2008), 『다문화교육입문』, 아카데미프레스.

크리스틴 베넷, 김옥순 외 공역(2008), 『다문화교육, 이론과 실제』, 학지사.

Aboud, F. E. (2005). The Development of Prejudice in Childhood and Adolescence. In J. F. Dovidio, P. Glick, & L. A. Rudman (eds), *On the Nature of Prejudice.* Blackwell Publishing.

Banks, J. A. (2006). *Cultural Diversity and Education: Foundation, Curriculum, and Teachings* (5th ed.). Boston: Allyn and Bacon.

Banks, J. A. (2016). *Cultural Diversity and Education: Foundations, Curriculum, and Teaching* (6th ed.). Routledge: New York and London.

Bissell, K., & Parrott, S. (2013). Prejudice: The Role of the Media in the Development of Social Bias. *Journalism & Communication Monographs, 15*(4), 219-270.

Derman-Sparks, L. & A. B. C. Task Force. (1989). *Anti-Bias Curriculum: Tools for Empowering Young Children.* Washington, DC: National Association for the Education of Young Children.

Derman-Sparks, L., & Edwards, J. O. (2010). *Anti-Bias Education for Young Children and Ourselves.* Washington, DC: National Association for the Education of Young Children.

Hall, N. S., & Rhomberg, V. (1995). *The Affective Curriculum. Teaching The Anti-Bias Approach To Young Children.* Nelson Canada: International Thomson Publishers.

Jones, J. M. (1997). *Prejudice and Racism* (2nd ed.). New York: McGraw-Hill.

Lin, M., Lake, V. E., & Rice, D. (2008). Teaching Anti-Bias Curriculum in Teacher Education Programs: What and how. *Teacher Education Quarterly, 35*(2), 187–200.

McCarty, M. (2006). *Little big minds: Sharing philosophy with kids.* New York: Jeremy P. Tarcher/Penguin.

10장

비판적 미디어 리터러시 기반 다문화교육

장은영 서울교육대학교 대학원 다문화교육전공 교수

미디어와 프레이밍

소규모 모둠을 구성하여 TV 방송, 영화, 뉴스, 신문 등에서 다문화를 다루고 있는 프로그램
이나 기사를 찾아 함께 읽은 후 다음 질문들에 대해 서로의 생각을 나누어 보자.

• 누가, 누구를 위해, 어떤 목적을 성취하고자 이 미디어를 생산하였는가?

• 이 미디어 자료에서 '한국인'과 '비(非)한국인'이 어떻게 그려지고 있는가?

• '한국인'과 '비(非)한국인'을 대비시키는 언급이나 대화, 혹은 행동은 무엇이며 인종, 민
  족, 언어, 관습 등의 차이는 어떠한 방식으로 표현되고 있는가?

다양성을 기치로 하는 포스트모던 시대이다. 기존의 사회적 틀 속에서 침묵해 왔던 다양한 소수자 집단들이 사회 곳곳에서 목소리를 내기 시작하고 있다. 한편 한국 사회는 급속한 다문화화로 인한 혼란과 시행착오를 겪으며 심지어 반(反)다문화 정서의 확산에 직면하고 있는 실정이다. 이 장에서는 다문화시대에 새로운 소통의 도구로서 미디어의 역할에 주목하며, 비판적 미디어 리터러시(critical media literacy)를 다문화교육을 위한 하나의 가능성으로 제시하고자 한다. 미디어 리터러시 기반 다문화교육은 주류 미디어에서 무비판적으로 재현된 소수자에 대한 담론을 해체하고 창조와 변혁의 주체로서 소수자를 재정의함으로써 선주민과 이주민 모두의 다문화적 역량을 강화할 수 있을 것이다.

1. 다문화시대와 미디어의 만남

'디지털 원어민(digital natives)'이라 불리는 21세기 학생들이 매일 접하는 미디어는 교육 자료로서 활용되는 소극적 역할을 넘어서 미디어 리터러시(media literacy), 즉 '미디어를 읽고 쓸 수 있는 능력'이라는 리터러시 교육의 한 분야로 정립되었다. 기술과 통신의 발달로 전 세계가 연결된 디지털미디어 시대에 매스미디어와 소셜미디어가 사회 전반에 끼치는 영향력은 그 어느 때보다도 강력하다. 미디어를 통해서 이루어지는 학습의 범위와 소통의 영향력을 고려할 때, 다문화교육에서 미디어를 주목하는 것은 놀라운 일이 아니다. 이 장에서는 먼저 다문화시대 미디어의 역할에 대해 알아보기로 한다.

1) 미디어의 역할과 문제점

순기능과 역기능의 양가적 잠재력을 가진 미디어는 이 사회에서 다양성의 의미와 소수자의 모습을 자리매김하는 데에 지대한 영향을 미친다. 다문화사회에서 미디어는 다양성에 관한 정보를 제공하고, 다양성과 관련된 가치를 퍼뜨리며, 다문화에 대한 기대를 형성하는 등 다문화교육자(multicultural educator)로서의 역할을 할 수 있다(Cortés, 2004). 미디어의 가장 큰 장점은 (혹은 장점이자 단점은) 접근성이다. TV나 라디오, 인터넷은 일상에서 매우 쉽게 접할 수 있을 뿐 아니라 원한다면 반복적으로 볼 수 있으며 패러디된 연계 콘텐츠까지 찾아볼 수 있다. 또한 미디어가 가지는 비언어적 소통의 도구들, 즉 이미지, 소리, 영상 등은 언어의 차이로 인한 소통의 장벽을 낮춤으로써 다른 언어배경을 가진 이주민들이 미디어를 통해 거주국의 문화를 간접적으로 접할 수 있고 보다 효과적으로 새로운 사회문화 체계에 적응할 수 있다. 그리고 시청각적 기술을 활용하는 영상 미디어는 설득력과 전달력이 뛰어나다는 점에서 다문화교육 자료로서의 가치가 주목되어 왔다. 따라서 이주민은 물론 선주민들도 TV나 영화, 드라마, 다큐멘터리 등의 미디어 자료들을 통해 직접 체험해 보지 못한 다양한 문화와 언어를 간접 체험할 수 있으며, 이는 다른 문화에 대한 공감능력(empathy)과 이해역량을 함양하는 방법으로 활용될 수 있다. 또한 스마트폰과 유튜브(YouTube) 등에 대한 개인의 접근성이 높아져 '1인 미디어 시대'로 불리는 오늘날에는 미디어를 통해 이주노동자와 결혼이주 여성, 다문화가정 아동 등과 같은 비주류 집단이 상대적으로 손쉽게 자신들의 생각과 요구를 담은 목소리를 낼 수 있게 됨으로써 소수자들의 커뮤니케이션 권리 강화와도 직결된다(이희은, 2011; 정의철, 2013).

그러나 간과하지 말아야 할 점은 미디어가 다문화 인식에 끼칠 수 있는 악영향이다. 방송의 시청률 지상주의와 극단적 상업화로 인해 소수자의 목소리나 다양성이 오히려 위축되고, 대중의 시선을 끌기 위한 폭력성과 선정성이 강조되며, 금전만능주의, 외모지상주의의 담론들이 확대·생산·재상산되는 것을 어렵지 않게 볼 수 있다(정의철, 2013). 흥미 위주로 방송을 편집하는 과정에서 다른 문화에 대한 잘못된 신념이나 편견, 고정관념이 양산되거나 재생산되기도 한다.

다양한 인종과 민족으로 구성된 다문화사회인 미국의 경우 미디어가 양산하는 고정관념과 편견에 대한 우려가 지속적으로 제기되어 왔다. 할리우드에서 만들어지는 영화의 주인공은 대부분 백인이고, 등장인물의 비율 역시 실제 미국 사회의 백인과 유색인종 비율을 반영하지 못하고 있다는 비난이 그중 하나이다. 또한 주류 중심의 미디어는 비주류 유색인종을 고정된 이미지로 재현하는 경향

그림 10-1 고정관념 (영화 〈킹콩〉 포스터와 잡지 「보그」 표지)

이 있는데, 예를 들어 '아시안 학생들은 공부는 잘하지만 사회성이 부족하다'거나 '흑인들은 농구는 잘하지만 지적 능력이 낮다'라는 고정관념을 영화 속 인물을 통해 재현하기도 한다. 그리고 금발의 백인 여성은 아름다움의 상징이자 백치미의 상징으로 그려지기도 한다. 그림 10-1의 오른쪽 잡지 표지는 흑인 남성의 남성성과 백인 여성의 여성성을 극대화하여 드러냄으로써 성별과 인종을 근거로 편견과 차별적 의미를 만들어내고 있다. 이 이미지를 패러디한 왼쪽 포스터는 야만스런 킹콩이 아름답고 지적인 인간, 즉 백인 여성을 폭력적으로 성취하는 모습을 보여준다. 이것은 웃고 넘길 일이 아니다. 이러한 표현은 흑인과 백인에 대한 고정관념을 고착화하고, 흑인 남성의 자존감을 떨어뜨리거나 동물적 힘만이 그들의 본질이라고 인식하게 만들 수 있다.

물론 모든 미디어 산물이 고정관념이나 인종주의의 확대·재생산에 관여한다고 볼 수는 없다. 그림 10-2는 〈잭과 코디, 우리 집은 호텔 스위트 룸(The Suite Life of Zack and Cody)〉(2005~2008)이라는 미국 드라마의 포스터이다. 이 프로그램에서 주연인 잭(Zack)과 코디(Cody)의 친구로 등장하는 아시아계 미국인 소녀 런던(London)은 지적 수준은 낮지만 패션과 소비에 일가견이 있는 부잣집 자

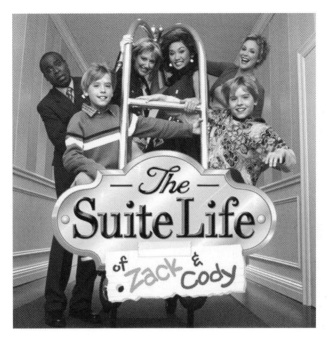

그림 10-2 고정관념의 탈피 (〈잭과 코디, 우리 집은 호텔 스위트 룸〉 포스터)

녀로 그려진다. 공부를 못하는 '특이한' 아시아 여학생인 것이다. 사실상 극 중에서 런던은 외모로 인해 아시안으로 드러나는 것일 뿐 미국에서 태어나 자란 미국 시민으로 그려지고 아시아 문화를 대표하거나 재현하는 인물로 보여주지 않는다. 이는 고정관념의 파격적인 해체라고 할 수 있다. 그러나 또 한편 이러한 캐릭터의 설정으로 유머를 주는 것 자체가 고정관념의 반영이라 할 수 있을 것이다.

'백인화(Whitewashing)'[1]라는 흥미로운 개념에도 주목할 필요가 있다. 아동과 청소년 대상으로 큰 인기를 끈 〈아바타: 더 라스트 에어벤더(Avatar: The Last Airbender)〉(2005~2008)라는 애니메이션이 있다. 그림10-3에서 보이듯이 원작에서 등장인물들의 외양은 승려의 모습이며 중국 무술과 유사한 무술을 구사하고 동아시아와 이누이트(Inuit) 등의 배경을 가지고 있다. 광고 이미지에는 한자도 등장한다. 이 프로그램은 등장인물 모두가 백인이 아니었음에도 불구하고 대다수가 백인인 많은 어린 시청자들의 사랑을 받았다. 그러나 이 애니메이션이 영화로 제작되었을 때 캐스팅된 인물을 보자. 주인공 캐릭터가 모두 백인으로 바뀌

---

1   'whitewashing'의 한국어 번역인 '백인화'는 저자의 용어임을 밝힌다.

그림 10-3 백인화 (애니메이션 〈아바타: 더 라스트 에어벤더〉의 포스터와 영화로 제작되었을 때의 배역)

었을 뿐 아니라 극 중에서 부정적 역할인 '주코(zuko)'만이 유난히 피부색이 어두운 것을 알 수 있다. 이는 할리우드 영화의 영웅들이 대부분 백인으로 그려지는 것은 같은 맥락이다. 상업적 영화로서 주류인 백인 관객의 시각에 맞출 수밖에 없다는 한계를 고려한다 해도, 이러한 미디어의 재현을 통해 '백인＝영웅', '유색인종＝악한'이라는 이분법적 구도가 자연스럽게 우리의 잠재된 의식으로 형성된다.

미국처럼 인종적·민족적 다양성과 흑백 갈등의 역사를 가지지는 않았지만 한국 역시 다문화와 미디어는 깊은 연관성을 가지고 있다. 다음에서는 한국 미디어를 중심으로 소수자의 재현 방식과 다문화 담론의 양상을 살펴보겠다.

2) 한국 미디어의 다문화 담론

국가 간 경계가 허물어지고 문화와 언어의 소통이 전 지구적으로 확장되면서 정통성의 가치는 다양성에 대한 열렬한 지지로 바뀌어가는 추세에 있다. 그러나 '다양함' 혹은 '섞임'이 하나의 현상을 넘어 이데올로기적 가치를 가지게 되면서 역설적으로 자본의 활용과 국가의 유지를 위한 기제로서 '통합'에 대한 담론 역시 강력해지고 있다(박경태, 2008; 전경옥, 2013). 한국은 오랜 세월 단일민족으로서의 자긍심을 교육받아 왔고 민족주의에 의문을 제기하지 않았다. 그렇기에 급속한 다문화에 대응하는 방식으로, 표면적으로는 다양성에 대한 수용을 내세우면서도 '사회통합'이라는 관점에서 다문화사회의 성공을 판단하는 것은 그리 놀랍지 않다. 정보 대국인 한국에서 미디어는 이러한 사회통합의 담론을 발 빠르게 생산하고 있다. 2000년대 초기 제작된 공익광고들은 시혜적인 차원에서 다문화가정을 바라보고 이들을 '도와야' 하며, 국가주의적 관점에서 다문화가정이 '한국화'되어야 한다는 방식의 사회통합 담론을 만들어냈다. 그림 10-4의 공익광고를 예로 들어보자.

이 공익광고는 '한국적임(Koreaness)'이라는 특성을 몇 가지의 조건으로 규정하고, 광고에 등장하는 다문화가정의 자녀인 어린아이가 이 모든 것을 수행할 때에 선주민인 '당신처럼' 한국인으로서의 자격이 부여될 수 있다는 뉘앙스를 가진다. 다문화가정에 대한 포용적인 태도를 촉구하는 이 광고는 관용과 이해라는 긍정적 가치를 기반으로 한 사회통합의 메시지를 명확히 드러낸다. 실제로 서사가 이 광고를 대학원 수업이나 다문화 관련 강연에 활용하였을 때 수된 반응은 '감동'과 '새로운 이해'였다. 혹자는 다문화가정이 세금을 내는지 몰랐는데 이제야 알았다고 하였고, 혹자는 이들이 한국 사람과 똑같이 생각하고 의무를 다하니 한국 사람으로 인정해 주어야 한다고 대답하였다. 물론 이러한 반응은 선의를 담고 있으며 관용으로 이어질 수 있다.

그러나 이 광고를 좀 더 분석해 보면 그 이면에는 우리 사회의 소수자인 다

베트남 엄마를 두었지만 *당신처럼* 이 아이는 한국인입니다. 김치가 없으면 밥을 못 먹고 세종대왕을 존경하고 독도를 우리 땅이라 생각합니다. 축구를 보면서 대한민국을 외칩니다. 스무 살이 넘으면 군대에 갈 것이고 세금을 내고 투표를 할 것입니다. *당신처럼*.

그림 10-4 다문화 공익광고(하나금융그룹 공익광고 〈다문화편: 행복 하나 더하기〉, 2008)

문화가정 자녀가 인정받을 수 있는 유일한 통로란 다수자인 한국인에 동화되는 것임을 제시하면서 한국인으로서의 조건이 충족되지 않을 경우 영원한 이방인일 수밖에 없음을 내포한다. 사실상 '한국인'이라 하여도 김치를 싫어할 수 있고 세종대왕이나 독도에 대해 다른 의견을 가질 수 있으며 군대 역시 면제되는 경우도 있지만, 이 베트남 혼혈 소년에게는 이러한 예외가 허용되지 않는 것이다. 마지막 멘트인 '당신처럼'이라는 구절에서는 한국인인 '당신'의 주류적 위치를 재확인하면서 당신이 하는 모든 것이 기준임을 말한다. 자기-타자의 구분이 이루어지는 '타자화'[2]의 순간이라 할 수 있다.

위의 공익광고뿐 아니라 비슷한 시기에 제작된 영화인 〈방가? 방가!〉(2010)와 〈완득이〉(2011) 등은 외국인 근로자, 결혼이주 여성과 그 아들이라는 주인공을 통해 우리 사회의 다문화배경 구성원들의 삶에 대한 관심을 불러일으켰다. 그러나 이들 영화 역시 이주민이나 그 자녀를 당연한 듯이 사회적·경제적 약자로 재현하는 경향이 있으며, 이분법적인 관점에서 선주민은 이들을 착취하거나 혹은 도움을 주는 정적인 인물로 그리면서 오히려 고정관념을 재생산하는 결과를 가져오기도 한다. 예를 들어 〈완득이〉에서 이주자 여성은 사회적 소외계층의 대표적 인물로 재현하고, 장애인 남편과 차별의 시선 등 어려움에도 불구하고 모성애와 희생으로 가족을 행복으로 이끌어야 하는 존재로 그려진다(정민아, 2015).

한국의 급속한 다문화화와 함께 소수자 집단이 가시화되면서 넓게는 다양한 소수자들(성별, 계급, 장애, 언어, 문화, 민족 등의 범주로 구분된 집단들), 좁게는 이주배경 다문화 주민들(결혼이주 여성, 외국인 근로자 등)에 대한 연구가 활발해졌다. 특히 여러 학문 영역에 걸쳐 미디어에서 재현되는 이들의 모습에 대한 연구가 이루어졌다. 예를 들어, 뉴스에서 보도되는 결혼이주 여성들의 이미지를 분석한 김수미(2011)의 연구는 결혼이주 여성들이 '대상화(objectification)'와 '문제화(problematization)'라는 수사적 메커니즘을 통해 타자화되는 경향이 있음을 지적한 바 있다. 즉 결혼이주 여성들을 번식의 도구나 전통적 여성성의 담지자로서 대상화하거나, 물질적 이해의 추구자나 부적격한 엄마로서 문제화하는 것이 그것이다.

....

2   '타자화' 개념에 대해서는 이 책의 3장 참조.

유사한 맥락에서, KBS의 〈러브 인 아시아〉와 채널A의 〈이제 만나러 갑니다〉의 에피소드 14편을 분석한 권금상(2013: 68)에 따르면 이 프로그램들은 결혼이주 여성과 북한이탈 여성이라는 두 집단을 "사회적인 차별 속에서도 한국인이 되고 싶어 하는", "가정을 위해 희생하는 기특하고 가엾은 아내"이며, "모진 어려움을 견뎌내고 자유의 품에 안긴 아름다운 북한 미녀"라는 타자화된 틀 속에 고정하며 정체성을 부여한다. '비판적 미디어 리터러시(Critical Meida Literacy: CML)'의 부재로 이러한 재현은 비판적으로 해석될 기회 없이 미디어를 통해 강력하고 광범위하게 퍼지고, 이는 다문화에 대한 사람들의 이분법적 인식, 즉 '불쌍하거나 위험하다'로 귀결된다. 이처럼 미디어에서의 다문화 관련 연구들은 주류 미디어가 소수자를 사회적 약자로 규정하면서 어떻게 그들을 편견과 차별의 시선으로 그려내는 지에 대한 폭로와 비판을 담고 있다.

우리나라처럼 단일민족의 신화 속에서 오랜 기간 동안 나와 다른 문화적·언어석 배경을 가신 사람들과 직접적인 접촉이 적을 경우 미니어를 동해 얻게 되는 다문화에 대한 인식이 미치는 영향은 더욱 크다(구정화 외, 2010). 다문화교육이란 차이를 수용하고 상호 존중하며 조화로운 소통을 할 수 있는 사회 구성원으로서의 교육을 의미한다. 이때 미디어가 시청률 지상주의의 관점에서 양산해 내는 고정관념이나 편견을 비판적으로 인식하고 지적할 수 있는 능력, 특히 한국의 미디어에서 재현되고 재생산되는 소수자의 모습과 다문화에 대한 선입견들을 비판적으로 분석하고 인식할 수 있는 능력인 CML의 함양은 시급하고도 필수적이다.

2. 비판적 미디어 리터러시와 다문화교육

소통을 위해 읽고 쓰는 도구가 언어뿐아니라 이미지, 영상, 소리, 레이아웃 등으로 다양해지면서 '읽고 쓸 수 있는 능력'이라는 '리터러시(literacy)'의 의미는 '다중 리터러시(multiliteracies)'로 확장되었다. 21세기가 시작되기 이전에 이미 뉴 런던 그룹(New London Group, 1996)은 기존의 언어체계를 기반으로 한 '프린트 리터러시(print literacy)'에 중점을 두는 학교 문해교육이 시대착오적이라 일갈한 바 있다. 특히 다양한 형태의 미디어를 다루고 이해할 수 있는 미디어 리터러시의 중요성은 그 어느 때보다 부각되고 있다(정현선, 2007). 이 절에서는 먼저 미디어교육을 유형별로 알아보고 비판적 미디어 리터러시의 이론과 원리를 살펴보기로 한다.

1) 미디어교육의 유형

미국의 미디어 리터러시 연구자인 켈너와 셰어(Kellner & Share, 2005)는 미디어가 우리 삶에 영향을 미치기 시작한 20세기 후반부터 미디어를 보는 관점의 변화에 따라 형성된 네 가지 유형의 차별화된 미디어교육 접근방식을 다음과 같이 설명한다.

첫째, 미디어교육에 대한 보호주의적 접근(protectionist approach)은 기본적으로 반(反)미디어 접근법으로서, 미디어의 조작성이나 중독성을 경계하면서 전통적인 프린트 리터러시 문화를 옹호한다. 이 접근방식은 미디어 시청자를 수동적 존재로 규정하고 미디어가 가지는 시대성과 미디어 리터러시 교육의 잠재력에 대한 평가절하라는 비판을 받는다.

둘째, 미디어 아트 교육(media arts education)은 미디어를 예술적 관점에서 접근하면서, 학생들이 미디어가 가지는 미적 가치를 향유하고 자기표현을 위해 미디어를 예술적으로 사용하는 방법을 가르치는 것이다. 이 접근법은 미디어 텍스트가 가지는 의미를 사회적 차원에서 분석하거나 대안적 메시지를 만들어낼 수 있는 미디어의 중요성을 간과하고, 미디어 텍스트를 개인 차원의 표현도구로 치부함으로써 그 영향력을 축소시킨다는 단점이 있다.

셋째, 미디어 리터러시 운동(media literacy movement)은 문자언어의 한계를 뛰어넘어 리터러시를 대중문화를 포함한 다양한 형태의 미디어를 통한 소통으로 확대시켰다는 데 의의가 있다. 미디어 리터러시는 여러 가지 형태의 미디어 기기들을 실제로 사용할 수 있고, 미디어 메시지를 이해할 수 있으며, 직접 미디어 메시지 생산을 통해 자신의 생각과 감정을 효과적으로 표현할 수 있는 능력이다. 카메라나 컴퓨터, 스마트폰 등 도구 사용 능력은 미디어 리터러시의 기본적인 기술적 측면에 속하며, 미디어를 '읽고 쓴다'는 것은 미디어 컨텐츠의 소비와 생산에 직접적으로 참여하며 이를 통해 세상을 읽어내는 것이라고 할 수 있다.

넷째, CML[3]은 기본적으로 미디어 리터러시 운동 모델에 기반하면서 그동안 간과되어 왔던 미디어 메시지의 소비, 생산, 유포를 관통하는 '힘의 관계'에 주목한다. 즉, CML은 미디어 텍스트를 사회적 산물로 인식하고 미디어의 재현이나 담론에 숨겨진 이데올로기와 역학 관계를 분석할 수 있는 능력이다. 미디어 리터러시 운동의 접근법과 CML 접근법을 비교하면서, 켈너와 셰어는 미디어 리터러시 운동은 "교육이 정치적으로 중립적일 수 있을 뿐 아니라 중립적이어야 하며, 교사는 학생들에게 미디어 컨텐츠를 이데올로기나 권력관계에 대한 의문 제기 없이 객관적으로 접하게 할 수 있다는 *환상(myth)*"을 전제로 한다고 지적한다(2007: 8, 기울임체는 지자 추가). 이에 빈해 CML은 미디어 읽기와 쓰기를 이데올로기, 힘, 그리고 지배의 관점에서 접근함으로써 미디어 텍스트 안에 함축적으로 재현되는 고정관념, 지배적 가치관이나 이데올로기를 파악하고 비판하며 변화시키려는 역량을 동반한다.

2) 비판적 미디어 리터러시 교육

CML의 중요성은 문화 연구(Cultural Studies), 비판적 교수법(Critical Pedagogy), 다문화교육(Multicultural Education) 등 여러 학문 영역에서 주목받아 왔다. 특히 다문화교육과 CML이 융합될 때 시너지 효과를 낼 수 있음에 주목하면서, 오늘날 교육이 두 가지 도전, 즉 "다문화사회에서 미디어 리터러시를 가르치는 것"과 "학생들이 성별, 인종, 계급에 근거한 사회적 불평등과 차별에 대해 민감해지도록 하는 것"에 응해야 함을 강조한다(Kellner & Share, 2005: 372). 따라

....

3   영어의 'critical'은 어떤 현상의 이면에 있는 힘의 관계를 파악할 수 있는 능력을 의미하는 긍정적 뉘앙스가 있으나, 한국어의 '비판적'은 어떤 현상을 부정적으로 판단한다는 어감이 있어 종종 오해를 산다. 이에, 영어 용어인 Critical Media Literacy의 약자인 CML을 이 장 전반에 걸쳐 사용한다.

서 CML은 '다문화 리터러시(multicultural literacy)', 즉 다문화시대를 구성하는 문화들과 그 하위문화들을 읽어내고 이해하며 만들어내는 능력과 명백한 접점을 가진다.

미국 미디어교육의 선구자적 역할을 하는 미디어 리터러시 센터(The Center for Media Literacy)는 교사와 학생들이 CML의 개념을 명료히 이해하고 이를 교육 현장에서 미디어 메시지의 비판적 해체 활동에 적용할 수 있도록 핵심원리들을 도출하여 CML 교육의 뼈대를 구축하였다(그림 10-5 참조).

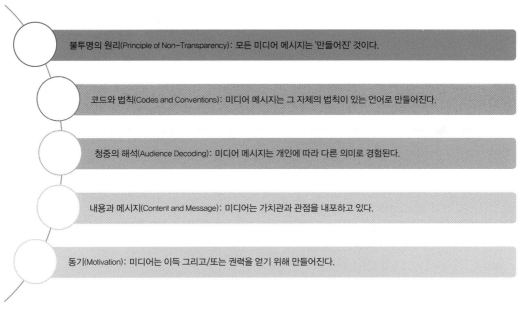

그림 10-5 CML의 5가지 핵심 개념(Kellner & Share, 2005: 374-377)

CML 이론의 5가지 핵심개념은 '미디어는 결코 투명(transparent)하지 않다'라는 명제를 중심으로, 미디어 메시지는 중립적이지 않으며 그 메시지의 구성과정은 투명하지 않음을 강조한다. 미디어 콘텐츠를 접하는 학생들이 이를 인식하고 미디어 텍스트가 내포하고 있는 메시지를 해체할 수 있어야 하며, 이러한 해체를 통해 새로운 의미의 창출과 자신과 사회 시스템에 대한 인식에 이르는 것이 CML 교육의 핵심이다.

미디어 메시지의 해체는 그림 10-6에서 제시하는 6가지 항목에 대답하는 과정이라 할 수 있다. 학생들이 미디어 텍스트의 생산자와 대상자를 파악하고,

생산자(Source) 누가 만들었는가? 누가 그 내용을 결정하는가?	**대상자(Audience)** 누구를 대상으로 만들었는가?	**텍스트(Text)** 텍스트, 즉 미디어 자료 그 자체
서브텍스트(Subtext) 서브 텍스트, 즉 미디어를 보고 개별적으로 해석하는 의미	**관점(Point of View)** 미디어 생산자가 미디어를 통해 전달하고자 하는 관점	**설득의 언어(The Language of Persuastion)** 미디어 생산자가 자신의 관점을 설득하기 위해 사용하는 모든 기술

그림 10-6 미디어 메시지 해체(Media Literacy Project, http://medialiteracyproject.org/learn/media-literacy)

생산자가 미디어를 통해 전달하려는 가치관이나 관점을 밝혀내는 것이 미디어 메시지의 해체작업이다. 즉, 미디어를 있는 그대로 받아들이는 것이 아니라 그 메시지 형성에 관여된 힘의 관계를 파악해 내는 것이다. 이러한 과정에서 미디어가 보이는 그대로의 텍스트일 뿐 아니라 보는 이에 따라 다르게 이해될 수 있는 다양한 서브텍스트를 내포하고 있음을 이해함으로써 문화적 관점의 다원성에 대한 이해와 미디어 역학관계에 대한 비판적 관점을 함께 키울 수 있다.

2) 한국 다문화교육에서 미디어교육의 현황과 한계

국내 미디어교육은 초기에는 미디어의 해악으로부터 자녀들을 보호하려는 '보호주의적(protectionist)' 관점에서 주로 이루어졌고 최근 초·중등학교에서 실시하는 미디어교육은 이른바 '미디어 아트 교육(Media arts education)'에 해당한다고 볼 수 있다. 교육 현장에서 학생들은 스마트폰을 이용하여 특정 주제에 대해 동영상을 만들고 이를 공유하는 UCC(User Created Contents) 프로젝트의 형식으로 미디어를 활용한다. 이러한 미디어교육은 중등학교에서 수행평가의 일환으로 활용되면서 그 산출물에 지나치게 중점을 두는 경향이 있다.

CML 이론의 교육적 가능성에도 불구하고 한국의 다문화교육에서 미디어는 매우 제한적으로 활용되고 있다. 미디어 관련 교육에 대한 선행 연구의 경향을 살펴보면, 기존 연구들은 학습자료, 특히 언어능력 향상을 위한 학습자료로서의 미디어의 가치에 중점을 두는 연구가 지배적이었다. 특히 영어교육에서 미디어의 활용은 광범위하게 이루어져 왔으며, 멀티미디어 기반 언어교육은 연구 영역으로 자리 잡은 지 오래다. 그러나 CML에 중점을 두는 실행 연구는 많지 않고, 주로 이론적 논의와 제언을 다루는 연구가 이루어지고 있다.

한편 다문화교육 영역에서 미디어 관련 실행 연구들을 유형화하면 ① 미디어를 수업 제재로 활용한 다문화 교육, ② 미디어의 분석과 생산을 통합적으로 활용한 다문화 미디어교육, 그리고 ③ 결혼이주 여성이나 외국인 근로자들을 대상으로 한 미디어교육이다. ①과 ②의 경우는 대개 일반 학생을 대상으로 교실 환경에서 이루어지는 경향이 있고 ③의 경우는 다문화센터나 미디어센터 등 학교 밖에서 주로 이루어진다.

대부분의 다문화 관련 미디어교육은 미디어를 수업자료로 활용하거나 과제 수행의 도구로만 사용하는 경향이 있다. 반면, 초등학생들이 다문화 미디어 수업에 참여한 후 다문화 인식과 다문화적 역량의 변화를 분석한 정은경(2010)의 연구에서는 학생들이 미디어의 정보 활용이나 자기표현의 단계를 넘어서 기존 미디어 산물(애니메이션, 광고, 단편영화 등)에 숨겨진 동화주의적 관점을 파악하고 직접 UCC를 제작함으로써 보다 주체적으로 다문화를 이해할 수 있음을 보여준다. 이 장의 전반부에 소개한 베트남 소년에 대한 다문화 공익광고를 떠올려보자. 정은경(2010: 126)의 논문에서 이 광고를 수업 제재 중 하나로 활용한 초등학교 교실 현장의 모습을 다음과 같이 그렸다. 어떤 학생이 이 광고를 보고 '다문화가족 사이에서 태어났더라도 진정한 한국인인 것 같다'라고 발표하였다. 이에 교사가 타문화를 무조건 한국 문화로 편입시킬 것이 아니라 서로 다름을 인정하여야 된다고 하자 그 학생은 "선생님, 그럼 저희는 잘못된 건가요? 우리나라만 똘똘 뭉친 게 다문화에 방해된다 그랬잖아요?"라고 반문하였다. 바로 이러한 의문 제기야말로 비판적 미디어 리터러시 교육의 첫 발걸음이자 의의라고 할 수 있다.

또한 고등학교 사회과 다문화교육을 위해 광고를 이용한 미디어 리터러시 수업을 설계하여 실제 실천하고 그 결과를 분석한 정은주(2010)의 연구 역시 무비판적으로 받아들일 수도 있는 매스미디어의 이데올로기를 경계하고자 한 노력이다. 이 연구에서는 광고를 "우리 사회가 안고 있는 사회적 강박, 스테레오 타입, 집단적 무의식, 주요 담론이 중첩된 대표적 결정체"라 정의하며 광고에 표상된 다문화 가치를 분석하였다. 특히 수업에 참여한 학생들이 미디어 분석을 통해 '미디어가 민족주의를 어떻게, 왜 자극하는가'라는 쟁점을 다각적으로 논의할 수 있도록 설계한 부분은 매우 인상적이다(같은 책: 64-76).

미디어 분석과 생산을 통합적으로 교실 교육에 접목한 위의 연구들은 비판적 미디어 리터러시에 기반한 다문화교육이라 칭할 수 있다. 이러한 연구들은 비이주민들(대부분은 초·중등 학생들)을 대상으로 학교 현장에서 이루어지므로 궁극적인 목적이 선주민의 다문화 인식 개선과 수용성 증대에 있다. 이보다 적극적이고 참여적인 미디어 리터러시 기반 다문화교육은 이주민들을 대상으로 하는 세 번째 유형의 연구들에서 나타난다. 배무진(2010)의 연구에서는 주류사회의 편견과 선입견으로 약자나 열등한 존재로 인식되어 왔고 스스로도 이주를 통해 정체성의 혼란을 겪는 결혼이주 여성들이 미디어교육을 통해 새로운 역할과 정체성을 찾고 주체적으로 자신의 삶을 인식하며 자신감을 회복하였다고 보고한다. 하지만 이 연구에 참여한 이주여성들은 미디어에 대해 한국어교육이나 문화습득에는 효과적이나 이주 여성에 대한 왜곡, 편견, 오해의 제공자로 보는 양가적 평가를 주로 내렸다. 또한 미디어교육에 대해서도 대체적으로 만족하였으나 현실적인 시간 부족, 언어·내용적 어려움을 토로하였다. 이는 미디어 기반 다문화교육이 향후 풀어야 할 숙제가 될 것이다.

3. 미디어 기반 다문화교수법

매스미디어나 소셜미디어에 의도적으로 함축된 문화와 언어 정보에 무차별적으로 노출된 학생들이 이를 비판적으로 인식하고 정보를 선별하며 창의적으로 소통하는 능력을 함양하도록 도와주는 교육이 실제 교육 현장에서 이루어져야 한다. 특히 뉴스나 소설, 영화, 광고 등과 같이 교육을 위해 제작된 자료가 아

- 다문화 영화: 〈방가? 방가!〉(2010), 〈완득이〉(2011), 〈파이란〉(2001), 〈주토피아(Zootopia)〉(2016)
- 다문화 예능프로그램: EBS 〈다문화 고부열전〉, JTBC 〈비정상회담〉
- 이주민 방송국(MWTV) 자료
- 이주민 영화제(MWFF) 자료 (예: 독립영화 〈첫만남〉)
- 다문화 공익광고
- 국가인권위원회 다문화·인권영화 및 수업 자료: 〈여섯 개의 시선〉(2003), 〈어떤 시선〉(2013) 등
- 다문화 관련 뉴스 (예: 외국인 범죄 관련 뉴스)
- 다문화교육용 애니메이션 자료 〈별별 이야기〉(2005) 등

닌 실제 자료(authentic materials)를 교육에 활용하는 경우가 증가하고 있으나, 실제 자료를 사용한다는 긍정적 효과만 강조될 뿐 이들에 내포되어 있는 고정관념이나 일반화, 편견 등의 위험성은 소홀히 다루어지는 경향이 있음을 경계해야 한다. 학교 현장에 미디어를 융합하는 것은 참여적인 학습 공간을 창출하는 것일 뿐 아니라, 학교 밖 경험과 학교 학습이라는 분리되어 온 두 공간의 한계를 넘어서는 제3의 공간을 형성하는 것이다. 이러한 공간은 학교라는 제도권 안의 문해(academic literacy)와 대중문화나 소셜네트워크서비스(SNS) 같은 학생들의 학교 밖 일상의 문화가 만나 새로운 상호작용과 학습의 가능성을 여는 은유적 공간을 의미한다(Hobbs & Moore, 2013; Gutiérrez, 2008).

다문화 미디어 수업의 한 유형으로 다문화적 의미를 갖는 미디어 자료를 활용하여 그 안에 함축된 내용을 이해하는 데에 초점을 둔 수업을 설계할 수 있다. 이를 위한 다문화 미디어 자료들은 여러 경로로 찾을 수 있을 것이다(Box 1). 다문화적 내용 요소를 포함하는 TV 프로그램이나 영화, 광고, 다문화 도서관의 미디어 자료, 국가인권위원회 홈페이지에 있는 방대한 교육 자료들을 활용할 수 있다.

비단 다문화 영화가 아니어도 영화 속 다문화적 요소를 선별적으로 활용할 수도 있다. 이러한 영화 활용 다문화교육에서 중요한 것은 감상을 공유하고 실제 자신의 삶으로 연계하는 것이다. 영화 자료를 활용한 다문화 언어수업 과정의 예시를 간단히 도식화하자면 그림 10-7과 같다. 덧붙여, Box 2에서는 저자가 실제로 적용해 본 미디어 기반 다문화 수업을 간단히 소개하겠다.

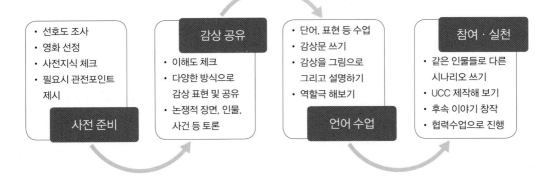

사전 준비	감상 공유	언어 수업	참여·실천
• 선호도 조사 • 영화 선정 • 사전지식 체크 • 필요시 관전포인트 제시	• 이해도 체크 • 다양한 방식으로 감상 표현 및 공유 • 논쟁적 장면, 인물, 사건 등 토론	• 단어, 표현 등 수업 • 감상문 쓰기 • 감상을 그림으로 그리고 설명하기 • 역할극 해보기	• 같은 인물들로 다른 시나리오 쓰기 • UCC 제작해 보기 • 후속 이야기 창작 • 협력수업으로 진행

그림 10-7 영화 활용 다문화 언어수업(구정화 외, 2010 참조)

Box 2의 수업이 다문화 관련 미디어 자료의 활용에 중점을 두었다면, 미디어 자료의 비판적 분석에 중점을 둔 수업의 설계도 생각해 볼 수 있다. 해머 (Hammer, 2006)의 연구에서는 주류 미디어에서 거의 재현되지 않거나 잘못 재현되었다고 생각되는 주제들을 다루는 반헤게모니 영화(counterhegemonic movies)나 웹사이트를 제작하는 협력 프로젝트를 수업과제로 실시하는 대학 수업을 보여준다. 그는 CML의 핵심 개념들을 수업에 적용하면서 학생들로 하여금 미디어에서 특정한 인물이나 사건을 재현하는 과정이 중립적이지 않으며 이데올로기나 헤게모니의 과정이 포함되어 있음을 배우게 했다. 그리고 이에 대한 변증법적 변화를 끌어내기 위한 방법으로 저항과 주체적 실천의 중요성에 주목하여 심도 있는 분석과 논의를 수행하였다.

한편, 초드리와 셰어(Choudhury & Share, 2012)는 파울루 프레이리(Paulo Freire)의 비판적 교수법과 미디어 리터러시를 접목시켜, 비판적 관점으로 '뉴 리터러시(new literacies)' 능력을 함양하는 커뮤니티 프로젝트를 실시하였다. 그들은 미국 도심[4]에 위치한 6학년 ESL(English as a Second Language) 학생들이 프레이리(1970)의 문제 제기식 교수법에 기반한 CML 교육을 통해 민주적 권한강

----

4 미국에서 '도심학교(inner-city school)' 혹은 '도시교육(urban education)'은 소외계층이나 주변화된 집단을 위한 교육이라는 의미로 흔히 사용된다. 초드리와 셰어(2012)의 연구 장소는 40%의 자퇴율, 지역에서 가장 높은 범죄율과 가난으로 특징지어지는 학교로서, 전체 학생의 95.5%가 히스패닉이며 3분의 1 이상이 영어가 모국어가 아닌 ESL 학생들로 구성되어 있다.

Box 2 영화 〈주토피아〉를 활용한 초등학생 다문화 수업 예시

다문화적 요소를 풍부하게 포함하고 있는 영화 〈주토피아 (Zootopia)〉를 활용하여 초등학교의 4, 5, 6학년 귀국반 학생들을 대상으로 2차시 연속 수업을 진행하였다. 귀국반 학생들은 한국 학생들이지만 어린 시절을 외국에서 보내 다소 제한적인 한국어 능력을 가지며 각자 자신들이 자란 나라의 언어(중국, 러시아, 스페인, 미국 등)에 더욱 능통하였다. 다음은 수업과정과 교수자 고찰을 간단히 정리한 표이다.

학습 주제	편견에 대한 이해		대상	OO초등학교 귀국반 4, 5, 6학년
학습 목표	1. 자기 자신이 가진 편견을 돌아보는 기회를 가질 수 있다. 2. 즐겨보는 영화매체가 표현하는 주제(반편견)에 대해 이해할 수 있다. 3. 협력학습을 통해 생각을 나누고 즐겁게 표현할 수 있다.			
수업 자료	애니메이션 〈주토피아〉, 캐릭터 가면, PPT 슬라이드, 모둠 학습지			

수업 단계	교수 · 학습	소요 시간 (분)	자료 및 유의점
도입	1. 학생들과 인사를 나누고 간단한 자기소개를 한다. 2. 편견에 대한 이해를 위해 평소에 알지 못했던 사람인 '교수자'를 보고 드는 생각을 나눈다. 3. OX 확인을 통해 첫인상에서 가지게 된 자신들의 생각이 모두 옳은 것이 아님을 알 수 있다.	10	파워포인트 슬라이드 (교수자의 첫인상)
전개	1. 〈주토피아〉에 나오는 주요 캐릭터인 4가지 동물들의 외모를 보고 성격을 유추하게 한다. 2. 성향에 대한 순위투표를 통해 학생들의 흥미를 유발한다. 3. 네 동물의 가면을 만든다. 4. 가면을 쓰고 역할극을 한다(편견의 상황에 대해 역할극을 하도록 활동을 지도).	60	파워포인트 슬라이드, 학습지, 〈주토피아〉 캐릭터 가면 컬러 인쇄물, 나무젓가락, 가위, 풀, 1회용 접시
마무리	1. 역할놀이를 통해 〈주토피아〉 캐릭터 동물들의 성격에 대해 다시 생각해 본 후 처음 가졌던 생각과 어떻게 달라졌는지 나눈다. 2. '편견'이라는 단어를 설명하고 반편견의 중요성을 강조하면서 마무리한다.	10	파워포인트 슬라이드
수업에 대한 성찰	• 초등 고학년인 학생들이 '편견'에 대해 이해하는 것은 큰 무리가 아니라고 생각하였으나, 이 학생들의 언어적 제한점과 인지 발달의 스펙트럼(4, 5, 6학년 혼합반)을 고려하여 최대한 쉽고 흥미롭게 수업을 이끌고자 하였다. 학생들은 매우 즐거워하였고, 특히 가면을 만드는 과정에서 다소 소란스러웠으나 훌륭히 잘 따라주었다. 그리고 파워포인트를 참고하여 〈주토피아〉의 장면들을 연기할 때는 의외로 진지하였다. • 학생들을 통제하는 것이 다소 힘들지 않을까 걱정하였으나 지도교사의 도움과 몇몇 학생들의 진지한 참여로 분위기가 형성돼 큰 문제가 아니었다. 장면 연기를 할 때 이를 위한 대사 만들기 활동을 삽입하였으면 좀 더 완성도 있는 수업이 될 수 있을 것 같아 아쉽다. • 긴 시간을 이어 활동하여 학생들과 교수자 모두 다소 지치기도 하였다.		

다음은 수업에 활용한 자료들 중 일부이다. 〈자료 1〉은 전개 단계에서 주토피아의 주요 등장인물인 토끼, 여우, 양, 물소에 대한 학생들의 인식(혹은 선입견)을 알아보기 위한 유인물이다. 다음 단계에서는 학생들이 네 동물의 가면을 만들고 주요 장면을 역할극을 통해 시연하였다. 영화에서 편견이나 고정관념을 보여주는 여러 가지 장면들이 역할극에 활용되었다. 그 중 〈자료 2〉는 보고(Bogo) 국장이 수사관이 되고 싶은 주디(Judy)에게 주차요원으로 일하라고 하는 장면이다. 그 이유에 대해 학생들 스스로 생각하고 말할 수 있도록 역할극을 유도하였다. 학생들은 논쟁적인 장면들을

보고 역할을 맡아 연기하면서, 각 캐릭터에 대해 가지고 있 이 유발되는지 배울 수 있었다.
었던 생각들이 선입견이며 그러한 선입견으로 어떠한 갈등

〈자료 1〉

1	제일 착할 것 같은 동물은?				
2	제일 마음씨가 나쁠 것 같은 동물은?				
3	제일 머리가 나쁠 것 같은 동물은?				
4	제일 거짓말을 잘할 것 같은 동물은?				
5	제일 폭력적일 것 같은 동물은?				

〈자료 2〉

"주디 홉스는 오늘부터 주차 단속 요원이다."
경찰서의 보고 국장은 주디 홉스의 능력을 알아보고
강력계가 아닌 주차 단속 요원으로 배치합니다.

• 왜 보고 국장은 주디에게 주차 단속 요원을 하라고 할까요?

• 내가 주디라면 어떻게 대답할까요?

• 등장인물: 보고, 주디

화(democratic empowerment)를 경험하는 것을 보여준다. 이들의 연구를 토대로, CML 수업에서 제기해야 하는 핵심 질문들과 그 질문들을 통해 얻고자 하는 교육적 성취 목표를 다음 표와 같이 정리하여 한국 교육 현장에서의 활용가능성을 제언한다.

표 10-1 미디어 메시지 해체를 위한 비판적 질문과 교육 목표

	비판적 질문	교육 목표
1	누가 그 메시지를 만들었는가?	학생들은 모든 메시지는 '만든 이'가 있음을 알게 됨으로써 '만들어진 것'임을 이해할 수 있다. 이 메시지 생성 과정에 관여한 사람들이 다른 결정을 내릴 수도 있었고, 혹은 여전히 변화 가능함을 깨닫게 될 때, 이러한 지식은 학생들에게 힘을 부여하게 된다.
2	어떻게 그 메시지가 만들어졌는가?	메시지 생성 과정을 분석함으로써 학생들은 이미지, 소리, 다중매체 등과 같은 다양한 코드와 언어들로 미디어의 텍스트가 구성됨을 이해할 수 있다. 이는 이러한 텍스트가 '만들어진' 것이며 '변화 가능함'을 이해하도록 돕는다.
3	어떻게 그 메시지가 개별적으로 다르게 해석되는가?	다원화된 사회에서 미디어 메시지가 그 해석자의 삶의 경험과 관점에 의해 개별적으로 다른 의미로 해석될 수 있다는 것을 학생들이 이해할 수 있다. 어떤 메시지가 다양한 방법으로 이해될 수 있음을 아는 것은 다원성에 대한 이해력의 함양으로 이어질 수 있다.
4	그 메시지는 어떠한 관점을 가지고 있는가?	미디어 메시지의 편견, 가치관, 관점을 질문하면서 학생들은 메시지가 결코 객관적이거나 중립적이지 않다는 것을 인식하고, 그 메시지는 항상 권력관계와 연관되어 있음을 이해할 수 있다.
5	왜 그 메시지가 만들어졌는가?	학생들은 왜 메시지가 만들어졌는지를 질문함으로써 그 메시지 생성 이면의 동기(motivation)를 이해할 수 있다. 학생들은 그들이 즐기는 예능이나 뉴스 등 대부분의 미디어가 자본과 경제의 원리에 따라 이해추구 집단들에 의해 생성되는 것임을 이해할 수 있다.

* 위의 표는 Choudhury & Share(2012)의 연구를 토대로 하며, 저자에 의해 일부 수정되거나 보충 설명되었음.

초드리와 셰어(같은 책)는 이러한 질문들을 중심으로 다음 활동들을 단계적으로 실시하였다.

① 교실토론(classroom discussions): 학생들 자신과 가정, 동네에 대한 생각과 문제점들(갱단, 교육, 환경오염, 예술 등의 주제들)을 토론하였다.

② 미디어 분석(analyzing media): 학생들은 미디어 이미지와 카메라 기술 등을 면밀히 검토하면서 주류 미디어가 소수자 집단을 어떻게 재현하는지, 유색인종 학생인 자신들에게 그것이 어떤 의미인지에 대해 분석하였다.

③ 미디어 생산(creating media): 학생들은 질적 연구자들처럼 자신들이 사는 지역의 사진을 찍고 사람들을 인터뷰하였고, 그 자료들을 교실에서 함께 공유하며 공동체 구성원들 사이의 관계나 일상적인 문제들 등에 대해 논의하였다.

④ 지속적 성찰(continuous reflection): 학생들은 서로 다양한 자료들을 공유하며 토론하였고, 다양한 방식의 리터러시를 이용하여 생각을 나누고 문법을 포함한 문해수업도 함께 진행되었다.

⑤ 성과물 공유(sharing): 학생들은 그동안의 작업들(자료조사, 인터뷰, 토론, 지역탐방 등)을 취합·정리하여 멀티미디어 발표물을 만들고, 그들 공동체가 직면한 구체적 어려움들에 대한 에세이를 썼다. 그리고 그 프로젝트의 성과물을 UCLA의 교육학회에서 발표하였다.

이 프로젝트를 통해 학생들은 자신감, 공동체에 대한 자부심, 학업에 대한 관심도와 동기가 고양되었고 비판적 사고능력도 증진되었다. 그리고 참여 학생들의 75%가 표준화 시험에서 괄목할 만한 성적 향상을 보였다. 폭력과 가난으로 얼룩진 도시의 소외된 빈민가에 위치한 학교의 학생들이 CML 교육을 통해 자신과 공동체, 배움의 의미와 미래에 대해 새로운 관점으로 보게 된 것이다. 이는 CML 기반 다문화교육을 통해 다문화가정 학생들, 영어 포기 학생들, 소외계층의 학생들 등이 21세기 핵심 역량인 미디어 리터러시 능력과 비판적 사고력을 키울 수 있는 가능성을 보여준다.

4. 비판적 미디어 리터러시를 통해 꿈꾸는 다문화사회

다문화교육과 CML의 접점은 포스트모던 시대의 가장 큰 특징 중 하나인 경계의 해체에 있다. 새로운 디지털 환경에서는 기존의 소수자, 비주류 혹은 소외계층 집단의 위치가 위계적인 구도에서 주변화되지 않고 오히려 새로운 창조의

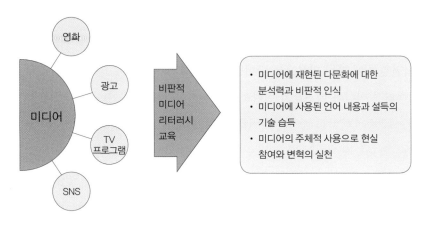

그림 10-8 CML 기반 다문화교육 개요

잠재력으로 인식될 수 있다. 소수자는 더는 사회적 약자가 아니며, 이들은 미디어를 통해 창조와 변혁의 주체가 될 수 있다. 이 절에서는 소수자와 비소수자라는 경계를 해체하고 다문화시대에 새로운 소통의 방식을 끌어내는 CML의 잠재력에 대해 논의하고자 한다.

1) 소수자에 대한 재고찰: 경계의 해체

일반적인 통념과는 달리, 소수자를 연구하는 사람들은 어떤 사회에서 소수자란 수적인 의미에서 정의되지 않는다는 점을 명백히 한다. 그러나 소수와 다수가 그 집단을 구성하는 구성원의 숫자로 결정되지 않는다는 합의 이외에, '소수자' 혹은 '소수자성'의 정의는 여전히 다양하고도 모호하며 소수자와 다수자 혹은 비주류와 주류의 경계 역시 불분명하다. 소수자와 사회적 약자는 구체적으로 영구성, 특수성, 대체불가능성, 그리고 집단의식 또는 소속감의 유무로 차별화된다고 정의된 바 있다(박경태, 2008). 그러나 이러한 개념적 모호성을 고려하지 않고 소수자를 사회적 약자로 동일시하고 다수자에게 소수자를 위한 배려와 희생을 강요하는 형태의 다문화주의는 그 자체가 하나의 이데올로기라고 할 수 있다(McLaren, 2015). 같은 맥락에서 이희은(2011: 47)은 한국 사회에서 다문화교육이나 소수자 정책들에 대한 논의는 무수하나 근본적인 질문, 즉 '도대체 소수자란 누구이며 왜 소수자를 배려해야 하는가'라는 질문에 대한 설득력 있는 대답이 결여되어 왔다고 지적한다. 따라서 소수자에 대한 명확한 정의의 부재가 '다수자에게는 관용을 요구하고 소수자에게는 적응 노력을 요구하는 기존의 논의가 적절한가'에 대한 의문으로 이어진다는 그의 지적은 매우 타당하다.

그렇다면 미디어 텍스트가 범람하며 소통의 디지털화가 가속되는 현대사회에서 소수자는 어떠한 집단을 의미하는가? 그리고 소수자에 대한 정의는 CML 기반 다문화교육과 어떠한 접점을 가지는가? 소수자는 흔히 대립적이고 이분법적인 틀 안에서 정의된다. 억압/피억압이라는 이분법적 구조에서 피억압자로서 소수자의 위치가 정의되고 이들 피억압자들(개인이든 민중 전체든)은 사회적 약자이거나 혹은 저항의 아이콘이다. 비판적 교수법 이론에서 이들은 사회 구조적 모순을 성찰과 비판을 통해 파악하고, 억압과 억압의 원인들에 대한 '의식화(conscientization)' 또는 '비판적 의식(critical consciousness)'을 경험하며, 사회 변혁의 주체로서 역할이 기대된다(Freire, 1970).

그러나 소수자 리터러시 교육에 대한 프레이리식 접근은 나원성과 발경세의 시대인 오늘날 '비판성(criticality)'의 의미 자체에 대한 해체에 부딪히게 된다. 소수자를 보는 이러한 관점은 억압에 대항하는 행동을 실천(praxis)함으로써 자신이 바뀌고 또한 사회를 변혁하는 이상을 내포하고 있으나, 권력구조의 관점에서는 이들이 '결국' 사회적 약자의 위치로 자리매김 된다고 할 수 있는 것이다.

상대적으로 들뢰즈와 가타리(Deleuze & Guattari, 1987/2001)가 정의하는 소수자는 실체가 확실하지도 고정적이지도 않은 '지배자/억압자'의 구도에 저항하는 피억압자가 아니라, "특정 사회적 범주가 아닌 '됨 혹은 생성(becoming)'의 변신·변성적 잠재성을 지닌 탈주적 존재"로서(전규찬, 2011: 7), 사회의 틀에 부합하는 표준 모델이자 정체된 존재가 아니라 끊임없이 경계를 넘고 재구성되는 새로운 생성의 존재이다. 따라서 소수자는 사회적 약자로 동일시될 수 없으며, 억압에 저항하는 비주류가 아니라 표준화의 거대한 힘으로부터 끊임없이 탈주하며 존재를 변화시키고 생성함으로써 그 사회의 변화를 유도하는 존재가 된다.[5]

소수자의 의미 재정립은 소수자/다수자 혹은 주류/비주류라는 경계를 해체

---

5 전규찬(2011)이 정의하는 소수자와 사회적 약자의 차이는 박경태(2008)가 정의하는 두 용어의 차이와 매우 다른 의미이다. 여기에서는 전규찬과 같이 들뢰즈의 이론적 관점에 초점을 맞춘다.

하고 '차이'라는 개념에 대한 재고를 동반한다. 다문화시대의 갈등 생성의 메커니즘을 볼 때, '차이 확인' 혹은 '차이 만들기'에서 차별과 배제의 정당화가 시작된다고 볼 수 있다(박경태, 2008). 그러나 포스트모더니즘 시대의 '동일성'과 '차이'의 개념은 매우 흥미롭다.

> 현대 철학에서는 동일성이란 다양한 타자들과 사건들과의 우연한 마주침으로 인해 형성되며, 따라서 동일성이란 원래부터 존재하거나 우리가 추구해야 할 목표가 아니라 차이로부터 발생하는 사후효과일 뿐이라는 입장을 보여준다. 그렇다면 차이란 극복하거나 관리되어야 할 대상이 아니라, 그 자체로 주체성과 생명을 구성하는 인간의 필수적인 요소가 된다. 중요한 것은 차이에 대한 인정이나 관용이 아니라, 오히려 본질적인 비동일성에 대한 경험 그 자체여야 한다(이희은, 2011: 53).

즉 차별의 정당화를 위한 차이 만들기, 혹은 소수자 보호를 위한 선의에서의 차이 극복과 같은 기존의 담론들은 '동일성' 개념의 해체와 함께 해체된다. 그리고 그 비(非)동일성, 즉, '차이 자체가 가진 가능성'이 무엇보다 중요해진다. 변혁적 과정(transformative processes)을 끌어내는 실체는 무엇보다도 '차이(difference)'에 있음을 주장하는 들뢰즈와 가타리의 이론에 따라, 다문화시대에 가시화되는 차이는 곧 역동적인 생성의 과정을 끌어내는 원동력으로 재정의된다.

차이와 생성에 기반한 CML과 소수자의 관계는 순환적이다. 미디어 텍스트의 해체를 핵심으로 하는 CML 교육과정은 이러한 차이를 인식하고 해체하고 다시 생성해 내는 능력을 계발하도록 함으로써, 주체적 생산자로 새롭게 정의되는 들뢰즈의 소수자 개념과의 접점을 가지게 된다. 다음에서 논의하듯이, 이러한 차이의 역학으로 끊임없이 생성을 거듭하는 소수자가 미디어 문화 환경에서 창출해 내는 변혁의 가능성이 바로 CML 교육의 다문화교육적 잠재력이다.

2) 프로슈머로서 소수자: 변혁의 주체

광고나 영화, 그리고 뉴스 등에 숨겨진 동화주의적 접근이나 소수자를 문제시하는 경향은 그들의 존재나 정체성을 인정하지 않는다는 점에서 소수자 억압의 의미를 가진다. 아파두라이(Appadurai, 2006/2011: 55에서 재인용)에 따르면, "다수가 소수자들을 탄압하는 까닭은 소수자들이 수적으로 소수라는 바로 그 이유 때문"이며 이로 인해 공동체의 질서가 와해된다고 믿기 때문이라고 한다. 이러한 해석은 한국 사회에서 통합의 메시지 뒤에 숨어 있는 동화와 소수자 억압은 물론, 최근 문제시되고 있는 반(反)다문화 정서를 설명해 준다. 한국의 압축적인 근대화 과정에서 벌어지는 소수자 억압의 원인은 "민족주의의 정체성과 자유주의의 국민 국가가 결합할 때, 수적으로는 다수라고 느끼면서도 민족의 순수성과 전체성에 대한 환상이 충족되지 못하는 상황을 경험"하기 때문이다(같은 책: 57). 이러한 관점에서 볼 때, 최근 두드러지게 나타나는 반다문화 정서는 '한국적임'에 대한 열망과 동시에 이를 충족시키지 못한 상황에 대한 분노의 표출이라 할 수 있다.

그러나 역설적으로 미디어가 재현하고 생산해 내는 부정적인 다문화 담론은 미디어를 통해 수정되고 변화될 수 있다. 무엇보다 CML은 미디어의 청중이 더이상은 수동적 존재가 아니라 의미를 생성하는 능동적 주체임을 강조하며, '읽기'뿐 아니라 사회적 소외계층이나 주변화된 인물들에 의한 대안적 미디어 텍스트의 창조, 즉 '쓰기'의 중요성을 강조한다. 다문화교육에서 CML의 중요한 교육적 잠재력 중 하나는 프로슈머(prosumer)로서 미디어 메시지를 생산하는 '쓰기'를 포함한다는 점에 있다. 이러한 생산은 개인적 차원에서도 이루어지지만, 네트워킹을 특징으로 하는 온라인 환경에서는 불특정 다수의 참여와 공유를 특징으로 하게 된다. CML은 소수자를 단순히 피지배자의 위치에서 벗어나게 하는 것이 아니라 대중문화의 틀에서 변혁적인 소수문화를 끌어내는 주체로 새롭게 자리매김한다. 사회의 주변인으로 목소리를 내기 힘들었던 소수자들은 주류 이데올로기로의 환원장치가 아닌 생산의 주체가 될 수 있으며, 현대 미디어 사회에서 소수자 미디어는 생성과 변혁의 주체로서 소수자를 재정립한다. 이는 앞서 언급한 관점, 즉 소수자는 주류의 문화에 충격과 탄력을 제공하고, 기존의 권력구조(hierarchy)를 재구성할 수 있는 역량을 지닌 '소수자 문화'를 양산해 낼 잠재력을 지닌 존재라는 관점과 궤를 같이한다. 차이를 가진 소수자가 미디어를 통해 만들어내는 창조물과 목소리 내기는 곧 들뢰즈의 '생성'을 의미하며, 이러한 생성은 그 자체로 소통의 힘을 가지게 되는 것이다.

정의철(2013: 22)은 한국 사회에서 소수자이자 타자로 주변화된 이주민이 그들의 문화적 정체성을 표현하거나 의견을 말할 수 있는 커뮤니케이션 권리가 위축되어 있음을 지적하면서, 이주민이 스스로 목소리를 내기 위해 운영하는 이주민 주체 미디어가 이들의 "권한을 강화(empowerment)"할 수 있는 한 방법임을 강조한다. 미디어 기반 다문화교육에 대한 사회와 학계의 관심과 지원이 현재보다 오히려 높았던 2000년대 중반, 이주민들이 직접 목소리를 내는 '이주민방송 Migrant World TV(MWTV)'가 창립되어 현재까지 운영되고 있다. 이들이 주축이 되어 개최한 2017년 〈이주민영화제(Migrant World Film Festival)〉는 많은 참석자들의 마음속에 감명을 남기며 제11회 행사를 성공적으로 마쳤다(그림 10-9). 이는 미디어 시대가 경계의 해체에서 생성되는 소수자의 잠재력이 발현될 수 있는 시대이며, '차이'는 그 자체로 창조와 변혁의 원천이 됨을 여실히 보여준다. 세계화와 초국가적 이주의 시대에 물질과 기술, 자본만 이동하는 것이 아니라 '사람'도 함께 이동한다는 사실을 간과하지 말아야 할 것이다.

그림 10-9 11회 이주민 영화제 포스터와 상영작 중 하나인 〈첫만남〉(박재현 감독) 포스터

1. 다문화 관련 광고를 본 후 이 장에서 배운 '비판적 미디어 메시지 해체를 위한 6가지 항목'에 답해
   보자.

2. 동일한 다문화 광고를 친구들과 함께 본 후 서로의 텍스트 해석, 즉 서브텍스트(subtext)를 비교해
   보자. 공통점과 차이점은 무엇인가?

3. 할리우드에서 제작된 영화 중 백인이 아닌 주인공이 나오는 영화를 찾아보고 이 영화들 사이에
   어떠한 공통점이 있는지 알아보자.

4. 학교 현장에서 미디어를 활용한 다문화교육의 장점과 단점은 무엇인지 생각해 보자.

참고문헌

구정화·박윤경·설규주(2010),『다문화교육의 이해와 실천』, 동문사.

권금상(2013),「대중매체가 재현하는 이주여성재현의 사회적 의미」,『다문화사회연구』6(2), 39-81, 숙명여자대학교 다문화통합연구소.

김수미(2011),「대상화와 문제화: 결혼이주 여성에 대한 한국 뉴스 보도 연구」, 한국방송학회 편,『한국사회 미디어와 소수자 문화정치』, 144-185, 커뮤니케이션북스.

박경태(2008),『소수자와 한국사회: 이주노동자, 화교, 혼혈인』, 후마니타스.

배무진(2010),「다문화사회의 결혼이주 여성 미디어교육에 대한 질적 연구」, 중앙대학교 대학원 석사학위논문.

정은경(2011),「다문화 미디어교육이 초등학생의 다문화 인식에 미치는 영향」, 서강대학교 언론대학원 석사학위논문.

정은주(2010),「미디어 리터러시를 통한 다문화교육 교수: 학습의 구성과 실천」, 한국교원대학교 교육대학원 석사학위논문.

정현선(2007),『미디어교육과 비판적 리터러시』, 커뮤니케이션북스.

정민아(2015),「가족 멜로드라마〈완득이〉에서 재현되는 하층민·다문화가족과 향수의 의미」,『대중서사연구』21(1), 대중서사학회.

이희은(2011),「소수자의 목소리를 듣는다는 것의 의미: 다문화주의를 넘어서는 미디어 이론의 필요성」, 한국방송학회 편,『한국사회 미디어와 소수자 문화정치』, 45-79, 커뮤니케이션북스.

전경옥(2013),「다문화사회의 인권」, 전경옥 외 편,『다문화사회 한국의 사회통합』, 60-99, 이담북스.

전규찬(2011),「소수자 미디어 문화 연구의 구성과 궤적」, 한국방송학회 편,『한국사회 미디어와 소수자 문화정치』, 3-44, 커뮤니케이션북스.

정의철(2013b),『다문화 커뮤니케이션』, 커뮤니케이션북스.

하나금융그룹(2008), 공익광고〈다문화편: 행복 하나 더하기〉, http://www.hanafn.com/pr/tvCfList.do

Appadurai, A. (2006). *Fear of Small Numbers: An Essay on the Geography of Anger*. 장희권 역(2011),『소수에 대한 두려움: 분노의 지리학』, 에코리브르.

Choudhury, M., & Share, J. (2012). Critical Media Literacy: A Pedagogy for New Literacies and Urban Youth. *Voices from the Middle, 19*(4). 39-44.

Cortés, C. E. (2004). Knowledge Construction and Popular Culture: The Media as Multicultural Educator. In J. A. Banks, & C. A. M. Banks (Eds.), *Handbook of Research on Multicultural Education* (pp. 211-227). San Francisco, CA: Jossey-Bass.

Deleuze, G., & Guattari, F. (1987). *A Thousand Plateaus: Capitalism and Schizophrenia*. 김재인 역,『천개의 고원』, 새물결.

Freire, P. (1970). *Pedagogy of the Oppressed*. New York: Seabury Press.

Gutiérrez, K. (2008). Developing a Sociocritical Literacy in the Third Space. *Reading Research Quarterly, 43*(2), 148-164.

Hammer, R. (2006). Teaching Critical Media Literacies: Theory, Praxis and Empowerment. *InterActions: UCLA Journal of Education and Information Studies, 2*(1). Retrieved on March 3, 2017, from http://escholarship.org/uc/item/6mh3v5bw

Hobbs, R., & Moore, D. C. (2013). *Discovering Media Literacy: Teaching Digital Media and Popular Culture in Elementary School.* Thousand Oaks, CA: CORWIN

Kellner, D., & Share, J. (2005). Toward Critical Media Literacy: Core Concepts, Debates, Organizations, and Policy. *Discourse: Studies in the Cultural Politics of Education, 26*(3), 369-386.

Kellner, D. & Share, J. (2007). Critical Media Literacy, Democracy, and the Reconstruction of Education. In D. Macedo, & S. R. Steinberg (Eds.), *Media Literacy: A Reader* (pp. 3-23). New York: Peter Lang Publishing.

McLaren, P. (2015). *Life in Schools: An Introduction to Critical Pedagogy in the Foundations of Education.* New York, NY: Taylor & Francis.

Media Literacy Project. (n. d.). Retrieved on Feb 3, 2016, from http://medialiteracyproject.org/learn/media-literacy/

National Association for Media Literacy Education. (2007, November). Core Principles of Media Literacy Education in the United States. Retrieved on March 25, 2017, from https://namle.net/publications/core-principles.

New London Group. (1996). A Pedagogy of Multiliteracies: Designing Social Futures. *Harvard Educational Review, 66*(1), 60-92.

11장

다문화 학생 상담 역량과 다문화 학생 상담의 실제

김광수 서울교대 초등교육과 교수

쉬는 시간에 다문화 가정 아이에 대해 수근대며 놀리는 학생들

도입활동

자신의 어머니가 외국인이라는 사실이 알려진 아이가 고립, 위축되어 있고 다른 아이들은
이 사실을 가지고 수군거리며 따돌리고 있다.

• 아이들은 친구에게 왜 이런 반응을 보이는 것일까?

• 이 다문화가정 아이의 심리 상태는 어떠하며 이런 경험은 아이에게 어떤 영향을 미칠
  까? 이에 대해 서로 이야기해 보자.

오늘날 다문화 현상이 급속도로 진행되면서 세계는 점차 다문화사회로 변화하고 있다. 특히 우리나라는 최근 국제결혼 가정, 외국인 근로자 가정, 북한이탈주민(새터민) 가정 등과 같은 다문화가정이 증가하고 있는데, 현재의 추세라면 다문화 인구가 160만 이상에 달하는 2020년경에는 다문화가정 아동·청소년 인구가 전체 아동·청소년 인구의 20%에 이를 것으로 추산된다(김성현, 2009). 국내의 저출산 현상과 맞물려 진행되는 다문화가정 자녀의 급속한 증가 현상은 우리의 학교 교육 현장에서 다문화가정 자녀들과 학생들이 직면하는 적응과 발달상의 문제들을 이해하고 이를 체계적으로 지도해야 할 교육적 과제를 부여하고 있다.

이러한 맥락에서 이 장에서는 다문화가정 학생들의 건강한 적응과 발달을 촉진하는 데 필요한 상담지도의 방안과 실제에 대해서 알아보고 앞으로의 과제를 제시한다. 이를 위해 다문화상담의 특성과 원리 및 방향을 살펴보고 다문화 학생 상담의 전문성 확보를 위해서 요구되는 다문화 학생 상담 역량을 제시한 후 다문화가정 학생들의 생활 지도와 상담 문제에 따른 상담지도의 실제를 다루고자 한다. 또한 계속적으로 증가하는 다문화가정 학생을 위한 상담 프로그램의 과제와 상담 지원체제 구축 방안을 제시한다.

1. 다문화사회와 상담

상담은 도움을 필요로 하는 내담자와 전문성을 갖춘 상담자 간에 대화를 매개로 한 체계적인 조력 과정이다. 즉, 상담은 상담자와 내담자의 만남이며 내담자의 문제해결과 성장, 발달을 위해서 협동하는 양자 간의 대화이다. 상담자와 내담자의 만남은 두 문화의 만남이라고 할 수 있다. 내담자는 자신의 문제해결이나 성장, 발전을 위해서 상담자의 조력을 받는다. 내담자가 가진 문제나 특성, 해결과제는 내담자의 역사적 배경과 처한 상황, 즉 문화적 맥락 속에서 형성된다. 따라서 상담자는 자신의 문화적 가치나 관점이 아닌 내담자의 문화적 맥락과 관점에서 그의 문제를 이해할 필요가 있고, 내담자의 문제해결도 내담자 자신의 문화가치와 생활양식의 범주 안에서 해결방안을 찾아가는 것이 효과적이다(김태호, 2004). 이러한 맥락에서 대두되는 상담 접근이 다문화상담이다.

학교 교육 현장에서 다문화가정 자녀들에 대한 상담지도와 관련하여 다문화상담의 배경과 특성, 다문화상담의 목표, 다문화상담의 핵심원리와 상담지도 방향을 제시하면 다음과 같다.

1) 다문화상담의 배경과 특성

다문화상담의 직접적인 기원은 1960년 초 미국 사회에서 백인들의 인종차별에 대항하여 일어난 흑인들의 인권투쟁이었다. 흑인뿐만 아니라 미국 사회의 여러 소수민족들이 백인문화 중심의 가치와 생활양식을 맹목적으로 수용하며 이에 적응하기보다 자민족 문화에 근거한 민족 전통의 정체감 발달을 자각하고 중시하게 되었다. 이로 인해 상담자들도 내담자 문제의 올바른 이해와 해결은 내담자의 문화 틀을 토대로 이루어져야 함을 인식하고, 다양한 문화적 가치를 존중하고 차이를 수용하면서 조력하는 능력 개발을 강조하게 되었다(Sue, Ivey & Perdersen, 1996/2008). 인간의 삶에서 나타나는 동서양과 민족 간의 문화, 성별, 연령, 종교, 지역, 경제수준, 직업, 학력, 가족관계 특성 등 여러 측면의 차이를 고려할 때 사실 모든 상담은 다문화주의 상담으로 볼 수가 있다. 특히 다문화주의 상담이란 상담사와 내담자의 문화가 서로 다를 때 나타나는 어려움과 문제점을 내담자 문화의 개념 안에서 효율적으로 해결해야 함을 강조하는 의미를 담고 있다. 상담자와 내담자의 문화 차이가 크거나 상담자가 내담자의 문화 차이를 고려하지 못하고 상담을 할 때 실제로 상담의 효율성이 저하되고, 내담자에게 도움이 되기보다는 도리어 피해나 어려움을 가져올 수도 있다.

우리 사회에서 다문화가정의 숫자와 비중이 증가하면서, 이제 그들에게 적용할 수 있는 다문화상담에 대한 접근이 필요하게 되었다. 폴 페더슨(Paul B. Pedersen)은 1990년에 다문화주의적 상담을 상담의 제4세력(fourth force)이라고 명명하였는데, 이는 정신분석학, 행동주의, 인본주의의 뒤를 이어 90년대 이후 앞으로는 다문화주의가 상담 분야에 주된 세력으로 영향을 미칠 것이라는 점을 말해 준다(Midgette & Meggert, 1991). 따라서 다문화사회와 다문화상담은 시대적인 요청임을 알 수 있다.

다문화상담의 특성은 다음과 같은 면에서 기존의 전통적 상담에 변화를 가져오는 것으로 본다. 첫째, 상담의 초점이 개인으로부터 가족과 문화적 이슈로 옮아가야 하고, 자기 지향적 조력과 관계 지향적 조력 사이에 균형이 필요하다. 둘째, 상담자가 현재 사용하는 조력적 반응 중 어떤 것들은 문화적 차이가 있는 내담자들에게는 부적절할 수 있으므로 조력적 반응의 방법을 다양화해야 한다.

셋째, 인간의 문제를 다루는 방법은 문화마다 다르며, 몇몇 문화권에서는 그 사회의 전통적 상담자들이 매우 높은 신망을 얻고 있으므로, 상담자들은 내담자의 문화에 토대를 둔 상담의 역할을 이해하도록 훈련받아야 한다. 넷째, 상담자들은 상담실 밖으로도 시야를 돌려 지역사회의 변화를 주장하고, 다문화가정의 소수자를 위한 직업 기회를 확대하도록 내담자를 대신하여 개입할 수도 있어야 한다. 즉, 상담자는 개인의 내적·심리적 행동 조력에만 머무르지 않고 조언자, 옹호자, 토속적 조력 체계의 촉진자, 자문가, 그리고 변화 매개체 역할도 기꺼이 담당해야 한다(임은미, 2008).

빙엄과 워드(Bingham & Ward, 1996)는 다문화상담을 실시할 때 다음의 사항들을 숙지하라고 권고한다.

① 상담자는 다양한 세계관을 인식할 수 있어야 한다.

② 상담자의 다문화상담에 대한 준비는 다문화상담 역량인 '문화적 유능성'의 계발에 초점을 두어야 한다. 즉 상담자 자신의 문화적 가치와 편견의 자각, 내담자의 세계관에 대한 상담자의 인식, 문화적으로 적절한 개입 전략과 이에 관련된 상담자의 태도와 신념, 지식, 그리고 기술 개발이 이루어져야 한다(Sue, Arrendondo, & McDavis, 1992).

③ 상담자는 내담자의 종족적 정체성을 완전히 이해해야 한다.

④ 상담자와 내담자 관계는 협력적이어야 한다. 협상과 합의가 중요하다.

⑤ 의사결정과 상담 과정에서 가족의 역할이 강조되어야 한다.

⑥ 내담자의 세계관, 역사, 지역의 사회정치적 이슈들, 그리고 고정관념들을 충분히 토의해야 한다.

⑦ 내담자의 진로선택을 제한하는 인종·민족적 요인의 영향이 토의되어야 한다.

⑧ 내담자의 모국어로 집단에서 토의하는 것 같은 비전통적인 개입, 통역자를 사용하는 것, 그리고 문제 통찰과 해결 방향의 설정에 도움을 줄 수 있는 지역사회 구성원의 참여가 필요하다. 내담자에게 본인이 관련된 두 인종 네트워크에 참여하도록 권장한다.

⑨ 내담자와 상담자 간의 상담 과정에 대한 평가가 상담진행 과정 동안뿐만

아니라 상담이 종결된 이후에도 계속적으로 이루어져야 한다.

⑩ 광범위한 추수지도를 행해야 하고 필요하면 상담을 다시 재개해야 한다.

2) 다문화 학생 상담의 목표

다문화상담이라고 해서 내담자의 문제해결과 자아성장을 돕는다는 기존의 일반적인 상담 목표가 달라지지는 않는다. 이러한 일반적 상담목표를 추구하되, 특히 다문화상담은 어떻게 여러 다른 문화권 출신의 소수민들을 충분히 존중하면서 그들의 다양한 요구를 이해하고 수용하여 당면 문제를 해결하고 자기성장을 이루도록 돕느냐에 초점을 둔다.

이러한 맥락에서 포레스트 켄달(Forrest E. Kendall)이 제시한 다문화교육의 목표는 다문화상담의 목표를 설정할 때 시사점을 제공한다. 켄들은 다문화교육의 목표로서 첫째, 다른 문화와 가치뿐만 아니라 자신이 속한 문화와 그 가치를 존중하도록 아동들을 가르칠 것, 둘째, 다문화적·다인종적 사회에서 성공적으로 살아갈 수 있도록 모든 아동들의 태도와 능력을 기를 것, 셋째, 인종주의 등에 영향을 많이 받는 유색 인종의 아동들이 긍정적인 자아개념을 갖도록 할 것, 넷째, 문화적 다양성과 인간으로서의 공통성을 긍정적으로 경험하도록 할 것, 다섯째, 공동체의 독특한 참여자로서 함께 일하고 생활하는 사람들의 다양한 문화를 경험하도록 도울 것 등을 제시하였다(최관경, 2007). 이와 같이 여러 가지 문화에 대한 존중과 수용 및 적응 능력, 긍정적인 자아개념, 이중문화 정체성, 다양한 문화와 사람이 이루는 조화와 적응 능력 등에 대한 강화는 다문화가정 출신의 학생들을 상담지도할 때도 매우 유용한 목표가 될 수 있다.

3) 다문화 학생 상담의 핵심 원리

다문화가정 학생에 대한 생활지도와 상담이 효과를 거두기 위하여 교사나 상담가가 익혀서 적용해야 할 태도와 행동 가운데 가장 핵심이 되는 원리로는 무조건적 존중(학생 모습 받아들이기), 공감적 이해(학생 마음에 들어가기), 진실성 (진솔한 마음 전하기)을 들 수 있다. 이들 원리는 교사나 상담가의 일반적인 태도나 자세와 밀접하게 관련된 상담의 핵심 원리로서 학생 지도에 임하는 지도자가 일회적 학습을 통해서 습득할 수 있는 단편적 지식이나 정보라기보다는 그 의미와 중요성을 되새기면서 오랜 시간 동안 노력하고 적용하여 교사나 상담자에게 체득될 필요가 있는 마음, 자세, 태도라고 할 수 있다(박성수, 1992; 한국청소년상담원, 2005; 김광수, 2009). 특히 공감적 이해는 다문화상담 능력의 핵심이 되는 '문화적 감정이입'과 밀접한 관계가 있다(김태호, 2009). 이러한 다문화 학생의 상담 원리에 대해서 살펴보면 다음과 같다(김광수, 2009a).

(1) 무조건적 존중

무조건적 존중, 즉 '학생 모습 받아들이기'란 지도 학생을 그 나름대로의 독특한 가치를 지닌 한 인간으로 존중하는 것이다. 이는 아동의 감정, 사고, 행동을 평가하거나 판단하지 않은 상태에서 학생의 감정, 사고, 행동을 있는 그대로 받아들이는 것을 말한다. 즉 학생이 어떤 문제를 지니고 있건, 어떤 잘못이나 과오를 범하였건 상관없이, 무조건적으로 학생을 하나의 소중한 인격체로 수용하고 인정하며 존중하는 마음, 자세, 태도를 말한다. 교사나 상담자가 어떤 편견이나 차별적인 평가와 판단 없이 이러한 태도를 마음과 행동으로 보여줄 때 학생은 자신이 존중받고 있다는 느낌을 갖고 교사와 상담자에 대한 신뢰감이 형성되며, 마음이 열려 자유롭게 자신의 생각과 마음, 경험을 표현할 수 있게 된다.

(2) 공감적 이해

공감적 이해는 '학생의 마음에 들어가기'라 할 수 있다. 이것은 교사나 상담자가 학생의 입장이 되어 학생의 세계를 이해하는 것, 제3의 귀를 가지고 학생의 '마음의 소리'를 듣는 것, 학생이 지니고 있는 생각과 느낌의 틀로 학생의 생각과 감정을 이해하는 마음, 자세, 태도를 말한다. 교사와 상담자가 학생을 지도하고 학생과 대화할 때 공감적 이해의 태도와 행동을 보여주면 학생은 자신이 이해받는다는 느낌을 갖게 되고, 교사와 상담자를 더욱 신뢰하게 되어 자신을 깊이 드러내 보이며, 결과적으로 교사(상담자)와 학생 간의 관계와 소통을 촉진할 수 있다.

(3) 진솔성

진솔성, 즉 '진솔한 마음 전하기'란 교사가 상담하는 학생과의 관계에서 지각하는 느낌과 생각들을 있는 그대로 인식하고, 교사 자신이 체험하는 바를 긍정적인 것뿐만 아니라 부정적인 것까지도 시의적절하게 솔직하면서도 건설적으로 표현하는 것을 말한다. 예컨대 "네 말을 들으니 한편으로는 너의 입장이 이해되지만, 네가 그렇게 행동하는 것은 너에게 도움이 되지 않는 것 같구나."와 같이 상담교사가 현재 이 자리에서 내담자 학생과의 관계에서 경험하는 감정이나 사고를 회피하거나 왜곡하지 않고, 있는 그대로 지각하고 이를 진솔하게 표현하는 것을 말한다. 교사가 내담자 학생을 진솔한 마음과 자세로 대하면서 학생의 모습을 객관적인 시각으로 바라볼 수 있으면, 학생도 자신의 솔직한 감정과 생각을 방어하거나 왜곡하지 않고 있는 그대로 표현할 수 있게 된다. 이러한 관계를 통해 학생은 교사와 마음속 깊은 문제도 솔직하고 자유롭게 나눌 수 있다.

지금까지 무조건적 존중과 공감적 이해 및 진솔성은 편의상 이해를 위하여 따로 따로 살펴보았으나, 실제 상담의 장면에서는 이러한 상담의 핵심 원리가 상호 관련을 맺고 통합되어 적용된다.

4) 다문화 학생 상담지도의 방향

다문화가정 학생이 증가하는 학교 교육 현장에서 다문화가정 학생을 효과적으로 상담지도할 방향과 그 내용을 제시하면 다음과 같다(김광수·정태희, 2010).

(1) 편견과 차별이 없는 자연스러운 수용

교사나 상담자 자신이 먼저 다문화가정 자녀를 일반 학생들과 똑같은 우리의 아이로 수용하고 한국인 가정의 자녀처럼 자연스럽게 대한다. 이러한 교사 상담자의 태도와 자세는 일반 학생들에게 자연스럽게 전이될 수 있고 다문화가정 학생들의 안정감을 촉진시켜 준다.

(2) 긍정적인 이중문화 정체성 발달 촉진

다문화가정 자녀의 문화적 정체성을 이해하고 긍정적인 문화적 정체성을 발달시키도록 조력한다. 문화적 정체성이란 자신이 소속된 문화 혹은 자신의 준거집단이 되는 문화가 어떤 문화이냐에 대한 본인의 믿음을 말한다. 다문화가정 자녀는 자신이 태어난 문화 또는 부모가 소속한 문화와 현재 거주하고 있는 곳의 문화가 다르고, 아버지와 어머니의 문화가 다르기 때문에 정체성의 혼란을 경험하게 된다. 다시 말해 현재 자신이 어떤 문화에 속해 있고, 어디 출신이며, 어느 나라 사람이라고 해야 할지 혼란을 느낀다. 다문화가정의 자녀가 다문화사회에서 자아정체감을 형성하는 발달과정을 보면, 처음에는 주류사회를 동경하며 그 사회의 사람으로서 정체감을 느끼다가, 두 번째는 차별을 받으면서 혼란을 경험하며 주류사회에 대한 적대감이 생기고, 세 번째는 차별받는 동족의 인권과 복지를 위해서 저항하고 투쟁하다가, 네 번째는 궁극적으로 한 인간(being)으로서 자신의 정체성을 찾게 된다.

다문화가정 자녀를 상담지도할 때는 내담자의 몇 가지 행동들을 개인적인 부적응이나 성격의 문제로 단정하여 이를 교정하려 하기 전에, 그 밑에 잠재되어 있는 문화적 정체성 혼란 현상을 이해하고 이를 조심스럽게 부각시켜 다룰 필요가 있다. 이때 교사나 상담자가 목표로 삼아야 할 다문화가정 자녀의 문화적 정체성은 통합이며, 다문화 자녀의 이중문화 정체성이 확고해지도록 이끌어야 한다. 다문화 자녀는 부모 출신 문화에 속할 수도 있으며, 또 한편으로는 현재 거주하고 있는 국가의 일원이기도 함을 당당하게 주장하면서 긍정적인 이중문화 정체성을 발달시키도록 조력할 필요가 있다.

(3) 건강한 자아정체성과 자존감 발달 촉진

자아정체성은 내가 누구이며 무엇을 하면서 어떻게 살아가야 하는지에 대하여 스스로 답을 찾아가는 과정에서 발달하는 심리적 상태로 이는 자신에 대한 평가를 특징짓는 자존감과 밀접한 관련이 있다. 자존감은 자신이 사랑받을 만한 가치가 있는 소중한 존재이고 어떤 성과를 이루어낼 만한 유능한 존재라는 믿음을 주어 개인으로 하여금 사회생활에 원만하게 적응하게 하고 개인의 주관적인 만족도를 높이는 중요한 특성 변인이다.

건강한 자아정체감을 형성하기 위해서는 주변의 사회적 지지, 즉 부모, 교사, 또래의 지지 등이 절대적으로 필요하다. 다문화가정 자녀에게는 주변 사람들이 그들에게 보내는 반응이 중요한 지지의 원천이 된다. 특히 가정의 지지가 중요한데, 가정의 충분한 지지를 받는 경우 다문화가정 자녀가 자아정체감을 형성하는 데 주변 다른 사람들이 미치는 직접적인 영향력은 줄어든다. 그러나 많은 다문화가정이 부모 자체의 미해결 과제와 부부 사이의 문화차 및 개인차로 인한 갈등을 겪기 쉽기 때문에, 자녀들이 부모로부터 긍정적 자아정체감 형성에 필요한 충분한 지지를 얻지 못할 수 있다. 또한 지역사회 주민들도 아직은 다문화 출신 자녀들을 온정적이기보다는 관찰의 대상으로 보거나 분리 또는 차별의 시각으로 바라보는 경향이 강하다. 이러한 상황에서 교사의 지지는 다문화가정 자녀의 정체감 형성을 위해 매우 중요한 역할을 한다. 교사가 다문화가정 자녀의 정체감 형성 과정을 인식하고, 이들에게 긍정적인 자기평가를 할 수 있는 기회를 많이 만들어준다면, 다문화가정 자녀는 여러 가지 어려움을 극복하고 보다 건강한 자아정체감과 자존감을 형성하는 데 큰 도움을 받을 것이다.

(4) 학교생활과 학업 발달에 실제적 조력을 주는 개입

다문화가정의 자녀이기 때문에 겪을 수 있는 문제를 이해하고 이에 대해 주의 깊은 관심과 관찰로 배려할 필요가 있지만, 실제로 다문화가정의 학생 문제는 결손가정적 요소나 경제적 어려움이 원인이 되는 현실적 문제로 나타날 수 있다. 예컨대 다문화가정 학생들이 경험할 수 있는 소외, 놀림, 차별 등 친구나 여러 인간관계에서 오는 어려움을 고려하면서도, 이들이 학교 공부나 숙제 및 준비물 챙기기 등 개인적이고 실질적인 문제에 부딪혀 일반 학생들보다 학교 공부를 따라가기 힘들고 취약한 상태임을 직시하여, 이를 효과적으로 조력할 상담 및 지도 방안을 찾아 조력할 필요가 있다(전경숙, 2008).

(5) 위험요인을 줄이고 보호요인을 강화하는 상담 지원

다양한 문제나 어려움을 갖고 있는 아동이나 청소년의 경우, 이러한 문제나 어려움으로 상황이 더욱 악화되느냐, 아니면 어려운 상황임에도 불구하고 오히려 그러한 어려움이나 문제 상황을 넘어 성장이나 발전으로 나아가느냐는 그 아동이나 청소년 개인과 가정, 또래관계, 지역사회나 매체 차원에서 위험요인이 작동하느냐 아니면 보호요인이 작동하느냐에 따라 달라질 수 있다(김광수, 2014). 위험요인이란 한 개인이 평균적인 다른 사람에 비해 발달상의 문제를 일으킬 소지가 높아지도록 하는 특성이나 변인을 말한다. 반면 보호요인이란 개인이 어려움이나 역경 등 위험요인에 노출되었을 때 나타날 수 있는 부정적인 영향력(스트레스나 위험)을 완화시킴으로써 문제 행동이 야기될 수 있는 확률을 낮추는 변인이다. 따라서 학교와 교사는 다문화가정 자녀의 개인, 가정, 또래관계, 교사 관계, 지역사회 및 매체와의 관계에서 학생에게 위험요인으로 작용할 요인을 조기에 발견하고 개입하여 그 영향력을 약화시키고, 보호요인으로 작용할 다양한 요인들을 찾아 강화하는 상담 및 지원 방안을 활용할 필요가 있다.

(6) 문제행동 제거보다 긍정적 행동 특성 및 강점의 강화

지나치게 문제행동에만 집착하여 학생의 부정적 행동반응(불안, 우울, 분노, 공격성 등)을 감소시키거나 제거하려는 데 초점을 두기보다는 학생의 긍정적 행동 특성과 품성(자존감, 가치감, 적응유연성, 희망, 배려, 용서, 감사, 공감 등)을 계발해 주고 강화하며 자신의 강점이나 장점(이중언어 능력, 폭넓은 문화 감각과 한국인이면서도 세계시민이라는 세계화의 관점 등)을 자각하게 하고 이를 강화하는 상담 지도가 이루어질 필요가 있다.

(7) 균형 있는 종합적 관점의 상담지도

다문화가정이라고 해서 나타나는 특성이나 문제가 다 같은 것은 아니므로 현상이나 문제의 독특성을 잘 구분하고 분별하여 상담지도 및 개입을 할 필요가 있다. 예컨대 다문화가정이기 때문에 일반적이고 보편적으로 갖는 에틱(etic)한 특성이 있지만, 국적·종교·가족 특성에 따라 독특하게 갖는 에믹(emic)한 특성도 있다. 다문화가정 자녀의 측면에서도 이와 마찬가지이다. 따라서 다문화 학생을 상담지도하는 교사는 다문화가정의 전반적인 특성이나 문제에 대해서 보편적으로 알고 이해하는 것과 함께 각 가정이나 학생에게 개별적이며 독특하게 나타나는 문제를 이해하는 두 가지 관점을 균형 있게 취하면서 상담 조력할 필요가 있다(임은미, 2008; 김광수, 2009b).

2. 다문화 학생 상담의 역량

다문화 학생 상담에 대한 요구가 높아짐에 따라 이들에 대한 효과적인 상담을 수행할 수 있는 상담 준비에 대한 요구도 높아지고 있다. 특히 다문화 학생 상담은 상담자와 다문화 학생의 문화가 서로 다를 때 나타나는 어려움과 문제를 다문화 학생이 속한 문화 개념 안에서 효율적으로 해결해야 하는 것을 강조한다. 따라서 다문화 학생 상담에 대한 전문성을 확보하기 위해서는 다문화 학생 상담 역량을 이해하고 계발하여 적용할 필요가 있다. 먼저 역량(competency)에 대한 개념을 알아보면 역량이란 '특정한 상황이나 직무에서 요구되는 구체적 준거에 일치하는 효과적이고 우수한 수행을 가져오는 개인의 내적 특성'을 말한다(Spencer & Spencer, 1993). 역량은 지식과 기술 이외에도 실제 작업을 수행하는 데 영향을 미치는 개인의 인성, 신념, 동기 등의 개인적인 특성도 포함한다(윤정일·김민성·윤순경·박민정, 2007). 역량의 개념에는 지식, 기술, 태도 등이 포함되는데, 특히 다문화상담 역량과 관련하여 수 등(Sue, Bernier, Durran, Feinberg, Pedersen, Smith & Vasquez-Nuttall, 1982)은 다문화상담자는 자기문화와 타문화의 차이를 인식하고 존중하는 태도, 다문화상담이나 문화적 다양성에 대한 이론이나 연구에 대한 지식, 일반 상담에 필요한 상담 기술 외에 다문화상담자로서의 의사소통 기술이 필요함을 강조한 바 있다. 다문화사회로 변화하며 다문화 학생이 증가하는 우리 현실에서 다문화 학생 상담에서 요구되는 상담 역량으로 '상담 기본 역량', '다문화 역량', '지역사회 연계 역량'을 들 수 있는데 이에 대해 살펴보면 다음과 같다(이동훈·고홍월·양미진·신지영, 2014).

첫째, 다문화 학생을 대상으로 상담 및 지도 활동을 할 때 가장 기본적으로 필요한 역량은 '상담 기본 역량'이다. 다문화 학생에게 실질적인 도움을 주기 위해서는 아동·청소년에 대한 심리·정서적인 개입이 필요한데, 이를 위한 전문상담자로서의 상담 역량이 가장 필요하다. 다문화 학생 상담을 할 때에는 다문화 학생 내담자의 권리를 옹호하는 태도, 상담자로서의 전문성, 실제적인 상담 면접 기술 및 다문화 학생 상담자에게 특히 요구되는 상담자 역할 수행 능력이 요구된다. 먼저 태도에 있어서는 전문가로서의 책임감, 헌신, 진실성과 다문화상담

전문성을 확보하기 위해 노력하는 자세가 필요하다. 전문적 지식에 있어서는 아동·청소년 문화와 발달 특성의 이해와 다문화 지식 및 한국 사회 적응을 지원하기 위한 상담 외 지식과 정보 등이 필요하다. 상담 면접 기술과 관련해서는 문제영역별 해결방법 찾기와 개인 면접 기술 및 내담자 학생에게 있는 자원 발견과 활용 능력이 필요하다. 다문화상담에 요구되는 상담자 역할과 관련하여 학업 및 진로지도 역할, 다문화 학생에 맞는 상담 방법 탐색, 생활지도 관리자 역할 및 대리 부모 역할과 부모교육 및 다문화가족 특성에 맞는 개입 기술 개발과 활용이 필요하다.

둘째, 다문화 학생 상담을 위하여 상담자는 '다문화 역량(문화적 유능성)'을 갖출 필요가 있다. 다문화 역량은 문화적 다양성에 대한 인식 및 태도와 다문화 학생에게 적합한 상담 개입 방향 설정과 기술 적용 능력 측면에서 이해할 수 있다. 상담자가 문화적 민감성을 갖고 문화적 특성과 다양성을 이해할 수 있으며, 특히 내담자의 현재 상태와 이주 배경 및 이주 과정을 이해하고, 현재 경험하고 있는 문화 적응과 갈등을 이해하며, 상담자의 가치와 편견이 내담자 및 상담 과정에 미치는 영향을 인식할 수 있는 역량이 필요하다. 특히 이주 배경에 따른 호소 문제를 이해하고 다문화 학생과 친밀감을 형성하며 다문화 학생에게 맞는 상담 개입 방향과 기술을 적용할 수 있는 역량이 필요하다.

셋째, 지역사회 자원에 대한 정보 파악 및 연계 능력이 필요하다. 다문화 학생뿐만 아니라 다문화가정 부모들은 한국의 지역사회 자원에 대한 정보 부족과 언어의 미숙으로 지역사회 자원을 적절하게 이용하지 못하고 있는 경우가 많다. 따라서 다문화 학생 상담에서 지역사회 자원을 제대로 활용할 수 있도록 학생, 가정과 자원을 유기적으로 연계해 줄 수 있는 지역사회 연계 역량이 필요하다. 다문화 가정 학생의 당면 문제를 해결하기 위해 지역사회 기반의 다양한 자원을 구축하고, 이러한 부분이 적절히 연계되어 작동하게 하는 코디네이터로서의 역할이 요구된다. 연계망의 구축과 더불어 구축된 연계망 안에서 다문화 학생과 가정이 적절한 서비스를 받고 있는지를 관리해 주고 유기적 관계를 유지하는 역할이 필요하다.

3. 다문화 학생 상담의 실제

전문성을 갖춘 상담자와 도움을 필요로 하는 내담자 간에 대화를 매개로 해서 이루어지는 체계적 조력 과정을 상담이라고 할 때 상담의 실제 국면에서 효과적 상담 대화기법의 실천이 매우 중요하다. 여기에서는 학생 상담에 필요한 상담 대화기법과 학생 상담 진행과정을 제시하고 다문화가정 학생 상담지도 과정과 상담 실제를 살펴보고자 한다(김광수, 2009a; 김광수, 2009b).

1) 학생 상담 대화기법

교사가 아동과 대화를 할 때 효과적인 대화를 하기 위해서 구체적으로 익혀 활용할 수 있는 대화기법을 살펴보면 다음과 같다.

① 주의 집중: 교사의 주관, 선입견, 편견, 판단 등의 작용을 정지시키고 교사의 관심과 주의를 온통 학생자녀에게 쏟는 것이다.
- 물리적 주의 집중 : 가급적 조용하고 방해받지 않으며 집중할 수 있는 장소에서 대화한다.
- 심리적 주의 집중 : 몸뿐만 아니라 마음으로 함께 하는 것이 중요하다.
- 주의 집중 방법 :
  ㄱ. 학생을 향해 앉는다(너무 정면으로 마주보아 학생이 불편해할 수 있을 때는 비스듬히 옆으로 앉는 것이 좋다).
  ㄴ. 개방적 몸자세를 취한다.
  ㄷ. 편안하고 자연스러운 자세를 유지한다.
  ㄹ. 때때로 학생을 향해 몸을 기울인다.
  ㅁ. 시선을 통한 접촉을 적절히 한다.
  ㅂ. "음" 등의 인정하는 언어와 고개 끄덕임 등을 적당한 수준으로 사용한다.

② 경청: "들어주는 사람이 곧 이해하는 사람이다"라는 격언처럼 상대방을 존중해 주는 가장 구체적이면서도 중요한 대화방법이 경청이다. 특히 적극적 경청을 위해서 교사는 전적인 주목과 집중을 할 필요가 있다. 경청을 할 때는 학생의 음성언어 경청(학생에게 있는 사실, 사건 및 학생의 생각, 감정, 정서 등)과 더불어 학생의 비음성언어 경청(몸의 자세, 손발의 움직임, 얼굴 표정, 목소리, 자율 신경계에 의한 생리적 반응 등)도 더불어 할 필요가 있다.

※ 주의 집중과 경청은 교사의 학생과의 대화에서 가장 중요한 구체적 상담 대화의 기초가 된다.

③ 장단 맞추기: 학생과 대화할 때 대화하는 학생의 분위기와 이야기 흐름에 장단을 맞춰주는 반응으로 "으음", "아 저런", "음 그렇구나.", "아 그랬니?", "거참 재미있구나.", "어디 한번 들어볼까?"와 같이 대화하는 반응을 하는 것이다.

④ 명료화하기: 명료화는 학생의 말 속에 포함되어 있는 불분명한 부분을 분명하게 밝히는 반응으로 "그것이 정확하게 무엇을 뜻하는 거지?", "금방 뭐라고 했는데 다시 말해 주겠니?", "그 친구가 마음에 들지 않는다고 했는데, 어떤 면이 마음에 들지 않지?"와 같이 상담 대화를 하는 것이다.

⑤ 재진술(내용 되돌려주기): 학생의 말에 표현된 핵심 내용을 되돌려주는 기술로서, 학생이 표현한 바(감정, 생각, 태도)를 교사가 소화한 언어로 바꾸어 표현하는 기술이다. "철수가 말할 때는 끝까지 들어주면서 네가 말할 때는 민호가 끼어들어 네 말을 끝까지 못하게 되니까 네가 무시받는다는 생각이 들었구나."와 같이 반응하는 상담 대화이다.

⑥ 반영(정서 되돌려주기) : 학생의 말에 담겨 있는 감정, 정서를 되돌려주는 기법으로 정서에 초점을 맞춘다는 점을 제외하면 내용 되돌려주기

와 유사한 대화기법이다. "철수가 말할 때는 끝까지 들어주면서 네가 말할 때는 민호가 끼어들어 네 말을 끝까지 못하니까 화가 나고 속상했구나."와 같은 반응을 말한다.

⑦ 직면(사실을 맞닥뜨리기) : 모순되거나 일관성이 결여된 언어와 행동을 드러내 그대로 비춰주는 대화기법이다. 대화 내용 속에 발견되는 모순, 불일치, 왜곡, 변명, 각종 자기방어 등이 직면의 대상이 된다. 직면은 잘못하면 야단이나 위협적인 대화가 될 수 있으므로 교사가 철저히 학생을 위한 목적, 즉 새로운 통찰을 끌어내어 학생의 바람직한 변화를 유도하려는 대화수단으로 사용해야 한다. "친구와 화해하고 친해지고 싶다면서 친구가 먼저 말 걸기만 기다리고 있는 것 같네."와 같은 반응을 말한다.

⑧ 지시, 조언하기 : 지시나 조언은 교사가 학생에게 자주 사용하는 대화기법이지만 이에 대한 학생들의 부정적 반응 때문에 교사조차도 비효과적인 방법이라는 생각을 많이 한다. 그러나 지시나 조언도 효과적으로 타이밍에 맞게 잘 사용하기만 하면 매우 유용한 상담 대화기법이 될 수 있다. 교사가 지시와 조언을 효과적으로 사용하기 위한 지침은 다음과 같다.

- 학생이 지시 조언을 원하거나 필요로 하는지를 먼저 확인한다.
- 지시나 조언하기 전 학생이 어떤 노력, 시도, 행동을 했는지를 확인한다.
- 새로운 조언이나 지시를 하기보다는 이미 학생이 생각하고 시도한 것을 더 강화하거나 이를 보완해서 구체적 조언이나 지시를 주는 것이 좋다. 그럴 때 학생의 실천 가능성이 더욱 높아진다.
- 지시나 조언 후 학생의 반응, 이해 여부를 확인한다.
- 구체적 실행 계획과 방법을 세우고 실행 후 점검하고 격려, 칭찬해 준다.

2) 학생 상담의 진행과정

학생 상담의 일반적 진행을 살펴보면 다음과 같다.

① 상담관계를 수립하고 이끌어 가는 단계: 친밀감(라포)의 형성과 상담구
   조화하기
② 내담자의 마음을 읽어주는 단계: 공감하기
③ 내담자의 현재 상태와 미래의 꿈을 밝혀주는 단계: 문제점의 규명과 상
   담의 목표 설정하기
④ 내담자의 문제점을 풀어가는 단계: 대안의 탐색과 계획 및 실천하기
⑤ 내담자를 발전과 변화로 인도하는 단계: 실생활의 적용과 일반화하기
⑥ 상담관계를 마무리하는 단계: 상담성과의 평가와 상담관계의 종결 및
   추수 상담 실시하기

교사가 학생을 상담할 때 비교적 쉽게 기억하여 적용할 수 있는 상담 진행
의 한 모형으로 고민해결조력모델(원무지계 전략)을 제시하면 다음과 같다(한국
청소년상담복지개발원: www.kyci.or.kr).

원: 원하는 것이 무엇인지 혹은 문제가 무엇인지 분명히 한다.
무: 무엇을 해보았는지 탐색해 본다(그동안 사용해 온 방법과 노력들이 무엇인지
   알아보고 그 결과에 대해서 탐색한다).
지: 지금부터 무엇을 할 수 있을지 그 방법을 찾아본다(필요한 정보 제공 및 조
   언 등과 더불어 새로운 대안들을 함께 생각해 보고 그중 가장 바람직해 보이고 실
   천하기 쉬운 방법을 선택한다).
계: 계획을 세워보게 한다(구체적인 실천 계획 잡기: 언제, 무엇을, 어떻게…).

교사나 상담자가 상담의 원리를 실천하며 효과적인 상담기법을 습득하여
적용하는 것이 중요하지만, 무엇보다도 상담자 자신이 가장 중요한 상담의 도구
인 것을 기억할 필요가 있다. 상담은 상담자와 내담자의 만남 속에서 상담자가
내담자를 알아주는 작업이다. 다시 말해 내담자의 어두운 부분(약점, 문제, 아픔,

고통 등)과 더불어 밝은 부분(소망, 목표, 좋은 생각, 가치, 잠재력, 꿈 등) 모두를 알아주는 작업이다. 내담자와 지적, 정서적, 영적, 전인적 만남을 통해 내담자의 성장과 발전을 조력하는 과정이다. 이때 상담자 자신이 가장 중요한 상담 도구이기 때문에 내담자 학생이 상담자 교사와 만남을 통해서 그 혜택을 누리도록 하기 위해 상담자 교사는 상담의 원리와 기법을 내면화하면서 성숙한 상담자로서 발전, 성장할 수 있도록 지속적인 노력을 할 필요가 있다.

3) 다문화가정 학생 상담 과정

다문화가정 학생의 상담지도의 실제 과정은 준비단계, 문제파악단계, 개입단계, 평가단계를 통해 이루어질 수 있다(김진영·황매향, 2010).

- 순비단계: 학기 초부터 다문화가정 학생을 관심을 갖고 지켜보며 상담지도할 준비를 한다.
- 문제파악단계: 학기가 진행되면서 다문화가정 학생의 행동특성과 가정환경, 또래관계 등을 이해하는 노력을 한다.
- 개입단계: 학생의 특성과 문제점을 인식하고 구체적인 개입방법을 찾아 상담지도를 한다. 개입단계에서 학생의 문제를 해결하고 발달을 효과적으로 촉진하기 위해서 교사가 활용할 수 있는 방안으로는 다문화가정 아동의 동기 고취와 잠재력(강점) 개발, 일반 아동의 개방적(수용적) 태도 증진, 교사의 개방적 태도와 관심 증진, 학부모의 적극적 협조 끌어내기, 전문가의 조언과 자문 받기, 대학생 등 도우미 활용하기, 전문 지원기관의 프로그램과 연계해 주기 등이 있다.
- 평가단계: 상담지도의 효과적 결과를 파악하고 향후 지도가 더 필요한 내용을 확인한다.

4) 다문화가정 학생 상담의 실제

다문화가정 학생들의 학교생활에 관한 생활지도 및 상담 관련 문제들은 여러 문제들이 상호복합적으로 중첩되어 나타나기 때문에 각각의 독립된 문제로 뚜렷하게 구분하는 것이 어려울 수 있지만, 주로 학습·진로 문제, 학교 적응 문제, 인성·사회성·인간관계 문제, 정체성 문제 등(김광수, 2009; 황매향, 2009; 김성현, 2009)으로 나누어볼 수 있다. 각 문제의 특성과 문제 사례 및 이에 대한 상담 개입 방안을 살펴보면 다음과 같다.

(1) 학습·진로 문제

교실수업과 관련하여 받아쓰기의 어려움, 문장력 부족, 낮은 수업이해 정도, 사회교과와 국어학습의 어려움, 산만한 수업태도, 학습에 관한 자신감 부족 및 무력감, 진로인식 결핍, 장래희망과 목표 부재 등의 문제가 나타난다. 특히 언어 학습 문제가 가장 큰 문제요인인데, 언어로 인해 기타 학업에 대한 곤란을 경험하고 학습동기와 태도 문제가 복합적으로 발생하면서, 잠재적 학교 중도탈락과 함께 실제 학교 중도탈락이 중·고교로 올라갈수록 증가하고 있다.

[사례] 한국어 이해능력 문제로 학습에 어려움을 겪는 학생

> 한국인 아버지와 몽골 출신의 어머니를 둔 국제결혼 가정의 자녀로 3학년이다. 이 학생의 평소 수업에 임하는 태도가 성실한 것으로 보아 학습의지가 없는 것으로 보이지는 않지만, 숙제를 내주면 한국어 이해능력이 떨어져 제대로 해오는 경우가 없다. 학교 교육과정이나 주간 학습계획안, 매일학습지 등을 설명한 후 나누어주지만 이해하지 못해 학습과 관련된 준비물 등을 제대로 챙겨오지 못한다. 이런 일이 자주 발생하다 보니 아이의 학습능력도 점차 떨어지는 것 같다. 담당교사는 이 아이 하나한테만 일일이 신경 쓸 수도 없는 상태이지만, 그렇다고 학습 결손이 생기는데도 마냥 방치할 수가 없어 고민이다.

상황 이해

성실하고 학습의지도 있으나 한국어 이해능력이 떨어져 학습준비물을 챙기지 못하고 점차 학습능력이 떨어진다.

학생 심리

나름대로 열심히 해서 뒤처지지 않고 잘하고 싶으나 언어 이해능력 장애로 학업에 대한 심리적 좌절과 불안이 높을 수 있다.

상담지도 방안

- 학생
  - 언어로 인해 위축된 마음을 극복하고 자신감을 갖도록 지지한다. 한국어 이해능력이 떨어짐에도 불구하고 수업에 성실하게 임하는 노력을 주목하여 인정하고 격려하여 아동의 긍정적 태도를 강화시킨다.
  - 아이의 학습 수준에 맞추어 지도하며 조금씩 발전하는 것을 찾아 그 성취를 칭찬한다.
- 가정
  - 어머니가 한국어를 배울 수 있는 방안을 찾아 알려주고 자녀와 한국어로 상호작용하는 능력을 키워가도록 조력한다(다문화가정지원센터 프로그램의 도움을 받도록 한다).
- 외부 자원 연계
  - 반 학생 중에서 이 학생을 도울 수 있는 학습도우미를 선정해서 돕게 하고 그들의 수고를 봉사활동으로 인정해 준다.
  - 대학생 멘토나 자원봉사 멘토, 다문화가정 학생을 위한 시도교육청 프로그램의 도움을 받게 연결해 준다.
  - 다문화가족 통·번역 시스템, 알림장을 모국어로 번역해 주는 프로그램을 찾아 활용한다.

(2) 학교 적응 문제

다문화가정 자녀들의 학교생활 적응 문제는 학습, 교우관계, 교사와의 관계와 학교 문화적응 등과 관련하여 복합적으로 나타난다. 다문화가정의 자녀들은 학교 학습에 있어서 언어발달지체 및 문화적 부적응으로 학교 수업에 대한 이해도가 낮고 이로 인해 학교생활 부적응 현상을 나타낸다. 또한 또래관계 갈등이나 집단 따돌림 등의 피해와 놀림을 경험하면서 정서적 충격이나 어려움을 겪는다. 이러한 경험의 반복은 불안, 위축, 소극적 행동을 보이거나 반대로 공격적, 폭력적, 혹은 과잉행동장애(ADHD) 등의 정서행동장애로 이어질 가능성이 높다. 식사나 복장, 기타 문화적 차이, 부모의 종교와 교육관 차이 등으로 나타나는 문화적 부조화 문제가 적응을 방해하는 요인이 되기도 한다. 또 교사의 다문화적 이해 부족과 편견 등으로 나타나는 무관심과 방치, 낙인화, 낮은 기대와 관심의 결핍 등으로 학교생활 부적응이 지속되·악화될 수도 있다.

[사례] 학습부진과 의사소통장애로 교우관계 어려움을 겪으며 고립되는 학생

> 어머니가 필리핀인인 국제결혼 가정의 초등학교 4학년 남학생이다. 다문화 가정의 환경 때문인지 다른 또래 아이들에 비해 한국어 구사능력이 떨어지고 교과에 대한 이해가 뒤처진다. 그래서 자신의 의사를 명확한 한국어로 표현하지 못해 가끔 교우들과 다투는 일까지 발생한다. 특히 한국어 능력의 부족으로 급우들과 소통에 어려움을 겪어 주위에 친구가 없고 고립되어 있다.

상황 이해

한국어 표현 능력이 떨어져 학습의 어려움과 함께 교우관계에 갈등과 소통의 단절을 가져와 고립되는 상황으로 학교생활 적응에 문제가 발생하였다.

학생 심리

친구들과 함께 하며 수용과 인정을 받고 싶으나 마음대로 되지 않는 어려움으로 인한 좌절로 분노, 공격성이 쌓여 친구 관계에서 다툼과 갈등이 생기고 언어적·정서적 어려움으로 인한 회피 심리로 스스로 더 고립될 수 있다.

상담지도 방안

- 학생
  - 언어 표현 문제로 자기 이야기를 잘 하지 않으려 하고 표현에 소극적이므로 그림 그리기나 만들기, 기타 본인이 잘하는 활동을 매개로 자

기 이야기를 시작하도록 이끌며, 비록 서툴게 말해도 끝까지 들어줌으로써 선생님이 자기 이야기를 경청하고 있다는 경험과 확신을 통해 심리적 안정을 갖게 한다.

- 아이의 수준에 맞게 일기지도와 독서지도를 해서 스스로 목표와 과제 분량을 정하고 수행해서 이에 따른 적절한 보상을 주고 꾸준히 격려한다.
- 학생을 꾸준히 관찰하면서 강점을 찾아 칭찬하고 이를 강화한다. 예를 들어 영어시간에 다른 아이들보다 발음이 좋을 때 적극적으로 칭찬한다.

• 가정
- 학부모 상담을 병행하여 한국인 아버지가 자녀에게 책 읽어주기나 대화하기를 할 수 있도록 한다.
- 필리핀 엄마가 영어를 잘하면 학교의 영어 보조교사나 방과 후 교사 등의 자원으로 활용해서 엄마의 사회활동과 참여를 이끌고, 이로 인해 아이의 자존감이 높아지는 경험을 촉진한다.

• 외부 자원 연계
교사 혼자서 지도하기가 어려우면 방과후 교실 선생님, 다문화가정지원센터나 교육청의 WEE 센터(단위학교에서 지도하기 어려운 위기 학생의 체계적 관리 지도를 위해 교육청 차원에서 지역사회의 인적·물적 인프라를 활용하여 '진단-상담-치료'가 가능한 원스톱 상담 및 치유 프로그램을 운영하는 학생생활지원단)의 도움이나 지원을 활용한다.

(3) 인성·사회성·인간관계 문제

위축, 불안, 억압된 분노와 공격성 등의 문제행동 특성과 교우관계 및 교사와의 관계에서 어려움이 나타난다. 특히 학생의 엉뚱한 언행, 끊어지고 단절되는 부족한 답변, 무반응 행동과 이에 대한 교사의 무관심과 방치, 낙인 등이 상호작용하여 문제행동, 부적응 증가와 심화를 가져올 수 있다.

[사례] 피부, 외모의 차이로 열등감을 느끼며 친구관계가 어려운 학생

> 이 학생의 아버지는 한국인이고 엄마는 베트남인으로, 다른 학생들에 비해 피부색이 검고 눈이 커서 쉽게 눈에 띈다. 그런데 학생이 이러한 자신의 외모에 자격지심을 가지고 있어, 또래 학생들끼리 쉽게 발생할 수 있는 장난이나 놀림 등의 문제에 아주 민감하게 반응을 한다. 그래서 사소한 일이 큰 싸움으로 번지는 경우가 종종 있으며, 외모에 대한 열등감으로 친구들과 원만하게 지내지 못하고 있다.

상황 이해

피부, 외모의 차이로 열등감을 느끼며 민감하게 반응하여 친구관계 형성과 적응에 어려움이 있다.

학생 심리

어머니가 외국인이기 때문에 다른 아이들과 다른 외모가 아이 스스로도 자신이 한국인이라는 안정된 느낌과 확신을 갖는 데 걸림돌이 되어 또래 사이에 쉽게 발생할 수 있는 장난, 놀림이지만 이러한 일이 발생할 때마다 자신의 존재가 인정되지 못하고 거부된다는 상처를 경험할 수 있다. 이 학생의 민감하고 공격적인 반응은 상처를 받지 않고 자신을 보호하려는 나름의 대처방식으로 이해할 수 있다.

상담지도 방안

- 학생
  - 친구들로부터의 장난과 놀림을 겪으면서 받았을 상처와 충격 및 내면에 있는 불안과 부정적 감정에 대한 충분한 수용과 공감을 통해 부정적 반응을 완화시킨다.
  - 자신의 외모가 다름을 인정하고 수용하며 어머니와 어머니 나라에 대한 이해와 애정을 갖고 자신의 독특한 가치와 소중함을 찾아가며 자기존재가치에 대한 확신을 갖도록 한다.

- 서로 협력하면서 재미있게 참여하는 활동 학습 경험의 기회를 통해 선생님과 친구들에 대한 믿음과 신뢰감을 체험적으로 회복하고 형성하도록 조력한다.
- 가정 및 외부 자원 연계
  - 이 학생의 동일시 대상이 될 수 있는 다문화가정 출신의 좋은 역할모델(가수, 운동선수, 과학자, 예술가 등)을 제시해서 학생이 자신의 배경이 되는 두 가지 측면의 문화 모두를 이해하고 존중하는 이중문화적 정체성(bicultural identity)을 형성하도록 격려한다. 앞으로 우리 사회와 국제사회에서 건강한 구성원으로 성장하려는 동기를 부여하고 이 동기를 계속 유지, 강화해 나가도록 부모와 상담하여 지도 방향을 공유하고 협조를 끌어낸다.
  - 다문화 관련 기관의 도움을 받아 다문화가정 출신으로 우리 사회에서 잘 적응하고 성공적으로 살아가는 사람과 만나서 대화하고 격려와 필요한 도움을 받을 수 있는 기회를 만들어 준다.

(4) 정체성 문제

피부색, 외모, 다른 국적의 부모 등으로 인해 차별과 거절을 경험하면서 다문화가정 자녀의 대부분이 정체성 혼란을 경험한다. 특히 이들의 정체성 혼란 경험은 초등학교 시기부터 나타나고 있다. 일반 학생에 비해 언어와 문화, 가치관, 외모 등에서 차이가 드러나고 이에 대해 놀림, 차별, 따돌림을 경험하게 되어 더욱 심각한 문제를 가져온다(정하성 외, 2007). 또 외모에서 다문화가정의 자녀인 것이 드러나지 않더라도 한국의 학교생활에 적응해 가면서 자신을 숨기며 살아야 하는 심리적 불안과 스트레스 속에서 자신의 정체성 문제는 여전히 해결되지 않는 과제로 남는다. 다문화가정 자녀의 정체성 혼란의 문제는 개인의 내적 정신세계 문제이기 때문에 밖으로 잘 드러나지 않으며, 비록 표현된다 하더라도 쉽게 해결할 수 없는 문제이기에 오랜 시간 동안 가슴앓이로 남아 이들을 끊임없이 괴롭히는 문제가 된다.

어머니가 중국인인 국제결혼 가정의 초등학교 3학년 여학생이 있는데, 자신이 다문화가정의 자녀인 것을 친구들이 아는 것을 매우 싫어한다. 성격도 밝아서 친구들과도 잘 어울리며 학업도 별 문제없이 따라오는 것 같았는데 학기 중간에 다문화가정 자녀 행사로 아이의 이름을 호명하여 친구들이 이 아이가 다문화가정의 자녀라는 사실을 알게 되었다. 그때 이 아이가 계속 울어서 이유를 물어보니 자신의 엄마가 중국인이라는 걸 다른 아이들이 알게 되어서 속상하다고 했다. 그 후 이 아이는 예전과는 달리 매우 소심하고 위축된 태도로 친구들을 대한다.

상황 이해

다문화가정 자녀라는 사실이 드러나지 않은 채 자연스럽게 지내다가 어느 날 여러 아이들 앞에서 다문화가정 자녀로 이름이 호명되어 큰 충격과 혼란을 경험하면서 이전의 밝고 활발했던 모습이 소심하고 위축된 모습으로 바뀌었다.

학생 심리

다른 아이들과 똑같이 정상적인 한국인으로서 자신을 느끼고 인정받으며 살고 싶지만, 자신의 어머니가 중국인이라는 것이 자신이 한국인이라는 안정된 느낌과 확신을 갖는 데 걸림돌이 되고, 자신이 다문화가정의 자녀라는 사실이 드러나는 것을 싫어하고 숨기고 싶어 하는 경우이다. 그러나 이미 외부로부터 상처를 받았기 때문에 반 친구들을 포함해서 세상에 대해 경계하는 마음을 갖고 더는 상처를 받지 않으려고 세상과 거리를 두면서 자신을 보호하고 방어하는 아이 나름의 대처방식을 취하고 있다.

상담지도 방안

- 학생
  - 이 학생을 상담지도할 때의 방향은 아이가 이번 일을 겪으면서 받았을 상처와 충격을 완화하고 학교와 학급 안에서 안정된 소속감을 느끼게

하기, 자기 존재가치에 대한 확신을 갖게 하기, 학교 및 선생님과 친구들에 대한 믿음과 신뢰감을 회복할 수 있게 조력하는 것이다.

- 다문화가정 자녀로 공개돼 아이가 경험한 충격과 상처 등 부정적 경험과 내면에 있는 두려움, 걱정, 불안, 염려들을 나름대로 잘 표현하게 하고, 이를 이해·공감하여 선생님이 자신의 마음을 알아주고 자신의 처지에서 생각한다는 확신을 준다.

- 아이 안에 있는 강점과 자원을 잘 끌어내어 이것들이 구체적으로 실행되고 강화되게 지도한다. 이러한 개입은 이전의 밝은 모습과 친구관계 참여 등 적응적 모습을 회복해 나가는 데 기여할 수 있다.

- 학급에서 적절한 역할이나 활동(가급적 아이의 강점이나 장점을 인정받고 활용할 수 있는)을 주어 자신이 학급에서 필요로 하는 존재, 학급에 기여하고 다른 친구들에게 도움도 주는 사람이라는 생각과 경험을 갖게 한다.

- 일반 아이들이 다문화 수용 능력을 갖도록 지도하여 이 학생을 놀리거나 차별하지 않고 수용하며 자연스럽게 어울리게 한다. 이를 위해 이 아이의 어머니 나라인 중국의 좋은 점을 많이 알려주고 이 아이가 양쪽의 문화와 언어를 알고 있는 것이 앞으로 국제화사회에서 필요한 능력을 개발해 나가는 데 유리한 환경에 있음을 알려준다.

• 가정 및 외부 자원 연계

- 어머니가 가정에서 중국어도 자연스럽게 사용하면서 아이가 중국어를 배우게 한다. 또한 중국에 대한 역사와 좋은 점, 문화 등을 얘기해 주면 아이는 중국에 대한 이해와 애정과 관심을 갖고 자라게 된다. 이 과정에서 자연스럽게 이중문화 정체성을 형성하도록 부모 상담을 한다.

- 중국 다문화가정 연계 모임이나 활동 행사에 참여하면서 좋은 경험과 학습을 하도록 하고 중국계 다문화가정 출신의 좋은 역할 모델을 찾도록 도와준다.

(5) 기타 문제

학교생활 부적응 심화로 파생되는 등교기피 문제, 학업중단 문제, 학교 중도탈락 문제, 구타와 교우관계 고립 문제, 자살 시도 등의 정신건강 문제 등 역시 학교 상담지도의 역할과 개입이 필요하다. 특히 다문화가정 학부모와 의사소통, 연결이 안 되거나 학부모를 만나더라도 언어적 문제로 아예 의사소통이 안 되어 학부모와 협력하여 학생지도를 할 수 없는 경우도 있다. 이 점은 학생의 문제를 더욱 악화시키는 요인으로 작용하기도 한다.

[사례] 자살충동을 경험하는 다문화가정 학생

> 어머니가 중국인이고, 아버지가 한국인인 다문화가정의 중학교 여학생이 있는데, 평소 수줍음이 많고 말수가 적으며 질문을 하면 반응이 느리고 매사에 열의 없는 태도를 보이고 있다. 그런데 선생님이 우연히 글쓰기 공책을 검사하다가 맨 뒷장에 "죽고 싶다. 죽으면 지금보다 낫겠지."라는 낙서 같은 글을 보게 되었다. 자살을 생각하고 있는 것 같은데 어떻게 하면 이 학생이 자살에 대한 충동에서 벗어나게 할지 고민이 된다.

상황 이해

평소 말이 적고 수줍고 반응이 느리며 매사에 열의 없는 태도를 보이는 다문화가정 학생이 자살하고 싶은 생각을 갖고 있음이 드러났다.

학생 심리

학생의 낙서는 현재 생활하기가 매우 어렵고 힘들다는 신호이자 자신을 현재 상태에서 구해달라는 우회적 신호를 보내는 것으로 이해할 필요가 있다. "죽고 싶다. 죽으면 지금 보다는 낫겠지."라는 학생의 표현에서 나타나는 죽고 싶다는 마음 이면에 '지금과 같이는 살고 싶지 않다. 뭔가 지금과는 다르게 잘살고 싶다'는 바람이 있다. 그런데 현실이 내 바람대로 안 된다는 무력감과 좌절감이 혼재되어 있다. 비교적 오랫동안 반복되어 온 좌절이나 무력감, 그리고 이로 인한 부정적·패배적 생각의 악순환이 자살관념과 충동으로까지 이르게 했다고 이해할 수 있다.

상담지도 방안

- 학생
  - 위기 상황으로 보고 즉각적인 개입이 필요하다. 학생과 대화를 하면서 최근 생활을 물어보면서 진지하게 경청하고 관심을 기울여주다가 기회를 봐서 자살 생각과 관련된 개입을 한다. 언제 그런 생각이 처음 들었는지, 얼마나 자주 그런 생각이 들었는지 등을 물으면서 자살 생각의 빈도나 강도를 확인할 필요가 있다. 그리고 어떤 생각이나 일로 인해 죽고 싶다는 생각이 드는지 등을 물으면서 자살관념과 충동을 촉발하는 요인, 사건, 주요 관련 문제들을 파악할 필요가 있다.
  - 대처 질문을 통해 학생의 어려움과 노력을 인정하고 할 수 있는 노력과 행동을 격려한다. 그동안 그런 생각이 들거나 충동이 생길 때 어떻게 대처해 왔는지를 들어볼 필요가 있다. 그리고 그렇게 힘든 상황인데도 지금까지 잘 견뎌온 것에 대해서 인정해 준다. 또한 그동안 잘 견뎌왔던 것처럼 조금만 더 함께 노력할 것이 없는지 찾아보자고 말하고, 작고 구체적인 실천사항을 찾아서 실행하도록 격려한다.
  - 자살 관련 행동계약서(부록 참조)를 작성하고 함께 서명한다. 자살관념이나 충동을 느끼는 학생과 상담지도를 할 때에는 자살하지 않겠다는 약속을 하거나 또는 자살관념이나 충동을 느낄 때는 반드시 상담자에게 연락하거나 알린다는 약속을 하는 '행동계약서'를 작성하여 날짜를 적고 상담자와 내담자(학생)가 서명을 한 후 이를 한 장씩 나눠 가질 필요가 있다. 이런 행동계약은 충동적인 우발적 자살을 막을 수 있으며 자살관념이나 충동이 일어날 때 이에 대해서 말할 사람이 있고 또 이에 대해 말을 하기로 약속을 했다는 실천 의무가 있기에 자살을 방지하는 역할을 할 수가 있다.
- 가정 및 외부 자원 연계
  - 다문화가정의 학생이라는 배경으로 인해 지금까지 겪어왔거나 현재 겪고 있는 어려움이 무엇인지 파악할 필요가 있다. 가정의 물리적·심리적 환경, 부모와의 관계, 혹은 반 친구들과의 관계에서 겪는 어려움이 무엇인지, 그리고 자기정체성에 대한 혼란과 고민이나 진로나 미래

에 대한 불안은 무엇인지 등을 파악하면서, 학생의 문제가 심각하다고 느낄 때에는 부모와 상담하고 협력해야 할 필요가 있다.
- 학교 교사의 상담지도 개입과 더불어 필요하다면 지역사회 청소년 전문상담기관에서 전문적인 일대일 상담을 지속적으로 받을 수 있도록 연결해 줄 필요가 있다.

4. 다문화 학생과 학교상담의 과제

1) 학교상담 프로그램의 과제

학교 생활지도 및 상담은 제도적 교육기관인 학교에 있는 아동 및 청소년을 대상으로 문제 및 부적응 현상을 예방, 치유하고 그들의 성장과 적응, 발달을 지원하는 활동으로 학생뿐만 아니라 학생과 관계된 교사, 부모, 학교행정가에 대한 자문과 지원활동을 포괄하는 영역이다(김광수, 2014). 한 개인의 성장과 발달에 있어서 교육적·심리적·사회적 기초를 제공하는 결정적 역할을 하는 학교에서는 교과교육 못지않게 생활지도와 상담의 기능과 역할이 매우 중요하다. 특히 대다수 일반 학생들과 달리 더욱 취약한 상황에 놓여 있는 다문화가정 학생들에 대한 상담 프로그램의 개발과 적용이 필요한 과제가 되고 있다.

무엇보다도 이러한 과제를 효과적으로 해결하는 데 핵심 역할을 하는 학교 현장교사와 앞으로 현장교사가 되기 위해서 준비 중인 예비교사들이 다문화 인식과 관점에서의 학생 생활지도와 상담에 관한 지식과 능력을 개발해야 한다. 교사의 다문화적 사고와 인식에 토대한 효과적 생활지도와 상담지도의 실시는 다문화가정 학생들의 문제를 대처, 예방하고 학교생활 적응과 발달을 촉진하여 일반 학생들과의 자연스런 조화와 통합을 가져온다. 그럼으로써 다문화가정 학생과 일반 학생들이 동류의식을 갖고 더불어 살아가는 공동체의식을 키워나가는 데 중요한 역할과 기능을 할 수 있다.

학교 교육에서 생활지도와 상담의 역할과 기능이 좀 더 효과적으로 이루어지기 위해서 해결해야 할 과제를 제시하면 다음과 같다. 이 과제는 다문화가정 학생들의 학교 적응 및 정체성 형성 문제, 또래관계 및 다문화가정 부모지원 문제 등의 영역에 초점을 맞추어 제시할 수 있다. 당장 시급하게 개발·운영해야 할 프로그램은 (1) 다문화가정 학생의 학교생활 적응, 학업발달 및 정체성 형성을 위한 상담 프로그램(일반 학생과 다문화가정 학생 통합교육 지향), (2) 다문화가정 학생의 또래관계 촉진과 조력을 위한 또래상담 프로그램, (3) 지역사회 네트워크 형성 및 연계지원 프로그램, (4) 다문화가정 부모상담, 부모교육 및 지원 프로그램, (5) 일반 학생들의 다문화 이해능력과 다문화 세계화 사회에서 갖추어야 할 자질과 태도와 품성을 계발하기 위한 상담 및 심리교육 프로그램(인권 존중, 평등, 차별과 편견 극복 내용 포함), (6) 학교 교사의 다문화상담 및 생활지도 능력(전문성) 함양을 위한 연수 프로그램 등을 들 수 있다(김광수, 2009).

　　또한 다문화상담 및 지도 활성화를 위한 기타 과제는 다음과 같다. 체계적이고 효과적인 상담지도와 개입을 위해서 다문화가정과 자녀들의 필요와 문제에 대한 좀 더 구체적인 조사연구를 활성화할 필요가 있다. 이러한 기초조사연구를 통해 그들의 문제나 필요가 구체화될 때 이를 토대로 실질적인 정책과 개입 프로그램을 활성화할 수 있을 것이다. 현재는 이들의 학교생활 적응 문제가 큰 문제로 대두되고 있지만, 학교생활을 통해서 이들이 자신에게 적합하고 자신의 잠재력을 발휘할 수 있는 미래 진로를 준비할 수 있도록 돕기 위한 진로상담 및 진로직업교육 프로그램의 개발과 적용도 중요한 과제가 되고 있다. 이를 통해 다문화가정 학생이 우리 사회에서 생존할 뿐만 아니라 사회 발전에 참여하고 기여할 수 있도록 해야 한다. 다문화가정에 대한 효과적인 상담 개입을 위해서는 결혼이주 가정과 자녀, 이주노동자 가정과 자녀, 국제결혼 가정과 자녀, 귀국

집단상담 활동에 참여하는 학생들

학생 간 신뢰감 촉진 산책(친구야 조심해)

가정과 자녀 등으로 대상을 세분화하여 그들의 문제와 필요를 파악하고 조력하는 연구와 상담 프로그램 개발이 이루어질 필요가 있다.

한편 다문화가정과 자녀의 효과적 상담과 조력을 위해서 이미 우리 사회에 적응이 상당히 이루어졌고, 우리 언어와 자기 민족의 언어를 동시에 자유자재로 구사할 수 있는 좋은 인력들을 체계적으로 훈련시켜 이들이 다문화가정 아동과 학부모 및 다문화가정을 효과적으로 지원하고 지역사회 기관과 연계될 수 있도록 조력하는 전문상담지도 인력으로 활용하는 프로그램을 개발·적용할 필요가 있다. 이들은 더 자연스럽게 다문화가정과 자녀들을 도울 수 있을 뿐만 아니라 우리 일반 교사와 학생들의 다문화 이해능력의 계발에도 좋은 영향을 발휘할 수 있을 것이다(김광수, 2009).

2) 학교상담 지원체제

다문화가정 학생의 문제를 예방하고 이들의 적응과 발달을 촉진하기 위해서는 학교환경 전체가 이들을 효과적으로 생활지도하고 상담 지원할 수 있도록 학내 협력체제를 구성할 필요가 있다. 또 학교 밖의 사회적 지지체계와 연계 및 협력도 필요하다(김광수, 2014).

(1) 학내 협력체제

다문화가정 학생지도를 위해 학교 전체가 효율적인 상담체제로 기능하려면 동학년 교사들과의 협력체제를 구성하여 다문화가정 학생에 대한 정보를 교환해야 한다. 또 학교 전체가 일관성 있는 상담지도를 해나가도록 교사들 간에 활발한 의사소통과 필요한 정보를 주고받는 긴밀한 협력체계를 구성하여 운영해야 할 필요가 있다. 무엇보다 학교행정을 담당하는 교장·교감 선생님의 다문화교육에 관한 관심과 이에 기초한 협력과 지원이 대단히 중요하다. 특히 아직 미미한 수준에 있는 전문상담교사를 확대 배치하고, 전문상담교사의 역할과 담임(일반)교사의 상담지도 역할을 규정하고 업무를 분담하여 상호 효과적으로 협력하는 학교상담 활성화 방안이 매우 필요하다. 더불어 이중언어 강사, 멘토링, 자원봉사 인력의 활용, 또래상담제도 운영 등을 통해 학내 협력체계를 체계적으로 구축해 나갈 필요가 있다.

(2) 학부모 협력체제

학교는 다문화가정 학생의 효과적인 상담지도를 위하여 교사와 다문화가정 학부모 간, 일반 학부모와 다문화가정 학부모 간 및 다문화가정 학부모 간의 연계를 구축하고 실행하는 중심축이 될 필요가 있다. 다문화가정의 경우 주변이웃, 가족, 친척들의 지지 세력이 매우 약하기 때문에 사회적 지지체계와의 연계 구축 조력이 매우 필요하다. 학교가 학부모 협력체제를 구축하여 다양한 형태의 다문화가정 부모와 자녀들이 서로 연계를 맺을 수 있도록 조력하여 이들 가정과 부모, 자녀들이 사회적 연결망 속에서 정보를 교환하며 서로 필요한 지원을 하면서 적응과 발달을 촉진해 나갈 수 있도록 장소와 프로그램을 제공할 필요가 있다.

(3) 지역사회 연계 협력체세

다문화가정과 부모가 가정 문제와 자녀 양육 문제에 대한 전문적 도움을 받도록, 특히 부모 역할과 기능(부모노릇하기, 자녀와의 대화, 자녀 훈육 및 기타 문제 행동 다루기 등)을 훈련, 강화하고 부모역할 효능감을 증진하는 문제에 대해 더욱 체계적이고 전문적인 도움과 조력을 받도록 하기 위해 학교는 지역사회의 다문화가정지원센터나 관련 전문상담기관과 연계 협력체제를 구축하고 이에 대한 정보를 주거나 이들 기관과 연계해 줄 필요가 있다. 이를 위해 교사나 학교 차원에서 지역사회 내에 연계와 활용이 가능한 상담자원이 되는 전문가와 전문기관을 상세히 파악하여 관련 정보를 제공할 필요가 있다.

다문화가정 학생과 일반 학생의 문제를 예방하고 치유하며 이들의 건강한 발달과 성장을 촉진하기 위해서 다양한 정책과 지지체제와 프로그램을 마련하는 것도 중요하지만 이 모든 일에 책임을 갖고 진행할 사람, 즉 인적 자원이 무엇보다 중요하다. 점차 다문화가정 학생들이 증가하게 될 학교 교육의 현장에 전문상담교사를 배치해 이들이 다문화가정 학생과 이들을 지도하면서 어려움을 겪는 교사들, 그리고 다문화가정 부모들을 조력하는 중추적 역할을 하도록 할 필요가 있다. 일반적 상담전문성과 함께 다문화적 관점과 역량을 갖도록 훈련받은 전문상담교사가 학교와 다문화가정과 지역사회 기관을 연계하면서 다문화가정 자녀들의 문제를 사전에 예방하고 조기 발견하여 개입함으로써 다문화가정 학생이 건강한 적응과 발달을 해 나갈 수 있도록 조력할 필요가 있다. 이를 위해서는 다문화 학생 상담자 교육을 위한 교육과정 및 교육내용 개발 연구(김현아·이자영, 2013)와 더불어 전문상담교사 양성과정에 다문화상담 역량을 계발할 교육과정을 필수교육과정으로 이수하게 할 필요가 있다.

1. 일반 상담과 비교할 때 다문화상담의 특성을 제시하고 다문화상담 역량에 대해서 논해 보자.

2. 다문화가정 학생이나 가정에 도움을 줄 수 있는 기관이나 프로그램을 찾아서 살펴보고 어떠한 도움을 줄 수 있는지 정리해 보자.

3. 우리 사회 다문화가정 학생들에게 좋은 역할 모델이 될 수 있는 사람을 찾아보고 어떤 면에서 도움을 줄 수 있는지 논해 보자.

4. 다문화가정 학생과 일반 학생들이 서로 소통하고 이해하면서 좋은 집단응집력과 역동이 형성되어 친밀해질 수 있도록 하는 통합집단 상담 프로그램이나 활동의 예를 제시하거나 새로 구성해 보자.

참고문헌

김광수(2009a), 교사상담연수교재 편,『상담의 핵심원리와 실제』, 한국방송통신대학교.

김광수(2009b),「다문화가정 자녀와 학교상담 프로그램의 과제」,『2008년 한국초등상담교육학회 연차학술대회 자료집』, 1-15, 한국초등상담교육학회.

김광수(2014),「일탈행동」, 한국초등상담교육학회 편,『한국형 초등학교 생활지도와 상담』, 학지사.

김광수·정태희(2010),「다문화가정 학생지도를 위한 학교상담의 방향과 과제」,『한국초등교육』 20(2), 서울교육대학교 초등교육연구원.

김성현(2009),「다문화가정 자녀의 학습능력 향상을 위한 학습상담 전략」,『사회변화와 상담의 진화』, 2009년 한국상담학회 연차학술대회 발표자료.

김진영·황매향(2010),「초등교사의 다문화가정 아동 지도경험」,『초등상담 모형과 지원체제 구축』, 2009년 한국초등상담교육학회 연차학술대회 자료집.

김태호(2009),「다문화사회와 상담의 적용」,『사회변화와 상담의 진화』, 2009년 한국상담학회 연차학술대회 발표자료.

김현아·이자영(2013),「다문화상담자 교육 콘텐츠 개발을 위한 기초연구: 다문화 현장 전문가 FGI를 중심으로」,『한국콘텐츠학회논문지』 13(3), 468-484, 한국콘텐츠학회.

박성수(1992),『학생상담원리와 효과적 표현방법』, 서울대학교 사범대학 상담교육연구실.

성상환·김광수·임은미(2010),『다문화가정 학생 지도교사를 위한 상담매뉴얼 개발 연구』, 중앙다문화센터.

송미경·이은경·신효정(2009),「다문화가정 어머니의 양육효능감 증진을 위한 집단상담프로그램개발」,『상담학연구』 10(3), 1627-1643, 한국상담학회.

오성배(2008),「다문화가정 자녀의 성장과정 탐색」,『다문화가정과 아동청소년상담: 지원체계, 상담사례』, 한국 아동·청소년상담학회.

윤정일·김민성·윤순경·박민정(2007),「인간능력으로서의 역량에 대한 고찰: 역량의 특성과 차원」,『교육학연구』 45(3), 한국교육학회.

이동훈·고홍월·양미진·신지영(2014),「현장전문가가 인식한 다문화 청소년 상담역량에 관한 탐색적 연구」,『청소년상담연구』 22(2), 한국청소년상담복지개발원.

임은미(2008),『다문화진로상담』(진로상담세미나자료집), 서울경기상담학회.

전경숙(2008),「경기도 지역의 다문화가정과 일반가정 청소년의 생활실태 조사: 학교생활과 가정생활을 중심으로」,『청소년상담연구』 16(1), 한국청소년상담복지개발원.

정하성·유진이·이장현(2007),『다문화청소년 이해론』, 양서원.

최관경(2007),「다문화시대의 교육적 과제: 무엇을 위한 다문화 교육인가」,『초등교육연구』 22, 245-272, 부산대학교 초등교육연구소.

한국청소년상담원 편(2005),『부모교육 프로그램』, 한국청소년상담원.

한국초등상담교육학회(2014),『한국형 초등학교 생활지도와 상담』, 학지사.

황매향(2009),「다문화가정 아동의 상담에 대한 기대」,『2008년 한국초등상담교육학회 연차학술대회 자료집』, 16-37, 한국초등상담교육학회.

Bingham, R. P., & Ward, C. M., (1996). Practical Applications of Career Counseling with Ethnic Minority Women. In M. L. Savickas, & W. B. Walsh (Eds.), *Handbook of Career Counseling Theory and Practice* (pp. 291-351). Palo Alto, CA: Davies-Black.

Midgette, T. E., & Meggert, S. S. (1991). Multicultural Counseling Instruction: A Counseling Instruction: A Challenge for Faculties in the 21st Century. *Journal of Counseling and Development, 70*(1), 136-141.

Spencer L. M., & Spencer, S. M. (1993). Competency at Work. *NY: John Wiely & Sons, 5.*

Sue, D. W., Arredondo, P., & McDavis, R. J. (1992). Multicultural Counseling Competencies and Standards: A Call to the Profession. *Journal of Counseling & Development, 70*(4), 477-486.

Sue, D. W., Bernier, J. E., Durran, A., Feinberg, L., Pedersen, P., Smith, E. J., & Vasquez-Nuttall, E. (1982). Position Paper: Cross-Cultural Counseling Competencies. *The Counseling Psychologist, 10*(2), 45-52.

Sue, D. W., Ivey, A. E., & Perdersen, P. B. (1996). *Theory of Multicultural Counseling and Therapy.* CA: Brooks/Cole. 김태호 외 역(2008), 『다문화상담의 이론과 실제』, 태영출판사.

Zunker, V. G. (2006). *Career Counseling: A Holistic Approach* (7th Ed.). Brooks/Cole.

자살방지 서약서

1. 나 _____는 절대로 자살하지 않을 것이며, 자해나 자살을 시도하지도 않을 것을 서약합니다. 나는 자살하고 싶은 생각이 들면 반드시 (친구, 상담자, 성직자, 교사)에게 먼저 말할 것입니다. 만일 이 사람들을 만날 수 없으면 전화를 하거나 주위 사람에게 도움을 청하겠습니다.

2. 나는 충분한 휴식과 수면을 취하고 잘 먹을 것을 서약합니다.

3. 나는 자살할 수 있는 모든 도구를 없앨 것을 서약합니다.

4. 나는 조금이라도 기분이 이상하면 반드시
   주간: _____
   야간: _____로 전화를 걸거나 어떠한 수단을 써서라도 알리겠습니다. 이 사실을 알리기 전에는 절대로 아무런 행동을 하지 않을 것을 서약합니다.

일 시 :   년   월   일
학 생 :   (인)
상담자 :   (인)

* 자살충동 발생 시의 응급위기상담 연락처

　생명의 전화 연락처 : 1588-9191

　사이버상담 : www.lifeline.or.kr

(임은미, 2008)

상담자의 다문화 진로상담준비정도 체크리스트[1]

여러분이 다른 인종이나 민족 출신의 내담자를 만나게 되면, 내담자에 대한 진로 평가를 할 때 이 체크리스트를 사용할 수 있습니다. 다음 진술들은 인종과 민족이 다른 내담자들에게 진로상담을 할 때 그들에 대하여 더 신중하게 생각하도록 돕기 위한 것입니다. 모든 진술문에 √ 체크해 주시기 바랍니다.

《보기》

언제나 그렇다(매우 긍정)	5
자주 그렇다(약간 긍정)	4
그저 그렇다(보통)	3
가끔 그렇다(약간 부정)	2
거의 그렇지 않다(매우 부정)	1

• 나의 인종/민족 정체성: ＿＿＿＿＿＿＿＿＿＿

• 내담자의 인종/민족 정체성: ＿＿＿＿＿＿＿＿＿＿

내 용	Ⅰ. 상담자준비도	Ⅱ. 탐색과 사정	Ⅲ. 협상과 실질적인 합의	총 점
점 수	/65	/75	/100	/240

....

1 Zunker(2006), 521-523에서 발췌·번안하여 체크리스트화한 것임.

Ⅰ. 상담자 준비도

내용	점수
1. 나는 최소한의 다문화적 상담 능력에 익숙하다.	①②③④⑤
2. 나는 내담자의 문화적 정체감을 알고 있다.	①②③④⑤
3. 나는 내담자의 문화를 이해하고 존중한다.	①②③④⑤
4. 나는 나 자신의 세계관과 그것이 어떻게 형성되었는지를 알고 있다.	①②③④⑤
5. 나는 나의 사회경제적 지위가 내담자를 공감하는 능력에 어떤 영향을 미치는지 알고 있다.	①②③④⑤
6. 나는 내 정치적 견해가 이 민족 집단 출신의 내담자를 상담하는 데 어떤 영향을 미치는지 알고 있다.	①②③④⑤
7. 나는 상이한 인종/민족 집단과 함께 한 상담경험이나 기타 생활 경험을 가지고 있다.	①②③④⑤
8. 나는 내담자가 속한 민족 집단의 역사, 지역 사회정치적 쟁점, 그리고 도움을 추구하는 태도에 대한 정보를 가지고 있다.	①②③④⑤
9. 나는 내담자의 민족 집단이 갖는 강점을 많이 알고 있다.	①②③④⑤
10. 나는 나의 인종적 정체감 발달이 어느 수준인지를 알고 있다.	①②③④⑤
11. 나는 내담자의 민족 집단이 가지고 있는 고정관념을 알고 있다.	①②③④⑤
12. 나는 소수민족 내담자를 직면하는 것이 편안하다.	①②③④⑤
13. 나는 내담자의 생활 속에 존재하는 성과 인종 및 민족의 상호작용이 중요하다는 것을 알고 있다.	①②③④⑤
합계	점

II. 탐색과 사정

내용	점수
1. 나는 내담자가 가진 진로상의 의문점들을 알고 있다.	①②③④⑤
2. 나는 내담자가 가진 진로상의 의문이 재정, 가족, 그리고 학력과 어떤 방식으로 복합적으로 작용하는지를 이해한다.	①②③④⑤
3. 나는 내담자가 진로상의 의문과 인종이나 문화적 문의사항도 가지고 있다는 것을 알고 있다.	①②③④⑤
4. 나는 내담자가 자신의 인종이나 문화와 관련하여 가지고 있는 한계나 장벽을 알고 있다.	①②③④⑤
5. 나는 내담자가 지각하는 제한점들이 무엇인지 이해한다.	①②③④⑤
6. 나는 내담자가 가족의 인종문화적 정체성을 어떻게 지각하고 있는지 알고 있다.	①②③④⑤
7. 나는 내담자가 자신의 진로에 대한 가족의 지원을 어떻게 지각하고 있는지를 알고 있다.	①②③④⑤
8. 나는 내담자의 가족이 내담자가 어떤 직업을 가지기를 원하는지 알고 있다.	①②③④⑤
9. 나는 내담자 가족의 지원이 그(녀)에게 중요한지 아닌지를 알고 있다.	①②③④⑤
10. 나는 가족에 대한 책임감이 내담자의 진로 선택에 영향을 미치고 있다고 생각한다.	①②③④⑤
11. 나는 내담자가 고등학교 시절 이후에 진로 정보와 역할 모델들에 얼마나 노출되었는지를 알고 있다.	①②③④⑤
12. 나는 고등학교에서의 긍정적, 부정적 경험이 내담자의 자신감에 미친 영향을 알고 있다.	①②③④⑤
13. 나는 내담자가 자신의 유능성, 능력, 그리고 자기효능감을 어떻게 지각하고 있는지 알고 있다.	①②③④⑤
14. 나는 내담자가 성편견이나 인종차별로 인해 특정 직업환경을 피하고 있다고 생각한다.	①②③④⑤
15. 나는 내담자의 인종 정체성 발달단계를 알고 있다.	①②③④⑤
합계	점

Ⅲ. 협상과 실질적인 합의

내용	점수
1. 나는 내담자가 추구하는 진로상담의 도움유형에 대해 알고 있다(진로선택, 가족수입의 보충, 전문적 진로 등).	①②③④⑤
2. 나는 내담자와 진로상담의 목표에 합의하였다.	①②③④⑤
3. 나는 가정에서 내담자가 가진 여성(남성)으로서의 역할이 진로선택에 어떻게 영향을 미치는지 알고 있다.	①②③④⑤
4. 나는 내담자가 가정과 문화에서 여성(남성)이 갖는 직업의 역할이 무엇이라고 생각하는지 알고 있다.	①②③④⑤
5. 나는 내담자의 진로 계획 속에서 자녀가 갖는 역할에 대하여 내담자가 이해하고 있음을 알고 있다.	①②③④⑤
6. 나는 내담자가 얼마나 다양한 진로 역할 모델들에 노출되었는지 알고 있다.	①②③④⑤
7. 나는 보다 많은 진로와 역할 모델들에 노출되면서 겪는 문화에 기반한 진로상의 갈등들을 이해하고 있다.	①②③④⑤
8. 나는 내담자의 진로 포부를 알고 있다.	①②③④⑤
9. 나는 자신의 포부를 달성해 낼 수 있는 스스로의 능력에 대한 내담자의 자신감 수준이 어느 정도인지 알고 있다.	①②③④⑤
10. 나는 내담자가 직업의 유형과 교육적 수준 사이의 관계를 이해하고 있다고 생각한다.	①②③④⑤
11. 나는 내담자의 포부와 기대에 장애가 되는 부정적이거나 자기 파괴적인 생각들을 알고 있다.	①②③④⑤
12. 나는 내담자와 내가 문화적 가족적 이슈들을 탐색한 후에 적절하게 목표를 재협상할 필요가 있는지를 알고 있다.	①②③④⑤
13. 나는 내담자가 진로탐색 과정을 이해하고 있다는 것을 알고 있다.	①②③④⑤
14. 나는 진로상담 과정에 대한 내담자의 기대를 알고 있다.	①②③④⑤
15. 나는 이 인종 출신의 내담자에게 전통적인 진로 평가 도구를 언제 사용하는 것이 적절한지를 알고 있다.	①②③④⑤
16. 나는 내담자에게 어떤 도구를 사용해야 할지 알고 있다.	①②③④⑤
17. 나는 이 인종 내담자와 함께 선택한 도구를 사용하기 위한 연구지원에 대하여 알고 있다.	①②③④⑤

18. 나는 이 인종 출신의 내담자와 사용하기에 보다 적절할 것 같은 비전통적 도구를 알고 있다.	①②③④⑤
19. 나는 이 민족 출신의 내담자에게 전통적인 도구를 사용하기 위한 비전통적 접근법들을 알고 있다.	①②③④⑤
20. 나는 내담자의 인종이나 문화가 가진 진로상의 강점들을 알고 있다.	①②③④⑤
합계	점

(성상환·김광수·임은미, 2010)

제12장

다문화 미술교육의 내용과 방법

류재만 서울교육대학교 미술교육과

지구촌 사회를 묘사한 그림(학생 작품, 박주영)

도입활동

• 미술의 어떤 특성이 다문화를 이해시키는 교육적 도구로 유용하다고 생각하는가?

01 단원의 목표는 다문화 미술교육의 기초적인 이해를 기반으로 학교 현장에서
미술을 통한 다문화교육을 실천할 수 있는 지도 역량을 기르는 데 있다.
다문화 미술교육은 다양한 문화가 혼재하는 다문화사회에서 학생들이 타문화와 우리
문화의 공통점과 차이점을 발견하고, 더 나아가 차이가 생기는 원인을 사회문화적
맥락에서 찾아 볼 수 있도록 하는 데 중점을 둔다. 즉, 우리와 피부색이 다른 이주민들과
함께 더불어 살아가는 합리적이고 상대주의적인 수용 태도를 기르도록 하는 것이다. 또한
다문화 미술교육을 통해 나와 다른 사람들의 문화를 이해, 수용하고 문화적 이질감을
극복할 수 있는 역량을 키움으로써 다문화 시민의 자질을 길러줄 수 있다.

1. 다문화 미술교육의 의의

1) 다문화 미술교육의 개념

다문화 미술교육은 학자마다 달리 정의하고 있어 한마디로 정의하기는 쉽
지 않다. 다문화 미술교육과 관련하여 주요 학자들의 견해를 살펴보면 다음과
같다.

맥피(McFee, 1986)는 다문화 미술교육의 목적이 학생들이 미술의 역사와 가
치를 학습하고, 전통을 표현하거나, 다문화적 인식을 통해 낯선 문화를 깊이 있
게 이해하는 데 있다고 하였다.

스튜어트(Stewart, 1992)에 의하면 다문화교육은 학생들에게 문화적인 자아
의식, 다문화적 지식, 인간관계와 의사소통 기술, 비교 문화 경험을 제공한다. 다
문화 미술교육은 이러한 다문화교육에 미국의 주요 민족 그룹에 의한 미술 유
산, 민족 전통, 미술의 역사와 철학, 미학 이론과 미술작품에 대한 맥락적인 해석
을 덧붙인다. 다문화 미술교육은 학생들의 세계관에 대한 지식, 양식적 · 기법적

선택, 미학 체계, 미술을 통해 전달되는 상징적 의미 등을 넓힌다. 또 그것은 학생들의 사고방식과 행동방식을 확장하고, 사회적·창의적·정신적인 성장을 돕는다(정정숙, 2003 재인용).

그레임 찰머스(Graeme Chalmers)는 유럽 백인 남성 중심의 미술관에 의문을 제기하며, 다문화 미술교육의 목적이 미술에 내재된 편견과 차별을 드러내어 각각의 독특한 문화가 지닌 우수성을 존중하고, 다양한 인종, 성, 연령, 사회문화적 배경을 가진 사람들의 정체성을 강화할 수 있도록 돕는 데 있다고 하였다(황숙희, 2000).

또한 데사이(Desai, 2005)는 세계화 시대를 위한 다문화 미술교육의 기능을 제시하였는데, 그중 몇 가지를 살펴보면 다음과 같다(손지현, 2006 재인용).

첫째, 다문화 미술교육가로서 글로벌 네트워크 내에서 경제적·사회적·정치적 과정을 통한 미를 창조하면서 학생들이 지방과 세계화의 관계에 대하여 생각해 보노톡 한나.

둘째, 다문화 교육과정은 지역과 글로벌 세계와 관련되어 있으며 이러한 지역과 글로벌 세계의 관계 형성과 학생들의 역할에 대해 생각해 보는 기회를 갖도록 한다.

셋째, 현대 작가 중 세계화를 다루는 작가를 선정해 비판적 대화를 나누게 함으로써 세계화 시대에 맞는 시민의식을 기를 수 있는 기회를 제공한다.

이들의 견해를 종합해 보면, 다문화 미술교육은 나와 다른 사람들의 미술문화 이해를 바탕으로 하여 다문화적 인식을 넓히고 타문화를 이해, 수용할 수 있는 능력을 길러주는 것이다. 또한 문화적 이질감을 극복할 수 있는 역량 강화를 통해 점점 다원화되는 미래사회의 시민으로서 갖추어야 할 합리적이고 상대주의적인 태도를 함양하는 데 그 목적이 있다.

2) 다문화 미술교육의 필요성

다문화교육의 목표가 문화들 간에 다리를 만들어 상호이해와 포용력을 기르는 것이라면, 예술교육은 이를 수행할 수 있는 최선의 방법이다. 예술은 그 시대의 생각과 사회적 관습을 반영하며 그 사회를 이끌어 나가기도 한다. 즉, 예술적 상징에는 사회문화적 경험이 압축, 추상, 통합되어 있으므로 예술은 그 사회상을 이해하게 하고, 그 사회에 살고 있는 개인의 경험이 반영되는 모델이 된다. 따라서 미술 교과는 어떤 교과보다도 더 다양하고 깊이 있는 문화적인 가치들과 신념들을 더 직접적으로 제공하는 도구가 된다(전효과·김수진 역, 2000).

다문화에 대한 체험을 미술로 접근할 경우 학생들이 나와 다른 문화를 쉽고 재미있게 이해하고 문화다원주의적 태도를 자연스럽게 내면화할 수 있기 때문에 미술은 다문화교육을 수행할 수 있는 훌륭한 교과이다.

다문화 미술교육의 필요성으로 문화적 정체성 함양과 다문화 이해, 새로운 미술문화 창출 및 다문화사회 시민의 자질 함양을 들 수 있는데, 이를 구체적으로 살펴보면 다음과 같다(류재만, 2009).

첫째, 문화적 정체성을 함양할 수 있다. 문화적 정체성은 민족정체성을 의미하며, 이는 민족공동체가 인종·언어·종교 등의 문화를 공유함으로써 유대감을 느끼며 창출한 민족문화를 의미한다. 한 국가나 민족의 정체성은 민족과 민족문화의 재현 과정을 통해 형성되고 강화된다. 스튜어트 홀(Stuart Hall)에 의하면 민족정체성은 민족이 갖고 태어나는 것이 아니라 재현 작용의 관계 속에서 형성되고 변형되는 것이다. 우리는 영국의 민족문화에 의해 '영국성'이 재현되어 온 방식으로 '영국인'을 알게 된다. 민족은 정치적 실체인 동시에 문화적 의미의 재현 체계를 생산하기도 한다(같은 책).

맥피의 미술교육은 사회의 변화와 다양성을 바탕으로 사회적·문화적·민족적 다양성이 반영되어야 한다는 문화다원주의를 이론적 근거로 한다. 즉, 교육에서 문화적 다양성을 적절하게 반영하기 위해서는 미술 교과가 적당하므로, 미술교육은 학습자들에게 그들 문화의 독특한 문화적 정체성을 유지함과 동시에 다양한 계층과 민족의 문화를 이해하도록 하는 역할을 해야 한다고 주장한다(이옥선, 1999).

미술작품은 개인의 작품일지라도 그 시대정신과 사회적 이슈들을 담아 그 당시의 사회문화적 특성을 반영한다. 다양한 사회문화적 배경을 가진 미술품의 의미와 가치들을 학생들에게 조사하고 찾아내게 함으로써 학생들이 나와 다른 문화를 이해하고 자기 문화에 대한 정체성을 가지며 다양한 미술문화를 새롭게 인식하도록 할 수 있다.

문화적 다양성을 반영한 다문화 미술교육은 미술문화 비교 체험을 통해 타문화와의 공통점과 차이점을 찾는 과정에서 다른 문화에 대한 이해와 자문화에 대한 정체성을 갖게 한다. 또 그 사회의 소수민족인 비주류 학생들에게 자신감을 가지게 하고 자민족에 대한 정체성을 가지게 할 수 있다.

둘째, 다문화 이해를 돕는다. 맥피는 미술이 개인의 작품일지라도 사회문화적 배경의 산물이기 때문에 다문화 미술교육을 통해 학생들로 하여금 다른 문화를 이해시킬 수 있다고 말했다(Mcfee, 1986).

다문화교육은 문화의 다양성을 존중하고 개인이 적어도 한 개 이상의 문화집단에 소속되어 있으면서 서로 다른 문화집단과도 상호 연결되어 있음을 인식하는 데서 출발한다. 즉 다문화교육은 다문화적 조건에 대한 인식에서 출발하는데, 역사적으로 이러한 다문화적 조건은 인종 및 문화의 다양성과 상호인정에 대한 요구로 인식되었으며, 이후 여성, 다양한 계층, 하위 집단에 대한 인정 요구로 확대되었다(Banks, 2001).

다문화 미술교육은 다양한 문화가 혼재하는 사회에 살고 있는 학생들에게 다양한 미술문화들 간의 비교 교육을 통해서 상호 간 문화에 대한 이해와 포용력을 높여준다.

셋째, 새로운 미술문화를 창출할 수 있는 능력을 기를 수 있다. 우리는 세계사를 통하여 인류 역사에서 융성했던 국가는 대개 문화적 잡종성을 용인한 나라였음을 알 수 있다. 강대국들은 외부의 문화 유전자를 받아들여 혼성함으로써 결국 강인한 문명적 표준을 만들어낸 것이다(김명섭, 2002).

그리스 미술문화를 받아들여 로마 미술문화가 꽃피었고, 송나라 청자를 받아들여 고려청자가 새롭게 탄생했다. 제2차 세계대전 이후 미국은 다양한 미술문화를 받아들여 오늘날 미술문화의 중심국이 되었다.

새로운 미술문화는 다양한 미술문화적 잡종성의 토대 위에서 가능하기 때문에 다문화 미술을 받아들여 우리 것을 바탕으로 그것을 새롭게 해석하고 재구성해야 한다. 이러한 융합 과정에서 새로운 미술문화가 독창적인 우리 미술문화 창조의 밑거름이 될 수 있다.

넷째, 다문화사회 시민의 자질을 함양한다. 우리 사회가 다문화사회로 변화되면 지금까지 경험하지 못했던 많은 문제점들이 야기될 수 있다. 이런 문제점들을 극복하기 위해서는 문화적 편견이나 차별이 아니라 나와 다른 사람, 문화를 이해하고 배려하며 더불어 살아가는 태도가 필요하다. 즉, 상호의존적인 다문화사회에서 효과적으로 살아가기 위해서는 다문화 시민의 자질을 갖추어 무지나 편견, 차별을 극복하는 자세가 요구되는 것이다.

따라서 다문화 미술교육은 지역적 갈등과 문화현상, 다양성뿐 아니라 세계화 시대에 맞추어 어떻게 자아인식과 올바른 시민의식을 향상시킬 것인가까지 다루어야 한다(손지현, 2006). 이러한 다문화 미술교육을 통하여 나와 다른 사람들의 문화를 이해, 수용하고 문화적 이질감을 극복할 수 있는 역량을 키움으로써 다문화 시민의 자질을 길러줄 수 있다.

2. 다문화 미술교육의 이론과 내용

1) 다문화 미술교육의 이론

다문화 미술교육의 이론적 배경으로는 문화상대주의와 문화다원주의, 사회재건주의, 예술사회학, 세계화주의 접근 등을 들 수 있다. 구체적으로 살펴보면 다음과 같다(류재만, 2009).

첫째, 문화상대주의와 문화다원주의적 접근이다. 문화상대주의는 인류 문화는 일원적으로 진화하는 것이 아니라 제각기 독자적인 방향으로 발전하기 때문에 문화의 우열을 가릴 수 없다고 보는 태도나 관점을 말한다. 문화다원주의는 모든 문화는 각자 독특하고 고유한 특성과 가치를 인정하고 존중해야 한다는 운동이다.

미술교육이 미술이라는 고유 영역에서 문화라는 더 큰 틀로 확장하기 시작한 것은 그리 오래된 일이 아니다. 미국의 미술교육에 탈근대의 관점에서 본격적으로 문화가 수용된 것이 다문화 미술교육이다. 이것은 1960, 70년대 미국 내 인종과 성에 대한 차별에 저항하는 인권운동에서 비롯한 다문화교육의 관점을 수용한 것이다. 다문화교육은 다문화(Multiculture)란 용어에서 알 수 있듯이, 문화상대주의와 문화다원주의 관점에서 다문화사회의 책임 있는 시민으로서 필요한 태도, 지식, 기능을 계발하여 교육 민주주의를 실현하고자 한 교육이념이다(이규선 외, 2008).

둘째, 사회재건주의적 접근이다. 1960년대에 미국사회에서 소수이민자들이 증가하여 문화적 위기의 상황이 되자, 이러한 문화적 위기를 극복하고 새로운 사회질서를 형성하기 위해 교육의 수단적 역할을 강조했다. 이처럼 교육을 통한 사회재건을 강조하는 사회재건주의 교육철학을 반영하는 미술교육의 역할이 강조되면서, 미술교육에서도 맥락주의적인 접근을 시도하였다(이옥선, 1999).

사회재건주의적 다문화 미술교육은 다양한 사회문화적 그룹에 속하는 미술계의 목소리가 교육과정에 반영되어야 한다고 강조한다. 모더니즘과 같이 메타내러티브(meta narrative: 한 사회의 지배적이고 초월적인 이념이나 지식체계)에 의한 하나의 절대적 미술계가 진실로 대표되는 것이 아니라, 모더니즘에서 주변적 존재로 간주되던 다양한 미술계의 내러티브가 새롭게 주체로 떠오르게 된 것이다. 사회재건주의적 다문화 미술교육은 교육과정 측면에서 새로운 모습을 띠게 된다. 학과 간의 경계는 무너지고 교육과정은 그 지역사회의 사회적·정치적·경제적 상황과 국가적 정신에 따라 재구성됨으로써 획일화되거나 수직적이며 선형적인 구조에서 벗어날 것이다. 교사 간의 협동적 교육과정의 계획과 운영이 필수적이기 때문에 미술교사들은 주제에 따라 특정 사회문화적 그룹의 미적 경험

Box 1 문화다원주의

문화다원주의(文化多元主義, multiculturalism)란 모든 문화는 각자 독특하고 고유한 특성을 가지고 있으므로 이를 인정하고 존중해야 한다는 운동이다.

문화인류학은 제국주의 국가들이 식민지를 지배하기 위해 피식민 문화를 연구하기 시작한 데서 비롯된 것으로 알려져 있다. 그러므로 상대의 문화를 평가하는 기준은 서구의 문화였으며, 서구 문화에 가까우면 '문화'였고 멀면 '야만'이었다. 그러나 서구 문화의 잣대로 전 세계의 문화를 평가하는 데 대해 반성의 움직임이 일었다. 일부 문화인류학자

들이, 그들의 기준으로 보기에 '미개한' 야만인의 문화도 그들이 살고 있는 지역의 특성을 반영한 고유한 문화라는 사실을 인정하기 시작한 것이다. 이후 모든 문화는 그 나름대로의 고유한 가치를 인정하고 존중해야 한다는 인식이 자리 잡기 시작했다. 이 같은 문화다원주의는 1980년대 들어 주목받기 시작했다. 백인 중심의 역사를 흑인의 입장에서 다시 관찰하는 것이 그 한 예이다.

(브리태니커백과사전)

과 창작 활동을 연구하면서 민주주의 사회를 위한 실천으로 이어질 수 있도록 시노한나(Stuhr, 1994; 손지현, 2006 재인용).

셋째, 예술사회학적 접근이다. 예술은 미적 가치뿐 아니라 교육적·상업적· 종교적 가치 등 다양한 가치가 있으므로 사회문화적 기능을 수행한다. 특히 예술사회학적 접근에서는 미술이 문화 이해와 사회적 의사소통을 위한 수단이 되어야 한다고 주장한다. 이는 예술작품이 언어적 대화의 불충분을 보충하는 기호이자 상징으로서 사회통합에 새로운 수단을 제공해 주는 역할을 할 수 있기 때문이다(이옥선, 1999).

맥피는 생각이란 언어를 통해서뿐만 아니라 미술을 통해서도 전달되는 것으로(McFee & Deggi, 1980), 미술은 문화를 이해하고 사회적인 의사소통을 하기 위한 핵심 수단이라고 본다. 따라서 미술교육은 사회변화의 핵심적인 수단이 되어야 한다고 주장하면서 미술을 통한 사회통합을 주장한다(이옥선, 1999).

넷째, 문화인류학적 접근이다. 문화인류학(cultural anthropology)이란 인류의 생활 및 역사를 문화면에서 실증적으로 추구하는 인류학의 한 부문으로, 문화상대주의적 관점의 비교문화 연구를 통해서 인간을 이해하고자 하는 학문이다. 맥피는 문화를 이해하는 수단으로 미술을 강조하였는데, 그에 따르면 전통적인 서양 미학에 기초한 서양의 엘리트들이 인정했던 순수미술이라는 개념만을 미술이라고 규정짓는 것은 다양한 미술에 나타난 다양한 문화를 파악하기 어렵게 한다.

맥피는 미술에 대한 문화인류학적인 접근이 그 미술을 제작한 사람들에 의해 만들어진 미술이 무엇인가를 파악할 수 있도록 하여, 모든 집단의 미술이 가진 배경의 타당성을 존중하도록 한다. 즉, 미술이 개인적인 의사소통의 수단을 넘어서 어떤 역할을 하는가, 미술이 문화를 유지하고 전하는 데 어떤 역할을 하는가, 그리고 우리들 삶에서 미술이 어떤 기능을 하는가 등 확대된 관점에서 미술을 연구하기 위해서는 미술교육 연구에 사회학과 인류학의 통합이 필요하다고 본다.

다섯째, 세계화주의 접근이다. 세계화로 인하여 국제 여행이 빈번해졌고, 이민이 증가하였다. 또 인구의 이동은 국가주의, 시민의식의 문제와 갈등을 더욱 복잡하게 심화시켜 갔다. 이에 따라 지방성과 세계화주의 간의 긴장이 고조되고 있다. 이러한 맥락에서 태어난 곳의 문화를 기반으로 하여서는 최근의 변화를 담아낼 수가 없다. 따라서 작가의 출생지만으로 작품을 논하기는 부족함이 있다. 밸린지 모리스와 스터가 주장한 바와 같이(Ballengee-Morris & Stuhr, 2001), 다문화 미술교육은 이제 개인적, 국가적, 그리고 글로벌적 측면의 문화를 포함한 것으로서 더욱 역동적인 구조를 띠며 개인의 문화적 정체성에 대해서 생각해 보아야 할 것이다(손지현, 2006). 따라서 글로벌 시대의 다문화 미술교육은 단순히 지역성이나 인종, 국가적 경계를 근거로 한 문화적 다양성의 개념을 확장시켜야 한다.

2) 다문화 미술교육의 내용

다문화 미술교육의 목적은 다문화적 인식을 통해 나와 다른 문화에 대해 깊이 이해하여 서로의 문화를 인정하고 존중하는 데 있다. 따라서 다문화 미술교육의 내용을 이러한 관점에 기초하여 구성해야 한다. 다문화 미술교육의 내용을 구체적으로 살펴보면 다음과 같다(류재만, 2009).

첫째, 다양한 인종·계층의 미술을 미술교육의 내용으로 선정해야 한다. 미술을 순수한 조형적 산물이 아닌 역사적·사회적 체계의 반영물이자 문화적 가치와 신념을 제공하는 도구로 보고, 미술의 다양성을 통하여 타자의 문화를 이해하고 존중하는 태도를 길러야 한다. 결과적으로 다문화 미술교육은 서구의 조형 요소와 원리 중심의 형식 미학이 배제해 왔던 비주류 미술을 교육 내용에 포함해야 한다(이규선 외, 2008). 비서구 미술을 비롯해 제3세계 미술, 민속미술, 원시미술 등 다양한 인류의 예술적 유산을 교육대상으로 삼고 학생들이 미술을 통해 인종적·계층적·민족적 다양한 문화적 차원에 접근할 수 있음을 이해하도록 안내해야 한다.

둘째, 다양한 시각문화가 미술교육 내용에 포함되어야 한다. 폴 던컴(Paul Duncum)은 다른 문화를 재현하는 데 있어서 과거의 문화적 전통만 강조하면 현대사회의 다양한 측면을 보여주는 데 실패한다고 주장한다(손지현, 2006). 따라서 다문화사회에서 미술교육의 내용은 동시대의 다양한 다른 나라 미술문화도 함께 다루어야 한다.

현대 사회에서의 다양한 이미지인 인터넷, 컴퓨터 이미지, 영화, 텔레비전, 애니메이션, 광고 등 시각문화를 미술교육의 내용에 포함해야 한다. 대중매체는 오늘날 중요한 의사소통의 수단으로 자리 잡고 있기 때문에 이러한 의사소통의 매개체를 잘 이해하고 비판할 수 있는 능력은 날로 중요해지고 있다. 이러한 내용들은 다양한 이미지가 혼재된 문화에서 살고 있는 학생들에게 자신과 다른 문화에 대한 분별력과 비판력 등 시각적 문해력을 길러준다. 따라서 학생들이 사회문제를 해결하는 중요한 역할을 할 수 있도록 해야 한다.

셋째, 의식주 생활문화 중심으로 내용을 구성해야 한다. 학생들에게 다문화 미술교육이 쉽고 재미있게 다가가 그 목적을 달성하기 위해서는 의식주 생활문화를 중심으로 접근할 필요가 있다. 난해한 미술품 위주로만 접근할 것이 아니라 다양한 의식주 생활 속에서 벌어지는 축제라든지, 전통 의상, 탈, 가옥 등 학생들의 눈높이에 맞는 소재로 접근하는 것이 효율적일 수 있다.

3. 다문화 미술교육의 방향

다문화 미술교육의 방향을 구체적으로 살펴보면 다음과 같다(류재만, 2009).

첫째, 전통미술문화교육을 강화해야 한다. 세계는 하루가 다르게 개방되고, 변화하며, 상호의존적 관계는 더욱 심화되고 있다. 이렇게 급변하는 세상에서 우리는 이전에 겪어 보지 못한 다문화사회라는 새로운 사회를 경험하고 있다. 다문화사회에서 이주민들과 더불어 살아가기 위해서는 우리 문화의 정체성도 함양해야 하고 타문화에 대한 이해도 높여야 한다.

다문화사회에서 타문화를 이해하기에 앞서 우리 미술문화에 대해 이해하는 것이 필요하다. 우리 미술문화에 대한 이해를 바탕으로 타문화와 같은 점과 다른 점을 찾는 과정에서 비로소 우리는 자기 문화의 정체성을 확립하고 타문화에 대한 이해를 넓힐 수 있다. 그동안 우리 미술교육도 서양 미술을 중심으로 이루어지다 보니 대다수 사람들이 오히려 우리의 전통미술을 더 모르는 것이 현실이다. 전통미술을 강화하는 것은 학생들 입장에서 보면 전통미술학습이지만, 다른 나라에서 온 이주민 학생들에게는 한국 미술문화를 이해하는 다문화교육이 된다.

둘째, 서구미술뿐만 아니라 제3세계 미술로 영역을 확장해야 한다. 그동안 미술교육은 서구 미술을 중심으로 지도해 왔다. 오늘날 우리사회는 다문화사회로 변모하는 과정에서 중국, 베트남, 필리핀, 몽골, 중앙아시아 등에서 이주해오는 인구가 늘고 있다. 따라서 서구 중심의 미술에서 제3세계로 영역을 확장하여 가르쳐야 한다.

셋째, 통합적 접근이 요구된다. 현대사회에서 당면하는 개인적·사회적 문제들은 여러 분야의 지식을 종합하여 응용할 수 있는 통합적 지식에 의해 해결할 수 있는 것들이다. 이처럼 사회의 복잡한 문제를 해결하고 새로운 현상을 이해하기 위해서 요구되는 통합적 지식이나 안목은 분과 중심의 교육방법보다는 통합적인 새로운 방법을 필요로 하게 된다(Kelly, 1982).

다문화 미술교육의 미술학습은 단순한 표현이나 재현이 아니라 그 작품의 배경이 되는 역사나 사회·문화적 배경 탐구를 통해서 나와 다른 문화를 심도 있게 이해하고자 하기 때문에 사회, 역사, 지리, 음악, 세계사 등의 통합 접근이 필요하다.

넷째, 체험 중심의 교수·학습 방법이 요구된다. 다문화 미술교육은 지식 위주의 접근이 아니라 체험 위주의 접근을 통해서 학생들에게 쉽고 재미있게 다가갈 수 있고 내면화할 수 있도록 해야 한다.

체험학습으로는 다문화 축제, 또는 박물관이나 미술관을 활용한 미술학습 등이 가능하다. 의식주, 생활 방식 등 다양한 문화를 체험과 조형 활동으로 연계하면 학생들이 좀 더 쉽게 다문화를 이해할 수 있을 것이다. 예를 들면 다문화 자녀가 있는 학교에서는 다문화가족의 도움을 받아 그들의 전통 의상을 입어보고 어떤 기능성을 갖고 있는지, 모양이나 소재는 어떠한지, 어떤 행사 때 입는 옷인지 등 전통 의상과 관련하여 이야기를 나눈다. 또 다문화 자녀들은 우리 전통 의상을 입어보고 우리 전통 옷에 대해 이야기를 나누면서 서로의 전통 의상의 공통점과 차이점을 찾아보고 전통 의상을 소재로 한 인형을 제작하는 활동을 한다. 이러한 활동을 통해 학생들은 서로의 전통 의상에 대해서 이해하게 된다. 뿐만 아니라, 체험학습의 과정에서 서로에게 친밀감을 느끼며 서로를 잘 이해하는 기회가 될 것이다.

다섯째, 협동학습이 필요하다. 미술은 본질적으로 개성과 창의성을 강조하지만 다문화 미술학습에서는 협동학습도 교수·학습 목표를 달성하는 하나의 방법이 된다. 다문화사회에서 더불어 살아가기 위해서는 서로를 이해하고 협력하는 것이 요구된다. 특히 미술시간에 다문화 자녀와 일반 학생을 대상으로 협동학습을 진행하는 것은 서로를 더 잘 이해하고 친해질 수 있는 기회를 제공함으로써 다문화 미술교육의 목적을 달성하는 데 도움이 될 수 있다.

4. 다문화 미술학습의 실제

1) 공익광고 포스터 감상

제재

공익광고 포스터 감상하기

제재 선정이유

공익광고는 사회에서 일어나는 문제들을 이해하고 해결할 수 있는 유용한 도구로서 시각적 이미지를 활용한다. 특히 공익광고는 상징적이고 함축적인 이미지를 제시하여 공공의 이익을 추구하는 메시지를 전달하기 때문에 대중의 감성을 자극하면서도 설득력이 있다. 다문화교육을 위해 공익광고를 활용하는 수업은 학생들의 흥미와 학습 동기를 유발하는 데 효과적이며, 소기의 교육목적을 달성하는 데도 도움이 된다. 이러한 수업의 목적은 공익광고 포스터에 담긴 다문화사회의 문제와 현상들을 새로운 시각에서 읽고 해석하는 과정에서 학생들이 서로 다른 문화를 이해하고 존중하는 태도를 갖도록 하는 데 있다.

학습목표

- 공익광고 포스터 감상을 통하여 다문화사회의 문제와 현상들을 이해할 수
있다.
- 나와 다른 피부색인 사람에 대한 편견이 없는 태도를 기른다.
- 문화의 다양성을 이해하고 나와 다른 사람을 존중하는 태도를 기른다.

준비물

공익광고 포스터 등

수업자료

공익광고 〈살색 크레파스〉
(한국방송광고진흥공사)

공익광고 〈외국에 살면 외국인이고, 한국에
살면 한국인입니다〉(한국방송광고진흥공사)

① 〈살색 크레파스〉 광고 문구

외국인 근로자도 피부색만 다른 소중한 사람입니다. 돌아가서 우리나라를 세
계에 알릴 귀한 손님입니다. 우리 민족은 약소국의 설움을 누구보다 잘 알고
있습니다. 일제 강점기의 아픔이 아직도 우리 가슴에 아물지 않고 남아 있습
니다. 그래서 요즘 심심찮게 들려오는 외국인 노동자 인권유린 소식들은 더
욱 우리의 마음을 아프게 합니다. 우리나라에 온 귀한 손님들에게 다시 한 번
동방예의지국의 미덕을 보여줄 때입니다.

② 〈외국에 살면 외국인이고, 한국에 살면 한국인입니다〉 광고 문구

외국에 살면 외국인이고 한국에 살면 한국인입니다. 대한민국은 이제 우리끼리 사는 곳이 아닙니다. 우리와 언어가 조금 다르고, 피부색도 약간 다르지만, 우리 땅에 사는 외국인들도 대한민국 국민입니다. 민족과 인종을 넘어 다양한 문화가 함께 공존하는 우리 사회! 더 큰 대한민국으로 가는 행복한 길입니다.

생각 열기

- 동기유발
  - 자신이 본 공익광고에 대해 이야기하기
    : 공익광고를 본 적이 있나요?
    : 무슨 내용의 공익광고를 보았나요?
    : 그 공익광고가 전달하는 내용은 무엇이었나요?
- 학습목표 인식하기
  - 다문화 관련 공익광고 포스터 감상을 통하여 우리 사회에서 일어나는 여러 가지 문제점과 현상을 알아보고 그 해결책을 찾아본다.

작품 만나기

- 〈살색 크레파스〉와 〈외국에 살면 외국인이고, 한국에 살면 한국인입니다〉 포스터 살펴보기
  - 첫인상을 말해 보세요.
  - 생각나는 단어는 무엇인가요?

미적요소 찾기

- 〈살색 크레파스〉 포스터
  - 무엇이 그려져 있나요?
  - 무엇이 눈에 가장 먼저 들어오나요?
  - 크레파스 색깔은 어떠한가요?
- 〈외국에 살면 외국인이고, 한국에 살면 한국인입니다〉 포스터
  - 무엇이 보이나요?

- 글씨로만 된 포스터를 본 적이 있나요?
- 눈에 띄는 것은 무엇인가요?

주제 찾기

- 〈살색 크레파스〉 포스터
  - 살색과 검은색은 무엇을 의미할까요? 왜 그렇게 생각했나요?
  - "모두 살색"이란 무엇을 의미할까요?
  - 이 광고가 전달하려는 의미는 무엇일까요?
- 〈외국에 살면 외국인이고, 한국에 살면 한국인입니다〉 포스터
  - 우리 주위에서 외국인 같은 이름을 본적이 있나요?
  - "외국에 살면 외국인이고 한국에 살면 한국인"이란 무엇을 의미할까요?
  - 이 광고에서 하고자 하는 이야기는 무엇일까요?

미적 가치 판단

- 〈살색 크레파스〉와 〈외국에 살면 외국인이고, 한국에 살면 한국인입니다〉 포스터
  - 이 광고는 우리들에게 하고자하는 이야기를 잘 전달한다고 생각합니까? 그 이유는 무엇인가요?
  - 이 광고는 주제를 전달하는 데 있어 시각적 이미지를 잘 활용하였나요?

생각 넓히기

- 우리와 피부색이 다른 외국인 근로자들도 소중히 대해야 하는 이유는 무엇일까요?
- 다문화가정 친구들이 겪는 어려움에 대해 생각해 봅시다.

2) 우리나라 탈춤과 다른 나라 탈춤

제재

하회 별신굿 탈놀이와 중국 사자 탈춤

제재 선정이유

우리는 세계 여러 나라의 축제를 통해 다양한 탈춤을 볼 수 있다. 우리나라 안동에서도 매년 국제 탈춤 페스티벌이 열리고 있다. 각 나라의 탈춤은 그 나라의 사회·문화적 배경을 바탕으로 하기 때문에 각 나라별 고유한 특성을 잘 드러낸다. 또한 탈춤은 음악에 맞추어 탈을 쓰고 춤을 추는 것으로 누구나 부담 없이 보고 따라하며 느낄 수 있는 춤이다. 따라서 우리나라와 다른 나라의 탈춤을 비교 감상, 제작하는 활동은 학생들이 서로의 차이점과 공통점을 찾고 문화적 다양성을 이해하는 데 도움이 될 것이다.

학습목표

- 하회 별신굿 탈놀이와 중국 사자 탈춤의 공통점과 차이점을 알 수 있다.
- 하회 별신굿 탈놀이와 중국 사자 탈춤의 특징의 살려 탈을 제작할 수 있다.
- 다른 문화를 존중하는 태도를 기른다.

준비물

큰 감자, 랩, 아크릴물감, 수채도구 등

수업자료

① 하회 별신굿 탈놀이

경상북도 안동시 풍천면 하회리에 전승되어오는 탈놀이로 중요무형문화재 제69호로 지정되어 있다.
놀이의 첫째 마당은 '각시의 무동' 마당이다. 각시광대는 무동을 타고 꽹과리를 들고 구경꾼들 앞을 돌면

서 걸립(乞粒: 동네의 경비를 마련하기 위해 패를 짜 돌아다니며 풍악을 울리는 일)을 한다. 둘째 마당은 '주지놀이'로서 주지는 곧 사자를 뜻하며, 액풀이 마당으로 벽사의 의식무라는 의미를 지닌다. 셋째 마당은 '백정(白丁)' 마당으로

백정이 춤을 추다가 사람이 멍석을 뒤집어써서 만든 소를 죽여 우낭(牛囊)을 꺼내어 구경꾼들에게 판다. 이것도 걸립의 일종으로, 이 돈도 별신굿행사에 쓴다. 넷째 마당은 '할미' 마당으로 쪽박을 허리에 차고 흰 수건을 머리에 쓴 할미광대가 등장하여 살림살이를 한다. 베를 짜면서 고달픈 인생살이를 〈베틀가〉에 얹어 부르고, 춤을 추다가 쪽박을 들고 걸립한다. 다섯째 마당은 '파계승' 마당으로, 부네(妓女 혹은 小室)가 오금 춤을 추며 등장하여 치마를 들고 오줌을 눈다. 이때 중이 등장하여 이 광경을 엿보다가 흥분하여 부네를 옆구리에 차고 도망간다. 이 마당은 대사 없이 진행된다. 여섯째 마당은 '양반과 선비' 마당으로 양반이 하인인 초랭이를 데리고 나오고, 선비는 소첩인 부네를 데리고 나온다. 초랭이가 양반과 선비 사이를 왔다 갔다 하며 서로 인사를 시키고는 자기가 뛰어들어 양반 대신 선비 인사를 받는다. 초랭이는 계속해서 양반을 풍자하고 골려준다.

〈하회별신굿탈놀이〉의 가면은 주지(2)·각시·중·양반·선비·초랭이·이매·부네·백정·할미 등 10종 11개가 현재 전한다. 가면의 재료는 오리나무이며 그 위에 두 겹, 세 겹으로 옻칠을 한 뒤 색을 칠했다(출처: 한국민족문화대백과사전).

② 중국 사자탈춤

중국의 사자춤은 'Nian(年)'(어린 아이 납치하기를 즐기는 사나운 괴물)이라는 괴물을 쫓아, 복과 부, 그리고 장수를 기원하고자 행해지는 춤이다. 사자춤은 남쪽과 북쪽의 것이 있다. 북쪽의 사자가 실제 사자와 좀  더 닮았지만, 남쪽 사자도 사자의 모습을 닮게 묘사하고 있다. 사자춤은 즉흥적으로 하는 것과 안무를 짜서 하는 것이 있다. 길거리에서 퍼레이드를 하면서 공연을 하는 경우에는 즉흥적인 공연을 많이 한다. 일반적인 공연에서는 북과 징 그리고 바의 음악에 맞추어 춤을 춘다.

남쪽 사자의 머리는 세 가지 색으로 나뉜다. 노란색은 유비를, 빨간색은 관우를, 검정은 장비를 상징한다. 유비의 노란색은 지(智), 인(仁), 용(勇)을 이야기하고, 관우장의 빨강은 지(智)와 용(勇)을 장비의 검정은 용(勇)을 이야기한다. 현재 중국에서 사용하고 있는 사자탈들의 색은 이 삼색뿐만 아니라 황금색과 은색을 많이 사용한다.

생각 열기

- 학습복표 인식하기
- 하회탈춤과 중국 사자탈춤 동영상 감상하기
- 하회탈춤과 중국 사자탈춤에 대해서 조사하기(백과사전, 관련 서적, 인터넷 검색 등)

생각 나누기

- 하회탈춤과 중국 사자춤을 본 소감 발표하기
- 하회탈춤과 중국 사자춤의 차이점에 대해서 발표하기
- 하회탈과 사자탈의 차이점에 대해서 이야기하기
  - 하회탈: 탈의 표정이 소박하고 곡선을 많이 사용하였다.
          : 자연물을 재료로 사용하였다.
          : 인물별 특성이 잘 나타나 있다.
  - 사자탈: 눈이 크게 과장되어 있다.
          : 선 모양의 무늬가 새겨 있다.
          : 머리에 관을 씌웠다.
- 하회탈과 사자탈과 관련된 이야기에 대해 알아보기

체험하기

- 하회탈춤과 중국 사자춤 관련 사진 보기
- 하회탈춤과 중국 사자춤 동영상을 보며 따라 해보기
  - 하회탈춤: 각 마당별로 등장인물의 동작과 대사 따라 해보기
  - 중국 사자춤: 두 사람이 짝이 되어 함께 움직이며 사자춤의 동작 흉내 내보기

시각적 표상하기

- 활동(1)—우표그림 그리기
① 우표에 그릴 탈 정하기
② 복사된 우표 틀에 스케치하기

③ 탈의 특징이 잘 드러나게 그리기

④ 특성에 맞게 색칠하기

학생작품 (왼쪽부터 김보람, 김예진, 정해린, 송우송)

• 활동(2) ― 작은 탈 만들기

① 만들고 싶은 탈 정하기

    ― 하회탈춤, 중국 사자춤에 나오는 탈 중에서 자신이 표현하고 싶은 탈 정
      하기

② 바탕 틀 만들기

    ― 큰 감자를 반으로 잘라 랩으로 감싸서 엎어 놓기

    ― 지점토를 얇게 밀어서 감자 위에 씌우고 모양 만들기

    ― 튀어나온 부분과 들어가는 부분을 생각하며 붙여 만들기

    ― 정리하여 다듬고 그늘에서 말리기

③ 색칠하기

    ― 탈의 특성에 맞게 색 구상하기

      한국: 단순하고 자연스러움

      중국: 화려하고 다양함

학생작품(왼쪽부터 최재희, 정희진, 조혜경, 윤진희)

생각 넓히기

- 한국의 다른 탈춤 감상하기
- 중국의 다른 탈춤 감상하기
- 한국과 중국의 탈의 공통점과 차이점을 알아보기

3) 전통 의상 입은 인형 만들기

제재

여러 나라의 전통 의상을 감상하고 인형 제작하기

제재 선정이유

각 나라마다 독특한 전통 의상이 있다. 전통 의상은 그 나라의 정체성을 바탕으로 하여 독특한 특성을 보여 준다. 사람은 누구나 옷을 입고 살지만 현대에는 서구식 의상으로 국적이 불명확한 옷이 대부분이다. 이에 비하여 전통 의상은 그 나라의 역사와 문화가 담겨 있어 학생들이 다른 나라와 문화를 이해하는 데 도움이 된다. 또한 각 나라의 전통 의상을 감상하고, 전통 의상을 입은 인형을 제작하는 활동은 학생들의 흥미와 관심을 유발하는 동시에 문화적 다양성을 경험하는 좋은 기회를 제공할 것이다.

준비물

여러 나라의 전통 의상 사진, 빈 병, 탁구공, 지점토, 각종 천 조각, 목공풀, 전통 무용 동영상 등

수업자료

생각 열기

• 동기유발

  – 각 나라의 전통 의상을 입은 인형을 보며 이야기하기

    : 각 나라의 인형을 보고 느낀 점은 무엇인가요?

    . 전통 의상을 입은 인형을 보고 알 수 있는 것은 무엇인가요? (전통 의상의

    모양, 길이, 색상, 장신구, 머리 모양 등에 대해 자유롭게 이야기하기)

• 학습목표 인식하기

  – 각 나라의 전통 의상을 입은 인형을 만들 수 있다.

조사한 것 발표하기

• 조별로 선택한 나라에 대해서 조사해 온 것 발표하기

  – 조사하면서 느낀 점이나 새롭게 알게 된 점 발표하기

  – 조사한 나라 전통 의상의 특징에 대해서 이야기하기(전통 의상을 입는 시

    기, 용도, 색상, 재료 등)

생각 나누기

• 다른 나라 전통 의상 감상하기

• 각 나라별 전통 의상에 대한 생각이나 느낌 이야기하기

  – 각 나라별 전통 의상의 공통점과 차이점은 무엇인가요?

  – 우리나라와 비슷한 전통 의상이 있나요?

  – 현대적인 옷처럼 보이는 전통 의상은 어느 것인가요?

－각 나라별 전통 의상의 특징이 다른 이유는 무엇일까요?

체험하기

• 다른 나라 전통 의상 입어보기
  －친구나 이웃에서 빌릴 수 있으면 구하여 입어보기(여건이 허락할 경우 할 수 있다.)
• 다른 나라의 전통 무용 동영상(UCC) 감상하기
  －전통 무용 동영상에서 볼 수 있는 전통 의상의 특징은 무엇입니까?
  －우리나라 전통 무용 의상과의 공통점과 차이점을 이야기해 보세요.

시각적 표상하기

• 인형 제작하기
  ① 자기가 표현하고 싶은 나라의 전통 의상 정하기
  ② 전통 의상의 특징이 잘 드러나게 스케치하기
  ③ 제작하기
      －병을 이용하여 몸통 만들기
      －스티로폼 공이나 탁구공, 지점토를 이용하여 얼굴, 머리 만들기
      －치마나 바지 등 의상 만들어 붙이기
      －모자, 머리 장식 등 얼굴, 머리 부분 꾸미기
      －장신구 등을 활용하여 의상의 특징이 잘 드러나게 꾸미기

작품 감상하기

• 서로의 작품 감상하기
  －친구의 작품을 보고 느낀 점 이야기하기
  －의상의 특징을 잘 살려 표현한 부분에 대해서 이야기하기
• 각 나라별 전통인형 사진과 비교 감상하기
  －친구의 작품과 전통인형을 사진과 비교하여 감상하고 느낀 점 이야기하기

4) 우리나라 미술과 다른 나라 미술품 비교 감상하기

제재

한국, 일본, 프랑스 미인도 비교하기

제재 선정이유

똑같은 제재를 다룬 미술작품일지라도 그 사회의 생활 풍속이나 유행을 반영하기에 각각 다른 특색을 띠게 된다. 특히 인물화의 경우 그림을 통해서 머리 스타일이나 의상뿐만 아니라 그 사회의 문화적, 사회적 특성까지 파악할 수 있다. 따라서 각 나라의 인물화를 비교하고 감상하는 활동을 통하여 학생들은 서로 다른 문화의 공통점과 차이점을 이해하고 문화적 다양성을 존중하는 태도를 함양하게 될 것이다.

학습목표

세 나라의 그림을 비교 감상하고 차이점과 공통점을 찾을 수 있다.

준비물

신윤복의 〈미인도〉, 도라이 기요나기(일본)의 〈스미다 강변의 나들이〉, 장 오귀스트 도미니크 앵그르(프랑스)의 〈도오송빌 백작 부인의 초상〉 사진 파일 등

수업자료

〈스미다 강변의 나들이〉(도라이 기요나기), 1784-85년경, 목판화.

〈도오송빌 백작 부인의 초상〉(장 오귀스트 도미니크 앵그르), 1845년, 유화.

〈미인도〉(신윤복), 조선시대, 비단 위에 채색.

작품 만나기

- 학습목표 인식하기

- 한국, 일본, 프랑스 미인도 관찰하기

  - 세 작품을 보고 느낀 첫인상에 대해 이야기해 보세요.

  - 각각의 작품은 어느 나라 작품 같은가요? 그리고 그렇게 생각한 이유는 무엇인가요?

미적 요소 찾기

  - 세 작품의 선과 색의 차이점은 무엇인가요?

  - 세 작품에서 옷의 형태는 어떻게 다른가요?

  - 세 작품 중 사람의 모습이 더 사실적으로 표현된 것은 어느 것인가요?

  - 세 작품에는 그림자가 나타나 있나요? 그림자가 있는 작품과 없는 작품을 찾아보고 그 이유를 생각해 보세요.

  - 세 작품 중 하나는 판화 작품입니다. 판화로 제작된 작품을 찾아보고 그렇게 생각한 이유를 이야기해 보세요.

작품 읽기

  - 세 작품에 나타난 여인들의 모습에서 알 수 있는 점은 무엇인가요?

  - 세 작품의 여인들에 대한 각각의 느낌에 대해서 이야기해 보세요.

  - 세 작품은 각각 무엇을 표현했나요?

미의 발견

  - 〈미인도〉에서 찾을 수 있는 한국적인 요소는 무엇인가요?

  - 〈스미다 강변의 나들이〉에서 찾을 수 있는 일본적인 요소는 무엇인가요?

  - 〈도오송빌 백작 부인의 초상〉에서 찾을 수 있는 프랑스적인 요소는 무엇인가요?

  - 가장 마음에 드는 작품과 그 이유를 이야기해 보세요.

내면화하기

  −세 작품의 차이점은 무엇인가요?

  −세 작품의 공통점은 무엇인가요?

  −세 작품을 감상한 결과 알게 된 점은 무엇인가요?

  −세 작품 중 인상 깊은 작품을 선택하여 다양하게 표현해 봅시다.

5) 세계의 축제

제재

세계 여러 나라의 를 감상하고 다양한 인종이 한 자리에 모여 축제를 벌이는 장면 표현하기

제재 선정이유

각 나라마다 그 나라만의 특성을 보여주는 축제가 있기 마련이다. 전통적인 형태가 그대로 남아 있는 소규모의 축제부터 시, 도 단위로 상업화되어 운영되는 대규모 축제에 이르기까지 다양한 축제를 접할 수 있다. 일부 축제는 그 자체로 하나의 관광 산업이 되어 전 세계 사람들을 한자리에 불러 모으기도 한다. 하나의 축제는 의상에서부터 춤, 노래, 악기에 이르기까지 그 나라의 문화적 특성을 매우 잘 보여주며 축제를 통해 그 나라 사람들의 사고방식까지도 생각해 볼 수 있다. 따라서 여러 나라의 축제를 감상하고 다양한 인종의 사람들이 한 자리에 모여 축제를 벌이는 장면을 표현하는 활동은 학생들에게 여러 나라의 문화를 동시에 경험하는 기회를 제공할 것이다.

준비물

각 나라의 축제 사진, 영상 자료, 도화지, 수채 용구, 포스터 칼라 및 기타 콜라주 자료

생각 열기

- 동기유발

  - 세계 여러 나라의 축제 사진 감상하기

    : 각 나라의 축제 장면에 대한 생각이나 느낌을 이야기해 보세요.

  - 우리나라의 다양한 지역축제에 참가한 경험 이야기하기

- 학습목표 인식하기

  - 세계 여러 나라의 축제를 감상하고, 다양한 인종이 한 자리에 모여 축제를 벌이는 장면을 표현할 수 있다.

조사한 것 발표하기

- 조별로 조사한 축제에 대해 발표하기
    - 조사하면서 느낀 점이나 새롭게 알게 된 점 이야기하기
    - 각 나라별 축제의 특징에 대해 발표하기(나라별 축제의 주제, 축제 의상 및 도구, 얼굴 분장, 기간 및 장소 등)

생각 나누기

- 다른 나라의 축제 동영상 감상하기
    - 우리나라 지역 축제, 하와이 호놀룰루 페스티벌, 브라질 삼바 축제, 미국 부활절 퍼레이드, 일본의 마츠리 외 아프리카, 남아메리카 등의 다양한 축제 영상 감상
- 각 나라별 축제에 대한 생각이나 느낌 이야기하기
    - 각 나라별 축제의 공통점과 차이점은 무엇인가요?
    - 각 나라의 축제에서 보이는 가장 두드러진 특징을 이야기해 보세요.
    - 축제에서 볼 수 있는 사람들의 표정, 의상, 도구 등은 어떠한가요?
    - 각 나라별로 축제의 주제가 다양한 이유는 무엇일까요?

체험하기

- 내가 살고 있는 지역 축제에 대해 찾아보기
    - 지역 축제의 특징과 기간, 장소 등을 조사하여 참여해 보기
    - 축제에서 느껴지는 분위기와 자신의 생각, 느낌 이야기하기
- 인터넷에서 다문화 축제 동영상 관람하기
    - 우리나라의 축제 중에서 다문화 축제 UCC찾아 관람하기

시각적 표상하기

- 다양한 인종이 한 자리에 모인 축제의 장면 표현하기
    ① 세계 여러 나라 사람들이 한 자리에 모여 축제를 벌이는 장면 구상하기
    - 참여 국가와 각 나라 축제의 특징(의상, 얼굴 분장, 도구 등) 살펴보기
    - 서로 다른 인종들이 함께 축하할 수 있는 축제의 주제 생각해 보기

② 나라별로 축제를 벌이는 사람들의 특징이 잘 드러나게 스케치하기

③ 물감 및 다양한 콜라주 재료를 활용하여 색칠하고 꾸미기

④ 작품 완성하기

학생작품(왼쪽부터 박희영, 윤수민)

작품 감상하기

• 서로의 작품 감상하기

　- 친구의 작품을 보고 느낀 점 이야기하기

　- 다양한 인종, 나라별로 축제의 특징이 잘 드러나게 표현된 부분 찾아보기

1. 다문화교육에서 미술교육은 왜 필요한지 설명하시오.

2. 다문화 미술교육의 궁극적인 목적은 무엇인지 설명하시오.

3. 문화상대주의와 문화다원주의에 대해서 설명하시오.

참고문헌

김명섭(2002), 「외부 문화유전자 적극 받아들여야 강대국 된다」, 『조선닷컴』(4.14), http://news.chosun.com/svc/content_view/content_view.html?contid=2002041470211

류재만(2004), 『초등미술과교수법』, 교육과학사.

류재만(2009), 『다문화사회를 대비한 미술교육의 역할』(제24회 학습자중심교과교육학회 학술대회 자료집) 47-60.

손지현(2006), 「다문화 미술교육의 확장」, 『미술과 교육』 7, 한국국제미술교육학회.

스튜어트 홀, 전효과·김수진 역(2000), 『모더니티의 미래』, 현실문화연구.

이규선 외(2008), 『미술교육학』, 교육과학사.

이수경·이주연(1995), 「DBAE에 기초한 다문화미술교육 프로그램연구」, 『미술교육논총』 4, 한국미술교육학회.

이옥선(1999), 「맥피의 미술교육에 대한 접근 연구: 다원주의를 중심으로」, 한국교원대학교 석사학위논문.

정정숙(2003), 「다문화 미술교육」, 『미술교육이론의 탐색』, 예경.

존 버거, 강명구 역(1998), 『영상커뮤니케이션과 사회』, 나남출판.

황숙희(2000), 「미술 교과서 작품 해석 연구: 사회맥락적을 중심으로」, 서울대학교 석사학위논문.

브리태니커백과사전(2010), http://100.nate.com/dicsearch/pentry.html?s=B&i=218566&v=43

한국민족백과사전(2009), http://100.nate.com/dicsearch/pentry.html?s=K&i=238745&v=43

Ballengee-Morris, C., & Stuhr, P. L. (2001). Multicultural Art and Visual Cultural Education in a Changing World. *Art Education, 54*(4), 6-14.

Banks, J. A. (2001). Multicultural Education: Its Effects on Students' Racial and Gender Role Attitudes. In J. A. Banks & C. A. M. Banks (Eds), *Handbook of Research on Multicultural Education* (pp. 617-627). San Francisco: Jossy-Bass.

Chalmers, F. G. (1981). Art Education as Ethnology. *Studies in Art Education, 22*(3), 6-14.

Desai, D. (2005). Places to Go: Challenges to Multicultural Art Education in a Global Economy. *Studies in Art Education, 46*(4), 293-308.

Kelly, A. V. (1982). *The Curriculum: Theory and Practice.* London: Harper and Row publishers.

McFee, J. K. (1986). Cross-Cultural Inquiry into the Social Meaning of Art: Implications for Art Education. *Journal of Cultural Research in Art Education, 4*(1).

McFee, J. K. (1995). Change and the Cultural Dimensions of Art Dducation. *Context, content, and Community in Art Education: Beyond Postmodernism.* NY: Teacher

College Press.

McFee, J. K., & Degge, R. M. (1980). *Art, Culture, and Environment: A Catalyst for Teaching*. Dubuque, Iowa: Kendall/Hunt Pub. Co.

Stuhr, P. L., Petrovich-Mwaniki, L., & Wasson, R. (1990). Curriculum Guidelines for the Multicultural Art Classroom. *Art Education, 45*(1), 16-24.